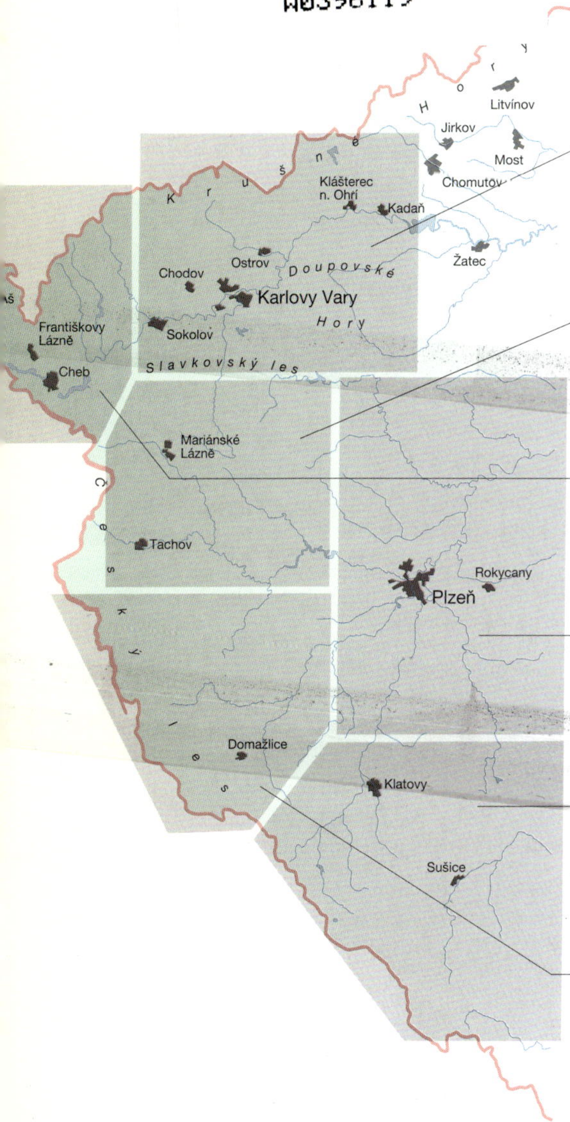

Krušné Hory
Litvínov
Jirkov
Most
Chomutov
Klášterec n. Ohří
Kadaň
Žatec
Ostrov
Chodov
Karlovy Vary
Doupovské Hory
Sokolov
Františkovy Lázně
Cheb
Slavkovský les
Mariánské Lázně
Tachov
Český les
Plzeň
Rokycany
Domažlice
Klatovy
Sušice

Text und Recherche: Michael Bussmann und Gabriele Tröger
Lektorat: Angela Nitsche, Dagmar Tränkle
Redaktion und Layout: Annette Melber, Heike Wurthmann
Fotos: Michael Bussmann, ausgenommen S. 243 Karsten Luzay
Titelfotos: oben: Kadaň
unten: Märchenschloss in Žinkovy
Umschlaggestaltung: Karl Serwotka
Karten: Judit Ladik, Michaela Nitzsche, Susanne Handtmann, Annette Seraphim, Gábor Sztrecska

Danksagung

Ein besonderer Dank für die wertvollen Tipps gilt den Lesern: Hildegard Schlegel (Nürnberg), D. Sprink (Leipzig), Jörg Kremmler (Otzberg), F. Schmid, Ingrid Promnitz (Stuttgart), Leonie Wagner (Holzminden), Franz Jeitler, Kristina Siever (Bergisch Gladbach), Anne Borkowski (Fr.-Gundelfingen), Gertrud Bruck (Hassloch), Rainer Henrich (CH-Winterthur), Astrid Lübberstedt (Dortmund), Gabriele Mohr (Heidelberg), Werner Thumm (Reutlingen), Agnes Marr (Bamberg), Hasso Strauß (Wilkau-Haßlau), Gabriele Pobbig (Pöhl) sowie Heinz Schmid (Ratingen).

ISBN 978-3-89953-653-9

 Druck: Wilhelm & Adam, Heusenstamm.

4. komplett überarbeitete und aktualisierte Auflage 2011

Westböhmen & Bäderdreieck

Michael Bussmann
Gabriele Tröger

INHALT

Kartenverzeichnis

Zeichenerklärung für die Karten und Pläne

Grünanlage
Aussicht
Campingplatz
Anlegestelle
Turm
Kirche
Synagoge
Museum
Sehenswürdigkeit
Flughafen/-platz
Bushaltestelle
Taxistandplatz
Autovermietung
Fahrradvermietung
Parkplatz
Metrostation
Straßenbahnhaltestelle
Information
Botschaft
Post
Bank/Wechselstube
Ärztliche Versorgung
Heilquelle
Waschsalon
Toilette

Was haben Sie entdeckt?

Haben Sie ein romantisches Hotel gefunden, eine urige Pivnice oder einen schönen Wanderweg?

Wenn Sie Tipps, Anregungen oder Verbesserungsvorschläge zum Buch haben, lassen Sie es uns bitte wissen. Auch für Kritik sind wir dankbar.

Michael Bussmann & Gabriele Tröger
Stichwort „Westböhmen“
c/o Michael Müller Verlag GmbH
Gerberei 19
91054 Erlangen
E-Mail: bussmann.troeger@michael-mueller-verlag.de

▲ Egerländer Bauernmalerei auf Burg Seeberg

Westböhmen erleben

Auf dem Lande

Westböhmen erleben ...

Kein Jahrhundert ist es her, da zählten die westböhmischen Kurorte Karlsbad, Marienbad und Franzensbad zu den beliebtesten Schauplätzen der europäischen Haute volee. Kaiser und Könige, Dichter und Denker, Reiche und Schöne zog es in die mondänen Bäder. Man kam weniger irgendwelcher Leiden wegen, mehr um zu sehen und gesehen zu werden. Doch während der kommunistischen Abgeschiedenheit hinter dem Eisernen Vorhang fiel das Bäderdreieck in einen Dornröschenschlaf und geriet in Vergessenheit. Heute erwacht es von neuem. Insbesondere Deutsche, Holländer und Russen entdecken die Schönheit der traditionsreichen Kurbäder wieder. Es locken die Quellen, und es locken die noch verhältnismäßig niedrigen Preise.

Westböhmen auf das Bäderdreieck zu reduzieren, ist aber falsch. Die Region zwischen Erzgebirge und Böhmerwald, zwischen Cheb und Pilsen, zwischen slawischer Welt und deutschsprachigen Ländern ist überaus abwechslungsreich: mittelalterliche Städte, unzählige Schlösser und Burgen, berauschende Landschaften – ideal zum Wandern und Radfahren – und erstklassige Biere machen einen Aufenthalt kurzweilig. Das wusste schon der gute alte Goethe, der Westböhmen – rechnet man all seine Reisen zusammen – mehrere Jahre durchstreifte.

Aber so viele schöne Ecken Westböhmen auch zu bieten hat, so manche höhnen noch immer jeglicher Postkartenidylle. Abseits der auf Hochglanz restaurierten Kurbäder und der touristisch erschlossenen Vorzeigeorte verschwindet in vielen Dörfern und Städten erst peu à peu die Tristesse aus sozialistischer Zeit. Für diejenigen, die auch vor dieser Realität nicht die Augen verschließen, ist Westböhmen auf jeden Fall eine Reise wert; eine Reise, die in Kombination mit einem Ausflug nach Prag zu einem unvergesslichen Erlebnis werden kann.

Mit 2 PS durch Karlsbad

… mit Schnabeltasse und Moorpackung

Die böhmischen Bäder haben gegen jedes Leiden ein Quellwässerchen parat, erfolgreich werden balneotherapeutische Behandlungen, Rehabilitationsprogramme, Schönheitsoperationen und dergleichen durchgeführt. Als Königin der Bäder gilt Karlsbad, der berühmteste und eleganteste Kurort. Mehr Flair aber besitzt Marienbad – inmitten einer sanftgrünen Quellenlandschaft versammelt sich eine wahre Pracht an pastellfarbenen Bauten aus der Belle Époque. Beide Orte sind nicht nur Heilzentren, sondern locken zusehends auch Städtereisende an. Franzensbad hingegen, der kleinste Kurort der drei großen, ist das Musterbeispiel eines Heilbads im klassischen Sinn und ideal für Ruhebedürftige, denen der Pfefferminztee zur Abendgestaltung genügt.

… mit Rucksack oder Muskelkater

Weite Wälder, weite Felder – viele Gegenden sind dünn besiedelt und bäuerlich strukturiert. Zum Radfahren und Wandern laden v. a. der Kaiserwald, das Erzgebirge und der Böhmerwald ein. Insbesondere Letzterer hat vielerorts noch nichts von seinen verwunschenen Reizen verloren, die Adalbert Stifter (1805–1868) in vielen literarischen Werken verewigte. Da die Tschechen selbst mit Begeisterung per pedes oder Rad ihre Heimat erkunden, sind die Wege bestens markiert. Und wer Westböhmen auf dem Wasser kennen lernen will – die wildromantischen Flussläufe sind ein Paradies für Kanuten. Im Winter bieten die Mittelgebirge übrigens gute Langlaufmöglichkeiten, auch Abfahrten sind möglich.

… mit Hopfen und Malz

Am Bier führt in Westböhmen kein Weg vorbei, schließlich kommt der Welt bester Gerstensaft aus diesen Landen. In rustikalen, verrauchten *pivnices* schmeckt er besonders gut. Schulter an Schulter sitzt man hier und erfährt spätestens beim dritten

Glas die Lebensgeschichte seines Nebenmanns. Das tschechische Grundnahrungsmittel Nr. 1 enthält übrigens weniger Alkohol als deutsches Bier – den bekannten Krug zu viel trinkt man dennoch. Wer nicht nur wissen will, wie das Bier ins Glas, sondern auch, wie es ins Fass kommt, kann sich bei Führungen in den Brauereien Pilsner Urquell und Chodovar schlau machen. Erstere sei Freunden herb-bitterer Pilsner empfohlen, Letztere Fans mild-würziger Biere. Die Chodovar-Brauerei bietet seit neuestem zudem heilsame Bierbäder an.

... mit Aschenbrödel und Schlossgeistern

Kein Wunder, dass die Tschechoslowakei für ihre Märchen- und Kinderfilme mit Zwergen, Burgfräuleins, Rittern und Gespenstern so berühmt war – wo sonst findet man so viele Kulissen dazu? Kaum ein Hügel ohne Burgruine, kaum eine Stadt ohne Schloss und kaum ein altes Gemäuer, über das es keine gruselige Legende zu erzählen gäbe. Schlösser- und Burgenfreaks könnten ganze Jahre in Westböhmen verbringen, wären viele Anlagen nicht verfallen, in Privatbesitz oder zweckentfremdet. Einen Ausflug auf jeden Fall wert sind die Wasserburg Švihov, die Burg Rabí, das Empireschloss Kynžvart, das Renaissanceschloss von Horšovský Týn sowie das Kloster Kladruby.

Ein Blick in die neue Kolonnade in Marienbad

... in Dörfern und Städtchen wie aus dem Bilderbuch

Westböhmen besitzt nicht nur bizarre Burgruinen und prächtige Schlösser, sondern auch ein paar überaus malerische Ortschaften abseits der großen Bäder. Die bezauberndsten sind Loket, Rabštejn nad Střelou und Bečov nad Teplou – Gesamtkunstwerke koboldhafter Romantik. In der ehemaligen Reichsstadt Cheb, in Domažlice, Klatovy und Kadaň begeistern zudem pittoreske Marktplätze mit herrlich restaurierten Bürgerhäusern. Um die traumhaften Altstadtkerne gruppieren sich zwar zuweilen uniforme Plattenbaugürtel – aber was ist schon ohne Makel.

... mit Prag als Zugabe

Von allen Kurorten ist die Moldaustadt nicht weiter als 190 km entfernt und bequem mit Auto, Bus oder Zug erreichbar. Das historische Zentrum Prags präsentiert sich als einzigartiges Freilichtmuseum, nicht umsonst genießt es den Status als UNESCO-Welterbe. Gotik, Barock, Jugendstil, Kubismus – die architektonische Vielfalt auf engem Raum ist überwältigend: mehr als 2000 historische Gebäude auf einer

Fläche von 800 ha. Für das etwas magere Kulturangebot in den Kurorten entschädigt die tschechische Hauptstadt mit unzähligen Galerien und Museen, traditionsreichen Opernhäusern und prunkvollen Konzertsälen.

Tschechien-Daten

Geografie: Mit 78.866 km2 ist Tschechien nur wenig größer als Bayern. Der höchste Punkt Tschechiens liegt 1602 m über dem Meer, der niedrigste 115 m.

Bevölkerung: Von den ca. 10,5 Mio. Einwohnern sind 81,2 % Böhmen, 13,7 % Mähren und 3,1 % Slowaken. Hinzu kommen eine Minderheit von Polen (0,6 %), Deutschen (0,3 %) und Roma (0,3 %). Die Bevölkerungsdichte beträgt 133 Einwohner je km^2. Am dünnsten besiedelt ist Westböhmen. In Prag wohnen rund 1,25 Mio. Menschen, das sind etwa 12 % aller Einwohner des Landes. Die Lebenserwartung der tschechischen Männer beträgt 74,1 Jahre (die der deutschen Männer beträgt zum Vergleich 77,6 Jahre), die der Frauen 80,5 Jahre (in Deutschland 82,7 Jahre); in Prag liegt sie etwas höher.

Sprache: Landes- und Amtssprache ist Tschechisch, eine Minderheit spricht Slowakisch.

Religion: Tschechien ist das am stärksten säkularisierte Land des ehemaligen Ostblocks. Nach der letzten Volkszählung 2001 bekannten sich nur 30 % der Bevölkerung zum christlichen Glauben (v. a. zum katholischen Bekenntnis).

Wirtschaft: Die Wirtschaft des Landes boomte lange Zeit mit jährlichen Wachstumsraten von über 6 %, infolge der internationalen Finanzkrise erlitt aber auch die tschechische Wirtschaft einen Dämpfer. Die Arbeitslosenquote ist in Tschechien regional extrem unterschiedlich, mancherorts sucht man händeringend Personal, andernorts ist beinahe ein Fünftel der Bevölkerung ohne Arbeit. Im Schnitt schwankte die Arbeitslosenquote zuletzt um die 10 %, in Prag herrscht mit rund 3 % nahezu Vollbeschäftigung. Das Bruttoinlandsprodukt pro Kopf betrug 2009 noch 82 % des EU-Durchschnitts, doch schon bis 2012 will man zum EU-Durchschnitt aufschließen. Zum BIP trägt die Industrie 39,3 % bei, 57,3 % der Dienstleistungssektor und nur 3,4 % die Landwirtschaft. Das durchschnittliche Monatsbruttoeinkommen lag 2010 bei 25.381 Kč (ca. 1000 €). Die Löhne steigen jährlich je nach Branche um 3–10 %. Die Inflationsrate schwankte in den letzten Jahren zwischen 1 % und 7 %. Die bedeutendsten Handelspartner sind die EU-Staaten, unter diesen steht Deutschland an erster Stelle. Rund ein Viertel der tschechischen Wirtschaft befindet sich auch in deutscher Hand.

Politisches System: Die Česká Republika ist eine parlamentarische Demokratie. Das Parlament besteht aus zwei Kammern, dem Abgeordnetenhaus (200 Mitglieder nach dem Verhältniswahlrecht auf 4 Jahre gewählt) und dem Senat (alle 2 Jahre wird ein Drittel der 81 Mitglieder für 6 Jahre per Mehrheitswahl bestimmt). Beide Kammern wählen gemeinsam das Staatsoberhaupt, seit 2003 Václav Klaus, dem max. 2 Amtsperioden à 5 Jahre erlaubt sind. Das Staatsoberhaupt besitzt ein aufschiebendes Vetorecht und ernennt den Ministerpräsidenten (seit 2010 Petr Nečas), der vom Abgeordnetenhaus gewählt wird. Seit den letzten Wahlen zum Abgeordnetenhaus 2010 sind im Parlament folgende Parteien vertreten: Česká strana sociálně demokratická/ČSSD (Sozialdemokraten, 56 Sitze), Občanská demokratická strana/ODS (Demokratische Bürgerpartei, 53 Sitze), TOP 09 (Konservative, 41 Sitze), Komunistická strana Čech a Moravy/KSČM (Altkommunisten, 26 Sitze) und Veči veřejné/VV (Partei der öffentlichen Angelegenheiten, 24 Sitze).

Westböhmen – wo man Straßen oft für sich alleine hat

Anreise und unterwegs

Welche Papiere Sie für eine Reise nach Tschechien mit sich führen müssen, erfahren Sie im Kapitel „Reisedokumente“ (→ S. 33). Damit Sie die richtige Währung parat haben, lesen Sie das Kapitel „Geld und Geldwechsel“ (→ S. 27). Und wie viele Zigaretten Sie bei der Ausreise aus Tschechien dabeihaben dürfen, steht im Kapitel „Zollbestimmungen“ (→ S. 36).

Das Reisen innerhalb Westböhmens gestaltet sich mit dem eigenen Fahrzeug selbstverständlich am unkompliziertesten. Aber auch mit öffentlichen Verkehrsmitteln, egal ob Bus oder Bahn, gelangt man spielend und preiswert fast überall hin.

Mit dem Auto oder Motorrad

Seit dem Beitritt Tschechiens zum Schengenraum hat man freie Fahrt über die deutsch-tschechische und die österreichisch-tschechische Grenze. Dennoch kommt es häufig zu innerstaatlichen Zoll- und Polizeikontrollen im Grenzgebiet.

Fahrzeuge mit ausländischen Kennzeichen verschwinden gerne. Die besseren Marken werden ins Ausland transferiert, ältere Modelle im Land ausgeschlachtet. Man vermutet, dass jedes sechste Fahrzeug auf tschechischen Straßen gestohlen oder mit gestohlenen Teilen ausgestattet ist. Infolgedessen verbieten viele international operierende Autovermieter Fahrten nach Tschechien entweder grundsätzlich oder sie erlauben nur Fahrten mit Fahrzeugen der untersten Preiskategorien. Um halbwegs sicherzugehen, dass Sie mit Ihrem Fahrzeug auch wieder abreisen können, parken Sie am besten prinzipiell auf bewachten (fast alle Parkplätze vor Sehenswürdigkeiten haben einen Parkwächter) oder abschließbaren Parkplätzen (viele Hotels und Pensionen verfügen über entsprechende Möglichkeiten), versehen Sie außerdem Ihr Auto mit einer sichtbaren Wegfahrsperre. Lassen Sie zudem niemals Wertsachen im Fahrzeug liegen!

Ein erheblich gravierenderes Problem als der Fahrzeugdiebstahl stellt die Raserei auf den Straßen dar, die erschreckende Auswirkungen auf die Unfallstatistik hat: Die Zahl der Verkehrstoten auf eine Million Einwohner ist in Tschechien fast doppelt so hoch wie in Deutschland – kleine hölzerne Kreuze am Straßenrand sind allgegenwärtig.

Hilfreich für Fahrten durch die böhmische Prärie ist gutes Kartenmaterial, da an vielen kleineren Kreuzungen lediglich die nächstgelegenen Ortschaften ohne zusätzliche Richtungsangabe zur nächstgrößeren Stadt ausgeschildert sind. Mit grobem Kartenmaterial ist man dann schnell verloren. Detaillierte Karten bekommen Sie in Tschechien überall sehr preiswert (→ Wissenswertes von A bis Z/Literatur, S. 31). Falls Sie uber ein Navigationsgerät verfügen, achten Sie darauf, dass Ihr Kartenmaterial auf dem aktuellsten Stand ist.

Autobahngebühren: Für tschechische Autobahnen und die meisten Schnellstraßen benötigen Sie eine **Vignette.** Diese ist an den Grenzübergängen und an vielen Tankstellen erhältlich. Sie bekommen sie zudem in allen tschechischen Postämtern. Für Kfz bis 3,5 t kostet der Aufkleber für 1 Kalenderjahr umgerechnet 48 €, für 30 Tage (ab Stempelloch) 14 € und für 7 Tage (ab Stempelloch) 10 €.

Parken: Auf zentralen Parkplätzen ohne Parkwächter gibt es i. d. R. Parkscheinautomaten (funktionieren wie daheim). Gebührenfreie Parkabschnitte sind durch das Schild *Bez Poplatku* gekennzeichnet. Gelbe Linien am Straßenrand bedeuten Parkverbot. *Zakaz zastaveni* bedeutet Halteverbot. *Pro Držitele Povolení* steht für Anwohnerparken. Zu Straßenbahnschienen muss Ihr Fahrzeug mindestens 3,5 m Abstand haben. Parken Sie nie auf Brücken, vor oder nach Bahnübergängen, Tunnels oder Unterführungen. Falschparker müssen mit Krallen und Bußgeldern bis zu 175 € rechnen.

Tanken: Viele Tankstellen haben rund um die Uhr geöffnet. Achten Sie auf die Oktanzahl: Bleifrei Natural (95 Oktan), Bleifrei Super Plus (98 Oktan), Diesel heißt *Nafta.*

Pannenhilfe: Leistet der Automobilclub **UAMK ČR,** ✆ 1230. Die Mitarbeiter am Telefon sprechen Deutsch. Auch der **ADAC** hat eine Vertretung in Prag, zu erreichen unter ✆ 261104351.

Unfall: Bei Schäden ab ca. 800 € muss die Polizei gerufen werden (Notruf ✆ 112 o. 158). Am Unfallort nichts verändern!

Bußgelder: Zahlt man am besten sofort – billiger als der bürokratische Weg. Bestehen Sie **unbedingt** auf einer Quittung, ansonsten wandert die (dann meist überzogene) Strafe in die privaten Taschen der Polizisten – leider keine Seltenheit!

Mietwagen: → Wissenswertes von A bis Z/ Mietwagen, S. 32.

Besondere Verkehrshinweise

Alkohol: Es gelten 0,0 Promille!

Höchstgeschwindigkeit: Für Pkws innerorts 50 km/h, außerorts 90 km/h und auf Autobahnen (die stets vignettenpflichtig sind) und Schnellstraßen (die fast immer vignettenpflichtig sind) 130 km/h. Fahrzeuge über 3,5 t und Gespanne dürfen außerorts nie schneller als 80 km/h fahren. Vor Bahnübergängen gilt ein Tempolimit von 30 km/h.

Kinder: Bis 12 Jahre und kleiner als 1,50 m dürfen sie nur im Kindersitz mitreisen.

Licht: Pkws und Motorräder müssen das ganze Jahr über auch tagsüber mit Licht fahren, andernfalls drohen bis zu 2000 Kč (ca. 80 €) Strafe. Zudem müssen Sie ein Set an Ersatzbirnen mit sich führen. Wer sie vergessen hat, bezahlt 300 Kč (ca. 12 €).

Straßenbahnen: Abbiegende Straßenbahnen haben grundsätzlich Vorfahrt.

Telefonieren im Auto: Nur mit Freisprechanlage.

Entfernungen

Prag – München	365 km	Karlsbad – Prag	129 km
Prag – Frankfurt	531 km	Karlsbad – Marienbad	63 km
Prag – Hamburg	631 km	Karlsbad – Franzensbad	44 km
Prag – Berlin	348 km	Karlsbad – Domažlice	139 km
Prag – Zürich	670 km	Karlsbad – Klatovy	123 km
Prag – Wien	309 km	Karlsbad – Pilsen	81 km

Mit dem Flugzeug

Es gibt aus dem deutschsprachigen Raum bislang keine Direktflüge nach Westböhmen, der nächstgelegene Flughafen ist in Prag. Von Prag pendelt *Czech Airlines* nach Karlsbad, 2010 gab es allerdings nur samstags Flüge. Vom Prager Flughafen Ruznyě (Infos dazu →, S. 186) besteht jedoch eine direkte Busverbindung nach Karlsbad (→ Karlovy Vary/Verbindungen, S. 50). Zu allen anderen Zielen in Westböhmen gelangt man von Prags Busbahnhof Florenc oder den Prager Zugbahnhöfen per Bus oder Bahn (→ Prag/Verbindungen, S. 186). Egal, ob Sie von Deutschland, Österreich oder aus der Schweiz nach Prag fliegen wollen – je nach Saison und Sondertarif müssen Sie bei den meisten Airlines mit Preisen zwischen 100 und 350 € für einen Hin- und Rückflug rechnen. Sie können natürlich auch viel mehr bezahlen (z. B. in der Business Class), mit Glück aber auch etwas weniger, z. B. mit Low-Cost-Airlines wie Germanwings von Köln/Bonn aus.

Airlines im Internet

Austrian Airlines: www.aua.com; *Czech Airlines:* www.czech-airlines.com; *EasyJet:* www.easyjet.com; *Germanwings:* www.germanwings.com; *Lufthansa:* www.lufthansa.com; *Luxair:* www.luxair.eu; *Ryanair:* www.ryanair.com; *Smartwings:* www.smartwings.com; *Swiss:* www.swiss.com. Eine gute **Flugsuchmaschine** ist www.swoodoo.de.

Mit der Bahn

Eine gemütliche Anreisevariante und eine zuverlässige Reisevariante vor Ort. Das ausgedehnte Schienennetz bringt Sie in nahezu jede Ecke Westböhmens. Bahnfahren vor Ort ist preiswert, eine einfache Fahrt von Cheb nach Prag (ca. 190 km) kostet rund 11 €.

Die meisten Symbole und Zeichen auf den Fahrplänen sind die Gleichen wie in Deutschland, so gibt z. B. ein Fahrradsymbol an, dass Sie ein Fahrrad mitnehmen können. Auf kleinen Nebenstrecken sollten Sie sich jedoch noch mit folgenden Zeichen vertraut machen: Eine mit „X“ markierte Haltestelle steht dafür, dass der Zug nur auf Verlangen hält, d. h. Reisende, die zusteigen wollen, müssen dies dem Lokomotivführer signalisieren (also winken, wenn der Zug kommt), und Reisende, die aussteigen wollen, teilen es dem Schaffner mit. Ein Halbmond mit Rundung nach links bedeutet, dass der Zug nur zum Aussteigen hält, mit Rundung nach rechts das Gegenteil. Die wichtigsten Zugverbindungen sind im Reiseteil unter den jeweiligen Ortschaften aufgeführt.

Information im Internet: Unter www.bahn.de, www.vogtlandbahn.de, www.mobil-mit-alex.de, www.sbb.ch, www.oebb.at oder www.cd.cz.

Preisbeispiele für die Anreise: Der Normaltarif für eine einfache Fahrt ins Reisegebiet

Regenbogen über dem Egerland

(z. B. Karlsbad, Marienbad oder Cheb) liegt je nach Verbindung von Stuttgart aus bei ca. 55–70 €, von Hamburg bei ca. 120–140 €, von Wien bei ca. 80–85 €, von Zürich bei ca. 180–190 sfr.

Hinweis: Diverse grenzüberschreitende Ferien- oder Gruppentickets erlauben das Bahnfahren auf ausgewählten Strecken in Bayern und Böhmen (z. B. **EgroNet-Tagesticket** oder **Bayern-Böhmen-Ticket**). Informationen dazu und zu Sondertarifen und Ermäßigungen erhält man über die Bahngesellschaften.

Wer mit öffentlichen Transportmitteln (egal ob Bus oder Bahn) Westböhmen erkunden will, erfährt unter **www.jizdnirady.idnes.cz** (auch in deutscher Sprache) die schnellste und günstigste Verbindung. Wer auch noch wissen möchte, **welches Bier an welchem Bahnhof** ausgeschenkt wird, kann sich unter www.agnld.uni-potsdam.de/~kai/BAB/BAB.html informieren.

Mit dem Bus

Busverbindungen gibt es von vielen deutschen, österreichischen und Schweizer Städten nach Prag. Je nachdem, von wo man anreist, halten die Busse auch in Pilsen. Die Preise liegen für gewöhnlich unter dem Normaltarif der Bahn. Wohin man innerhalb Westböhmens nicht mit dem Zug gelangt, kommt man auf jeden Fall mit dem Bus, das Netz ist sehr gut ausgebaut und ebenfalls sehr preiswert. Die wichtigsten Busverbindungen sind im Reiseteil unter den jeweiligen Ortschaften aufgeführt. Die angegebene Häufigkeit der Fahrten bezieht sich auf den Zeitraum von Montag bis Freitag, an Wochenenden finden i. d. R. erheblich weniger Fahrten statt.

Information und Fahrpläne der **Studentagency-Busse** unter www.studentagency.cz, der **Eurolines-Busse** unter www.touring.de, www.eurolines.at, www.alsa-eggmann.ch und www.elines.cz. Informationen zu den **Bahnbussen** auf www.bahn.de.

Reiseveranstaltertipp „Begegnung mit Böhmen": Der Tschechienspezialist bietet mehrfach ausgezeichnete Rad-, Wander-, Literatur-, Eltern & Kind- sowie Kulturreisen in kleinen Gruppen an. Dechbettener Str. 74 b, 93049 Regensburg, ✆ 0941/26080, www.boehmen-reisen.de.

Entenbraten, ein böhmischer Klassiker

Essen und Trinken

In Tschechien trinkt man bekanntlich nicht zum Essen, sondern isst zum Trinken. So ist für viele Tschechen nicht in erster Linie die Qualität der Küche der ausschlaggebende Punkt, sondern die des gezapften Bieres. Und das, was man zum Bier genießt, ist i. d. R. deftig, fleischig, kloßig und soßig.

Falls Sie als Kurgast kommen, werden Sie Probleme haben, Ihre Diätvorschriften mit der schweren, kalorienreichen Kost Westböhmens in Einklang zu bringen. Die Völlerei nach der Trinkkur beschrieb schon der österreichische Literat Paul Morgan (1886–1938) in dem Roman *Stiefkind der Grazien:* „Die Marien-, Karls- und Franzensbader Gaststätten haben für jeden etwas Weihevolles, Andachtheischendes. Der Duft ihrer Braten, der Hauch ihrer Gemüse und das Aroma ihrer Mehlspeisen lassen die Schwärmerei von Arabiens Wohlgerüchen unbegreiflich erscheinen. Liebevoll betreut dich der Kellner, seine Augen leuchten, wenn er dir von der Knusprigkeit des Tafelspitz erzählt und von der Würze der Schnittlauchsauce.“ Ganz so ist es leider nicht mehr. Dafür haben vier Jahrzehnte Sozialismus gesorgt: Noch heute liegt die Ausbildung junger Köche vielfach in den Händen derer, die zu Zeiten der nationalen Einheitsküche in die Lehre gingen, als jegliche Kreativität untersagt war, um die Gleichstellung der Restaurants zu gewährleisten. In den Kurbädern aber bemüht man sich, an die glanzvolle alte Zeit anzuknüpfen.

Wo isst man?

Günstig und sättigend, aber alles andere als in stilvoller Atmosphäre isst man in einer *pivnice, hospoda* bzw. *hostinec.* Erstere ist eine Bierstube, die anderen zwei sind eine Mischung aus Bierstube und Restaurant. Hauptgerichte (insbesondere Schnitzel und Braten mit Kloß) werden dort ab ca. 3,50 € serviert, zudem kommen auch kalte Speisen auf den Tisch. Eine größere Auswahl an Gerichten bieten *restauraces.* Diese gibt es in der einfach-rustikalen Version mit speckigen Tischdecken genauso wie in der gepflegt-gediegenen mit Kronleuchtern und Kellnern im Frack – Letztere findet man insbesondere in den Kurbädern und in Prag. In der Preisklasse von 6 € und mehr für ein Hauptgericht isst man meist recht gut. In den Mittelklasserestaurants Westböhmens geht es dabei insgesamt freundlicher und ehrlicher zu als im touristischen Zentrum Prags.

Egal wo, ein gesetzliches Rauchverbot in Restaurants und Kneipen gibt es bislang nicht. Nicht wenige Lokale untersagen das Rauchen aber mittlerweile oder haben Nichtraucherräume bzw. -ecken eingerichtet.

Wann isst man?

Die Hauptmahlzeit nehmen die Tschechen mittags ein. In den meisten *restauraces* werden dann preiswerte Tagesgerichte angeboten. Am Abend wird früh gegessen. In Dorfkneipen macht die Küche oft schon gegen 20.30 Uhr zu, ansonsten ist um 22 oder 23 Uhr Zapfenstreich. Lediglich in den Trendrestaurants der größeren Städte wird bis spät in die Nacht serviert.

Was isst man?

Karlsbad, Pilsen oder Prag bieten eine große gastronomische Vielfalt, dort sorgt auch der Konkurrenzdruck meist für gute Qualität. Auf dem Land hingegen haben sich die Speisekarten vielerorts seit Jahrzehnten nicht verändert. Serviert wird noch immer die nationale Einheitsküche, in der Abwechslung rar ist. Auf knackige Salate, frische Kräuter oder regionale Spezialitäten muss man weitestgehend verzichten.

Vepřová pečeně (Schweinebraten) nennt sich das Leibgericht der Tschechen, gefolgt von *svíčková na smetaně* (Lendenbraten mit Sahnesoße) und *guláš.* Auch das Schnitzel *(vepřový řízek)* fehlt auf keiner Karte. In besseren *restauraces* wird zudem noch Wild und Fisch serviert. Fisch ist v. a. im Böhmerwald sehr beliebt, wo sich in den Teichen und Flüsschen Karpfen, Hechte und Forellen nur so tummeln. Empfehlenswerte Vorspeisen sind sämige, herzhafte Kraut-, Kartoffel- oder Linsensuppen.

Wichtigste **Beilage** und quasi der Schwamm zum Aufsaugen der Bratentunke sind Klöße, die in verschiedenen Variationen auftauchen: als *houskové*

Oblatenbäckerei in Marienbad

Wohl bekommt's!

knedlíky (in Scheiben geschnittene Mehlklöße), *bramborové knedlíky* (Kartoffelklöße) und – seltener – *špekové knedlíky* (Speckklöße).

Berühmt ist Westböhmen auch für seine **Süßspeisen**. Fragen Sie nach *lívance* (Liwanzen, mit Pflaumenmus bestrichene Hefeplätzchen) oder *buchty* (Buchteln, mit Pflaumenmus oder Mohn gefüllte Mehlspeise). Schleckermäuler sollten zudem Obstknödel *(ovocné knedlíky)* oder gefüllte Pfannkuchen *(palačinky)* kosten. Den zwickenden Magen beruhigt hinterher ein Becherovka, der tschechische Nationalschnaps und Karlsbads „13. Quelle" (→ S. 61).

In vielen Bierstuben gibt es nur **kalte Speisen** wie z. B. *utopenci* (Ertrunkene), das sind dicke Fleischwürste in Essig und Zwiebeln. Oder *pivní sýr*, ein Quarkkäse, der mit Zwiebeln, warmem Senf und Bier vermischt aufs Brot gestrichen wird. Äußerst lecker ist *nakládaný hermelín*, kein zähes Wiesel, sondern der tschechische Camembert, in Öl, Gewürzen und Knoblauch mariniert. Unter *topinka* versteht man ein mit Knoblauch bestrichenes und mit unterschiedlichen Zutaten belegtes Röstbrot. Empfehlenswert sind die Brotzeitteller mit jeder Menge Wurst und Käse.

> Die Preisangaben im Reiseteil des Buches beziehen sich lediglich auf die Hauptgerichte (abgekürzt mit „Hg."). Beilagen müssen, von den Tagesgerichten abgesehen, meist extra bestellt werden. Die Grammangaben vor Fleisch- und Fischgerichten sind Relikte aus sozialistischer Zeit. Als Trinkgeld gibt man etwa 10 %, in touristischen Lokalen wird dieses oft automatisch berechnet. Dort sollte man stets Rechnung und Wechselgeld überprüfen! Einen Servicezuschlag bezahlen i. d. R. nur Ausländer!

Was isst man als Vegetarier?

Vegetarier haben es schwer in einem Land, dessen durchschnittlicher Fleischkonsum zu den höchsten der Welt zählt. Verhungern brauchen aber auch sie nicht. *Knedlíky s vejce* (gebratenes Knödel mit Ei), *smažený sýr* (warmer panierter Käse) oder *šopský salát* (Gurken-Tomaten-Salat mit geriebenem Schafskäse) werden nahezu überall angeboten. In manchen Restaurants findet man auch unter der Überschrift *bezmasa* („Ohne Fleisch") ein paar Gerichte. Aber Achtung: Darunter fallen manchmal auch Speisen, deren Hauptbestandteil nicht aus Fleisch besteht, so z. B. ein Omelett mit Schinken oder Bratkartoffeln mit Speck. Eine gute Alternative für Vegetarier sind Pizzerien.

Was isst man auf die Schnelle?

Fast Food auf Tschechisch ist z. B. *párek v rohlíku* (tschechischer Hotdog) oder eine dicke *klobása* (gegrillte Wurst) mit Brot und Senf: ein fettig-spritzendes Bisserlebnis, das die Handcreme ersetzt. Ebenso schwer verdaulich ist *langoš*, ein mit Ketchup, Käse und Knoblauch belegter Teig aus der Fritteuse. Beliebt sind sog. *chlebíčky*, kunstvoll arrangierte und reich mit Schinken, Edamer, Mayonnaise und Ei belegte Baguettescheiben. Sie gibt es auch noch in anderen Variationen. Diese „Brötchen fürs Volk" sollten allerdings am besten vormittags genossen werden – ab 3 Uhr nachmittags beginnen sie langsam zu versteinern. Wer sie kosten will, muss nach einem *lahůdky* (einem tschechischen Delikatessengeschäft) Ausschau halten.

Was trinkt man dazu?

Na klar, **Bier**, gehört doch tschechisches Bier zu den besten Bieren der Welt! 160 Liter Bier pro Kopf und Jahr konsumieren die Tschechen im Durchschnitt – Kinder und Abstinenzler eingerechnet (die Deutschen schaffen 109 Liter). Die Kommunisten nannten es einst gar „Brot der Bevölkerung".

Die bekanntesten westböhmischen Biere sind *Plzeňský prazdroj* (Pilsner Urquell) und *Chodovar* aus dem Örtchen Chodová Planá bei Marienbad. In beiden Brauereien sind Besichtigungen möglich. Populär sind zudem *Budvar, Krušovice, Velkopopovický kozel* und *Gambrinus*. Letztere zwei sind all jenen zu empfehlen, die es nicht so bitter-herb mögen. Prags größte Brauerei ist *Staropramen*, der Stadt berühmteste Kleinbrauerei nennt sich *U Fleků*.

Allgemein unterscheidet man zwischen hellem *(světlé)* und dunklem Bier *(tmavé bzw. černé)*, eine Art Malzbier für Erwachsene. Beide lassen sich auch mischen. Was herauskommt, heißt *řezané*, „Geschnittenes". Tschechisches Bier wird nicht nach seinem Alkoholgehalt, sondern nach den Platograden unterschieden, d. h. dem Anteil löslicher Stoffe in der Würze vor dem Gärungsprozess. Faustregel zum Ausrechnen des Alkoholgehaltes: Stammwürze geteilt durch drei. Meist wird 10- oder 12-gradiges Bier ausgeschenkt, das mit etwa 3,5–4,5 % Alkohol deutlich schwächer ist als deutsches Bier.

Am besten schmeckt das Bier in einer typischen *pivnice* (Bierstube), die aus nichts anderem besteht als aus ein paar einfachen langen Holztischen, einer Schanktheke, ein bisschen Kitsch an den Wänden und einem derben Kellner. Frischluft ist darin ein Fremdwort, dicke Rauchschwaden vernebeln den Raum. In Anzug und Krawatte ist man ebenso willkommen wie im verschmierten Overall aus der Werkstatt. Denn Trinken ist in Tschechien eine demokratische Angelegenheit, und vor dem Zapfhahn einer *pivnice* sind alle Menschen gleich. Das Bier wird i. d. R. so lange unaufgefordert auf den Tisch gestellt, bis man zahlt oder umfällt. Die Preise für einen halben Liter schwanken je nach Niveau der Gaststätte zwischen 0,80 € und 2,50 €.

Aber auch **Wein** kann man zum Essen trinken. Seit dem EU-Beitritt versuchen mehr und mehr tschechische Winzer Klasse statt Masse zu produzieren. So manchem ist das auch schon gelungen. Die größten Weinanbaugebiete findet man in

Mähren, angebaut werden insbesondere Grüner Veltliner *(Veltlínské Zelené)*, Müller-Thurgau, Weißer Burgunder *(Rulandské bílé)*, Welschriesling *(Ryzlink vlašský)*, Chardonnay und Sauvignon, Saint Laurent *(Svatovavřinecké)*, Blaufränkischer *(Frankovka)*, Blauer Portugieser *(Modrý Portugal)*, Zweigeltrebe und Spätburgunder *(Rulandské modré)*.

Als **Kaffee** nach dem Essen stehen meist *Vídeňská káva* (Wiener Kaffee mit dicker Sahnehaube), *presso* (ein verlängerter Espresso) oder Cappuccino zur Auswahl. Der *Turecká* (türkischer Kaffee) – bis vor wenigen Jahren der tschechische Standardkaffee, heute von presso & Co. etwas ins Abseits gedrängt – ist im Gegensatz zum Original ein ziemlich widerlicher, gallenbitterer Aufguss, bei dem man mit dem letzten Schluck den Kaffeesatz zwischen den Zähnen hat. Alle anderen Getränke sind, sofern man kein Billigimitat bestellt, wie daheim. Ein Genuss sind übrigens die tschechischen **Mineralwässer.**

Übernachten

Zwischen mondän und marod – das Angebot an Übernachtungsmöglichkeiten in Westböhmen ist vielseitig. Vom Jugendstilpalast mit jeglichem Komfort über das Parkhotel in Plattenbauversion bis zur spartanischen Holzhütte ohne Dusche können Sie alles buchen. Und der Blick in die Zukunft ist vielversprechend, jedes Jahr entstehen neue Häuser oder alte erstrahlen in neuem Glanz.

Hotels und Pensionen

Gehobene Hotels und Pensionen, die westeuropäischen Komfort offerieren und westeuropäische Preise verlangen, finden Sie in den Kurorten und in Prag u. a. in wunderschönen klassizistischen Bauten oder Palästchen im Zuckerbäckerstil. Auf dem Land hingegen sind stilvolle Hotels oder Pensionen auch mehr als 20 Jahre nach der Samtenen Revolution noch rar. Das gilt jedoch nicht für touristische Ecken wie den Böhmerwald. Ansprechende Mittelklassehotels sind ebenfalls selten. Selbst wenn sie in alten Prunkbauten untergebracht sind, verblasst deren Fassadenherrlichkeit oft schon in der Eingangshalle. Der Restaurierungs- und Sanierungsboom der letzten Jahre beschränkte sich häufig nur auf einen neuen Anstrich, den Austausch der Fenster und Teppichböden (warum fast überall der gleiche graue verlegt wurde, ist eines der großen tschechischen Rätsel) und eine Modernisierung der Bäder. Von einer ansprechenden, zeitgemäßen Ausstattung der Zimmer hingegen oft keine Spur. Nicht selten erwarten den Gast furnierte Möbel aus vorrevolutionärer Zeit oder billiges Kaufhausmobiliar und zudem eine unberechenbare Heizung, die entweder gar nicht funktioniert oder aber so, dass man auch bei minus 15 °C bei offenem Fenster schlafen muss. Preiswerte Zimmer oder Bungalows vermieten vielerorts auch Campingplätze (s. u.).

> Während der tschechischen Ferienzeit von Anfang Juli bis Mitte August empfiehlt sich – v. a. bei einfacheren Unterkünften – eine Reservierung.

Bei der Entscheidung für ein Hotel sollte man die Sterneanzahl mit Vorsicht genießen: Auch Plattenbauhotels können über einen Lift oder ein Telefon in ihren Zimmern verfügen und haben so ein paar Sterne mehr. Besichtigen Sie ein Zimmer, bevor Sie einchecken! Buchen Sie keine Voll- oder Halbpension – das kann eine kulinarisch überaus eintönige Angelegenheit werden. In Acht nehmen sollte man sich vor den mit roten Herzchen geschmückten „Pensionen" an den grenzüberschreitenden Hauptverkehrswegen – es sind Kleinstbordelle auf unterstem Niveau. Viele Kurhotels können nur in Verbindung mit einer Kur gebucht werden. Einige vermieten jedoch auch an Nichtkurgäste, sofern Kapazitäten frei sind. Eine sehr gute Wahl treffen Sie mit den im Buch durch gelbe Kästen hervorgehobenen Unterkünften.

Für ein DZ inkl. Frühstück in einem renovierten Mittelklassehaus sollte man – je nach Ort – mit 50–100 € rechnen, in einem First-Class-Hotel kosten DZ bis zu 300 €. Die Preisspanne bei Pensionen und einfachen Hotels bewegt sich zwischen 25 und 60 € für ein DZ.

Spartipp: Über Čedok (www.cedok.de, www.cedok.at, www.cedok.ch) können Sie so manche der im Buch aufgeführten Hotels 20–60 % billiger buchen. Auch unter www.hrs.de, www.booking.com, www.czechhotels.cz oder www.hotel.cz gibt es so manches Schnäppchen in den Kurbädern oder in Prag.

Hostels und Jugendherbergen

Unterkünfte, in denen sich die internationale Backpackerszene trifft und die fröhliche Party am Abend wichtiger ist als die Dusche im Zimmer, existieren in Westböhmen kaum, wohl aber in Prag. Bei den meisten Jugendherbergen *(domov mládeže)* Westböhmens handelt es sich um sterile Schüler- und Studentenwohnheime, in denen während der Sommerferien Zimmer an Touristen vermietet werden. Viele dieser Wohnheime sind in tristen Plattenbauten untergebracht. Die Preise sind niedrig (ab 10–12 €/Pers.), das Niveau lässt sich mit dem eines einfachen Hotels vergleichen. Das Gros der Zwei- und Dreibettzimmer besitzt ein privates Bad, der Schlafsack kann zu Hause bleiben. Zimmer in Jugendherbergen vermitteln i. d. R. die örtlichen Touristeninformationen.

Die im Buch angegebenen Preise für Unterkünfte beziehen sich auf die **Hauptsaison** (HS). In Westböhmen, insbesondere in den Kurorten, dauert diese von Anfang Mai bis Ende September, in den Wintersportorten von Weihnachten bis Mitte März und in Prag von Mitte März bis Ende Juni und von Anfang August bis Ende Oktober. Achtung: In Prag verlangen viele Hotels um Silvester einen Topsaisonzuschlag von 30–100 % auf den Hochsaisonpreis. Preisangaben für Doppelzimmer (DZ) gelten immer für zwei Personen und beinhalten, wenn nicht anders angegeben, Frühstück. Da die Preise ständigen Änderungen unterworfen sind, sind sie als Anhaltspunkte zu verstehen. In der **Nebensaison** (NS) spart man gegenüber der Hauptsaison in vielen Häusern bis zu 50 %.

Apartments und Ferienwohnungen

Eine interessante Alternative für Familien oder Gruppen. Die Ausstattung vieler Apartments und Ferienwohnungen ist im Vergleich zu Pensionen oder einfachen Hotels oft erheblich komfortabler – rustikale Einrichtungen überwiegen. Ein Apartment für zwei Personen kostet je nach Standort und Ausstattung 40–120 €.

Privatzimmer

Schilder mit „Zimmer frei" sieht man häufig an Stadträndern. Privatzimmer waren v. a. Anfang der 90er-Jahre, als die heranrollenden Touristenmassen die Kapazitäten der Hotels bei Weitem überstiegen, der Renner. Mittlerweile gibt es fast überall genug Betten, dass man nicht gezwungenermaßen auf sie zurückgreifen muss. Nicht jedermanns Sache ist es schließlich, eingezwängt zwischen Aquarium und Einbauschrank sein Nachtlager zu beziehen und Klo und Bad mit der Familie zu teilen. Vielen Vermietern geht es leider auch mehr darum, den schnellen Euro zu machen, als den Gästen einen angenehmen Aufenthalt zu bescheren. So sind die Zimmer nicht selten mit dem gesammelten Wohnschrott aus 40 Jahren Sozialismus vollgestellt. Dennoch hat man bei einem Privatquartier, die beste Möglichkeit, Einblicke ins tschechisches Alltagsleben zu bekommen. Tschechische Wohnungen sind i. d. R. sehr sauber, Schuhe werden an der Wohnungstüre ausgezogen. Übernachten kann man hier bereits ab 8 € pro Person.

Camping

Im Reisegebiet gibt es etliche Campingplätze, lediglich im Erzgebirge ist die Auswahl bescheiden. Das Gros der Campingplätze liegt an Stauseen, Teichen oder Flüssen, für Badefreuden ist also meist gesorgt. Die schönsten und aufgrund ihrer Lage interessantesten Plätze sind im Buch bei den jeweiligen Orten verzeichnet. Es kann aber durchaus sein, dass bis zu Ihrem Besuch der eine oder andere Campingplatz mangels Rentabilität schließen musste, denn immer weniger Tschechen campen im eigenen Land – immer mehr erkunden das Ausland.

Urlaub auf Balkonien

Nur wenige Plätze sind ganzjährig geöffnet, viele haben nur von Mitte Mai bis Ende September geöffnet (genaue Daten bei den aufgeführten Plätzen im Reiseteil). Hochsaison herrscht zur tschechischen und holländischen Ferienzeit, davor und danach trifft man nur noch auf ein paar Rentner. Zwei Personen mit Auto und Zelt (was i. d. R. auch dem Preis für zwei Personen im Wohnmobil entspricht) zahlen pro Nacht je nach Ausstattung des Platzes 7–20 €. Die teureren sind meist komfortable Anlagen mit guten Sanitäreinrichtungen, Restaurant, Küche, Minimarkt, Stromanschluss und vielen, vielen Holländern. Nicht selten sind die Plätze auch in holländischer Hand, was auf den Hinweisschildern am Zusatz „NL“ zu erkennen ist. Bei den billigsten Plätzen handelt es sich um Wiesen, mit deren Vermietung als Campingareal sich die Bauern im Sommer ein Zubrot verdienen. Die Würstelbude mit Bierausschank fehlt aber auch hier nicht. Jedoch sind die sanitären Anlagen auf solchen Plätzen meist bescheiden, zuweilen teilen sich 100 Camper eine Toilette und eine Dusche. Dafür entschädigen Lagerfeuer und lustige Partys mit Klampfenmusik bis spät in die Nacht.

Die meisten größeren Campingplätze vermieten *chatas*. Diese Holzhütten liegen im Niveau irgendwo zwischen gut ausgestatteten Ferienhäuschen mit eigenem Bad und Küche und spartanischen Pritschenunterkünften im Hasenstallformat. Für die Hauptreisezeit ist eine Reservierung empfehlenswert. Übernachten kann man hier schon ab 7 € pro Person.

Weitere **Informationen** zu Campingmöglichkeiten in Tschechien finden Sie unter www.camp.cz, auch gibt es Campingkarten (→ Literatur, S. 31), auf denen das Gros der Plätze verzeichnet ist.

Wissenswertes von A bis Z

Ärztliche Versorgung

Für eine ärztliche Behandlung in Kliniken und Praxen, die dem staatlichen Versicherungssystem angeschlossen sind, benötigen Sie die Europäische Krankenversicherungskarte (EHIC). Darüber hinaus empfiehlt sich der Abschluss einer privaten Auslandskrankenversicherung (nicht teuer, bereits ab 10 €!), die einen Krankenrücktransport mit einschließt. Wanderern und allen, die sich viel in der Natur aufhalten, ist von Frühjahr bis Spätherbst eine Zeckenimpfung (FSME-Impfung) angeraten.

Apotheke heißt übrigens *Lékárna*. Medikamente sind in Tschechien deutlich billiger als im deutschsprachigen Raum.

Die Anschriften der nächstgelegenen Krankenhäuser *(nemocnice)* finden Sie unter der Rubrik „Adressen" bei allen Kurbädern und größeren Städten. Bei Prag sind die von der deutschen Botschaft empfohlenen Krankenhäuser und Ärzte aufgeführt (→ S. 188).

Behinderte

Tschechien ist – mit Ausnahme der Kurbäder – kein behindertenfreundliches Reiseziel, was Infrastruktur und Einrichtungen angeht. Organisierte Reisen nach Böhmen bzw. Prag bieten folgende beide Agenturen an:

Reiseagentur für Behindertenreisen Carsten Müller, Straße 6/116, 13059 Berlin, ✆ 030/9244035, www.behindertenreisen-cm.de.

mare nostrum, Oudenarderstr. 7, 13347 Berlin, ✆ 030/45026454, www.mare-nostrum.de.

Diplomatische Vertretungen

Botschaften der Tschechischen Republik: Wilhelmstr. 44, 10117 **Berlin,** ✆ 030/226380, www.mzv.cz/berlin.

Penzinger Str. 11–13, 1140 **Wien,** ✆ 01/89958111, www.mzv.cz/vienna.

Muristr. 53 (Eingang Burgernzielweg), 3006 **Bern,** ✆ 031/3504070, www.mzv.cz/bern.

Ausländische Botschaften in Prag: Botschaft der Bundesrepublik Deutschland, Vlašska 19, Malá Strana, ✆ 257113111, www.prag.diplo.de. Ⓢ 12, 22 Malostranské náměstí.

Botschaft der Republik Österreich, Viktora Huga 10, Smíchov, ✆ 257090511, www.bmeia.gv.at/botschaft/prag.html. Ⓢ6, 9, 12, 20 Arbesovo náměstí.

Botschaft der Schweiz, Pevnostní 7, Střešovice, ✆ 220400611, www.eda.admin.ch/prag. Ⓢ1, 2, 18 Vozovna Střešovice.

Einkaufen

Die drei mit Abstand beliebtesten Mitbringsel aus Tschechien sind Karlsbader Oblaten, Becherovka und Zigaretten. Letztere sind um einiges billiger als zu Hause, dürfen von Österreichern und Schweizern aber nur begrenzt ins Heimatland eingeführt werden (→ Zollbestimmungen, S. 36). Gern gekauft werden ferner *Bohemia*-Sekt (gut, gehört zu Henkell), feingeschliffenes Kristall aus dem Böhmerwald, Klöppelarbeiten aus dem Erzgebirge, Moser-Glas aus Karlsbad (→ S. 64), bunte Keramik aus dem Chodenland, Holzspielzeug und Gartenzwerge in allen Größen. Nach Kleidung schaut man sich am besten in Prag um. Hochwertige Ware – egal ob Designerhose, Digitalkamera oder Brillanten – ist i. d. R. jedoch teurer als im Heimatland. Wer in Sachen ČSSR-Devotionalien unterwegs ist, sollte sein Glück in einem Trödelladen *(bazar zastavarna)* versuchen. Empfehlenswerte Geschäfte finden Sie im Reiseteil des Buches unter der Rubrik „Einkaufen".

Souvenirs aus Westböhmen

TAX-FREE-Einkauf: Schweizer Staatsbürger, die in Geschäften und Boutiquen mit einem TAX-FREE-Symbol am Schaufenster einkaufen, können sich bei der Ausreise an sog. „Cash Refund Offices" (an mehreren Grenzübergängen und an Prags internationalem Flughafen) die Mehrwertsteuer von 20 % abzüglich einer Gebühr zurückerstatten lassen. Der Rechnungsbetrag muss jedoch mehr als 2000 Kč betragen. Dafür bedarf es eines vollständig ausgefüllten Taxfree-Schecks vom Verkäufer, der bei der Ausreise vom tschechischen Zoll abgestempelt werden muss.

Elektrizität

Die elektrische Spannung beträgt 230V. Wenn Ihre Geräte einen schmalen Eurostecker haben, brauchen Sie keinen Adapter. Sind die Stecker jedoch runde Schukostecker, so benötigen Sie einen Adapter für Südosteuropa!

Feiertage

1. Januar: Neujahr

Ostern: Lediglich Ostermontag ist ein Feiertag, am Karfreitag wird gearbeitet.

1. Mai: Tag der Arbeit

8. Mai: Tag der Befreiung Prags vom Faschismus 1945
5. Juli: Tag der Slawenapostel Kyrill und Method
6. Juli: Gedenktag für Jan Hus
28. September: Todestag des Hl. Wenzels
28. Oktober: Gründungstag der ersten Tschechoslowakischen Republik (1918)
17. November: Gedenktag an die Novemberdemonstration von 1989
24.–26. Dezember: Weihnachten

Geld und Geldwechsel

Der Euro wird erst mit dem Beitritt zur Europäischen Währungsunion eingeführt (voraussichtlich nicht vor 2014). Bis dahin ist die Tschechische Krone *(koruna česká)*, abgekürzt Kč, gesetzliches Zahlungsmittel. Im Umlauf sind Banknoten zu 100, 200, 500, 1000, 2000 und 5000 Kč und Münzen zu 1, 2, 5, 10, 20 und 50 Kč. Der Heller *(haléřů)*, das einstige Pendant zum Cent oder Pfennig, wurde 2008 abgeschafft.

1 € entsprach im März 2011 ca. 2X,24,3 Kč, 1 sfr ca. 1X,18,7 Kč.

Geldwechsel: Wechselstuben findet man im Zentrum Prags, in den Kurorten und allen touristischen Orten an vielen Ecken. Die Kursunterschiede sind insgesamt gering, auch wenn es auf den ersten Blick nicht so aussieht. Dort, wo mit besseren Kursen geworben wird, gelten diese nur für Wechselbeträge über 1000 oder 2000 € oder es fallen höhere Gebühren an. „No commission" bezieht sich in 99 % aller Fälle nur auf den Rückumtausch von Kronen. Dennoch lohnt ein Vergleich! Und ganz wichtig: Fragen Sie vor dem Umtausch nach, wie viele Kronen Sie für Ihr Geld bar ausbezahlt bekommen! I. d. R. bieten die Banken bessere Kurse.

Geldautomaten: Gibt es ebenfalls überall. Das Abheben mit der Maestro-Karte ist nicht nur der bequemste Weg, sondern zugleich auch der günstigste, sofern man höhere Beträge zieht (max. 13.000 Kč). Trotz fälliger Gebühren ist dann der Kurs im Endeffekt meist besser als beim Barumtausch.

Bei Verlust einer Kredit- oder Maestro-Karte wählen Deutsche die Servicenummer 0049-116116. Abhängig vom Ausstellungsland der Karte gelten zudem folgende Sperrnummern: Für **American Express**: ✆ 0049-69-97971000 (D/A), ✆ 0041-44-6596333 (CH). **Diners Club**: ✆ 0049-180-5070704 (D), ✆ 0041-58-7508008 (CH), ✆ 0043-1-50135135 (A). **Visa**: ✆ 800142121 (Servicenr. in CZ für D, A, CH). **Master/Eurocard**: ✆ 800-142-494 (Servicenr. in CZ für D, A, CH). **Maestro-Karte**: ✆ 0049-1805021021 (D), ✆ 0043-1-2048800 (A), ✆ 0041-800800488 (Credit Suisse), ✆ 0041-848888601 (UBS).

Die im Buch angegebenen Preise können sich von denen, die Sie vor Ort erfahren, erheblich unterscheiden. Das hat zum einen mit den stetig steigenden Preisen im Land zu tun, zum anderen mit Wechselkursschwankungen. Sofern uns geplante Preiserhöhungen bekannt waren, sind diese berücksichtigt, andernfalls entsprechen die Preise dem Zeitpunkt der Recherche im Jahr 2010.

Was kostet was?

Bier in der Kneipe	ab 0,80 €
Essen im Restaurant	ab 3–5 €
Päckchen Zigaretten	ab 2,50 €
1 l Diesel	ca. 1,35 €
Museumseintritt	0,80–13 €

Kreditkarten: Werden in allen besseren Restaurants, Hotels und Geschäften akzeptiert.

Reiseschecks: Der sicherste Weg, doch leider ist der Kurs für Reiseschecks in Tschechien sehr schlecht.

Hausnummern

In allen größeren Städten Tschechiens hat jedes Haus zwei Nummern. Die weiße Nummer auf blauem Hintergrund ist die eigentliche Hausnummer, wie man sie bei uns kennt. Die Zahl auf rotem Hintergrund ist die Nummer, unter der das Haus im Grundbuch eingetragen ist. So bezeichnet sie zugleich die Reihenfolge, in der die Häuser in der jeweiligen Stadt bzw. deren Stadtteilen gebaut wurden.

Haustiere

In vielen Hotels sind Haustiere gestattet, die meisten verlangen dafür einen Aufpreis. In öffentlichen Verkehrsmitteln benötigen Sie für Ihren Hund einen Maulkorb. Für die Einreise mit Haustieren → Reisedokumente, S. 34.

Information

Die **Tschechische Zentrale für Tourismus** (www.czechtourism.com, auch in Deutsch) unterhält im In- und Ausland Fremdenverkehrsämter, die auf Wunsch – Anruf oder E-Mail genügt – vielfältiges Informationsmaterial verschicken. Schweizer wenden sich an die Zentralen in Deutschland oder Österreich.

Tschechische Zentrale für Tourismus, Wilhelmstr. 44, 10117 **Berlin,** ✆ 030/2044770, info1-de@czechtourism.com. Herrengasse 17, 1010 **Wien,** ✆ 01/53321933, info-at@czechtourism.com.

Auskünfte vor Ort erhalten Sie bei den Touristeninformationen. Deren Adressen sind im Reiseteil bei den jeweiligen Städten unter der Überschrift „Information" angegeben.

Internet

Sofern vorhanden bzw. mit Gewinn zu nutzen, sind die Internetadressen diverser Einrichtungen wie Hotels oder Fluggesellschaften im Buch angegeben. Die offiziellen Seiten der Städte und Kurbäder Westböhmens finden Sie im Reiseteil unter der Überschrift „Information". Weitere interessante Seiten sind:

www.tschechien-online.org: Nachrichten, Hintergrundinformationen und ein kommentierter Veranstaltungskalender – alles in Deutsch.

www.radio.cz: Das tschechische Pendant zur Deutschen Welle – aktuelle Nachrichten und sämtliche deutschsprachige Radiobeiträge zum Nachlesen und -hören.

Aktuelle Informationen zu diesem Reiseführer, die die Autoren nach Redaktionsschluss erreichten, finden Sie auf den Westböhmenseiten des Michael-Müller-Verlags unter **www.michael-mueller-verlag.de.**

www.czech.cz: Die offizielle Seite der Tschechischen Republik, auch in deutscher Sprache.

www.ticketpro.cz: Hier erfahren Sie, welche kulturellen Veranstaltungen während Ihres Besuches über die Bühnen gehen und können dafür auch gleich Tickets kaufen.

www.expats.cz: Englischsprachige Seite für in Prag lebende Ausländer (Wohnungen, Jobs, Veranstaltungen etc.).

Für die **Hotelsuche** im Internet → S. 23.

Internetzugang: Das Gros aller Hotels, egal welcher Kategorie, bietet WLAN, das Gleiche gilt für viele Bars und Cafés. Zudem verfügen die meisten Touristeninformationen über eine Internetecke. Internet-Cafés (30 Min. ab 1 €) sind im Reiseteil nicht aufgeführt, da sich deren Adressen erfahrungsgemäß ständig ändern.

Kasinos und Spielotheken

In den tschechischen Kasinos versuchen vornehmlich Touristen und die im Land lebenden Vietnamesen ihr Glück. Die schönsten findet man in den Kurorten und in Prag. Ein offizieller Dresscode besteht für die meisten Kasinos nicht, erwartet wird dennoch feinere Kleidung als der Jogginganzug. Gespielt werden Roulette, Black Jack, Bakkarat usw. Eintritt wird i. d. R. nicht erhoben, jedoch müssen Sie sich ausweisen und registrieren lassen. Die Kasinos für den armen Mann nennen sich Herna Bars – schummrige, verräucherte Höhlen voller Spielautomaten und einarmiger Banditen. Sie haben meist rund um die Uhr geöffnet und ziehen ein recht bizarres Publikum an: Arbeiter zum Frühstücksbier, Penner zum Aufwärmen und Banker zum Kaffee.

Klima

Das Wetter Tschechiens wird zum einen vom ozeanischen Klima Westeuropas beeinflusst, zum anderen vom kontinentalen Klima, das von Polen und Russland kommt. D. h., wenn es in Deutschland regnet, kann in Prag die Sonne scheinen – was es häufig auch tut. Aber auch das Gegenteil kann der Fall sein.

Klima

Monat	Ø Lufttemperatur (Min./Max. in °C)		Ø Niedertschlag in Tagen	Ø Sonnenstunden. tägl. in °C
Januar	-5	0	6	2
Februar	-4	1	6	3
März	-1	7	6	4
April	3	12	7	6
Mai	8	18	9	7
Juni	11	21	9	8
Juli	13	23	10	8
August	13	22	9	7
September	9	18	6	6
Oktober	5	12	7	4
November	1	5	5	2
Dezember	-3	1	6	2

Kriminalität

In puncto Umsatzeinbußen durch Ladendiebstahl ist Tschechien europaweit Spitzenreiter. Und was die Korruption im Land angeht, präsentiert man sich im europäischen Ranking auch nicht schlecht: Egal ob Baugenehmigung, TÜV-Plakette oder Studienplatz – alles nur eine Frage des Preises. Wer aber als Tourist durch Tschechien reist, hat wenig zu befürchten, sofern man bewachte Parkplätze wählt, beim Abheben mit der Bank- oder Kreditkarte darauf achtet, dass niemand den PIN-Code ausspäht und in Prags überfüllten U- und Straßenbahnen seine Wertsachen im Auge behält.

Kuren und Wellness

Ein außergewöhnlicher Reichtum an Naturheilquellen, Quellgas, Heilschlamm sowie unterschiedlichsten Mineralwässern und dazu eine jahrhundertealte Kurtradition haben dem Bäderdreieck den Ruf eines Kurparadieses eingetragen. Das Gros der behandelnden Ärzte spricht hervorragend Deutsch. Damit eine Kur auch Wirkung zeigt, ist ein mindestens zweiwöchiger Kuraufenthalt empfehlenswert. Arztbefunde können von zu Hause mitgebracht werden, werden aber auch vor Ort erstellt. Manche Krankenkassen bewilligen Kuraufenthalte im Bäderdreieck und verfügen dort über Vertragshotels, andere schießen keinen müden Cent zu – erkundigen Sie sich diesbezüglich detailliert bei Ihrer Krankenkasse. Mehr und mehr setzt man in den Kurorten auch auf diverse Beauty- und Wellnessangebote; das Niveau liegt jedoch in vielen Häusern noch unter dem von zuhause.

• *Preise* Die Unterschiede sind enorm. Wer sich in der NS mit einer einfachen Kurpension zufrieden gibt, kann 14 Tage lang bereits ab 500 € inkl. HP kuren. Kuraufenthalte in einem Vier-Sterne-Haus hingegen können 2500 € für den gleichen Zeitraum betragen.

• *Kursaison* Die Kurhäuser sind ganzjährig geöffnet. Die HS dauert von Anfang Mai bis Ende September.

• *Information* Umfangreiches Informationsmaterial schicken die Kurverwaltungen gerne zu. Deren Adressen und Internetseiten finden Sie unter dem Stichwort „Kuren" bei den verschiedenen Kurorten.

Literatur und Karten

Zu den großen deutschsprachigen Autoren aus Böhmen und Mähren gehören u. a. Adalbert Stifter (1805–1868, der Böhmerwalderzähler schlechthin), Karl Kraus (1874–1936, berühmt u. a. durch die *Die letzten Tage der Menschheit*), Egon Erwin Kisch (1885–1948, der „rasende Reporter"), Franz Kafka (1883–1924, → S. 226), Max Brod (1884–1968, u. a. auch Herausgeber von Kafkas Werk), Franz Werfel (1890–1945, berühmt u. a. durch *Die vierzig Tage des Musa Dagh*), Rainer Maria Rilke (1875–1926, berühmt u. a. durch *Die Aufzeichnungen des Malte Laurids Brigge*) und – etwas weniger bekannt – Johannes Urzidil (1896–1970), von dem u. a. die kunsthistorische Studie *Goethe in Böhmen* stammt. Im Reiseteil werden Sie diesen Autoren immer wieder begegnen. Im Folgenden weitere Vorschläge für empfehlenswerte und weiterführende Literatur zu Westböhmen, Tschechien und Prag – banaler, dafür sicher auch unterhaltsamer als Goethes *Marienbader Elegie* ...

• *Zu Böhmen* Der Verlag Nakladatelství Českého Lesa gibt eine Reihe **Historisch-touristischer Führer** in Tschechisch und Deutsch zu den meisten Landkreisen und Regionen im Reisegebiet heraus. Keine Kapelle und kein Brunnenloch wird ausgelassen. Sehr informativ. Vor Ort überall erhältlich.

Manfred Alexander: Kleine Geschichte der böhmischen Länder. Reclam, Ditzingen 2008. Wie der Titel vermuten lässt, die Geschichte des Landes vom Großmährischen Reich bis zum EU-Beitritt – mit 600 Seiten aber alles andere als „klein".

Hugo Rokyta: Die böhmischen Länder. Böhmen. Vitalis-Buchverlag, Prag 1997. Hier werden Burgen und Schlösser der Gegend nicht architektonisch beleuchtet, sondern mit den Persönlichkeiten in Verbindung gebracht, die darin einst lebten oder zu Besuch weilten.

Paul Kruntorad: Kafka, das Schloss und die Schuhfabrik. Tschechische Kostbarkeiten. Picus: Wien 2004. Der 1935 in Budweis geborene und 2006 in Wien verstorbene Publizist zeichnet ein unterhaltsames und kritisches Bild des modernen Tschechien.

Catherine Sauvat: Damals in Marienbad ... Die schönsten Heilbäder Europas. Knesebeck Verlag, München 2000. Wissenswertes und Kurioses aus dem internationalen Bäderleben, unterstützt von atmosphärischen Fotos.

Václav Maidl: Aus dem Böhmerwald. K. Stutz Verlag, Passau 2002. Deutschsprachige Autoren erzählen.

Von Hrabal zu Topol – Tipps für die Reiselektüre

Graham Greene vermutete einst, dass man in der Tschechoslowakei die Schriftsteller bezahlt, damit sie nicht schreiben. Im Exil jedoch konnten viele Autoren solchen und anderen Demütigungen entgehen. Zu den Ausgewanderten gehören die zwei heute international bekanntesten tschechischen Schriftsteller Milan Kundera (geb. 1929, lebt in Frankreich) und Josef Škvorecký (geb. 1925, lebt in Kanada). Einer von denen, die in der Heimat blieben, war Bohumil Hrabal (1914–1997). Restriktionen und Zensur konnte er meist umgehen, indem er aus dem Alltag der einfachen Menschen berichtete. Wer die Autoren noch nicht kennt, könnte beispielsweise Hrabals *Ich habe den englischen König bedient*, Kunderas *Die unerträgliche Leichtigkeit des Seins* (erst 2006 in tschechischer Sprache erschienen) oder Škvoreckýs *Feiglinge* als Reiselektüre in den Koffer packen.

Die populärsten Vertreter der postsozialistischen Literaturszene sind Michal Viewegh, Jáchym Topol und Jaroslav Rudiš. Vieweghs leicht lesbare Romane wie *Blendende Jahre für Hunde* und *Die Liebe eines Vaters* wurden bereits ins Deutsche übersetzt. Topol stieg vom zwangspsychiatrisierten Undergrounddichter zum Kultautor auf. Empfehlenswert sind sein verfilmter, ecstasylastiger Großstadtroman *Engel Exit* und der Roman *Nachtarbeit*. Mit letzterem Werk verließ Topol erstmals die Szeneliteratur und widmete sich der Geschichte: dem Prager Frühling. Rudiš wurde international durch die Verfilmung seines Romans *Grand Hotel* bekannt.

• *Zu Prag* **Peter Demetz: Prag in Schwarz und Gold.** Piper, München 2000. Die „Welt" schrieb dazu: „Ein Glanzstück lebendiger Geschichtsschreibung". Dem ist nichts mehr hinzuzufügen. Wessen Wissensdurst davon nicht befriedigt wird, findet im Anhang eine weiterführende Bibliografie.

Michael Frank: Nepomuken, die auf Brücken spucken. Prager Hintergedanken. Picus, Wien 1999. Unterhaltsame, persönliche Anekdoten aus der tschechischen Hauptstadt vom ehemaligen SZ-Korrespondenten in Prag.

• *Tschechische Belletristik* → Kasten. Außerdem: **Miloš Urban: Mord in der Josefstadt.** Rowohlt, Berlin 2010. Spannend-gruseliger Historienroman, der von einer Mordserie in der Prager Judenstadt des 19. Jh. handelt.

Václav Havel, Dramatiker und Bürgerrechtler, Vertreter der einstigen Dissidentenliteratur und erster Präsident der Tschechischen Republik. Havel verarbeitete in seinem literarischen Werk u. a. Elemente des absurden Theaters (z. B. in *Das Gartenfest*). Interessant sind zudem die *Briefe an Olga*, die er in den späten 1970ern aus dem Gefängnis an seine damalige Frau schrieb. Havels Werk ist in Deutschland im Rowohlt Verlag erschienen.

• *Karten* Land-, Rad- und Wanderkarten sowie Stadtpläne sind vor Ort erheblich billiger als in Deutschland, Österreich oder der Schweiz. Ein paar Empfehlungen:

Straßenkarte: Autoatlas Česka Republika 1:100.000 aus dem Verlag Kartografie Praha. Für alle, die es besonders detailliert wollen. Tschechien auf fast 200 Seiten, dazu Pläne der wichtigsten tschechischen Städte.

Campingkarte: Česko Camping 1:500.000 aus dem Verlag SHOCart. Fast alle offiziellen Campingplätze samt Ausstattungskriterien und Adressen – leider nicht immer ganz zuverlässig.

Radwanderkarten: Empfehlenswerte Radfahrkarten gibt der Verlag **SHOCart** im Maßstab 1:60.000 für jede Ecke des Landes heraus. Da man bei diesen Radkarten schnell über den Kartenrand hinausradelt, ist das Gesamtwerk zur Republik, der **Cykloatlas Česko** (1:75.000) aus dem gleichen Verlag, die bessere Wahl. Vor Ort überall erhältlich. Für die Tourenplanung daheim ist das Kartenmaterial auf www.cykloserver.cz einzusehen.

Wanderkarten: Detaillierte Wanderkarten zu jeder Region gibt es ebenfalls von **SHO-Cart** im Maßstab 1:50.000.

Stadtpläne Prag: GeoClub Praha 1:16.000 oder **Plán města Praha** 1:24.000. Letzterer wird von den Städtischen Verkehrsbetrieben herausgegeben und ist u.a. an der Metrostation Muzeum erhältlich.

• *Wanderführer* Von **Petr David** und **Vladimír Soukop** sind im S & D Verlag Prag deutschsprachige Wanderführer zu **Marienbad samt Kaiserwald,** zum **Böhmerwald** und zum **Egerland** erschienen – bei den Touristeninformationen vor Ort erhältlich.

Mietwagen

Autoverleiher gibt es in Westböhmen nur in den größeren Städten, sie sind im Reiseteil unter „Adressen" vermerkt. Zudem vermitteln diverse Hotels und Reisebüros Fahrzeuge der meist in Prag ansässigen international operierenden Gesellschaften (→S. 188). Die preiswertesten Fahrzeuge bekommt man für 50–80 € pro Tag inkl. Diebstahlversicherung. Ohne Kreditkarte geht i. d. R. nichts, z. T. wird sogar eine zweite Kreditkarte als Sicherheit verlangt.

Öffnungszeiten

Es gibt kein Ladenschlussgesetz, an das der Einzelhandel gebunden ist, die Öffnungszeiten sind von Geschäft zu Geschäft unterschiedlich. Shoppingmalls oder die Geschäfte im touristischen Zentrum Prags haben tägl. von etwa 9–20 Uhr oder noch länger geöffnet. Auf dem Land kann man mit Öffnungszeiten von 9–18 Uhr am Werktag und (nicht immer) 9–12 Uhr am Samstag rechnen. Über Mittag sind viele Läden geschlossen. Banken haben i. d. R. Mo–Fr bis etwa 16.30 Uhr geöffnet, Postämter Mo–Fr bis 19 Uhr, die größeren auch samstags bis 12 Uhr. Das Gros aller Museen hat montags geschlossen.

Ortsnamen

Viele Städte und Dörfer Westböhmens waren bis 1945 rein deutschsprachig besiedelt oder die deutschsprachige Bevölkerung stellte die überwältigende Mehrheit. Daher hatten einst nahezu alle Ortschaften im Reisegebiet auch einen deutschen Namen. Städte wie Karlsbad, Marienbad und Franzensbad sind noch heute weltweit unter ihren deutschen Namen bekannter als unter ihren tschechischen – auch die örtlichen Stellen wissen dies und werben dementsprechend. In den Überschriften und im Index erfahren Sie sowohl den alten deutschen (in Klammern) als auch den heutigen tschechischen Ortsnamen.

Polizei

Die Polizei besitzt keinen allzu guten Ruf, und wer mit ihr mal zu tun hat, weiß warum. Grundsätzlich unterscheidet man zwischen der dem Innenministerium unterstellten Staatspolizei *(Policie České Republiky)* und der von den Gemeinden unterhaltenen Stadtpolizei *(Městská Policie)*. Letztere stellt Ihnen bei Diebstählen jeglicher Art routiniert und gelangweilt ein Protokoll aus. Eine Fremdenpolizei, die sich um touristische Belange kümmert, gibt es nicht.

Den **polizeilichen Notruf** erreichen Sie unter ✆ 112, 158 (Staatspolizei) und 156 (Stadtpolizei).

Heuernte

Post

Egal, ob die Grüße nach Österreich, die Schweiz oder Deutschland gehen, das **Porto** ist einheitlich. Es lag 2010 bei umgerechnet 0,80 € (20 Kč) für Postkarten und für Briefe bis 20 g. Damit Sie in größeren Postämtern wissen, an welchen Schalter Sie müssen, achten Sie auf folgende Schilder: *známky* für Briefmarken, *telefonní karty* für Telefonkarten und *balíky* für Pakete. Briefmarken verkaufen neben der Post auch viele Kioske. Bis die Karte bei der Oma an der Küchenwand hängt, vergehen 2 bis 5 Tage.

Prostitution

Tschechien gehört einer *BBC*-Reportage zufolge zu den 20 beliebtesten Sextourismus-Destinationen der Welt. Die Zahl der Prostituierten im Land wird von der Caritas auf rund 30.000 geschätzt, das Gros arbeitet in Prag und an den Grenzen zu Deutschland und Österreich (oft unübersehbar an der Straße). Unter den Prostituierten sind viele Asylbewerberinnen, dazu Frauen aus Bulgarien, Russland, Vietnam, China und der Ukraine, aber auch Roma-Frauen, deren Familien in Armut leben. Ein großes Problem stellt die Kinderprostitution dar. Immerhin wächst seit dem EU-Beitritt des Landes der Druck auf die tschechischen Politiker, dagegen vorzugehen. Prostitution war bislang in Tschechien weder verboten noch erlaubt, soll zukünftig aber legalisiert werden. Damit einhergehend will man den Straßenstrich eindämmen.

Reisedokumente

Auch wenn die deutsch-tschechische sowie die österreichisch-tschechische Grenze ohne Grenzkontrollen passierbar sind, müssen Deutsche, Österreicher und Schweizer Reisedokumente mit sich führen: entweder Reisepass oder Personalausweis bzw. die Identitätskarte. Kinder unter 15 Jahren können, sofern sie in Begleitung ihrer Eltern reisen, im Reisepass eines Elternteils eingetragen sein. Andernfalls benötigen sie unabhängig vom Alter einen Kinderausweis mit Foto. Grundsätzlich gilt, dass sämtliche Ausweisdokumente noch mindestens drei Monate gültig sein müssen.

Prager Marathon

Mit dem Fahrzeug: Selbstverständlich sind Führerschein und Fahrzeugschein, zudem die grüne Versicherungskarte. Ein Auslandsschutzbrief ist empfehlenswert. Ist man nicht mit dem eigenen Fahrzeug unterwegs, so bedarf es zudem einer beglaubigten Vollmacht des Fahrzeughalters.

Mit dem Haustier: Bei Reisen mit einem Tier (egal ob Hund oder Schlange) benötigen Sie den EU-Heimtierausweis bzw. das Schweizer Pendant. Zur Kennzeichnung muss das Tier eine Chipmarkierung oder eine Tätowierung am Ohr haben. Welche Impfungen neben der Tollwutimpfung im Heimtierausweis bzw. in der Veterinärbescheinigung verzeichnet sein müssen, erfahren Sie bei Ihrem Tierarzt.

Sport und Freizeit

Tschechen sind sportverrückt und dazu überaus naturverbunden. Unvorstellbare Massen bevölkern in den warmen Monaten die Wanderwege und im Winter die Loipen und Skilifte der Mittelgebirge. Und wer nicht mindestens jedes zweite Wochenende selbst schwitzt, geht ins Fußball- oder Eisstadion und schaut anderen dabei zu.

Angeln: Fast eine halbe Million Tschechen frönen diesem Hobby. Die Teiche und Flüsse im Tschechischen Wald *(Česky les)* und im Böhmerwald- (Šumava) bieten die besten Möglichkeiten, einen dicken Fisch an Land zu ziehen. Forellen, Karpfen, Hechte, Zander und Welse gehören zu den am meisten gefangenen Arten. Informationen über Angellizenzen, Schonzeiten etc. entnimmt man den Regionalbroschüren des Tschechischen Anglerverbands *(Český rybářský svaz)*, die auch in deutscher Sprache bei den örtlichen Touristeninformationen erhältlich sind. Deutschsprachige Informationen erhält man auch im Internet unter www.top.cz/crsplzen/deutsch.html.

Baden und Schwimmen: Alle Kurorte und größere Städte besitzen entweder Frei- oder Hallenbäder oder haben Stauseen oder Teiche mit Badestränden in ihrer Nähe. In Prag sollte man von einem Bad in der Moldau absehen, auch wenn es viele Prager selbst tun, denn die Wasserwerte stimmen bedenklich.

Golf: 15 Golfplätze gibt es im Reisegebiet, die schönsten rund um die Kurorte. Die Greenfees sind erschwinglich. Im Reiseteil des Buches sind Golfplätze in den Kapiteln zu Karlsbad, Sokolov, Franzensbad, Marienbad, Lázně Kynžvart, Teplá, Pilsen und Mariánský Týnec erwähnt.

Radfahren: Markierte Radwege gibt es in vielen Gegenden des Reisegebiets, die schönsten im Böhmerwald sowie rund um die Kurorte. Für wenig Geld sind überall detaillierte Radwanderkarten *(cykloturistická mapa)* erhältlich (→ Wissenswertes von A bis Z/Karten, S. 31). Zudem liegt bei den örtlichen Touristeninformationen häufig Infomaterial für Radwanderer bereit. Radverleiher sind, sofern vorhanden, im Reiseteil des Buches angegeben. Am besten aber bringt man sein eigenes Rad mit, oft werden nur Bikes in Kaufhausqualität verliehen.

Im Buch finden Sie unter vielen Ortschaften Tourenvorschläge. Diese sind lediglich als Anregungen gedacht. Aus Platzgründen ist es nicht möglich, exakte Routen zu beschreiben und zudem den unterschiedlichen konditionellen Anforderungen gerecht zu werden. Eine Vielzahl von Tourenmöglichkeiten erschließen sog. **Cyklobusse,** die sich auf die Mitnahme von Fahrrädern spezialisiert haben und Radtouren mit unterschiedlichen Start- und Zielpunkten ermöglichen. Bislang verkehren die Busse nur in der Karlsbader Region (→ S. 58), das Streckennetz soll aber weiter ausgebaut werden. Auch in vielen Zügen kann das Rad mitgenommen werden.

Wer jedoch ausgedehnte Radtouren durch Westböhmen plant, sollte bedenken, dass abgesehen von den Kurorten und den touristisch erschlossenen Vorzeigedörfern im Böhmerwald viele kleine Ortschaften keine Unterkunfts- oder Verpflegungsmöglichkeiten aufweisen. Grundsätzlich gilt: Mit die schönsten Routen verlaufen entlang der Flusstäler.

Verbotsschilder

Diverse Waldwege und Straßen im Grenzgebiet sind aus Gründen des Naturschutzes mit Verbotsschildern (mit der Aufschrift *„Vjezd zakázán"* oder *„Průjezd zakázán"*) für den Verkehr gesperrt. Zum Teil sind die Schilder jedoch noch Relikte aus der Zeit des Kalten Krieges. Auch wenn diese heute keinen Sinn mehr machen, ist für einen ordentlichen tschechischen Beamten die Durchfahrt so lange verboten, wie das Schild steht. In der Regel gelten die pauschal ausgesprochenen Verbote nur für Kraftfahrzeuge, Radfahrer sind davon ausgenommen. Nachfragen ist aber immer besser als nachzahlen. Wo Sie als Wanderer oder Radfahrer Schilder am Weges- oder Strassenrand mit der Aufschrift *„Vstup zakázán"* („Betreten verboten") sehen, befolgen Sie diese zu Ihrer eigenen Sicherheit: Nicht alle einstigen Truppenübungsplätze im Grenzgebiet sind bislang von explosiven Munitionsresten geräumt worden.

Reiten: Ausritte kann man von mehreren Ortschaften im Reisegebiet unternehmen. Adressen finden Sie u. a. in den Kapiteln zu Marienbad, Franzensbad, Bělá nad Radbuzou, Sušice und Rabštejn nad Strelou.

Tennis: Der weiße Sport ist äußerst beliebt. Wie sollte es auch anders sein in einem Land, das Ivan Lendl, Martina Návratilová oder Tomáš Berdych hervorgebracht hat? Tennis kann man in jedem größeren Ort spielen.

Wandern: Zum Nationalsport wurde Wandern während der kommunistischen Ära (außerhalb des eigenen Landes konnte man ja nicht viel erkunden). Dementsprechend durchziehen das Land perfekt markierte Wanderwege mit einer Gesamtlänge von 40.000 km. Rote Markierungen kennzeichnen Kammwege und Fernwanderstrecken, bei blau markierten Wegen handelt es sich um Strecken von mittlerer Länge, bei grünen um kurze Touren und bei gelben um kurze, verbindende Strecken. Naturlehrpfade sind weiß-grün markiert.

Wie beim Radfahren gilt: Die Tourenvorschläge im Buch sind nur als Anregungen gedacht, exakte Tourenbeschreibungen waren aus Platzgründen nicht möglich.

Wassersport: Kanu- und Kajakfahren ist sehr populär. Im Reisegebiet bieten sich dazu insbesondere der Flusslauf der Ohře bei Kyselka an, die Otava bei Rabí und die Berounka nördlich von Pilsen.

Wintersport: Alpiner Skisport ist im Erzgebirge und im Böhmerwald möglich, Langlauf zudem rund um das Bäderdreieck. Die Alpinskigebiete sind selbstverständlich nicht so anspruchsvoll wie in der Schweiz oder in Österreich, da die Gipfel auch nur Höhen von 1300 m erreichen, aber dafür sind sie auch nicht so teuer (Tageskarten ab 15 €). Über alle Skigebiete des Landes informiert die Seite www.holidayinfo.cz.

Telefonieren

Das Telefonieren mit dem Mobiltelefon ist problemlos nahezu überall möglich. Wer keines hat oder Geld sparen will, telefoniert am einfachsten mit sog. **Prepaid-Karten** (z. B. von *Smartcall*, www.smartcall.cz) von öffentlichen Fernsprechern oder Festnetzanschlüssen. Die Karten gibt es in verschiedenen Stückelungen an Zeitungskiosken zu kaufen. Eine Minute kostet zwischen 0,08 und 0,50 €, je nachdem, wie viele Einheiten man kauft und ob man innerhalb Tschechiens oder im benachbarten Ausland eine Festnetz- oder Mobilfunknummer anruft. Das Freizeichen ist ein kurzer Ton, gefolgt von einem langen.

Internationale Vorwahlnummern: Nach Deutschland ✆ 0049, nach Österreich ✆ 0043, in die Schweiz ✆ 0041. Danach wählt man die Ortsvorwahl, jedoch ohne die Null am Anfang, dann die Rufnummer.

Wer **nach Tschechien** telefonieren möchte, wählt ✆ 00420 und danach die Rufnummer. Es gibt keine Ortsvorwahl!

Telefonauskunft: National ✆ 1180 und international ✆ 1181. Da letztere Nummer mit deutschsprachigem Personal besetzt ist, das meist sehr hilfsbereit ist, kann man es hier als Ausländer auch versuchen, wenn man eine tschechische Nummer braucht.

Notrufnummern

Polizei ✆ 112, Feuerwehr ✆ 150, Rettungsdienst ✆ 155

Toiletten

Sofern keine Symbole angebracht sind, sollten Damen auf die Bezeichnungen *Dámy* oder *Ženy* achten, Herren auf *Muži* oder *Páni*. Öffentliche Toiletten sind meist gebührenpflichtig oder die Klofrau erwartet ein Trinkgeld.

Zeit

Es gilt wie in Deutschland, Österreich und der Schweiz die Mitteleuropäische Zeit (MEZ) inklusive Sommerzeit.

Zeitungen und Zeitschriften

Tagesaktuelle Zeitungen und Zeitschriften aus Deutschland bekommt man in den Kurorten und in Prag ohne Probleme. Hintergrundinformationen und Aktuelles zu Politik, Wirtschaft, Sport und Kultur bietet auch die deutschsprachige, stets donnerstags erscheinende *Prager Zeitung*. Ähnliches gilt für die umfangreichere englischsprachige Wochenzeitung *Prague Post*, die mittwochs herauskommt.

Zollbestimmungen

Für Bürger der EU: Bei Reisen innerhalb der EU unterliegen Waren für den Eigenbedarf keinen Beschränkungen. Jedoch gibt es Richtmengen, bei deren Überschreitung die Zöllner den Eigenbedarf in Frage stellen (kritische Marke bei Wein z. B.

90 l). Die Obergrenze für Zigaretten beträgt im Reiseverkehr zwischen Deutschland und Tschechien 800 Stück. Nach Österreich dürfen Sie ebenfalls 800 Zigaretten mitnehmen, aber nur, wenn der Warnhinweis in deutscher Sprache auf das Päckchen gedruckt (nicht geklebt!) ist. Andernfalls ist die Einfuhr auf 200 Zigaretten beschränkt.

Antiquitäten dürfen nur ausgeführt werden, sofern man eine Bescheinigung hat, dass sie nicht zum kulturellen Erbe des Landes gehören.

Für Schweizer: Eidgenossen haben die Möglichkeit, sich an der Grenze (z. B. am Prager Flughafen) die Mehrwertsteuer für die in Tschechien gekauften Produkte erstatten zu lassen (→ Tax-Free-Einkauf, S.26). Auf der Rückreise dürfen für den privaten Gebrauch gekaufte Waren (wie z. B. Kleidung) bis zu einem Wert von 300 sfr zollfrei eingeführt werden. Ansonsten gelten für Schweizer für die zollfreie Ein- bzw. Ausfuhr folgende Richtmengen:

Tabak: 200 Zigaretten oder 50 Zigarren oder 250 g Tabak.
Alkohol: 1 l über 15 % Vol. und 2 l unter 15 % Vol.

Sieben Fälle, sieben Fallen: hohe Hürden beim Tschechischlernen

Peníze heißt Geld, *škoda* Schade, *popelník* ist der Aschenbecher und mit *Kozel* ist eine Biermarke gemeint. Nur selten klingen Wörter vertraut, haben sie wie beim *šnuptychl* („Schnupftüchl“) deutsche oder wie beim *piškoty* (biscotti = Keks/Gebäck) italienische Paten. (Auch der umgekehrte Weg, nämlich dass Wörter aus dem Tschechischen in andere Sprachen entlehnt werden, ist eher die Ausnahme; vgl. aber *pistole, polka* oder *roboter.*)

Wer nie eine slawische Sprache gelernt hat, wird sich mit Tschechisch schwer tun. Das Kapitel Grammatik schlägt man am besten erst gar nicht auf. Sieben Fälle – sieben Fallen. Ein Graus. Mal taucht eine Endung auf, mal geht sie unter. Das erinnert an die Delfine auf See – vielleicht erklärt das, warum sich die Tschechen mit *ahoj* verabschieden. Hinzu kommt die Aussprache und die Tatsache, dass sich die Umgangssprache stark von der Schriftsprache unterscheidet.

Wo ein Haken drüber steht, steckt auch einer drin. Nahezu ein Ding der Unmöglichkeit ist das 'ř' – *r* und *sch* sollten dabei gleichzeitig über die Lippen kommen. Zum Stottern verdammen auch die Wörter, die ganz und gar ohne Vokale auskommen, z. B. *vlk* (Wolf). Zu einschüchternden Demonstrationszwecken kann man sogar ganze nichts sagende Sätze ohne Vokale konstruieren: *strč prst skrz krk,* d. h. „Stecke den Finger durch den Hals“.

Zum Glück kann rund ein Viertel der Tschechen Deutsch, insbesondere ältere Menschen. Die Jugend – früher zum Russischlernen verpflichtet – übt sich heute fleißig in Englisch. Als Tourist in Böhmen sind Tschechischkenntnisse nicht dringend vonnöten. In vielen Geschäften, Restaurants oder Hotels, insbesondere in Prag und den Kurorten, wird perfektes Verkaufs- oder Speisekartendeutsch gesprochen. Zudem gibt's Erläuterungen auf vielen Hinweisschildern und Prospekten auch in deutscher und englischer Sprache. Um wenigstens die Namen der Sehenswürdigkeiten einigermaßen passabel vor sich hinstottern zu können, finden Sie am Ende des Buches Hilfen zur Aussprache und einen kleinen Grundwortschatz.

Marktplatz in Horšovský Týn

Geschichte

Von Böhmen und Tschechen – die Vorgeschichte: Vermutlich wurden die waldfreien Gebiete Böhmens in der Altsteinzeit (Paläolithikum) erstmals besiedelt. Im 5. Jh. v. Chr. drangen die *Bojer,* einer der bedeutendsten keltischen Stämme, nach Mitteleuropa vor. Noch vor Christi Geburt wichen sie dem germanischen Stamm der Markomannen, dem Land hinterließen die Bojer aber ihren Namen, auf Lateinisch *Boiohaemum,* Böhmen. Anfang des 6. Jh. stießen im Zuge der Völkerwanderung westslawische Stämme bis an die Moldau vor, der Mythologie zufolge auch einer mit einem Anführer namens *Čech*. Dessen Clan sollte ebenfalls namengebend für Land und Leute werden. Aber schon in der zweiten Hälfte des 6. Jh. wurden diese Stämme von den Awaren unterworfen, ein zu den Hunnen gehörendes, nomadisierendes Steppenvolk aus Zentralasien.

Von Karl dem Großen bis zum Großmährischen Reich – ab 796: Der Frankenkönig Karl der Große vertrieb die Awaren wieder. Die Fürstentümer Böhmens, Mährens und der Westslowakei fielen damit an das Fränkische Reich und mussten hohe Tributzahlungen leisten. Um sich diesen zu entziehen, schlossen sie sich gegen das Fränkische Reich zusammen (Jahrhunderte später prägten Historiker dafür den Begriff „Großmährisches Reich"). Die tschechischen Fürsten aus dem sagenumwobenen Geschlecht der Přemysliden (→ S. 249) nahmen dabei im gerade entstehenden Prag eine führende Rolle ein. Um auch religiös unabhängig zu werden (die Region gehörte zum fränkischen Bistum Regensburg), bat man Byzanz um Unterstützung. Missionare wurden gesandt, angeführt von den Brüdern Kyrill und Method, die das Evangelium nicht in Latein, sondern in der Landessprache verkündeten. Am 5. Juni 863 trafen die beiden „Apostel der Slawen" in Mähren ein (seit der Samtenen Revolution ist dieser Tag ein Feiertag in Tschechien).

Böhmen wird Teil des Römischen Reiches – ab 950: In jenem Jahr schickte der deutsche König und spätere Kaiser Otto der Große sein Heer nach Böhmen. Der Přemyslidenfürst Boleslav unterwarf sich ihm, womit Böhmen ein gleichgestelltes Mitglied im Römischen Reich wurde. Etwas mehr als ein Jahrhundert später folgte die Ernennung der ersten böhmischen Könige. Und wieder ein Jahrhundert später warben diese Siedler aus der ober- und niederdeutschen Nachbarschaft zur Entwicklung des Landes an. Soběslav II. räumte ihnen gar besondere Privilegien und Rechte ein. So wurden weite Gegenden Böhmens deutschsprachig, woran sich bis 1945 kaum etwas änderte.

Erste große Blüte unter Karl IV. – im 14. Jh.: Mit dem Tode Königs Václavs III. 1306 endete nach über drei Jahrhunderten die Přemysliden-Dynastie. Das Land erlebte daraufhin innerpolitische Wirren mit Rebellion und Anarchie, bis der böhmische Adel Johann von Luxemburg die Krone anbot. Goldene Zeiten führte dessen Sohn Karl IV. herbei, der als böhmischer König 1355 in Rom zum Kaiser des mittlerweile Heiligen Römischen Reiches gekrönt wurde. Prag stieg daraufhin zu einer der bedeutendsten Städte Europas auf (→Prag/Geschichte, S. 184). Aber schon zwei Jahre nach Karls Tod, im Jahr 1380, brach die Pest aus, ein schwerer Schlag für das Reich. Und weitere sollten folgen, denen Karls Sohn Wenzel IV. nicht gewachsen war, der das politische Geschick seines Vaters nicht geerbt hatte, sondern vielmehr als fauler Trunkenbold in die Geschichte einging.

Im Zeichen der Hussiten – 15. Jh.: In Anlehnung an die Thesen des englischen Reformators Wyclif forderte Jan Hus (vermutlich 1370–1415) die Abkehr der Kirche von Besitz und weltlichem Machtstreben, was insbesondere bei der tschechischsprachigen Bevölkerung auf breite Zustimmung stieß. 1414 wurde er daraufhin zum Konzil nach Konstanz beordert. Man sicherte ihm freies Geleit zu. Doch um der Gefahr einer immerwährenden Spaltung der Kirche entgegenzuwirken, verbrannte man ihn auf dem Scheiterhaufen. In weiten Teilen Böhmens – mit Ausnahme streng katholischer Städte wie Eger (heute Cheb) oder Tachau (heute Tachov) – erreichte man mit seinem Tod genau das Gegenteil: Hus wurde zum Märtyrer. Die sozialen Spannungen verschärften sich. Es kam zu Unruhen und 1419 mit dem ersten Prager Fenstersturz (→ Kasten S. 242) zur Revolte. Für den Papst waren die Hussiten jedoch nichts anderes als Ketzer aus Böhmen, und so erließ er die Kreuzzugsbulle. Doch die Hussiten stellten Heere auf und triumphierten in der berühmten Schlacht auf dem Vítkov (Veitsberg) mit Jan Žižka als Anführer über das zahlenmäßig weit überlegene Kreuzfahrerheer. Krieg auf Krieg folgte, 16 lange Jahre, in denen auch Städte und Klöster in Westböhmen verwüstet wurden, dann war die Niederlage der Hussiten besiegelt. In der Folgezeit löste ein böhmischer König den anderen ab, darunter welche aus dem Geschlecht der Luxemburger und der polnischen Jagellonen. Sie alle aber waren zu schwache Persönlichkeiten für das Zeitalter religiöser Umwälzungen.

Böhmen unter den Habsburgern – ab 1526: In jenem Jahr begann mit Ferdinand I. die Habsburgerherrschaft über Böhmen. Mitte des 16. Jh. holte er die Jesuiten ins Land, die die Gegenreformation durchführen sollten. Am Ende der Regierungszeit von Ferdinand I. und unter seinem Nachfolger Rudolf II. leistete sich der katholische Adel und Klerus zahlreiche Paläste, entworfen von italienischen Baumeistern, die den Renaissancestil nach Böhmen gebracht hatten. Bezahlt hatten diese unter anderem etliche protestantische Adelige mit ihrem Leben und Vermögen.

1618 eskalierten die Spannungen zwischen Protestanten und Katholiken erneut in Prag. Es kam zum berühmten zweiten Prager Fenstersturz (→ Kasten S. 242), der den Dreißigjährigen Krieg zur Folge hatte. Die protestantischen böhmischen Stände verweigerten daraufhin den katholischen Habsburgern die Gefolgschaft. Ein Jahr später wählten sie den jungen, protestantischen Friedrich von der Pfalz zu ihrem neuen König. Als „Winterkönig" ging er in die Geschichte ein, was ungefähr der Zeitspanne seiner Regentschaft entsprach. Denn bereits 1620 setzte der Habsburger Ferdinand II. mit seinem kaiserlichen Heer in der siegreichen Schlacht am Weißen Berg *(Bílá hora)* bei Prag seine Thronrechte über Böhmen wieder durch. Die Strafe für die Aufständischen folgte auf dem Fuß: 27 Adelige wurden in Prag am Altstädter Ring in einem Schauprozess hingerichtet, andere spießte man am Altstädter Brückenturm auf – 10 Jahre lang blieben ihre Überreste dort hängen. Fast die gesamte protestantische Aristokratie und alle nichtkatholischen Geistlichen wurden verfolgt. Wer konnte, verließ das Land. Grund und Vermögen der Geflüchteten fielen loyalen katholischen Adelsfamilien zu.

Infolge des Dreißigjährigen Krieges wurde das Land verwüstet, die Bevölkerung um fast zwei Drittel dezimiert. Bis zum Westfälischen Friede 1648 marschierten das sächsische und das schwedische Heer plündernd durch Böhmen. Nach dem Krieg regierten die Habsburger Böhmen von Wien aus und ließen das Land durch hohe Steuern förmlich ausbluten. Alle Formen des Protestantismus wurden verboten, die Rekatholisierung flächendeckend durchgesetzt, Kirchen und Klöster barockisiert. Die Tschechen wurden zu Menschen zweiter Klasse, ihre Sprache zu einem verachteten Dialekt, der nur von Leibeigenen, Bauern, Handwerkern und Dienstboten gesprochen wurde. Hingegen bestand die Händlerschicht überwiegend aus Deutschen, und die deutsche Sprache, die Lingua franca des habsburgischen Zentralismus, wurde zur alleinigen Amtssprache erhoben.

Aufklärung und Industrialisierung – 18./19. Jh.: Während der österreichischen Erbfolgekriege, die auf den Tod Karls VI. 1740 folgten, wurde Böhmen vorübergehend von Bayern, Sachsen, Franzosen und Preußen belagert, die der Thronfolgerin Maria Theresia das Erbe streitig machen wollten. Ihr Sohn Joseph II. (1765–1790) reformierte das Habsburgerreich nach den Ideen der Aufklärung: Einführung der Schulpflicht, Glaubensfreiheit, Säkularisierung der Klöster usw. Aber weiterhin herrschte eine große Kluft zwischen dem, was „deutsch", und dem, was „tschechisch" war.

Wirtschaftlich jedoch entwickelte sich Böhmen zu einer Perle in der Krone der Habsburger und dank der Bildungsreform entstand zu Anfang des 19. Jh. ein kleines tschechisches, intellektuelles Bürgertum. Aus diesem ging u. a. die *Národní obrození* hervor, eine Bewegung, die zunächst die Gründung tschechisch-nationaler Vereinigungen in Kunst und Literatur zur Folge hatte. Diese fanden in Prag regen Zulauf, wo infolge der industriellen Revolution und des damit verbundenen Zuzugs an Tschechen das zahlenmäßige Verhältnis zwischen Deutschen und Tschechen zugunsten Letzterer kippte. Widerstand gegen die deutsche Dominanz begann sich zu regen. Und die Habsburger Monarchie, die keine Gleichberechtigung kannte, die Presse- und Versammlungsfreiheit verweigerte und deren Erhalt Polizeispitzel und eine Bürokratie garantierten, die für ganz Afrika gereicht hätte, brachte mehr und mehr junge böhmische Patrioten hervor, anti-deutsch eingestellt.

Die Spannungen eskalierten schließlich 1848. In Prag und in anderen Städten kam es zu schweren Protesten, weniger in Westböhmen, wo der Anteil der Tschechen vielerorts weniger als 1 % betrug. Um die Aufständischen zu besänftigen, erfolgte am 8. April 1848 per kaiserlichem Dekret die Gleichstellung der Sprachen – ein Schritt, der zu spät kam. Der Traum von einem tschechischen Staat war bereits geboren, Straßenschlachten waren die Folge. Doch die Hoffnungen auf eine Hauptstadt namens Praha fanden schon bald ihr Ende. Bereits am 17. Juni 1848 verschaffte sich das österreichische Militär mit schwerem Geschützfeuer wieder Respekt.

Nach der kurzen Erschütterung der Habsburgerherrschaft übte sich die alte Oberschicht deutsch-böhmischer Prägung wieder in Ignoranz und Überheblichkeit. Doch das Streben der Tschechen nach Souveränität und kultureller Emanzipation war nicht mehr umkehrbar.

Dorf bei Nýrsko

Erster Weltkrieg, erste Republik: Während des 1. Weltkriegs sah eine Gruppe von Exilanten die Gelegenheit gekommen, bei den Entente-Mächten für eine unabhängige tschechoslowakische Republik zu werben. Eine Schlüsselrolle unter ihnen nahm Tomáš Garrigue Masaryk (1850–1937) ein. Und als die habsburgische Monarchie zerschlagen war, wurde die Republik Realität und Masaryk ihr erster Präsident.

Der neue Staat (ČSR) hatte gute Karten, ca. 60 % der Industrieanlagen Österreich-Ungarns waren ihm in intaktem Zustand zugefallen – von heute auf morgen befand sich das Land an 10. Stelle unter den Industrienationen der Welt. Die Bevölkerung war bunt gemischt. 6,8 Mio. Tschechen, 3,1 Mio. Deutsche (über 80 % davon lebten in geschlossenen Siedlungsgebieten, insbesondere in West-, Nord- und Südböhmen, aber auch in Nord- und Südmähren), 1,9 Mio. Slowaken, 750.000 Ungarn, 460.000 Ukrainer, 180.000 Juden und 70.000 Polen. Um ethnischen und sozialen Spannungen vorzubeugen, wurde unter Masaryk eine der liberalsten Verfassungen jener Zeit verabschiedet. Dennoch, viele Deutsche, insbesondere in den grenznahen Gebieten Böhmens, wollten die Eingliederung in die ČSR nicht akzeptieren. Und als peu à peu Gesetze folgten, die an ihrem Besitz rüttelten und ihre Rechte einschränkten (Enteignung durch Agrarreform, Entlassung von über 30.000 deutschsprachigen Beamten, da diese der tschechischen Sprache nicht ausreichend mächtig waren, Schließung deutscher Schulen etc.) formierten sie sich als Sudetendeutsche (die Bezeichnung existierte zuvor noch nicht) und forderten die Selbstbestimmung. 1933 wurde die *Sudetendeutsche Heimatfront* gegründet, aus der später die *Sudetendeutsche Partei* hervorging. Ihr Führer war Konrad Henlein, der die Nähe zum Führer in Berlin suchte. Sehnsüchtig blickten viele Sudetendeutsche ins Reich, wo die Nazis nach der Weltwirtschaftskrise für Aufschwung sorgten, während in der ČSR allein 500.000 Deutsche arbeitslos waren.

Braune Hosen – ab 1938: Am 29. September dieses Jahres unterzeichneten Hitler, Mussolini, Chamberlain und Daladier das Münchner Abkommen, das die Abtretung der Sudetendeutschen Gebiete ans Deutsche Reich regelte. Zwei Tage später marschierten deutsche Truppen ein. Doch die Nazis wollten mehr. Im März 1939 besetzten sie das restliche Staatsgebiet Tschechiens – die Slowakei war inzwischen auf deutschen Druck formal unabhängig geworden – und erklärten es zum sog. Reichsprotektorat Böhmen und Mähren. Wie andernorts auch festigten die Nazis ihre Herrschaft mit Unterdrückung und Terror, etwa 10.000 Tschechen nichtjüdischen Glaubens und 75.000 Juden wurden ermordet. Zu den größten Exzessen der Naziherrschaft kam es nach dem Attentat auf den stellvertretenden Reichsprotektor Reinhard Heydrich, als u. a. das Dorf Lidice nordwestlich von Prag dem Erdboden gleichgemacht und sämtliche männlichen Einwohner getötet wurden. Im April und Mai 1945 erfolgte die Befreiung des Landes. Im Westen durch die Amerikaner, im Osten durch die Russen. Später, im Kalten Krieg, leugneten übrigens die Kommunisten aus Propagandagründen die Befreiung Westböhmens durch die US-Armee und behaupteten, es wären russische Soldaten gewesen, aus taktischen Gründen jedoch als US-Soldaten verkleidet. Der bereits erwähnte Henlein beging in alliierter Haft Selbstmord, der letzte Reichsprotektor Frick wurde in Nürnberg zum Tode verurteilt.

Rote Socken – ab 1946: Kurz nach Kriegsende wurde die Tschechoslowakische Republik (ČSR) wiederhergestellt und Edvard Beneš ihr erster Präsident. Unter seiner Führung wurden 1945 auch jene von der Potsdamer Konferenz gebilligten Dekrete verabschiedet, die der deutschen Bevölkerung das Recht auf die tschechoslowakische Staatsangehörigkeit aberkannten und deren gewaltsame Abschiebung zur Folge hatten. Fast drei Millionen Deutsche waren davon betroffen. Nur rund 200.000 Deutsche durften bleiben, insbesondere jene, die für die Industrie und Wirtschaft „unersetzlich“ waren. Noch heute sind zwei Drittel der Tschechen davon überzeugt, dass die Vertreibung der Deutschen richtig war. Die entvölkerten Gebiete versuchte man in den folgenden Jahren mit der Ansiedlung von Tschechen, Slowaken, Roma und Ukrainern wiederzubeleben.
Ein Jahr später erhielten die Kommunisten bei den Wahlen zur Nationalversammlung knapp 40 %, das beste Ergebnis, das eine kommunistische Partei je in einer freien Wahl erzielte. 1948 führten sie eine Regierungskrise herbei, riefen den Generalstreik aus und zwangen Beneš zum Rücktritt. Neuer Staatspräsident wurde Klement Gottwald, eine tschechische Ausgabe Stalins. Mit ihm kam eine neue Verfassung und die Entmündigung des Volkes. Es folgten die kommunistische Ideologisierung von Kultur und Wissenschaft, die Verstaatlichung von Industrie und Handel, die gewaltsame Kollektivierung der Landwirtschaft und Fünfjahresplan auf Fünfjahresplan. Etwa 2 Mio. Tschechen und Slowaken verließen ihr Land.

Die einseitige Förderung der Schwerindustrie, Korruption und Unfähigkeit der Regierenden führten das Land in die wirtschaftliche Krise. Wer das Regime kritisierte, wurde interniert oder zum Tod verurteilt. Einigen Quellen zufolge soll bis 1968 fast jeder fünfte männliche Erwachsene vorübergehend inhaftiert gewesen sein. Auf jeden Fall litt das Volk, und mit ihm litten auch überzeugte Kommunisten, die sich eingestehen mussten, dass es so nicht mehr weitergehen konnte. Aus den innerparteiliche Streitigkeiten zwischen den selbstgefälligen Genossen stalinistischer Prägung und Reformern gingen schließlich Letztere als Sieger hervor.

Prager Frühling – 1968: Im Januar 1968 wurde Alexander Dubček Erster Parteisekretär und damit neuer Staatschef. Die von ihm vorgestellten Liberalisierungs- und Demokratisierungsprogramme sollten zu einem „Sozialismus mit menschlichem

Antlitz“ führen, was viel über die vorherige Gestalt des Systems aussagt. Das Volk jubelte Dubček zu. Es herrschte Optimismus, der Prager Frühling ergriff die Stadt und das Land.

Walter Ulbricht, dem Partei- und Staatschef der DDR, gingen die geplanten Reformen vor seiner Haustür zu weit. Und der kalte Krieger Leonid Breschnew sah sogleich die Außengrenzen des Warschauer Paktes in Gefahr und pochte auf die beschränkte Souveränität der zugehörigen Staaten (Breschnew-Doktrin). Als aller nichtmilitärische Druck auf die Prager Führung erfolglos blieb, marschierten Truppen des Warschauer Paktes am 21. August 1968 in der Tschechoslowakei ein, insgesamt 650.000 Mann unter sowjetischer Führung. Es kam zu lang anhaltenden Protesten. Die Bilder gingen um die Welt: Tausende Prager auf den Straßen, in ihrer Mitte sowjetische Panzer. Sechs Studenten übergossen sich in aller Öffentlichkeit mit Benzin und zündeten sich an. Bevor der Eiserne Vorhang die Tschechoslowakei endgültig abriegelte, verließen mehr als 150.000 Menschen das Land.

Lange Winter – ab 1968/1969: Die Tristesse des sozialistischen Alltags wurde wiederhergestellt, aus dem großen Hoffnungsträger Dubček ein paar Jahre später ein kleiner Forstbeamter. Mit Hilfe eines gigantischen Sicherheitsapparates schaffte es die kommunistische Partei (KSČ) für Ruhe zu sorgen und den Lebensstandard sogar so weit zu verbessern, dass er im Ostblock nur noch von der DDR übertroffen wurde.

Goldene Felder soweit das Auge reicht

1976, in dem Jahr, in dem man Fußballeuropameister wurde, wurden die Musiker der Undergroundband „The Plastic People of the Universe“ verhaftet. Liberale Intellektuelle setzen sich daraufhin für die Musiker ein. 1977 schlossen sie sich zur Charta 77 zusammen, aus der das Bürgerforum hervorging. Einer der geistigen Urheber war Václav Havel. Man forderte die Einhaltung der Menschenrechte und erlebte dafür das Gegenteil: Überwachung, Verfolgung und Gefängnis.

Samten fällt der Eiserne Vorhang – 1989: Gorbatschows Politik der Perestrojka läutete Ende der 80er Jahre das Aus für die greisen Funktionäre des gesamten Ostblocks ein. In Berlin war die Mauer bereits gefallen (9. November 1989), in Polen, Ungarn und Bulgarien hatte sich das Volk schon erhoben, als in Prag am 17. November 1989 über 50.000 Menschen auf die Straße zogen. Die Kommunisten hatten die Kundgebung genehmigt, da sie offiziell an die Novemberdemonstration von 1939 erinnern sollte. Damals waren Studenten gegen Hitlers Einmarsch auf die Straße gegangen. Der Protest aber, so zeigte sich schnell, galt der eigenen politischen Führung. Die Demonstration schlug man brutal nieder. Über 100 Teilnehmer wurden verhaftet, ca. 500 verletzt. Dieser Tag gilt heute als der Auftakt zur „Samtenen Revolution“. Seit 2000 ist er ein Feiertag.

Es folgten Arbeitsniederlegung und Großdemonstrationen und noch bevor das Jahr zu Ende war, hatten die Kommunisten ihre Führungsrolle verloren. Das Volk forderte mit Plakaten „Havel auf die Burg“, und so kam es. Um die Turbulenzen jener Zeit zu verdeutlichen, wird gerne die Geschichte von Jiří Dienstbier erzählt, der als Dissident im Gefängnis saß und danach für die Heizanlagen mehrerer Plattenbauten verantwortlich war. Seine Ernennung zum Außenminister kam so prompt, dass manche kalt duschen mussten, weil seine Stelle so schnell nicht wieder besetzt werden konnte.

1990 gab es schließlich nach langer Zeit wieder die ersten freien Wahlen, zu denen nicht nur jeder gehen durfte, sondern auch ging: Die Wahlbeteiligung lag bei 99 %. Havels Bürgerforum gewann. Demokratie war nun da, aber die Fragen der Zukunft blieben ungeklärt. Eine bewegte alle osteuropäischen Länder: Wie schafft man den Übergang von einer maroden Planwirtschaft zu einer freien Marktwirtschaft, wenn die Gesellschaft – wie Havel es ausdrückte – an einer „Postgefangenschaftspsychose“ litt, der Unfähigkeit ihrer Mitglieder, selbst Entscheidungen zu treffen und zu handeln.

Die Trennung – 1993: Am 1. Januar 1993 erfolgte die Trennung der ČSFR (der Name existierte seit 1990) in die Tschechische und die Slowakische Republik. Und das Gros der ehemals 1,5 Mio. Mitglieder der Kommunistischen Partei hielt fortan das Fähnchen der Demokratie und des Kapitalismus in den Wind. Viele alte Parteimitglieder starteten eine neue Karriere in Politik und Wirtschaft, schafften es auf Ministerposten oder in die Vorstände internationaler Unternehmen wie *Škoda Auto* oder *HVB-Bank* – eine bittere Enttäuschung für viele einstige Dissidenten. Erst seit 2007 gibt es das staatliche Institut für das Studium totalitärer Systeme *(Ústav pro studium totalitních režimů)*, das vergleichbar mit der Birthler-Behörde (zukünftig voraussichtlich Jahn-Behörde) in Deutschland ist.

Freuen konnten sich hingegen viele Tschechen, die nach 1948 enteignet worden waren, unzählige Gebäude, Burgen, Schlösser, Klöster und Kirchen wurden ihren früheren Besitzern zurückgegeben. Durch ein radikales Privatisierungsprogramm versuchte man, die Wirtschaft des Landes wieder auf Vordermann zu bringen. Eine große Zahl ausländischer Unternehmen investierte in den neuen Standort; deren Tochtergesellschaften sorgen heute für ca. 50 % der tschechischen Industrieproduktion und für 70 % der tschechischen Exporte.

EU-Beitritt – 1. Mai 2004: Seit dem EU-Beitritt Tschechiens überweist Brüssel jährlich rund 3,5 Mrd. Euro nach Prag. Damit werden überwiegend Projekte in den Bereichen Transport und Regionalentwicklung gefördert – das spiegelt sich v. a. in neuen Parkplätzen und Umleitungen wider. Nur für den Umweltschutz (das kleine Tschechien gehört zu den größten Luftverschmutzern überhaupt) hat man noch immer wenig übrig. Wie soll das aber auch anders sein bei einem Präsidenten, der das Kyoto-Protokoll zum Klimaschutz als „einen der größten Irrtümer der gegenwärtigen Menschheit“ bezeichnet.

Nach der Wirtschaftskrise: Die internationale Wirtschaftskrise traf auch Tschechien, dessen Wirtschaft als verlängerte Werkbank internationaler Unternehmen von der Stimmung auf den weltweiten Märkten abhängig ist. Auch in den Kurbädern gingen die Übernachtungszahlen zurück, allein in Karlsbad um 30 %. Doch mit dem deutschen Wirtschaftsaufschwung 2010 kam auch die tschechische Wirtschaft wieder in Fahrt. Zugleich verzeichneten die Kurbäder wieder mehr Gäste. Um deren Attraktivität zu steigern, bewarben sich Karlsbad, Marienbad und Franzensbad 2010 um die Aufnahme in die UNESCO-Welterbeliste.

▲ Bečov nad Teplou

Westböhmen – die Region

Beim Schlossbad

Karlovy Vary (Karlsbad)

„Karlsbad ist ein Brillant in einer Smaragdfassung" – so beschrieb Alexander von Humboldt das prunkvolle Kurzentrum mit seiner verschwenderischen Pracht an Bauten aus der Belle Epoque. Umgeben von grünen, waldreichen Höhen liegt es inmitten des romantischen Teplá-Tals.

Karlovy Vary ist noch heute auf der ganzen Welt unter dem deutschen Namen Karlsbad bekannt. Knapp 55.000 Einwohner zählt die Stadt und ca. 9000 Gästebetten. Sie liegt rund 340 m ü. d. M. Die Hügel drum herum erreichen Höhen von knapp 650 m. Von allen großen böhmischen Kurorten ist Karlsbad nicht nur der berühmteste, sondern auch der nobelste. Exklusive Designerboutiquen, Pelz- und Schmuckgeschäfte dominieren im Kurzentrum. Das Publikum zeigt sich im Vergleich auch gemischter und jünger; es beschränkt sich nicht in erster Linie auf deutsche Rentner. Laut Kurbadstatistik reisen Besucher aus fast 90 Ländern an. Im Durchschnitt verweilen sie elf Tage.

Ein Großteil der Kurgäste kommt aus Russland, von Moskau und St. Petersburg gibt es Direktflüge nach Karlovy Vary. Die Russen kamen schon immer gern, den Anfang machte der russische Adel. Aber auch Könige und Kaiser, indische Maharadschas und afrikanische Prinzen trugen sich in die Gästelisten Karlsbads ein, die an berühmten Persönlichkeiten wohl weltweit von keinem anderen Kurort übertroffen werden. Allein die Auflistung von Staatshäuptern und Staatsmännern würde Seiten einnehmen. Heute, nach einem halben Jahrhundert „Arbeiter- und Bauernkuren" knüpft Karlsbad – und darin unterscheidet sich der westböhmische Kurort von allen anderen – an alte Tage an und ist bereits wieder eine bevorzugte Kuradresse der Königshäuser. Schon König Harald V. aus Norwegen oder Prinzessin Sayako, die Tochter des japanischen Kaisers, waren zu Besuch. Und da heute erfolgreich Schönheitsoperationen durchgeführt werden, mischt sich auch die verwelkte High Society darunter.

Aber nicht nur als Kurort hat Karlsbad einen Namen. Im Rampenlicht steht die Stadt auch stets in der ersten Julihälfte, wenn das Internationale Filmfestival über die Bühne geht. Zwar wird Karlsbad noch nicht in einem Atemzug mit Cannes, Venedig oder Berlin genannt, dennoch reisen Größen aus Hollywood an. Wer war nicht schon alles hier? Leonardo DiCaprio, Whoopi Goldberg, Gregory Peck, Robert de Niro usw. Auch als Filmkulisse selbst lockt die Stadt Produktionsgesellschaften an, u. a. wurden im Festsaal des Hotels Pupp im Jahr 2007 verschiedene Szenen der Édith-Piaf-Biografie *La Vie en Rose* gedreht.

Karlovy Vary
Karte S. 54/55

Geschichte: Damit die Geschichte der Kurstadt nicht mit nüchternen Jahreszahlen beginnt, hat man sich eine Gründungslegende einfallen lassen. Angeblich ging Karl IV. im 14. Jh. in der Gegend gerne auf Jagd. Einmal hatten seine Hunde die Fährte eines großen Hirschen aufgenommen. Um seinen Verfolgern zu entkommen, sprang der Hirsch von einem mächtigen Felsen und landete in heißem Quellwasser. Die Hunde sprangen hinterher und jaulten auf. So entdeckte Karl IV. die Quellen und gründete hier die nach ihm benannte Stadt.

In Wirklichkeit aber gab es hier schon vor den Zeiten Kaiser Karl IV. eine kleine Gemeinde, und die Quellen waren schon damals wohlbekannt. Unter Karl IV. lernte man sie jedoch als Heilquellen zu schätzen, und so verlieh der Kaiser im Jahre 1370 dem Ort zahlreiche Privilegien und Rechte. Bereits im 15. Jh. kamen die ersten Kurgäste aus verschiedenen europäischen Adelshäusern. Anfangs badete man in den Thermen, mit Trinkkuren begann man erst im 16. Jh. Im Jahre 1604 zählte man bereits exakt 102 Häuser in Karlsbad. Das weiß man aus einem Bericht, der verfasst wurde, weil ein gewaltiges Feuer 99 davon vernichtet hatte – lediglich drei blieben stehen. Auch von anderen Katastrophen berichtet die Stadtchronik, insbesondere von Überschwemmungen.

Anfang des 18. Jh. wurde Karlsbad schließlich weltberühmt; die ersten Kaiser und Zaren kamen zur Kur. In jenem Jahrhundert glaubte man übrigens auch, durch das Trinken von Karlsbader Wasser Armut heilen zu können. Bis zu 500 Becher pro Hungerleider wurden dagegen verschrieben. 1762 entstand das erste große Badehaus. 1812 schrieb Goethe in einem Brief an Wilhelm von Humboldt: „Weimar, Karlsbad und Rom sind die einzigen Orte, wo ich leben möchte". Wie in Marienbad (→ Kasten S. 98) fühlte sich der alte Goethe übrigens auch in Karlsbad zu jungen Damen hingezogen: Angeblich hatte er ein heimliches Techtelmechtel mit der 20-jährigen Marie Louise, der Gattin Napoleon Bonapartes. Goethe verbrachte insgesamt, zählt man die Tage seiner 13 Aufenthalte zusammen, fast zwei Jahre seines Lebens in Karlsbad.

In der zweiten Hälfte des 19. Jh. entstand das Gros der heute erhaltenen Kur- und Bürgerhäuser, und Karlsbad entwickelte sich zu einem einzigartigen weltoffenen Erholungsort, an dessen Quellen sich Menschen mit unterschiedlichsten Ansichten, Hautfarben und Religionen trafen – lediglich Geld und Macht waren ihnen gemein.

1870 erfolgte die Anbindung an das Eisenbahnnetz, worauf immer mehr Besucher kamen. Einer unter ihnen war übrigens Karl Marx mit seiner Tochter Eleanor. In das Gästebuch trug er sich als Charles Marx, Privatier aus London ein. Die habsburgerische Geheimpolizei überwachte ihn. Die Kommunisten setzten ihm später ein Denkmal an der Petra Velikého im Norden des Kurzentrums. Auch wurde in

Karlsbad das einzige Marxmuseum in der ganzen kommunistischen Welt eröffnet; es existiert aber nicht mehr.

Zu Anfang des 20. Jh. verzeichnete man jährlich über 70.000 wohlhabende Kurgäste. Doch dann kamen die Weltkriege und dazwischen die Weltwirtschaftskrise – für den internationalen Nobelkurort eine Katastrophe. Als schließlich nach 1945 die Deutschen aus der Stadt vertrieben wurden, die die Mehrzahl der Einwohner gestellt hatten, war es mit dem Glanz Karlsbads vorbei. Die Kommunisten verstaatlichten das Kurwesen. Das Kurzentrum ließ man verfallen, dafür entstanden im Süden der Stadt große Plattenbausiedlungen. Seit der Samtenen Revolution sieht der Sachverhalt genau umgekehrt aus. Den Ortsrandsiedlungen schenkt man wenig Beachtung, das Kurzentrum wurde und wird aufwendig saniert. Die Investoren kommen größtenteils aus Russland, die Gelder dazu aus oft unbekannten Quellen. Die „neuen Herren von Karlsbad“ sind vielen Ortsansässigen ein Dorn im Auge: Neu gebaute Wohnungen werden auf Plakatflächen z. T. nur noch in kyrillischer Schrift angeboten, an tschechischen Kunden ist man gar nicht interessiert.

Orientierung: Das Kurzentrum liegt im Süden Karlovy Varys und erstreckt sich das gewundene Teplá-Tal entlang. Das Geschäftszentrum und der Intercity-Busbahnhof befinden sich im Norden der Stadt. Die Grenze zwischen Geschäfts- und Kurviertel liegt in etwa auf Höhe der Hauptpost. Der Flusslauf der Ohře (Eger), in welche die Teplá fließt, grenzt gleichzeitig die nördlichen Plattenbausiedlungen vom Geschäfts- und Kurzentrum ab.

Information/Parken/Verbindungen

- *Information* Hauptbüro des **Infocentrum města** (städtisches Informationsbüro) im zentralen Bad III (Mlýnská nábř. 5). Mo–Fr 9–17 Uhr, Sa/So 10–17 Uhr. ✆ 355321176, www.karlovy-vary.cz. Weitere Infostellen u. a. am Unteren Bahnhof, in der Sprudel-Kolonnade und im Bad V.
- *Parken* Verhältnismäßig sicher ist das Parkhaus des Hotels Thermal (1,20 €/Std., 10 €/Tag). Rund um die Uhr bewacht sind die Parkplätze des Hotels Pupp (1,20 €/Std., 14 €/Tag). Die meisten Unterkünfte verfügen zudem über eigene Parkplätze.

Hinweis: Das Kurzentrum ist für Fahrzeuge gesperrt. Lediglich Hotelgäste dürfen zum Ent- bzw. Beladen am Tag der An- und Abreise zu ihrem Hotel vorfahren. Dafür bedarf es einer Einfahrerlaubnis, lassen Sie sich eine solche von Ihrem Hotel zuschicken.

- *Verbindungen* **Stadtbusse,** alle Linien treffen sich am innerstädtischen Busbahnhof Tržnice. Ⓑ2 und 91 sowie die Nachtbuslinie 52 (eine von 2 Nachtbuslinien, die im Stundentakt fahren) passieren das Kurzentrum und halten dort u. a. am Divadelní nám., dem Platz beim Theater. Fahrkarten erhält man in vielen Geschäften oder Kiosken (0,75 €, mit Umsteigen 1 €, beim Ticketkauf im Bus stets 1 €). Eine nette Abwechslung verspricht eine Panoramarundfahrt mit Ⓑ91, die am Divadelní nám. startet. Tageskarten zu 3,20 € oder Wochenkarten zu 8 € erhält man u. a. in den Touristeninformationen. Dort bekommen Sie auch Busfahrpläne.

Bummelbahn: Die Rundfahrt durchs Zentrum kostet 2,70 €, Dauer 1 Std., Start am Divadelní nám.

Standseilbahnen: Die Bergbahn vom Hotel Pupp zum Aussichtsturm Diana fährt tägl. von 9–19 Uhr (im Winter nur bis 17 Uhr, im Januar kein Betrieb) alle 15 Min. Sie überwindet auf einer Länge von 453 m einen Höhenunterschied von 174 m. Einfache Fahrt 1,60 €.

Die Standseilbahn vom Divadelní náměstí hinauf zum Hotel Imperial verkehrt Mo–Sa von 5.30–21 Uhr, So von 6.45–21 Uhr ca. alle 20 Min., 0,75 €/Fahrt.

Überlandbusse und Züge: Karlovy Vary besitzt zwei Bahnhöfe. Am oberen, dem Horní nádraží (zu erreichen mit Ⓑ12 u. 13), fahren die Züge nach Prag (alle 2 Std.), Marienbad (5-mal tägl.), Chomutov (9-mal tägl.) und Cheb (ca. stündl.) ab. Am unteren, dem Dolní nádraží (zu erreichen mit Ⓑ12), fahren ebenfalls Züge nach Marienbad (8-mal tägl.) ab, zudem nach Potůčky/Johanngeorgenstadt (5-mal tägl.). Dort befindet sich auch das Intercity-Busterminal, von dem man in fast alle größeren Orte Westböhmens gelangt. Für Reisen nach Prag sollte man von Karlsbad dem erheblich schnelleren Bus den Vorzug geben.

Zum Flughafen: Ⓑ8 fährt vom innerstädtischen Busbahnhof zum Flughafen Karlsbad. Zum Airport von Prag fährt von 7.30–20 Uhr ca. stündl. ein Bus vom Intercity-Busbahnhof ab.

Taxi: Zentraler Taxistandort am Divadelní nám. Nach Pilsen ca. 96 €, nach Marienbad ca. 64 €, zum Flughafen Karlsbad ca. 20 €.

Pferdekutschen: Stehen an der Zahradní gegenüber der Hauptpost und am Divadelní nám. bereit. Der Preis ist Verhandlungssache, mehr als 30 € für 30 Min. sollten Sie aber nicht bezahlen.

Adressen

• *Ärztliche Versorgung* Krankenhaus an der Bezručova 19. ✆ 353115111 o. 359015111.

• *Autoverleih* Zum Beispiel bei **Czechocar** im Hotel Kolonáda an der I. P. Pavlova. Billigstes Fahrzeug ab 28 €/Tag zzgl. 19 % Steuer. ✆ 800321321, www.czechocar.cz.

• *Polizei* An der I. P. Pavlova 24. ✆ 156.

• *Post* **Hauptpost** an der T. G. Masaryka 1.

• *Reinigung* **Rychločistirna Rak,** in der Krále Jiřího 35. Mo–Fr 9–18 Uhr, Sa 9–12 Uhr. Abgerechnet wird nach Stück.

Einkaufen (→ Karte S. 54/55)

An Karlsbader Oblaten, Becherovka und Moser-Glas führt so gut wie kein Weg vorbei. Letzteres brauchen Sie übrigens nicht unbedingt im Fabrikverkauf erstehen, die Preise in den Geschäften im Zentrum sind im Prinzip die gleichen. Eine Reihe von eleganten Designerläden (*Escada*, *Bogner* & Co.) befindet sich im Kurzentrum.

• *Geschäfte* **Vinotheque Le Bouchon (11),** edler Laden ganz im Zeichen guter französischer Weine, aber auch ein paar niveauvolle mährische Tropfen sind im Angebot. Degustationen. Zudem Accessoires wie Dekanter, Gläser, Korkenzieher etc. Zahradní 35.

Music instruments Roko (15), kleine, bis unter die Decke vollgestopfte Musikalienhandlung. Tipp für all diejenigen, die auf der Suche nach günstigen Geigen, Gitarren oder Schlagstöcken sind. Im Garten wird schräge Kunst ausgestellt. Na vylídce 17.

Kolonáda (3), die obligatorischen Karlsbader Oblaten, warm oder kalt, offen oder verpackt. Café angegliedert. I. P. Pavlova 15.

Botanicus (32), ein kleines duftendes Paradies. Handgemachte Seifen, Öle, Tee, Gewürze und Kräutermischungen. Liebevoll dekoriert. Mariánskolázeňská 15.

Sladký Život (8), im „Süßen Leben" gibt es allerbeste handgemachte Pralinen zu kaufen, dazu Honig und Honigwein. Die liebenswerten Betreiber stellen im Sommer auch ein paar Tische auf die Straße und dann wird aus dem Lädchen ein Minicafé. Jazzige Musik, ein bisschen Kunst an den Wänden. Moskevská 3.

• *Shoppingcenter/Supermärkte* Große Einkaufszentren und Supermärkte (wie das **Fontána** mit einem großen TESCO und etlichen Bekleidungsgeschäften) liegen an der Ausfallstraße nach Eger oder sind von dort ausgeschildert (auch zu erreichen mit Ⓑ2).

• *Märkte* Ein kleiner, in erster Linie von Vietnamesen betriebener **Obst- und Gemüsemarkt** findet werktags zwischen dem Stadtbusbahnhof Tržnice und dem Unteren Bahnhof statt.

Souvenirstände mit Schnabeltassen, Bierkrügen, Stickereiarbeiten usw. gibt es parallel zum Flusslauf der Teplá am Nábřeží Jana Palacha.

• *Zeitungen/Zeitschriften* In deutscher Sprache an den meisten Kiosken im Kurzentrum, z. B. im Kiosk am Divadelní nám. vor dem Theater.

Essen & Trinken/Nachtleben (→ Karte S. 54/55)

Im Kurzentrum reihen sich zig Restaurants von ähnlichem Niveau und mit nahezu identischen Speisekarten und (hohen!) Preisen aneinander. Tschechen werden Sie hier nur als Bedienungen erleben. Dafür haben fast alle Lokale Tische im Freien mit Blick auf den Fluss. Wer billig und authentisch essen will, geht am besten ins nördlich des Kurzentrums gelegene quirlige Geschäftsviertel – in der Fußgängerzone Zeyerova z. B. befindet sich eine ganze Reihe ordentlicher Terrassenlokale. Ansonsten treffen Sie mit den folgenden Restaurants eine gute Wahl:

• *Restaurants* **Poštovní dvůr (36),** gediegenes Restaurant in historischem Gemäuer, mit Brunnen und offenem Kamin! Serviert werden französisch-böhmische Spezialitäten (Wild, Froschschenkel, aber auch Ente oder Gulasch). Riesige Sommerterrasse mit gelegentlichen Livemusikabenden. Hg. 13–25 €. Südlich des Kurzentrums an der Slovenská 2, ✆ 353224119.

Embassy (30), dem gleichnamigen Hotel angegliedert. Edel-vornehmes, mehrfach ausgezeichnetes Restaurant mit zuvorkommendem Service, den schon Klaus Maria Brandauer, Gerard Depardieu oder Václav Havel genossen. Gemütliches Ambiente mit Kachelofen. Hummersuppe, Fasanenbrüstchen oder Chateaubriand. Für das Gebotene günstig, Hg. 7–16 €, lediglich ein paar Spezialitäten wie das Bisonfiletsteak sind teurer. Reservierung empfohlen. Nová Louka 21, ✆ 353221161.

Promenáda (25), ebenfalls ein Hotelrestaurant und ebenfalls bekannt für seine gute Küche. Gediegenes Interieur (leider Teppichboden!), erlesene Speisekarte. 2009 vom Gourmet-Magazin *Der Feinschmecker* ausgezeichnet. Zu den Spezialitäten gehören die Gänsestopfleber (vermutlich nicht aus einem ethisch korrekten Betrieb) mit Äpfeln und Calvados, aber auch die Wild- und Fischgerichte sind sehr zu empfehlen. Gute Weinkarte. Hg. 16–20 €. Tržiště 31, ✆ 353225648.

La Strada (6), neueres Kellerrestaurant in provinziellem Schick, Jan-Saudek-Drucke schmücken die Wände. Neben dicken Steaks vom Grill und tschechischen Klassikern gibt es auch hausgemachte Pasta sowie eine kleine Auswahl an Fisch und vegetarischen Gerichten. Hg. 5,60–15,20 €. Jaltská 12, ✆ 353223878.

U Švejka (26), urig-rustikales Restaurant, dessen schwere böhmische Kost Leser loben. Beschallung mit Volksmusik. Hg. 5–13 €, teures Bier! Außenbestuhlung. Etwas zurückversetzt von der Stará Louka (Hausnr. 10), eine Švejk-Puppe weist den Weg, ✆ 353232276.

Malé Versailles (22), das Ausflugsrestaurant zehrt noch heute von seinem Ruf, einst Johann Wolfgang von Goethe als Stammgast bewirtet zu haben. Schöne im Grünen gelegene Sommerterrasse, das Interieur ist weder in der Bierstube Formanka noch im benachbarten strohblumenlastigen „Saloon" (mit Countryabenden am Wochenende) der Renner. Viele Fleischgerichte, viel Kurzgebratenes, Hg. 7,60–12 €. Křižíkova 420, ✆ 353228097.

Chebský Dvůr/Egerländer Hof (24), eine Leserempfehlung in zentralster Lage. Rustikal-schlichtes Restaurant mit Wintergartenterrasse. Viel deutsches Publikum, das sich an Jägerschnitzel, Schweinebraten, Rouladen oder kalten Platten erfreut. Zügiger Service, riesige Portionen. Hg. 5,50–10,50 €. Tržiště 39, ✆ 353229332.

Pizzeria Venezia (10), der Besitzer ist Italiener und weist auch stolz darauf hin. Leicht plüschiges Inneres mit hohen Wänden. Außenterrasse mit Blick aufs Hotel Thermal. Neben Pizzen auch Pasta, Risotto, Fisch und Fleisch. Hg. 4–18 €. Zahradní 43, ✆ 776335058 (mobil).

Velkopopovická pivnice (27), rustikaler Gasthof mit Wagenrädern und getrocknetem Knoblauch an der Wand. Herzhafte urböhmische Küche: panierter Käse, Lendenbraten, Palatschinken usw. Hg. 5–10 €. Fest in tschechischer Hand. Petřín 10, ✆ 353232007.

• *Außerhalb* **Hospoda U Šimla,** freundlich-rustikales Lokal direkt an der Pferderennbahn im Stadtteil Dvory (Ⓑ1 fährt daran vorbei). *Die* Steak-Adresse der Stadt. Es gibt die Fleischlappen in zig Varianten, u. a. mit Bohnen- oder Weißwein-Kapern-Soße. Terrasse. Steaks 8–12 €. Závodní 1, ✆ 353592111.

• *Cafés* **Café Elefant (28),** Kurgäste schwören drauf – nicht zuletzt der Tortenvitrine wegen. Große Spiegel, gediegen-kitschiges

Vor der Mühlbrunnenkolonnade

Mobiliar. Stets gut besucht, und das schon seit Goethes Zeiten: Der große Dichter feierte hier seinen 37. Geburtstag. Stará Louka 30.

Café Pupp (33), → S. 61.

Kolonáda (3), → Einkaufen.

Sladký Život (8), → Einkaufen.

ZigZag Café Bar (5), tagsüber ein trendiges Café mit ebensolchem Publikum. Abends oft DJ-Partys (House, Black Music). Dr. Davida Bechera 24.

• *Nachtleben* **Garáž (2),** Kneipe, Restaurant und Cocktailbar. Modern-rustikal eingerichtet. Beliebt bei jungen Karlsbadern und bei Touristen. Ab 17 Uhr. I. P. Pavlova.

Foppa Music Café (7), stylishe Bar mit gold gestrichenen Stuckdecken und breiten Fensterfronten. Abends trifft sich hier die Jeunesse dorée von Karlsbad zum DJ-Sound (alles zwischen Happy House und Hip-Hop), es wird auch getanzt. Tagsüber ein nettes, luftiges Café mit leichter Snackküche. Beliebt ist auch die **Barracuda Cocktail Bar (7)** nebenan. Jaltská 7.

Club Imperial (34), im Komplex des gleichnamigen Hotels (→ Übernachten). Nahezu jeden Abend Livejazz, -blues oder Worldmusic, teils auch freier Eintritt. Gediegenes Ambiente für ältere Semester. Libušina 18.

Klub Paderewski (31), Livemusikclub im Gebäude des Theaters Husovka. Konzerte von grau- und langhaarigen tschechischen Rockern überwiegen. Achten Sie auf Plakate. Husovo nám. 2.

• *Kasinos* Es gibt mehrere. Zu empfehlen ist der noble **Pupp Casino Club,** dem gleichnamigen Hotel angegliedert. Roulette und Black Jack. Mindesteinsatz 4 €. Angemessene Kleidung wird erbeten. Tägl. 20–4 Uhr.

Übernachten (→ Karte S. 54/55)

Die meisten Luxushotels – jährlich werden es mehr – und gehobeneren Pensionen befinden sich im Kurzentrum. Für Karlsbad noch verhältnismäßig günstig wohnt man in den vielen Privatpensionen auf dem Hügel östlich des Kurzentrums, vornehmlich in den Straßen Tyršova und Fügnerova.

• *Hotels* ****–***** **Pupp (33),** das traditionsreichste Haus der Stadt (→ S. 61), auch wenn die Lobby etwas popelig wirkt. 2 Kategorien: 5 Sterne = Grand Hotel de Luxe, 4 Sterne = First Class. Hier treffen sich alle: Stars und Sternchen, arabische Großfamilien und russische Nörgler. DZ im Grand Hotel de Luxe ab 310 €, in der First Class 260 €. Mírové nám. 2, ✆ 353109630, ✆ 353226638, www.pupp.cz.

Übernachten
1 Jugendherberge Domov mládeže
4 Hotel Kavalerie
9 Romania
12 Pension Amadeus
13 Hotel Venus
14 Villa Rosa
16 Pension M privat
17 Aparthotel Ontario
18 Savoy Westend
19 Nicol
20 Diamant
23 Schlosspark
29 Krásná Královna
33 Grand Hotel Pupp
34 Imperial
35 Villa Basileia
Nachtleben
2 Garáž
7 Foppa Music Café und Barracuda Cocktail Bar
31 Klub Paderewski
34 Club Imperial
Oberer Bahnhof
Panasonic-Kino, Cyclo Centrum (Radverleih)
Dvory, Cheb, Shoppingcenter Fontana
Pobřežní
Ohře
Chebský most
Petr Putzer (Kanuverleih)
Unterer Bahnhof
Jan-Becher
Marktstände
Západní
(innerstädtisch)
Vítězná
Souvenirstände
Bezručova
Elisabethbad (Lázně V)
Smetanovy sady
Hotel Thermal
Freibad
Polizei
Kino Čas
Pferdekutschen
Dvořákovy sady
Parkkolonnade
Gogolova pěšina
Na vyhlídce
Czechocar
Lázně III
Skalníkovy sady
Mühlbrunnen-Kolonnade
Russisch-orthodoxe Kirche
Schlossbad
Marktbrunn-kolonnade
Sprudel-kolonnade
Kirche Maria Magdalena
Jelení skok
Sady Jeana de Carro
Goethewarte
Doubí
Lidická
Národní
Mozartova
Rumunská
Anglická
Americká
Švermova
Vrchlického
Němcové
Italská
Jiráskova
Palackého nám.
Havlíčkova
Polská
Máchova
5. května
Hrbitovní
Ondříčkova
nábř. Jana Palacha
nábř. Osvobození
Varšavská
Zeyerova
Bulharská
T. G. Masaryka
Dr. Davida Bechera
Bělehradská
Jaltská
Moskevská
Svahová
Krále Jiřího
Vrázova
Zahradní
I. P. Pavlova
Ondřejská
Sadová
Poděbradská
Zámecký vrch
Petra Velikého
Lázeňská
Tržiště
Vřídelní
Křižíkova
Jeana de Carro
Kolmá
Raisova
Petřín
Tyršova
Fügnerova
Scheinerova

Karlsbad
120 m
Essen & Trinken
5 ZigZag Café Bar
6 La Strada
10 Pizzeria Venezia
22 Malé Versailles
24 Chebský Dvůr/Egerländer Hof
25 Promenáda
26 U Švejka
27 Velkopopovická pivnice
28 Café Elefant
30 Embassy
33 Café Pupp
36 Poštovní dvůr
Einkaufen
3 Kolonáda
8 Sladký Život
11 Vinotheque Le Bouchon
15 Music instruments Roko
21 Moser
32 Botanicus
Golf Resort Karlovy Vary, Valeč, Andělská Hora, Prag
Marienbad, Bečov nad Teplou, Pilsen, Březová, Astoria Golf Club Cihelny
Petrova Výšina
489 m
Pferdekutschen
Divadelní nám.
BUS
Stadt-theater
Unterirdische Standseilbahn
Moravská
Vyšehradská
Libušina
Zítkova
Pražská
U Imperialu
Hotel Imperial
Stará Louka
Nová Louka
Divadelní
Husovo nám.
Nebozízek
Škroupova
Mariánskolázeňská
Städtisches Museum
Grandhotel Pupp
Kaiserbad (Lázně I)
Standseilbahn
Station Jelení skok
Aussichtsturm Diana
556 m
WC
Hirsch-quelle
Goethova stezka
Goethe-denkmal
Slovenska
Slovenská
Kunst-galerie
Sanatorium Richmond
Teplá
Freilicht-kino
Tennis

***** **Savoy Westend (18),** im ruhigen Villenviertel Westend. Herrschaftliches Wohnen in ruhiger Lage, dazu erstklassiger Service – ein Tipp. Besteht aus dem prunkvollen Haupthaus und 4 Villen in der Nachbarschaft. Viel Blattgold, Goldbrokat und Marmor, Stuck und Kronleuchter. 128 edel ausgestattete Zimmer und Suiten, viele mit Balkon, weitläufige Bäderabteilung. EZ ab 150 €, DZ ab 215 €, Parken inkl. Petra Velikého 16, ✆ 359018888, www.savoywestend.cz.

**** **Imperial (34),** protziges, 1912 erbautes Nobelkurhotel mit Schlosscharakter hoch über der Stadt. Über 200 geräumige Zimmer. Viel russisches Publikum. Große Kurabteilung, Tennisplätze, Golfübungsplatz etc. EZ ab 120 €, DZ ab 200 €. Libušina 18, ✆ 353203113, ℻ 353203151, www.spa-hotel-imperial.cz.

**** **Schlosspark (23),** eines der neuesten Häuser der Stadt (2010 eröffnet), etwas oberhalb des Zentrums, aber noch bequem zu erreichen. Nicht unter deutscher Leitung, wie der Name vermuten lässt – Russen mieten sich aber lieber in einem deutsch klingenden Hotel ein als in einem tschechischen … 35 Zimmer, der Sterneanzahl entsprechend ausgestattet, vorne raus mit schöner Aussicht. Pool, Kuranwendungen, Billardsalon usw. DZ ab 172 €. Kolmá 19, ✆ 353305111, ℻ 353305105, www.schlosspark.cz.

**** **Venus (13),** gepflegtes Kurhotel. 53 freundliche Zimmer in guter Lage. Im Preis enthalten sind neben dem Frühstücksbüfett ein Begrüßungsgetränk, Leihbademantel, freier Zugang zum Pool und Whirlpool. EZ 154 €, DZ 170 €. Sadová 8, ✆ 353433411, www.hotel.venus.cz.

**** **Krásná Královna (29),** komfortables Kurhotel. Beste Lage. 21 großzügige Zimmer mit Parkettboden, klassischem Mobiliar und geräumigen Bädern. EZ 104 €, DZ 128 €. Stará Louka 48, ✆ 3535852611, ℻ 353852612, www.krasnakralovna.cz.

*** **Romania (9),** günstiges Hotel in einem historischen Stadthaus im Norden der Kurzone. Etwas düsterer Eingangsbereich. 31 biedere Standardzimmer mit Teppichboden, Kühlschrank und TV, manche mit schönem Blick und Balkon. Parkplätze in der Nähe. Freundliches Personal. EZ 40 €, DZ ab 68 €. Zahradní 49, ✆ 353222822, ℻ 3532 22501, www.romania.cz.

** **Kavalerie (4),** kleines Hotel im Herzen des Geschäftsviertels. 16 Zimmer auf unterschiedlichem Niveau – teils freundlich-komfortabel, teils lieblos-einfach mit zusammengewürfeltem Mobiliar. Angeschlossen ein Café mit Sommerterrasse. DZ 48–62 €. T. G. Masaryka 43, ✆ 353229613, ℻ 353 236171, www.kavalerie.cz.

• *Pensionen* **Amadeus (12),** am Hang über der Stadt. 16 individuell eingerichtete Zimmer und ein Apartment – größtenteils etwas bieder, z. T. jedoch mit Stuck oder schwarz-weißen Fußbodenkacheln im Stil der 30er-Jahre. Manche bieten herrliche Panoramablicke. Freundliche deutschsprachige Inhaberin. EZ ab 60 €, DZ ab 76 €. Ondřejská 37, ✆ 353235334, ℻ 353353336, www.pension-amadeus.cz.

Villa Rosa (14), in einer ockerfarbenen Villa hoch über der Stadt. 9 Zimmer und Apartments mit schweren Eichenmöbeln. Das ist nicht jedermanns Sache, die traumhafte Aussicht auf das Kurzentrum von einigen Zimmern (teilweise mit Balkon!) aber ist grandios. Sehr gepflegt und sauber, dazu freundlicher deutschsprachiger Service. Rauchverbot in den Zimmern. Eigene Parkplätze (5 €/Tag). EZ 48 €, DZ 68 bzw. 84 € (mit toller Panoramaaussicht), Suite 96 €. Na vyhlídce 22, ✆ 353239121, ℻ 353239120, www.villarosa.cz.

Villa Basileia (35), zweigeschossige Villa am Fluss im Süden des Kurzentrums. Die Zimmer und Apartments sind ideal für alle, die zeitgemäßes Design nicht mögen. Im Winter lockt der Whirlpool, im Sommer kann man die Füße in das kleine Becken im hübschen Garten hängen. Grillabende. Eigene Parkplätze. Unbedingt Zimmer zur Flussseite hin reservieren, andernfalls laut. DZ 75 €, Apartment für 2 Pers. 94 €. Mariánskolázeňská 4, ✆ 353224132, ℻ 353227804, www.villabasileia.cz.

Diamant (20), im Osten von Karlsbad. Einfache Zimmer mit Teppichboden und Bad, jedoch ohne besondere Note. Dafür freundlicher Service, Weinstube für die Gäste und eigene Parkplätze. EZ 39 €, DZ 52 €. Tyršova 4, ✆ 353227060, ℻ 353229067, www.pension-diamant.cz.

M privat (16), Pension mit nur 4 Zimmern, geräumig und sehr sauber. 2 Zimmer teilen sich Bad und Toilette. Zuvorkommender Service. Nicht von der etwas tristen Fassade abschrecken lassen! 24 €/Pers. Na vyhlídce 28, ✆ 353222854, info@m-penzion.cz.

• *Apartments* *** **Ontario (17),** Aparthotel in einem historischen Stadthaus. 12 geräumige, blau-gelb gehaltene Suiten mit Kochgelegenheit. Klassisch-moderne Ausstattung, z. T. mit Balkon und schöner Aussicht. Sehr gepflegt. Bewachter Parkplatz kostenlos. Für 2 Pers. 114 €, für 1 Pers. 96 €. Zámecký vrch 20, ✆ 353222091, ℻ 353223343, www.hotelontario.cz.

Nicol (19), 4 Apartments mit gut ausgestatteten Küchen in einem Neubau, 3 mit Bakon/Terrasse. Wilder Möbelmix – schön ist was anderes, dennoch okay. Eigene Parkplätze. 8 Min. ins Zentrum. Für 2 Pers. 38 €, für 4 Pers. ab 64 €, Frühstück extra. Scheinerova 2, ✆ 353223284, www.apartments-nicol.cz.

• *Jugendherberge* **Domov mládeže (1),** abseits des Zentrums im Vorort Drahovice. Das Schülerinternat hält stets einige konventionelle Zimmer für Touristen frei, z. T. mit Kühlschrank, TV und eigenem Bad. Gute Busverbindungen (auch nachts). DZ mit Bad 33 €, ohne Bad 22 €, kein Frühstück. Lidická 38, Ⓑ10, 15 Národní, ✆ 353241111.

• *Camping* Wir empfehlen folgende Plätze außerhalb der Stadt:

Autokemp Sasanka, gepflegter Platz ca. 6 km nördlich von Karlsbad im Dorf Sadov. Recht schattenlose Wiese mit jungen Bäumen und Holzhütten drum herum. Moderne, saubere Sanitäranlagen, Restaurant in Laufnähe. Achtung, der Platz stand zuletzt zum Verkauf – Zukunft ungewiss. Gute Busverbindungen nach Karlsbad. April–Okt. 2 Pers. mit Wohnmobil 10,80 €, Bungalow für 5 Pers. 28 €. Sadov 7, ✆/℻ 353590130, campsadov@seznam.cz.

Na Špici, → Kyselka, S. 74.

Karlovy Vary
Karte S. 54/55

Sport & Freizeit/Kur & Kultur

• *Ausflüge* Tagesausflüge (ab ca. 15 €) per Bus nach Marienbad, Franzensbad, Loket, Prag usw. werden im Kurzentrum überall angeboten. Es ist ratsam, explizit nach organisierten Touren mit deutschsprachiger Führung zu fragen, da sich das Publikum vornehmlich aus russischen Pauschaltouristen rekrutiert.

• *Baden* Zum Hotel Thermal gehört ein hoch über der Stadt gelegenes **Freibad** (bazén), das u. a. mit warmem Quellwasser gefüllt wird. Für 4 € können auch Nichthotelgäste für 1 ½ Std. darin baden.

Rund um die Stadt findet man auch mehrere Badeteiche – allesamt jedoch nicht allzu spannend. Der nächstgelegene nennt sich **Rolava.** Er liegt im Norden der Stadt und ist mit Ⓑ12 (Mlýnská) zu erreichen.

Für Baden in Kurbädern → Sehenswertes/Kurbäder.

• *Eishockey* **KV Arena** im westlichen Vorort Tuhnice, zu erreichen mit Ⓑ2 u. 6.

• *Golf* **Golf Resort Karlovy Vary**, ca. 6 km südöstlich von Karlsbad an der Straße nach Prag. Einer der besten und schönsten Plätze des Landes. Alter Baumbestand, es gibt ihn immerhin seit 1904. 18 Loch, 72 Par. Greenfee 80 €. ✆ 353331001, www.golfresort.cz.

Astoria Golf Resorts Cihelny, 18-Loch-Platz (70 Par) 6 km südwestlich von Karlsbad (von der Straße nach Bečov nad Teplou ausgeschildert). Mit Hotel. Greenfee 58–68 €. ✆ 353972281, www.astoria-golf.cz.

Pause im Karlsbader Theater

Golf & Racing Club, inmitten der Pferderennbahn im Vorort Dvory. 9 Fairways. Greenfee ab 14 €. ✆ 353592163, www.racingclub.cz.

Für einen weiteren Platz in der Umgebung → Sokolov, S. 69.

• *Kanuverleih* Leihkanus für Fahrten auf der Eger können über **Petr Putzer** (Chebský most, ✆ 606902310, mobil, www.putzer.cz) gebucht werden. Verschiedene Routen zwischen 9 km (1 ½–2 Std.) und 33 km (7–9 Std.) möglich. Boot für 2 Pers. 11,60 €, für bis zu 6 Pers. 32 €. Gestartet wird i. d. R. in Loket (Transfer von Karlsbad 14 €).

• *Kino* Bedeutendstes Kino in der Stadt der Filmfestspiele ist das **Panasonic** an der Vítězná 50 (nördlich des Kurzentrums). Beliebt ist zudem das **Čas** an der T. G. Masaryka 3. Das schöne **Freilichtkino** (Letní kino) am südlichen Ortsrand soll restauriert werden.

• *Kuren* Behandelt werden insbesondere Leber-, Gallen-, Magen- und Darmerkrankungen, aber auch Störungen des Bewegungsapparates sowie des Stoffwechsels. Wer eine Kur machen will, kann sich über die städtische Touristeninformation Infomaterial zuschicken lassen.

• *Tennis* Mehrere Outdoor- und Indoor-Plätze ca. 2 km südlich des Zentrums beim **Gejzírpark** an der Straße nach Březová. Slovenská 5A, ✆ 603379692 (mobil).

• *Pferderennen* Die Veranstaltungen finden in den Sommermonaten in unregelmäßigen Abständen auf der Rennbahn (Závodiště) im Vorort Dvory statt (zu erreichen mit Ⓑ1 Závodiště).

• *Radverleih* **Cyclo Centrum,** Vítězná 15, ✆ 353229566, www.cyclo-vondracek.cz. 10 €/4 Std., 16 €/Tag.

• *Veranstaltungen* Anfang Januar wird die **Ballsaison** im Grand Hotel Pupp eingeleitet, die bis April andauert. Höhepunkt ist der **Ball der Adeligen** Ende April (→ Sehenswertes/Grand Hotel Pupp). Stets am 1. Maisamstag findet die festliche **Eröffnung der Kursaison** statt. Der **Karlovarský Pohár,** ein internationaler Kunstflugwettbewerb, geht Ende Mai über die Bühne. Die erste Julihälfte steht seit Jahrzehnten ganz im Zeichen der **Internationalen Filmfestspiele.** Von den hier gezeigten rund 250 internationalen Filmen haben i. d. R. ca. 200 Weltpremiere. Im Juli u. Aug. kann man sich auf den **Musiksommer des Karlsbader Symphonieorchesters** freuen (verschiedene Veranstaltungsorte). Der Sept. beginnt mit dem **Karlsbader Folklorefestival,** bei dem Gesangs- und Tanzgruppen aus ganz Europa mitwirken. Das traditionelle Musikfestival **Dvořáks Karlsbader Herbst** erinnert alljährlich in der 2. Septemberhälfte an den Aufenthalt des berühmten Komponisten im Kurort. Stets Anfang Okt. heizt ein fünftägiges **Jazzfest** ein. In der Weihnachtszeit gibt es regelmäßig **Festkonzerte** im Grand Hotel Pupp.

• *Wandern/Radfahren* Es gibt unzählige gut markierte Spazier- und Wanderwege rund um Karlovy Vary (Gesamtlänge ca. 130 km). Aufgrund der hügeligen Landschaft muss man jedoch bei den meisten Wegen mit anstrengenden Aufstiegen rechnen. Gemütliche Naturen fahren deshalb mit der Standseilbahn zum Aussichtsturm und **Ausflugsrestaurant Diana** und starten von dort. Wer will, kann auch auf halber Strecke aussteigen und von dort zur **Petrova výšina (Petershöhe)** spazieren; angeblich hat Peter der Große aufgrund einer verlorenen Wette auf einem ungesattelten Pferd hierher reiten müssen. Von der Petershöhe führt ein Weg weiter zum **Ausflugscafé Jelení skok (Hirschensprung),** das nahe jenem legendären Ort liegt, von dem einst Hirsch und Hunde in die heißen Quellen gesprungen sein sollen (→ Geschichte). Tolle Aussicht über die Stadt! Ein weiteres schönes Ausflugsziel ist die **Goethewarte (Goethova vyhlídka)** östlich der Teplá, die man über den **Gogolweg (Gogolova pěšina)** erreicht. Von dem dortigen Aussichtsturm – 180 Stufen sind es hinauf – genießt man ebenfalls eine herrliche Weitsicht.

Weitere Ausflugs- und (Rad-)Wanderziele → Karlovy Vary/Umgebung.

Ein Tipp für Radfahrer: Von Mitte Mai–Ende Sept. besteht an Wochenenden und Feiertagen die Möglichkeit, auf sog. **Cyklobusse** aufzusteigen. Das sind Busse, die Fahrräder mitnehmen und auf diese Weise Radtouren ermöglichen, deren Start- und Zielpunkte nicht identisch sind. 5 Linien stehen zur Auswahl. Angesteuert werden u. a. Boží Dar, Nové Hamry, Bečov nad Teplou, Loket, Cheb, Chyše und Valeč. Genaue Fahrpläne und Preise erhalten Sie bei den Touristeninformationen sowie unter www.autobusy-kv.cz/doprava-cyklodoprava.html.

Sehenswertes

Das gesamte **Kurzentrum** mit seinen überwiegend eklektizistischen Bauten ist eine Augenweide. Das offenbart sich einem, sobald man dem 1976 erbauten Hotel Thermal, einer 16-stöckigen Schandtat am nördlichen Rand des Kurgebiets, den Rücken zugewandt hat. Die prächtigste aller Straßen ist die **Stará Louka (Alte Wiese),** eine belebte Promenadenstraße mit zahlreichen Geschäften. Le Corbusier sah in den Bauten „eine Reihe von Torten, alle vom gleichen Stil und der gleichen Eleganz". Einen wesentlichen Anteil am heutigen Erscheinungsbild der Stadt hatte übrigens das Architekturbüro *Helmer & Fellner* aus Wien. Zu über 20 Bauten Karlsbads lieferte es in den 80er- und 90er-Jahren des 19. Jh. die Entwürfe, darunter für das Theater, die Markt- und die Parkkolonnade, das ehemalige Kaiserbad usw.

Kolonnaden und Quellen: In Karlovy Vary und Umgebung gibt es mehr als 80 Quellen. Im Gegensatz zu Marien- oder Franzensbad fördert das Gros der Quellen heißes Wasser zutage (auf Deutsch heißt *vary* „kochend"). Ihre Ergiebigkeit schätzt man täglich auf mehrere Millionen Liter. In den verschiedenen Mineralquellen werden bis zu 18 gelöste Mineralsalze in unterschiedlicher Konzentration nachgewiesen. Diese Mineralsalze zeichnen auch für die Heilwirkung des Wassers verantwortlich, insbesondere bei Verdauungsproblemen. Für Heilzwecke genutzt werden i. d. R. jedoch nur zwölf alkalische Glaubersalzthermen mit Temperaturen zwischen 39 und 73 °C. Die Quellwasser, die zudem einen unterschiedlichen Gehalt an Kohlensäure aufweisen, verwendet man für Bäder, sie werden aber auch getrunken. Obligatorisch ist dann ein Kurbecher – eine Schnabeltasse –, damit man beim Spazieren nichts verschüttet. Für Anfänger gibt es gewöhnliche Plastikbecher zu kaufen. Es wird empfohlen, vor einer Trinkkur einen Arzt zu konsultieren. Egal, was im Befund steht, mehr als fünf bis sieben Becher täglich sollte man nicht zu sich nehmen. Früher trank man mehr: Friedrich Schiller, der Karlsbad 1791 besuchte, kippte noch 18 Becher pro Tag hinunter. Heute genießt man die Quellwässerchen Schluck für Schluck wie einen guten Rotwein. Die lokale Infobroschüre beschreibt die Trinkkur gar als eine „kleine Feierlichkeit" und warnt zugleich: „Es ist nicht möglich, mit dem Mineralwasser die umstehenden Pflanzen zu gießen." (!)

Die Quellen im Zentrum sind allesamt gefasst. Um dem Versiegen vorzubeugen, müssen sie wegen der krustenbildenden Eigenschaft des Wassers immer wieder nachgebohrt werden. Über den Quellen wurden Pavillons und Kolonnaden errichtet, die bedeutendsten von Nord nach Süd im Überblick:

Am Rande des Dvořákparks (Dvořákovy sady) plätschert in der *Parkkolonnade* (Sadová kolonáda), einer gusseisernen Jugendstilkolonnade, die *Schlangenquelle* (Hadí pramen, 30 °C). Im danebenstehenden Militärkurhaus kann man die *Parkquelle* (Sadový pramen, 38,5 °C) kosten.

Beim Bau des Bades III (Lázně III) stieß man auf die *Freiheitsquelle* (Pramen svoboda, 61,4 °C), die in einem angrenzenden hölzernen Pavillon, einer Gartenlaube ähnlich, zutage tritt. Unmittelbar darauf folgt die klassizistische Mühlbrunnenkolonnade, eine 130 m lange Säulenhalle im korinthischen Stil aus der zweiten Hälfte des 19. Jh. Die zwölf Plastiken auf dem Dach stellen die zwölf Monate dar. Hier kann man das Wasser aus gleich fünf verschiedenen Quellen kosten: das der *Felsenquelle* (Skalní pramen, 44,8 °C), der *Libusaquelle* (Pramen Libuša, 62 °C), der *Fürst-Wenzel-Quelle* (Pramen kníže Václava I., 65 °C), der *Nymphenquelle,* auch *Rosenquelle* genannt (Pramen Rusalka, 60 °C), und des *Mühlbrunnens* (Mlýnský pramen, 56 °C).

In der Mühlbrunnenkolonnade

Geht man geradeaus weiter, passiert man die mit Schnitzereien verzierte *Marktbrunnkolonnade* (Tržní kolonáda). Darin sprudeln die *Kaiser-Karl-IV.-Quelle* (Pramen Karla IV., 42,6 °C), der *Marktbrunnen* (Tržní pramen, 59,6 °C) und die *Untere Schlossbrunnquelle* (55,7 °C). Der Platz davor war übrigens einst der Marktplatz (Tržiště). Oberhalb von ihm entspringen im modernen *Schlossbad* (Zámecké lázně) der *Untere Schlossbrunnen II* (Dolní zámecký pramen II, 62,3 °C) und der *Obere Schlossbrunnen* (Horní zámecký pramen, 53,4 °C).

Schräg gegenüber liegt die *Sprudelkolonnade* (Vřidelní kolonáda), ein unschöner Komplex aus Glas und Beton. Der sog. Sprudel (Vřídlo, 73,4 °C) ist die älteste und heißeste Quelle der Stadt. Einem Geysir ähnlich stößt die Quelle in einem gewaltigen, hohen Strahl (bis zu 12 m) unter einer gläsernen Rotunde annähernd 2000 l Wasser in der Minute aus. Kosten kann man das Wasser, aus welchem übrigens auch das Karlsbader Sprudelsalz gewonnen wird, in der angrenzenden Kolonnade in unterschiedlichen Temperaturen. In den „Untergrund" des Sprudels kann man während der Saison auch absteigen (tägl. außer Mo 9–17 Uhr, Führung 6,50 €/Pers.).

Erst 1998 entdeckte man in der Nähe des Sanatoriums Richmond die *Stephaniequelle* (Pramen Štěpánka, 15,3 °C), die heute als die einzige kalte Quelle genutzt wird.

Öffnungszeiten Das Gros der Kolonnaden und Quellen ist während der Kursaison frei zugänglich. Die **Vřídelní-Kolonnade,** in der man den Sprudel kosten kann, ist tägl. von 6–19 Uhr geöffnet.

Městské divadlo (Stadttheater): Das Theater am Divadelní náměstí 2, in welchem schon Gustav Mahler dirigierte, entstand in den Jahren 1884–1886. Sehenswert ist der Zuschauersaal und dort insbesondere der Bühnenvorhang – aber nur in Verbindung mit einem Theaterbesuch zu bewundern. Der berühmteste Vertreter der Wiener Sezession, Gustav Klimt, arbeitet ebenfalls am Vorhang mit und porträtierte sich selbst darauf als Flötenspieler (rechts unten).

Kartenvorverkauf Tägl. 12–17.30 Uhr. ✆ 353225537, www.karlovarskedivadlo.cz.

Becherovka – die 13. Quelle

Becherovka ist der berühmteste Likör des Landes und wird in Karlsbad auch liebevoll die „13. Quelle" genannt. Denn wie den Mineralquellen vor Ort schreibt man auch dem Kräuterlikör eine heilende Wirkung zu, v. a. aber regt er die Verdauung an. Getrunken wird er in Tschechien aber nicht nur als Digestif, sondern auch als Aperitif und ohnehin zu jeder passenden Gelegenheit.

Erfunden hat den Magenlikör ein Engländer namens Dr. Frobrig. Im Jahre 1805 besuchte er Karlsbad und mietete sich im Haus des Apothekers Josef Becher ein. Tagsüber trank er sich an den zwölf Quellen der Stadt gesund und abends experimentierte er mit aromatischen Kräutern und Ölen in Bechers Apotheke. Zwei Jahre später verkaufte Becher Frobrigs Mischung unter der Bezeichnung *Carlsbad English Bitter*, später dann als *Original Karlsbader Becherbitter*. Das Elixier stieß auf große Beliebtheit und fand reißenden Absatz, und die Erfolgsgeschichte des Familienunternehmens nahm ihren Lauf. Jahr für Jahr wurden neue Eichenfässer angeschafft. Bereits Anfang des 20. Jh. wurden mehr als 50.000 l im Jahr produziert. Versuche, den Becherbitter zu kopieren, gab es unzählige, der *Underberg* ist einer davon. Jedoch wird die Rezeptur streng gehütet und kein anderes Tröpfchen kann – so die hiesige Meinung – dem Original die Stange reichen. Mit der Vertreibung der Deutschen nach dem 2. Weltkrieg wurde auch die Familie Becher des Landes verwiesen und das Unternehmen verstaatlicht. Während der Zeit des Sozialismus konnte sich der Becherovka als eines der wenigen angesehenen Markenprodukte der Tschechoslowakei behaupten. Nach der Samtenen Revolution überführte man das Unternehmen in eine Aktiengesellschaft, an welcher Pernod-Ricard größter Anteilseigner wurde. Die Produktionsmenge beträgt heute ca. 6,5 Mio. l pro Jahr. In rund 30 Länder wird der Likör exportiert, selbst die Taiwanesen schätzen seine heilenden Kräfte. Über die Geschichte und die Produktion des Likörs informiert das Jan-Becher-Museum (Jan Becher Muzeum). Ganz nebenbei: Für wen der Becherovka pur wie Hustensaft schmeckt, der sollte ihn mal mit Tonic probieren. Das Getränk nennt sich dann „Beton".

Jan-Becher-Museum in der T. G. Masaryka 57 (tägl. 9–17 Uhr), zwei Türen weiter der Jan-Becher-Shop (tägl. 10–18 Uhr). Unter ✆ 359578142 erfahren Sie, wann deutschsprachige Führungen durch das Museum stattfinden (kein Besuch ohne Führung, Dauer ca. 50 Min., 4 €/Pers.). Die Produktion war z. Z. d. letzten Recherche noch vor Ort, soll aber bis zu Ihrem Besuch in einen Vorort von Karlsbad verlegt werden.

Grand Hotel Pupp: Es ist das berühmteste Hotel Karlsbads (→ Übernachten) und liegt im Süden der Stadt am Mírove náměstí. Ende des 19. Jh. galt es als eines der nobelsten Häuser der Welt. Es war die bevorzugte Adresse des Adels, ein Ort, um zu sehen und gesehen zu werden. Mittlerweile knüpft das Grand Hotel Pupp wieder an die Tage der Belle Époque an: Zum Frühjahrsball im April trifft sich hier der europäische Hochadel. Für den Rest des Jahres wohnt darin v. a. die russische Mafia, das behaupten zumindest böse Zungen. Der Name des Hotels geht übrigens auf den Zuckerbäcker Pupp zurück, der durch Heirat zu Reichtum gekommen war und das Hotel im Jahre 1775 erwarb. Damals wurde es noch „Böhmischer Saal" genannt. Hineinschauen sollte man auf jeden Fall einmal, und sei es auch nur auf einen Kaffee. Die Kuchen dazu werden noch immer nach Pupps Originalrezepten

Karlsbad: Früher wie heute bei Russen beliebt

gebacken. Ganz nebenbei, das luxuriöseste Zimmer ist die Präsidentensuite (Nr. 355). Für stolze 1450 € wohnt man darin auf weit mehr als 100 m².

Sanatorium Imperial: War das Grand Hotel Pupp das Refugium des Adels, so wählte die Hochfinanz das Sanatorium Imperial (→ Übernachten) hoch auf einem Hügel über der Stadt. Damit die Gäste den mühsamen Aufstieg vom Kurzentrum nicht zu Fuß bewerkstelligen mussten, baute man eine unterirdische Standseilbahn, die noch heute in Betrieb ist (→ Verbindungen). 2003 ließ der russische Konzern *Sariin* das Hotel für mehrere Millionen Kronen modernisieren und schenkte ihm damit wieder einen pompösen Glanz.

Sanatorium Richmond: Schon der Weg zum palastartigen Nobelquartier am südlichen Ende Karlsbads ist einen Spaziergang wert. Rund um das Hotel erstreckt sich ein Park mit einem kleinen zen-buddhistischen Steingarten, den der japanische Gartenarchitekt Kanji Nomura kurz vor der Jahrtausendwende anlegte.

Goethova stezka (Goetheweg): Im Süden Karlsbads beginnt hinter dem Grand Hotel Pupp der Goetheweg, der durch einen schmalen Stadtparkstreifen entlang der Teplá zur Kunstgalerie (s. u.) führt. An Felsen rechts des Weges sieht man Tafeln – das Ganze erinnert fast an einen Wallfahrtsort –, die Kurgäste aus Dankbarkeit über ihre Genesung anbringen ließen. Auch kommt man an einem Goethedenkmal vorbei, worauf folgende Worte des großen Dichters zu lesen sind: „Was ich dort gelebt, genossen, was mir all dorther entsprossen, welche Freude, welche Kenntnis, Wär' ein allzu lang Geständnis! Mög' es jeden so erfreuen. Die Erfahrenen die Neuen!"

Weiter südlich im Teplá-Bogen findet man weitere Denkmäler, u. a. für Schiller und Smetana.

Galerie umění (Kunstgalerie): Die Galerie umění ist von den rund 15 Kunstgalerien der Stadt die bedeutendste, größte und interessanteste. Im Erdgeschoss werden oft recht spannende Wechselausstellungen präsentiert. Im Obergeschoss ist die Dauerausstellung „Tschechische Kunst des 20. Jh." untergebracht, in der Hauptsache Gemälde. Man begegnet dort u. a. Werken von Josef Čapek (1887–1945), Emil Filla (1882–1953) und Antonín Procházka (1882–1945).

Adresse/Öffnungszeiten Goethova stezka 6. Tägl. (außer Mo) 9.30–12 u. 13–17 Uhr. Eintritt 1,20 €, erm. die Hälfte.

Kurbäder: Es gibt insgesamt sechs zentrale Bäder. Nicht ausschließlich Kurgästen vorbehalten ist das *Schlossbad* (Zámecké lázně) schräg gegenüber der Sprudelkolonnade (Vřidelní kolonáda). Es besitzt ein herrliches großes Thermalwasserbassin, ein Bad darin ist ein Genuss. Ebenfalls für jedermann zugänglich ist das *Elisabethbad* (Alžbětiny lázně, auch: Lázně V). Vor dem Prunkbau im historisierenden Stil aus dem Jahr 1906 erstreckt sich der kleine Smetanapark mit einem netten Sommercafé. Ohne ärztliche Untersuchung können hier Perl-, Bier- und Moorbäder sowie verschiedene Massagen genossen werden.

Das einst prächtigste und pompöseste Bad ist das *Kaiserbad* (Císařské lázně, auch: Lázně I) im Stil der französischen Renaissance ganz im Süden der Stadt. 1895 wurde es feierlich eröffnet, 1990 wurde der Betrieb eingestellt, danach stand es leer. 2010 wurde mit der Restaurierung begonnen – zukünftig soll es jedoch nicht mehr als Bad genutzt werden, sondern kulturellen Zwecken dienen und darüber hinaus ein Museum über das Bäderwesen beherbergen. Schauen Sie vorbei: Die Restaurierung ist in mehreren Etappen geplant – vielleicht können Sie den prunkvollen Zander-Saal oder andere Räumlichkeiten besichtigen (2010 tägl. 10–16 Uhr, Eintritt 1 €).

• *Öffnungszeiten* **Elisabethbad,** Mo–Fr 8–19 Uhr, Sa 9–19 Uhr. Perlbad 16 €, Bierbad 17 €, Moorbad 18 €, Massagen ab 16 € (die billigste ist die Schröpfkopfmassage). Nach ärztlicher Eingangsuntersuchung (38 €) können Sie auch Jodbäder (18 €) und diverse andere Anwendungen genießen.

Schlossbad, Mo–Fr 7.30–19.30 Uhr, Sa/So 8.30–19.30 Uhr. Wer für 19–32 € (je nach Saison) „Relax plus" bucht, darf 1 Std. lang zwischen dem Thermomineralbecken, dem japanischen Akupressurbassin sowie der Massage- und Zirkulationsdusche hin und her springen. Für mehr Geld darf man selbstverständlich länger bleiben und bekommt auch noch zusätzliche Anwendungen wie „Schottische Spritzen", Unterwassermassage, Ohrenakupunktur, etc.

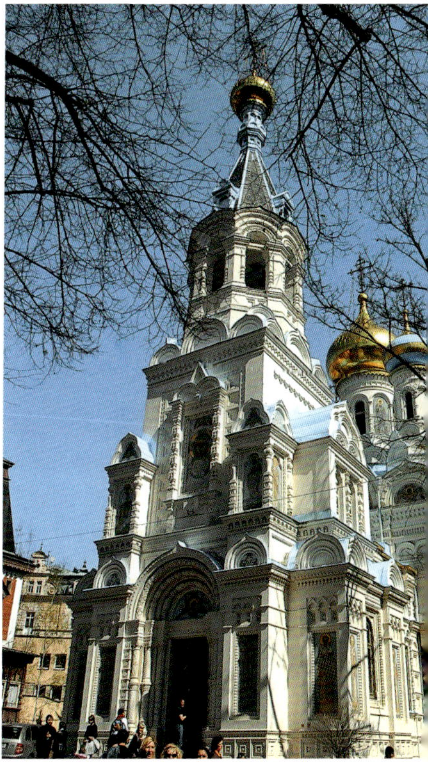

Die russisch-orthodoxe Kirche – ein Traum in Blau und Gold

Kirchen: Von allen Kirchen Karlsbads sind lediglich zwei sehens- und besuchenswert, zumal die anderen auch meist verschlossen sind. Oberhalb der Sprudelkolonnade liegt die katholische, zweitürmige Kirche Maria Magdalena (Kostel sv. Máří Magdaleny). Sie ist ein barockes Meisterwerk Kilian Ignaz Dientzenhofers (→ Kasten S. 147), der sie im Auftrag des Kreuzherrenordens in der ersten Hälfte des 18. Jh. entwarf. Zuweilen werden auch Führungen durch die Krypta angeboten (4,80 €/Pers., Infos in der Sprudel-Kolonnade).

An der Krále Jiřího bezaubert die blau-weiße *russisch-orthodoxe Kirche Peter und Paul* (Kostel sv. Petra a Pavla) mit ihren vergoldeten Zwiebeltürmen. Sie entstand Ende des 19. Jh. im historisierend-byzantinischen Stil, der ihr etwas Märchenhaftes verleiht. Angeblich ist sie eine Nachahmung der Kirche von Ostankino. Gebaut wurde sie für den russischen Adel, der damals einen hohen Anteil der Kurgäste stellte.

Öffnungszeiten Beide Kirchen sind tägl. von 9–19 Uhr zugänglich.

Museen: Von den drei Museen Karlsbads ist das *Städtische Museum* (Karlovarské Muzeum) das einzige im historischen Kurzentrum. Es widmet sich der Geschichte des Kurorts und der Natur der Gegend. Das Museum beherbergt zudem Modelle von Loket (→ S. 66) und Karlsbad, die die Ortschaften in der Zeit um 1650 zeigen, als nahezu alle Bauten noch Fachwerkhäuser waren. Des Weiteren gibt es das *Jan-Becher-Museum* (Jan Becher Muzeum → S. 61) und das *Moser-Museum* (Moser Muzeum → Kasten).

Adresse/Öffnungszeiten **Städtisches Museum,** Nová Louka 23, im Sommer tägl. (außer Mo) 9–12 u. 13–17 Uhr, im Winter nur Mi–So. Eintritt 1,20 €, erm. die Hälfte.

Moser – geblasen und geschliffen

Was eine Rolex unter den Uhren ist oder ein Rolls unter den Automobilen, das ist Moser unter den Gläsern: teurer Glanz. Von der holländischen Königin bis zum einstigen Schah von Persien – ihren Champagner trinken oder tranken sie aus Moser-Gläsern. In ihnen spiegeln sich nicht nur Tradition und Moderne wider, sie sind zugleich ein Statussymbol. Wer zur High Society gehört oder gehören will, besitzt Moser-Gläser. Dabei ist es schon erstaunlich, dass der Karlsbader Glasbetrieb die Zeit des Sozialismus überhaupt überlebt hat – zum Arbeiter und Bauern passten bekanntlich Hammer und Sichel und vielleicht ein steinerner Krug, aber keine Luxusgüter. Die Geschichte des Glasbetriebs reicht übrigens bis ins Jahr 1857 zurück. Damals setzte der Glasgraveur Ludwig Moser mit seinem perfekten Glasschnitt neue Maßstäbe. Noch heute ist das Unternehmen mit seinen rund 350 Mitarbeitern bemüht, die hohe Qualität beizubehalten. Produziert werden u. a. prächtige Farbgläser, Vasen mit geschliffenen, geätzten oder vergoldeten Dekoren usw.

Im **Moser-Geschäft (21, Karte S. 54/55)** an der Tržíště 7 kann man die bunte Produktpalette bewundern. Das billigste Glas kostet ca. 32 €. Der Glashütte im Stadtteil Dvory (Ⓑ1 Sklářská) ist ein Museum angeschlossen, auch kann man die Glashütte selbst besichtigen (Museum tägl. 9–17 Uhr, Glashüttenführung tägl. 9–15 Uhr alle 30 Min; Eintritt Museum 3,20 €, Glashüttenführung 4,80 €, beides zusammen 7,20 €).

Karlovy Vary/Umgebung

Die Umgebung des Kurorts bietet für jedermann interessante Ziele für Tages- und Halbtagesausflüge. Nicht versäumen sollte man einen Besuch von Loket und Bečov nad Teplou, zwei überaus malerische Städtchen. Radfahrer und Wanderer finden insbesondere im Erzgebirge (nördlich von Karlsbad) und im Kaiserwald (südlich davon) landschaftlich reizvolle Wege und Sträßlein. Dabei lassen sich Rad- oder Wandertouren auch mit einer Zugfahrt kombinieren, insbesondere die Eisenbahnstrecken von Karlsbad über Nejdek nach Potůčky und von Karlsbad über Bečov nad Teplou nach Teplá sind ein Erlebnis. Kanuten bevorzugen den Flusslauf der Eger (Ohře), v. a. bei Kyselka.

Svatošské skalý (Hans-Heiling-Felsen)

Etwa 9 km südwestlich von Karlovy Vary, auf halber Strecke nach Loket, liegen die Hans-Heiling-Felsen, ein beliebtes Ausflugsziel von Wanderern, Radfahrern und Kletterern. Dabei handelt es sich um bizarre Granitwände, die einer Legende nach einen versteinerten Hochzeitszug darstellen. Die imposante Felsformation über dem hier überaus reizvollen Flusstal der Eger (Ohře) beflügelte u. a. die Fantasie Goethes und der Brüder Grimm. Der deutsche Komponist Heinrich August Marschner verwandelte die Legende in die romantische Oper *Hans Heiling* (1833). Ein weißblau markierter **Wanderweg** führt vom Aussichtsturm Diana (Rozhledna Diana), hoch über Karlsbad, an den Felsen vorbei und weiter bis nach Loket. Auch ein markierter **Radweg** (Nr. 204) führt von Karlsbad an den Felsen vorbei bis nach Loket; halten Sie sich in Karlsbad am Flusslauf der Ohře gen Westen und Sie finden den Einstieg.

- *Anfahrt* Von Karlsbad auf der Straße Nr. 20 (Richtung Pilsen/Bečov nad Teplou) kommend, im Vorort Doubí beim Hotel Prima rechts abbiegen (Hinweisschild). Dann stets der Vorfahrtsstraße folgen, bis die Straße für den Verkehr gesperrt ist. Hier parken und zu Fuß weiter, noch ca. 2,5 km.
- *Essen & Trinken* **Svatošské skály,** eines der beiden idyllisch gelegenen Waldrestaurants gegenüber den Hans-Heiling-Felsen an der Eger. Schöne Sommerterrasse am Fluss, kuschelige Atmosphäre mit Bärenfell und offenem Kamin im Inneren. Deftige Hausmannskost zu 4,80–10,40 €, Wildgerichte bis 21 €. ✆ 353332595.

Kletterspaß an den Hans-Heiling-Felsen

Loket (Elbogen)

Keine Stadt Böhmens – außer natürlich Prag – wurde öfter von Malern verewigt als Loket. Goethe nannte die Stadt zu Recht „ein landschaftliches Kunstwerk". Daran hat sich bis heute nichts geändert.

Der Anblick Lokets ist märchenhaft: Auf einem riesigen Granitfelsen, der in einer Schleife von der Ohře (Eger) umflossen wird, erhebt sich eine prachtvolle Burg, zu deren Füßen sich die Ortschaft schmiegt. Wie durch ein Wunder überstand das Städtchen nordwestlich von Karlsbad die kommunistische Ära, kein Plattenbau raubt dem Zentrum sein Flair. Der weite Markplatz mit einer barocken, rot-weißen Kirche aus der ersten Hälfte des 18. Jh. und einer Pestsäule ist malerisch. Ihn umgeben Häuser im Stil der Renaissance, Gotik und des Barock. Viele davon wurden aufwendig und liebevoll restauriert und machen Loket zu einer Perle unter den böhmischen Städten – keine Gasse, durch die man nicht schlendern will. Schade nur, dass man alle recht schnell durchlaufen hat, denn der Ort ist klein. Loket zählt knapp 3200 Einwohner. Verliebten scheint das Städtchen trotz seines romantischen Charmes aber wenig Glück zu bescheren: Goethe feierte hier 1823 seinen 74. Geburtstag mit der von ihm angebeteten Ulrike von Levetzow. Bekanntlich wurde nichts daraus (→ Kasten S. 98). Der Dichter besuchte Loket nie mehr wieder.

Information/Verbindungen/Parken/Adressen

• *Information* **Infocentrum Loket,** schräg gegenüber dem Hotel Císař Ferdinand an der T. G. Masaryka 12. Tägl. 10.30–12.30 u. 13–17 Uhr. ✆/℻ 352684123, www.loket.cz. Kompetentes und freundliches Personal.

• *Verbindungen* Regelmäßig **Busse** nach Sokolov und Karlovy Vary, 6-mal tägl. nach Bečov nad Teplou, 1-mal nach Cheb.

• *Parken* Am Marktplatz.

• *Einkaufen* **Hrnčírna (8),** hübscher kleiner Keramikladen – einer von vielen im Ort. Tassen, lustige Figuren, beim Töpfern der Produkte kann man zusehen. Zudem alternative Batikkleidung. Nettes Café daneben. Náměstí T. G. Masaryka 32/36.

Ebenfalls recht hübsch ist das **Atelier ve Zbrojnici (4),** auch hier kann man beim Töpfern zusehen und sich mit allerlei Schräg-Kitschigem für den Garten eindecken. T. G. Masaryka 11.

Nikola (11), originelles Schnapslädchen, wo neben Absinth und Slivovice auch der sog. „Gottstein Lok", ein hiesiger Bitterlikör, verkauft wird. Náměstí T. G. Masaryka 61.

• *Kanuverleih* Über **Petr Putzer** (→ Karlovy Vary/Sport & Freizeit, S. 58). Verleihstation in Loket an der Rooseveltova auf dem Weg zum Campingplatz.

• *Polizei* In der Zahradní. ✆ 156.

• *Radfahren* Von Loket fahren Cyklobusse nach Bečov nad Teplou und Karlsbad (→ S. 58).

• *Veranstaltungen* Alljährliches Highlight ist der **Loketer Kultursommer** in der zweiten Julihälfte, ein Open-Air-Opernfestival im Freilichttheater.

Essen & Trinken/Übernachten

• *Restaurants* **Hradní Restaurant (3),** gepflegtes, fast gediegenes, etwas düsteres Lokal in den Kellergemächern der Burg. Zuvorkommender Service. Neben den böhmischen Klassikern auch ausgefallene Kalbs-, Lamm- und Wildgerichte. Hg. 4,80–18 €. Jan.–Juni So/Mo abends geschl. Zámecká 67, ✆ 352685103.

> **Švejk Restaurant (1),** von Lesern hochgelobtes Lokal: „Nirgendwo in Tschechien haben wir besser gegessen." Böhmische Küche wie „Gebratene Schweinshaxe nach Art des Leutnants Cajthaml" oder „Gulasch vom Feldkurator Katz mit Speckknödeln", darüber hinaus Wild, aber auch frischer Fisch, den man zuweilen aus einer Vitrine wählen kann. Sehr freundlicher, zuvorkommender Service. Nett-gemütliche Einrichtung, Sommerterrasse. Reservierung empfohlen. Hg. 4–17 €. T. G. Masaryka 10, ✆ 776873472 (mobil).

Císař Ferdinand (2), → Übernachten.

Böhmische Standards zu fairen Preisen servieren auch die Restaurants der Hotels **Goethe (10)** und **Bílý kůň (12)** am Platz. Letzteres besitzt eine herrliche Sommerterrasse.

• *Übernachten* **Hotel Císař Ferdinand (2)** und **Hotel St. Florian (5),** zwei zusammengehörende, gegenüberliegende Hotels in schönen alten Stadthäusern. Familienbetrieb mit sehr freundlichem Service. Standard-Mittelklasse-Zimmer (23 im Císař Ferdinand, 29 im St. Florian), darunter viele große, aber auch ein paar winzige, was der Baustruktur geschuldet ist. Im Haus Císař Ferdinand (dort befindet sich auch die Rezeption) ist auch eine Mikrobrauerei untergebracht. Zum leckeren 11-gradigen, halbdunklen Bier gibt es eine überschaubare Auswahl an böhmischen Klassikern. Keine eigenen Parkplätze. EZ 42 €, DZ 74 €. T. G. Masaryka 81, ✆ 352327130, ℻ 353225959, www.hotel-loket.cz.

*** **Bílý kůň (12),** Hotel mit langer Geschichte – schon Goethe nächtigte hier. Recht

Die Burg von Loket

spießige, teilweise aber sehr geräumige Zimmer mit Kaufhausmobiliar. Zuweilen mäßiger Service. Dafür zentralste Lage und herrliche Panoramaterrasse zum Fluss hin. EZ 44 €, DZ 62 €, Apartment 106 €. Nám. T. G. Masaryka 10, ☏ 352661809, 📠 352661877, www.hotel-bilykun.cz.

Pension Ulrika (9), beste Lage. Freundliche Zimmer mit Dielenböden, SAT-TV und Minibar. Stolz ist man darauf, dass die Pension bei den Dreharbeiten zu dem James-Bond-Film *Casino Royale* kurzzeitig als Kamerastandort genutzt wurde. EZ 40 €, DZ 56 €. Zámecká 19, ☏ 352684193, www.pensionulrika.cz.

U Frídy (7), Minipension. Nur 2 schöne, große Zimmer mit klassischer Einrichtung. Das Bad wird geteilt. DZ 44 € inkl. Parken. Zámecká 3, ☏ 352684058, goldtalinka@email.cz.

Lazy River Hostel (6), einfaches, aber nettes Hostel in einem historischen Stadtgebäude in Burgnähe. Teils knarrende Holzböden, teils Pflanzen in den Zimmern. Nur wenige Privatzimmer, ansonsten Schlafsäle. Saubere Gemeinschaftsbäder, Küche für alle. Freundlich und deutschsprachig. 12 €/Pers. Kostelní 61, ☏ 776235417 (mobil), www.hostelloket.com.

Preiswerte Zimmer in einfachen Pensionen finden Sie zudem an der Ausfallstraße nach Karlsbad.

• *Camping* Im Nordosten von Loket (ca. 1,5 km vom Zentrum entfernt) direkt an der Eger. Idyllisch gelegener, sehr einfacher Zeltplatz. Beliebt bei Kanuten. Kiosk. Kein Hinweisschild. Folgen Sie stets der Rooseveltova, die entlang der Eger verläuft. Der Platz befindet sich am Ende der geteerten Straße.

Sehenswertes

Hrad (Burg): Wer *Casino Royale* gesehen hat, kennt die Burg, denn Szenen des James-Bond-Thrillers wurden hier gedreht. Die Burg wurde Ende des 12. Jh. zum Schutz der böhmischen Westgrenze errichtet. Nach mehrfachen Umbauten im Laufe der Zeit diente sie im 19. Jh. als Staatsgefängnis. Heute im Besitz der Stadt und weitestgehend restauriert, darf man die einstigen Kellerverliese (mit nachgestellten Folterszenen!) freien Fußes betreten und auch wieder verlassen. In anderen Räumlichkeiten der Burg werden Waffen, eine alte Apotheke, archäologische Funde und eine Sammlung von böhmischem Porzellan gezeigt. Ausgestellt ist auch die

Kopie eines Bruchstücks eines schwarzen Meteoriten, der ursprünglich 107 kg schwer war. 1775 fand man diesen im Burggraben und hielt ihn für einen versteinerten Burggrafen. Der ehemaligen Festsaal dient wechselnden Ausstellungen. Den Burgturm bewohnt übrigens der Furcht einflößende Plastikdrache Šarkan.

Öffnungszeiten April–Okt. tägl. 9–16.30 Uhr (an Sommerwochenenden oft länger), sonst bis 15.30 Uhr. Eintritt mit Führung 3,60 €, mit dt. Textblatt 3,20 €, erm. 2,40 € bzw. 1,70 €.

Městská knihovna (Städtische Bibliothek): Die Bibliothek befindet sich im spätbarocken Rathaus am Marktplatz, das wegen seines Giebelturms ins Auge sticht. Angeschlossen ist eine kleine Ausstellung zum Buchbinderhandwerk, die der Sammelleidenschaft des 1997 aus den USA zurückgekehrten Loketer Buchbinderehepaars Sobota entspringt.

Öffnungszeiten Juli/Aug. Mi/Do/Sa/So 10–17 Uhr, außerhalb der Saison verkürzt. Eintritt 0,80 €.

Černá věž (Schwarzer Turm): Im nördlichen Stadtturm befindet sich die kleine Ausstellung „Kuriositäten Lokets“ mit ein paar alten Postkarten, Zeitungsausschnitten und Luftaufnahmen des Städtchens – das war's. Auch die Aussicht von oben ist nicht wirklich spannend.

Öffnungszeiten Mai, Juni u. Sept. Fr–So 11–17 Uhr, Juli/Aug. Mi–So 11–17 Uhr. Eintritt 0,80 €, erm. die Hälfte.

Für weitere Ziele westlich von Karlovy Vary → Františkovy Lázně/Umgebung ab S. 118.

Sokolov (Falkenau)

Etwa 19 km südwestlich von Karlovy Vary liegt an der E 48/49 die rund 25.000 Einwohner zählende Kreisstadt Sokolov. Goethe beschrieb das seinerzeitige Falkenau noch als „einen wohlgebauten Ort, den ich gar oft, nach Carlsbad fahrend, gar anmutig im Tal der Eger liegen sah“. Doch Dinge können sich bekanntlich ändern. Die Stadt, inmitten eines Braunkohlebeckens gelegen, stieg zu einem industriellen Zentrum mit weiten Plattenbaukonglomeraten auf bzw. ab. Einzige Attraktion vor Ort ist das **Schloss der Grafen Schlick und Nostitz** im Stadtpark nahe der Mini-Altstadt. Heute befinden sich darin eine Bücherei und das Stadtmuseum *(Muzeum Sokolov)*. Die in wenig ansprechenden Vitrinen ausgestellten Exponate sind bunt gemischt: Gesteine der Gegend, Fanta- und Becherovkaflaschen, eine Gnadenstatue der Jungfrau Maria aus Maria Kulm (um 1300), ein Wimpel aus Karl-Marx-Stadt, Schlösser und Türbeschläge aus dem 17. und 18. Jh. Am interessantesten ist die kleine Dokumentation über das NS-Konzentrationslager Svatava, heute ein Vorort von Sokolov.

Spannender als das Schloss samt Museum ist ein Blick auf die nördlich gelegenen Tagebau-Mondlandschaften (z. B. von der Straße 181 nach Nové Sedlo) mit ihren Kratern und Abraumhalden. Bis zum Jahr 2036 will sich Sokolov von der Braunkohleförderung verabschieden.

- *Verbindungen* Bahnhof etwas außerhalb des Zentrums im Norden der Stadt. Dort befindet sich auch der Busbahnhof.
  Regelmäßig **Busse** nach Loket und Karlovy Vary, bis zu 4-mal tägl. nach Cheb.
  Ca. stündl. **Züge** nach Cheb, Karlovy Vary und Kraslice, Klašterec nad Ohří und Ostrov, bis zu 5-mal tägl. nach Perštejn.
- *Golf* **Golf Club Sokolov,** 3,5 km südwestl. von Sokolov bei Dolní Rychnov. Neuer, noch etwas steriler Platz. 18 Loch, Par 72. Greenfee 29–36 €. ✆ 724602475 (mobil), www.golf-sokolov.cz.
- *Öffnungszeiten* **Kreismuseum,** tägl. (außer Mo) 9–12 u. 13–17 Uhr. Eintritt 1,20 €, erm. die Hälfte.

Leben zwischen Plattenbau und Datscha

Sokolov ist eines von vielen Paradebeispielen sozialistischer Wohnungsbaupolitik aus der Zeit der Tschechoslowakei: Plattenbauten, so weit das Auge reicht. In den 50ern schraubte man die ersten Blocks zusammen, heute lebt fast jeder dritte Tscheche in einem Plattenbau. Auf 50 Jahre wird die „Lebenserwartung“ dieser Modularbauten angesetzt, Jahr für Jahr überschreiten also immer mehr dieses Alter. Vielerorts hat man damit begonnen, die einst einheitsgrauen Fassaden zu verschalen und zu streichen. Doch im Inneren lebt der Geruch des Sozialismus meist noch bis heute fort, ein eigenartiger Dreiklang aus Bohnerwachs, Küchenmief und dem in jeder Betonritze festsitzenden Gestank verheizter Braunkohle. Die Gänge erinnern an Flure von Krankenhäusern, in denen man niemals gesund wird. Die Klospülung im 10. Stock ist auch noch im Keller zu hören und der Streit des jungen Ehepaars im Erdgeschoss durch die ganze Etage – als Mega-Reality-Soap entpuppt sich schließlich das Leben. Die Enge der Wohnung ist bedrückend, aus dem Weg kann man sich kaum gehen – kein Wunder also, dass tschechische Kneipen stets gut gefüllt sind. Die Raumknappheit führte übrigens auch dazu, dass die Tschechen überaus früh heirateten, eine Tradition, die bis heute fortbesteht, wenn auch in abgeschwächter Form. Es war die einzige Möglichkeit, den vier Wänden bei Mama und Papa zu Hause zu entgehen.

Einen Ausgleich zur Anonymität der Plattenbauten finden die Tschechen in ihren Datschen. Sie sind ebenfalls ein Relikt aus sozialistischer Zeit. Die meisten dieser Laubenkolonien findet man an Seen und Flussläufen. Fast jede Familie besitzt ein Wochenendhäuschen. Dort vergisst man Arbeitsstress und Beton, grillt stattdessen Würstchen und plaudert mit dem Nachbarn am Gartenzaun. Wie die Zukunft der Plattenbauten liegt auch die der Datscha-Kultur im Ungewissen – für viele Tschechen ist ein Badeurlaub an der türkischen Riviera mittlerweile attraktiver als ein Schrebergarten an der Eger.

Bečov nad Teplou (Petschau)

Von tiefen Wäldern umgeben, erhebt sich Bečov nad Teplou auf einem Hügelrücken. Eine Burg und ein Schloss überragen den reizvollen, romantischen Ort.

Der kleine Ort ca. 20 km südlich von Karlsbad macht einen verschlafenen Eindruck. Lediglich ein paar Touristen sorgen für Leben. Das war nicht immer so. Bečov nad Teplou war einst viel größer und zählte annähernd 2500 Einwohner. Nach der Vertreibung der deutschen Bevölkerung blieben keine 200 übrig. Alle Versuche, Tschechen hier anzusiedeln, scheiterten, niemand wollte sich in dem abgelegenen Ort niederlassen. Viele Häuser wurden schließlich abgerissen und keine Plattenbauten kamen hinzu. So konnte der Ort seinen alten Charme bewahren – malerisch präsentiert sich das kleine schmucke Zentrum mit seinem rosafarbenen Rathaus. Daneben befindet sich ein **privates Museum**, das Spielzeug (1. Stock) sowie historische Motor- und Fahrräder (2. Stock) zeigt.

Die **Burg** wurde im 14. Jh. als Wach- und Zollstation gegründet. Im 16. Jh. erweiterte man sie durch einen Renaissanceanbau. Direkt unterhalb der Burg kam Mitte des 18. Jh. das **Barockschloss** mit seinem markanten achteckigen Turm hinzu. Die letzten Adeligen, die darin wohnten, gehörten dem belgischen Geschlecht Beaufort-Spontini an. Sie brachten auch das heute wertvollstes Stück der Schlosssammlung nach Bečov, den ursprünglich aus Florennes (Belgien) stammenden Reliquienschrein des Hl. Maurus aus dem 13. Jh. Noch bevor die Adelsfamilie zu Ende des Zweiten Weltkriegs das Land verlassen musste, vergrub sie den Schrein in der Burgkapelle, die mit ihren gotischen Wandmalereien ebenfalls sehenswert ist. Rund 40 Jahre blieb er dort versteckt. Heute, nach jahrelangen Restaurierungsarbeiten, ist das knapp 140 cm lange Reliquiar in Form einer Tumbe wieder zu bewundern. Es ist verziert mit kostbaren Steinen und winzigen Emailbildchen, die Szenen aus dem Alten Testament zeigen, zudem mit filigranen Goldschmiedearbeiten wie den zwölf Aposteln an den Seiten.

Eine weitere Dominante des Orts ist die **Pfarrkirche,** ausgeschmückt im Stil des Rokoko. Die Kirche ist dem Hl. Georg geweiht, aber so ruinös wie sie dasteht, scheint den hier niemand mehr zu mögen.

Wer mit dem **Rad** von Karlovy Vary nach Bečov nad Teplou fahren möchte, kann die Route über die E 49 entlang dem Flusslauf der Teplá nehmen. Auch wenn es sich um eine Europastraße handelt, hält sich der Verkehr in Grenzen, und die Gegend ist landschaftlich reizvoll. Ruhiger geht es jedoch auf den schmalen Parallelstraßen zu. Wer will, kann auch noch über Landstraßen weiter bis Teplá oder Marienbad fahren und den Rückweg mit dem Zug antreten, die Bahnstrecke ist herrlich. Bečov nad Teplou ist per Cyklobus von Karlsbad (→ S. 58) aus zu erreichen.

• *Verbindungen* Ca. ständl. mit dem **Bus** nach Karlovy Vary. Bahnhof ca. 15 Fußmin. westl. des Zentrums im Tal der Teplá. **Züge** bis zu 9-mal tägl. nach Karlovy Vary und über Teplá nach Marienbad.

• *Übernachten/Essen & Trinken* **Pension Hradní Bašta,** am Marktplatz. Die Zimmer sind aufwendig restauriert und geschmackvoll ausgestattet. Im angeschlossenen Restaurant (tolle Terrasse) kann man gut essen: Knödelgerichte und Wild zu 5,60–13 €. EZ 31 €, DZ 55 €. Nám. 5. května 19, ✆ 353222802, www.hradnibasta.cz.

Penzion U zámku, gleich daneben. Helle, z. T. recht geräumige, mit Liebe, aber ohne besonderen Geschmack (Teppiche

Schloss Bečov nad Teplou

Karlovy Vary/Umgebung

an den Türen!) ausgestattete rosafarbene Zimmer. Nette Terrasse nach vorne und herrliche nach hinten hinaus. Böhmische Küche der mittleren Preisklasse, Spezialität Forelle. DZ 42 €. Nám. 5. května 17, ✆/☏ 353999365, www.volny.cz/korbelarova.

• *Öffnungszeiten* **Schloss**, April u. Okt. nur Sa/So 9–16 Uhr, Mai, Juni u. Sept. tägl. (außer Mo) 9–16 Uhr, Juli u. Aug. tägl. (außer Mo) 9–17 Uhr. Es werden zwei Führungen angeboten, die eine widmet sich dem Schrein des Hl. Maurus, die andere dem Schloss selbst mit seinen diversen Salons. Beide Führungen zusammen 5,60 €, erm. 5,80 €, für eine fremdsprachige Führung zahlt man 2 € extra.

Museum, Juni–Sept. tägl. 9.30–12 u. 12.30–17 Uhr, im Mai nur Sa/So. Eintritt 1 €.

Für weitere Ziele südlich von Karlovy Vary → Mariánské Lázně/Umgebung ab S. 99.

Andělská Hora (Engelsberg)

Andělská Hora, ca. 8 km südöstlich von Karlovy Vary, ist ein schön gelegenes Städtchen unterhalb einer wildromantischen **Burgruine,** die seit jeher ein beliebtes Ausflugsziel der Karlsbader Kurgäste ist. Wer die Reste der Burganlage aus dem 14. Jh., die auf einem über 700 m hohen Felsen thront, besichtigen will, findet einen Orientierungsplan hinter der Kirche in der Ortsmitte. Die Ruine soll nach den ehrgeizigen Plänen der Bürgermeisterin übrigens zu einem Kulturzentrum mit Naturbühne ausgebaut werden. Vom Kurzentrum in Karlsbad führt ein erst rot, dann grün markierter **Wanderweg** nach Andělská Hora. Mit dem **Rad** fährt man am besten auf Nebenstraßen über Hůrky und Olšová Vrata hin.

Verbindungen **Busse** regelmäßig von und nach Karlovy Vary.

Doupovské hory (Duppauer Gebirge)

Östlich von Andělská Hora erstreckt sich das Duppauer Gebirge, dessen höchster Berg, der Hradiště, annähernd 1000 m erreicht. Das rund 330 km² große Areal ist komplett unbesiedelt und als militärisches Sperrgebiet nicht zugänglich. Dies war jedoch nicht immer so: Bis 1945 lebten hier über 15.000 Menschen, es gab das Städtchen **Duppau (Doupov),** drum herum 17 kleine Dörfer und etliche Bauernhöfe. Nach der Vertreibung der deutschen Bevölkerung wurden Tschechen im Duppauer Gebirge angesiedelt. Doch 1953 mussten auch sie gehen, denn die tschechoslowakische Armee hatte die Duppauer Berge zu ihrem Übungsplatz erkoren. Innerhalb kürzester Zeit wurden alle Spuren menschlicher Besiedelung beseitigt. Wegen der jahrzehntelangen Isolation konnte sich im Duppauer Gebirge jedoch eine Landschaft mit außergewöhnlicher Flora und Fauna entwickeln, die, das meinen hoffnungsvolle Naturschützer, irgendwann vielleicht wieder zugänglich sein wird.

Valeč (Waltsch)

Im touristischen Abseits, ca. 45 km östlich von Karlovy Vary, liegt Valeč, ein kleiner Ort mit ein paar barocken Bauten und Fachwerkhäusern, die unter Denkmalschutz stehen. Valeč präsentiert sich als Mischung aus malerisch und schäbig, tendiert im Ganzen aber bislang noch eher zu Letzterem – das kann sich bis zu Ihrem Besuch aber schon geändert haben. Die Kehrtwende ist eingeleitet, die Pfarrkirche mit ihrem imposanten Holzschindeldach wurde bereits restauriert. Und fleißig setzt man das hoch über dem Ort thronende **Renaissanceschloss** (Zámek Valeč) in Stand, das Ende des 17. Jh. seine barocke Gestalt erhielt und bis zu Ihrem Besuch vielleicht wieder zugänglich ist. Auch begann man mit der Restaurierung des **Schlossparks** mit seinen barocken Skulpturen (heute Kopien) aus der Werkstatt des Bildhauers

Valeč – morbider Charme

Matthias Bernhard Braun (→ Kasten S. 147). Und schließlich wurde 2010 auch an der **Dreifaltigkeitskirche** gegenüber dem Parkeingang fleißig gewerkelt. Den Barockbau entwarf Giovanni Santini.

Verbindungen **Busse** nur max. 3-mal tägl. nach Chyše, Andělská Hora und Karlovy Vary. Auf Anfrage fahren am Wochenende auch **Cyklobusse** von Karlsbad nach Valeč.

Chyše (Chiesch)

Etwa 10 km südlich von Valeč liegt Chyše, ein kleines Städtchen, das sich schon aus der Ferne durch seine überdimensionale, weiß-rote Kirche ankündigt. Warum man ausgerechnet deren Frontfassade nie gestrichen hat, weiß der Henker. Einzige Sehenswürdigkeit des Ortes ist das **Schloss der Familie Lažanský,** im 16. Jh. errichtet und im 18. Jh. barockisiert. Anfang des 20. Jh. war darin der Schriftsteller Karel Čapek (1890–1938) als Hauslehrer tätig. Čapek zählt zu den bedeutendsten tschechischen Dramatikern und Prosaautoren des frühen 20. Jh. Seine utopischen Werke wurden in alle Weltsprachen übersetzt. Das heute so gängige Wort „Roboter“ ist z. B. seine Schöpfung. An den Autor erinnert eine kleine Ausstellung im Schloss (nur auf Tschechisch), zudem können mehrere schön restaurierte Salons in unterschiedlichen Farben besichtigt werden.

Neben dem Schloss wurde jüngst die alte **Schlossbrauerei** reanimiert, deren Spezialität das *Bíle Jantar* („Weißer Bernstein“), ein ungefiltertes Helles, ist. Angeschlossen ist ein Restaurant. Aus Chiesch stammen übrigens die Vorfahren des rasenden Reporters Egon Erwin Kisch. Als die Familie im 17. Jh. nach Prag übersiedelte, nannte sie sich nach ihrem Herkunftsort.

• *Verbindungen* **Busse** bis zu 3-mal tägl. nach Valeč. Auf Anfrage fahren am Wochenende auch **Cyklobusse** von Karlsbad nach Chyše. **Züge** (Bahnhof im Norden des Orts) bis zu 5-mal tägl. nach Bečov nad Teplou. Für Pilsen und Žatec steigt man in Blatno um.

• *Öffnungszeiten* **Schloss,** Führungen (50 Min.) April u. Okt. nur Sa/So stündl. 10–17 Uhr, Mai–Sept. tägl. (außer Mo) 10–17 Uhr, im Juli u. Aug. Sa/So bis 18 Uhr. Eintritt 3 €, erm. 2,20 €.

Für weitere Ziele südöstlich von Karlovy Vary → Plzeň/Umgebung ab S. 142.

Kyselka (Gießhübel)

12 km nordöstlich von Karlovy Vary, direkt am Flusslauf der Ohře (Eger), die sich hier durch ein reizvolles schmales Tal windet, liegt der kleine ehemalige Kurort Kyselka. An seine einstige Pracht erinnern feudale Kurbauten aus der zweiten Hälfte des 19. Jh. – heute jedoch allesamt im Verfall begriffen. Das Quellwasser des Orts ist aber noch immer berühmt, Kyselka ist die Heimat des Mattoni-Tafelwassers, und so stehen auf der einzigen Straße des Orts die Sprudellaster Schlange. Eine Zeitlang gab es Pläne, Kyselka für den Tourismus wieder attraktiv zu machen, u. a. als eine Art romantisches Disneyland. Doch daraus wurde nichts.

Vom Kurzentrum Karlsbads führt ein rot markierter **Wanderweg** nach Kyselka, der von dort mehr oder weniger entlang dem Flusslauf der Eger weiter über Perštejn bis nach Klášterec nad Ohři verläuft. Auch mit dem **Rad** bietet sich von Karlsbad eine Tour entlang der Eger bis nach Perštejn an. Am schönsten aber ist es, das hiesige Egertal mit dem Kanu zu entdecken.

• *Verbindungen* **Busse,** regelmäßig nach Karlovy Vary, bis zu 5-mal tägl. nach Ostrov.

• *Übernachten/Camping/Kanuverleih* **Na Špici,** im nördl. an Kyselka angrenzenden Dorf Radošov. Großer, freundlicher Platz an der Eger, der beste vor Ort. Tischtennis, Badminton, Feuerstellen, Waschmaschine. Kanu- und Radverleih, Gartenrestaurant. Chata- und Zimmervermietung. Ganzjährig. 2 Pers. mit Zelt u. Auto 12,40 €, Hütten 24 € für 4 Pers., DZ mit Du/WC 32 €. Radošov 87, ✆ 353941152, 📠 353941285, www.camp.cz.

Perštejn (Pürstein)

Perštejn liegt etwas abseits der überaus reizvollen Strecke von Ostrov nach Klášterec nad Ohří und erstreckt sich hoch über der Eger in einem schönen Tal. Zu sozialistischer Zeit galt der Ort als das tschechische Meran (ein Vergleich, den man nur so lange aufrechterhalten konnte, wie die Grenzen dicht waren). Im Ort findet man ein paar Restaurants und Unterkünfte.

Auf einigen Höhen der Umgebung stehen Burgruinen. Eine der besuchenswertesten ist die **Burg Hauenštejn.** Oberhalb der Häuseransammlung Horní Hrad (von der Straße nach Ostrov kurz hinter Stráž nad Ohří ausgeschildert) ragt sie aus dem Wald. Ihre Grundmauern stammen aus der zweiten Hälfte des 13. Jh., im 19. Jh. wurde die Burg neugotisch im Windsor-Stil umgestaltet. Ihre letzten Bewohner mussten sie 1945 verlassen, danach verkam sie zusehends. Trotz laufender Restaurierungsarbeiten, die sich noch Jahre hinziehen werden, ist die romantische Baustelle zugänglich – eine Turmbesteigung belohnt mit tollen Ausblicken. Ein blau markierter **Wanderweg** verläuft von Stráž nad Ohří über Horní Hrad bis nach Jáchymov.

• *Verbindungen* **Busse** regelmäßig von und nach Kadaň, jedoch nur 3-mal tägl. über Ostrov nach Karlsbad. Letztere halten auch an der Abzweigung zur Burg Hauenštejn. **Züge** (Bahnhof sehr weit außerhalb!) auf der Strecke Karlovy Vary – Klašterec nad Ohří halten i. d. R. in Perštejn.

• *Übernachten/Camping* **Selský Dvůr,** die schönste Unterkunft Perštejns, hoch über dem Ort. Berghotel im alpenländischen Stil, innen wie außen sehr rustikal. Pool, Sauna, Restaurant, Fitnessraum und traumhafte

Aussicht. Es werden auch Ausritte angeboten (12 €). Zudem kann man campen – leider überwiegend Hanglage! Von der Verbindungsstraße von Perštejn nach Klášterec nad Ohří unübersehbar ausgeschildert. DZ ab 60 €, Chata für 2 Pers. ohne Bad 26 €, Campen für 2 Pers. mit Wohnmobil 12 €. Perštejn 300, ✆ 474319410, ℻ 474319418, www.selsky-dvur.com.

• *Öffnungszeiten* **Burg Hauenštejn,** April–Juni tägl. 10–17 Uhr, Juli u. Aug. tägl. 9–19 Uhr, alle anderen Monate Sa/So 10–17 Uhr. Eintritt 2,40 €, erm. 1,60 €.

Klášterec nad Ohří (Klösterle an der Eger)

Auf dem Weg von Karlsbad nach Kadaň passiert man das 16.000-Einwohner-Städtchen Klášterec nad Ohří. Einzige Sehenswürdigkeit ist das dunkelrote **Vitzthumer Schloss** (Zámek) in der Altstadt, das die aus Österreich zugewanderten Thuns in der ersten Hälfte des 17. Jh. im damaligen Klösterle an der Eger erwarben. Dabei handelt es sich um jene Thuns, die Ende des 18. Jh. eine Porzellanfabrik gründeten, und deren Name noch heute für Porzellan steht, das für einen Polterabend zu schade ist. Die Räumlichkeiten hinter der neugotischen Fassade beherbergen passend dazu das „Museum des böhmischen Porzellans", das durch chinesische und japanische Exponate sowie Stücke aus der Meißner Manufaktur bereichert wird. Zudem kann man Führungen buchen, die auch die Thun'sche Familiengruft im Programm haben.

Ganz im Süden des Städtchens am Flusslauf der Ohře liegt die **Mineralquelle Eugenie (Pramen Evženie),** die ein Wasser mit einem erhöhten Gehalt an Kieselsäure fördert. Im kleinen **Kurareal Kyselka** wird dieses getrunken und für Bäder verwendet. Insbesondere bei Magenerkrankungen soll es Wirkung zeigen. Westlich der Altstadt erstreckt sich die Neustadt – nichts anderes als eine große Plattenbausiedlung –, allerdings ist man dort stolz auf einen Aquapark.

• *Information* **Informační centrum** in der Altstadt an der Straße zum Kurareal. Nám. Dr. E. Beneše 86, ✆/℻ 474376431, www.klasterec.cz. Mo–Fr 8.30–17 Uhr, im Sommer auch Sa/So 10–16 Uhr.

• *Verbindungen* Nach Karlovy Vary regelmäßig mit dem **Zug,** nach Kadaň mit dem **Bus.** Busbahnhof und Bahnhof ganz im Osten der Stadt, Ⓑ2 bringt Sie in die Altstadt.

• *Übernachten/Essen & Trinken* **Lázeňský Penzion/Restaurant Peřeje,** in schöner Lage im Kurareal. Geräumige, freundliche Zimmer, kleiner Fitnessraum, Sauna. Beliebt ist auch das nette dazugehörige Restaurant mit kleiner Terrasse direkt am Fluss. Endlos-ermüdende Karte, Hg. 6–12 €. Freundlicher Service. DZ 60 €. Kyselka 102, ✆ 604520910 (mobil), www.restaurantpereje.cz.

Nette Unterkünfte gibt es auch im nahen Kadaň, s. u.

• *Camping* **U Jezu,** ca. 1 km außerhalb des historischen Zentrums, vom Kurareal ausgeschildert. Unattraktiver Platz, dafür gut gesichert. Wenige, aber saubere Sanitäranlagen. Restaurant in Laufnähe. Es werden auch Zimmer vermietet. Mitte April–Ende Okt. 2 Pers. mit Zelt u. Auto 9,20 €, DZ 32 €. Klášterec nad Ohří, ✆ 602415872 (mobil), www.pensionujezu.wz.cz.

• *Öffnungszeiten* **Schloss,** April–Sept. tägl. 10–17 Uhr, Okt.–März Di–Sa 9–15 Uhr. 4 Rundgänge, je nach Rundgang in dt. Sprache bzw. mit dt. Text 1,60–4 €, erm. 0,80–3,20 €.

Kadaň (Kaaden)

Eine freundliche Stadt in einer stellenweise unfreundlichen Umgebung, einen Abstecher aber allemal wert.

Kadaň liegt ca. 30 km nordöstlich von Karlovy Vary im Vorland des Erzgebirges. Die Region lebt vornehmlich vom Braunkohletagebau. Wo sich einst weite Hopfenfelder erstreckten, ragen heute rußende Schornsteine, riesige Kühltürme und Schlote von Strom- und Heizkraftwerken in den Himmel.

Bei der Anfahrt von Klášterec nad Ohří und im Zentrum von Kadaň merkt man von alldem glücklicherweise nichts. Die Altstadt steht komplett unter Denkmalschutz. Der weite, gepflasterte **Marktplatz** mit einer figurenreichen Pestsäule aus dem 18. Jh. ist umgeben von frisch restaurierten Laubenganghäusern. Am Marktplatz steht auch das Rathaus mit einem eigenartigen gotischen Turm. Schräg gegenüber beginnt die **Katova ulička,** die Henkerstraße, die angeblich schmalste Gasse Böhmens, in die nur spärliches Licht durch ein Labyrinth von Stützpfeilern fällt. Der Henker wohnte im früheren Kaaden übrigens am Ende der Gasse unter dem Tor.

Im Süden der Altstadt, über dem Flusslauf der Ohře (Eger), wo noch weite Abschnitte der Stadtbefestigung erhalten sind, erhebt sich eine **Gotische Burg** (Gotický hrad). In ihrem Inneren befinden sich heute ein Seniorenheim, die städtische Bibliothek und eine meist geschlossene Galerie. Im Westen Kadaňs, etwas außerhalb der Altstadt, liegt das ehemalige **Franziskanerkloster** (Františkánský klášter) der „Vierzehn heiligen Nothelfer" aus dem 15. Jh., das heute das Stadtmuseum beherbergt. Es widmet sich in erster Linie der Archäologie, Mineralogie, Geologie und dem Bergbau (Führungen Di–Fr u. So 14.30 u. 16 Uhr, Sa zudem 11 u. 13 Uhr, Juli u. Aug. tägl. außer Mo zu allen angegebenen Zeiten; Eintritt 2,50 €, erm. 0,80 €). Der Andrang hält sich in Grenzen, doch das ist man gewohnt. Zu sozialistischer Zeit befand sich darin eine Ausstellung über die Arbeiterbewegung der Region, wegen Besuchermangels wurde sie schon bald nach der Eröffnung wieder geschlossen. Im Klostergarten lädt das Café Konírna posezaní auf ein kühles Getränk ein.

Information/Verbindungen/Adressen

• *Information* **Městské informační centrum** am Hauptplatz, dem Mirové nám. 1. Im Sommer Mo–Fr 8–19 Uhr, Sa/So 8–20 Uhr, im Winter verkürzt. ✆/℻ 474319550, www.mesto-kadan.cz. Angeschlossen ist die Galerie Josefa Lieslera, benannt nach dem preisgekrönten Kaadener Maler (1912–2005). Lieslers Schaffen orientierte sich an Dürer, Goya und Delacroix. 1975 erhielt er den UNESCO-Preis für die schönste Briefmarke.

• *Parken* Gebührenpflichtiger Parkplatz am Mírove nám.

• *Verbindungen* Bahnhof außerhalb des historischen Zentrums im Norden der Stadt, ebenso der Busbahnhof. **Busse** häufig nach Klášterec nad Ohří (einige davon fahren weiter nach Perštejn) und Chomutov, 5-mal tägl. nach Žatec, 3-mal nach Karlsbad (über Ostrov), 2-mal nach Prag. Regelmäßig **Züge** nach Chomutov.

• *Ärztliche Versorgung* Krankenhaus im Norden der Stadt an der Golovinova. ✆ 474944111.

• *Polizei* Im Norden der Stadt an der Chomutovská. ✆ 156.

• *Post* Zentral in der Kpt. Jaroše 58 oder nördlich des Zentrums in der Poštovní.

• *Veranstaltung* Zwischen Ende Aug. und Mitte Sept. wird der **Kaisertag** (Císařský den) gefeiert, der an den Einzug Karls IV. in die Stadt erinnert – ein Kostümfest mit Rittern, Gauklern usw.

Essen & Trinken/Übernachten

• *Restaurants* **Střelnice (7),** das „Schützenhaus". Etwas steril, aber sehr gepflegt. Am besten kommt man im Sommer in den lauschigen Biergarten. Schwere Fleischlappen (z. B. Eber- oder Lammsteaks) oder verschiedene Gulaschsorten. Hg. 3,50–10 €. Čechova 147, ✆ 474332864.

Bílý Beránek (2), etwas gehobenere, populäre Lokalität. Internationale Karte: Schnecken, Garnelen, Borschtsch, Chili con Carne, Cordon bleu etc. Mittlere Preisklasse. Čsla. Armády 27, ✆ 474343402.

U svaté brány (5), gute Pizzeria, die Alternative zu Kloß mit Soß. Pizzen 3,60–5,80 €, auch Pasta, Fleisch und Fisch. Kleiner Gartenbereich hinterm Haus. J. Švermy 18, ✆ 474343295.

• *Café* **Café U Johanky (3),** der gleichnamigen Pension (→ Übernachten) angeschlossen. Leckerste Kuchen und Torten, im Sommer ein paar Tische draußen.

Krankenhaus, Polizei, Chomutov
1. Máje
Eisstadion
Pod Nádražím
Kaufland
Poštovní
Fibichova
Bahnhof
Mánesova
Dvořákova
Kpt. Jaroše
Školní
Jungmannova
5. Května
BUS
Hřbitovní
J. Švermy
Komenského
Koželužská
Partyzánská
B. Němcové
Pokelská
Česko - Polského - Přátelství
Věžní
ehem. Franziskanerkloster, Klášterec nad Ohří
Čsl. Armády
Sv. brána
Katova ulička
Sokolovská
Mírové náměstí
Rathaus
Nerudova
Jiráskova
Vrchlického
Čechova
Tyršova
Žatecká
Kozel žská
Sládkova
Lázeňská
Sukova
Žatecká brána
Gotische Burg
Říční
Zeyerova
Ohčre Eger
Žatec und Camping Hradec
Übernachten
1 Guesthouse Ubytováni Novo
3 Penzion U Johanky
4 U zlaté koruny
6 Hotel Tercier
Essen & Trinken
2 Bílý Beránek
5 U svaté brány
7 Střelnice
Pokutická
Kadaň
100 m

• *Übernachten* **Penzion U Johanky (3),** Familienbetrieb mit freundlicher deutschsprachiger Betreuung. 10 Zimmer und Apartments in einem historischen Gebäude. Hell eingerichtet. Nettes Café im EG. EZ ab 35 €, DZ 50 €, Apartment für 4 Pers. 92 €. Jana Švermy 17, ✆/📠 474343307, ja.kl@worldonline.cz.

** **Hotel Tercier (6),** etwas einfachere Zimmer in warmen Farben, dazu ein Restaurant mit Höhlenambiente (künstliche Tropfsteine an der Decke). EZ 38 €, DZ 50 €. Žatecká 566, ✆ 474345234, www.restaurace-kadan.cz.

U zlaté koruny (4), am Marktplatz. Nur 3 Zimmer mit Bad, diese dafür sehr geräumig. Teils mit Holzböden, teils mit Teppich, recht rustikal und gepflegt. Die Vermieterin spricht nur Englisch. Eigene Parkplätze. EZ 32 €, DZ 44 €. Mírové nám. 72, ✆ 474345108, www.penzion-uzlatekoruny.cz.

Guesthouse Ubytováni Novo (1), eine Unterkunft für den schmalen Geldbeutel, 5 Fußmin. vom Zentrum entfernt. 12 schlichte Zimmer (auch Mehrbettzimmer) mit Bad und TV in einem Altbau. Sicheres Parken im Hof. Die Rezeption ist nicht immer besetzt, besser reservieren. EZ 11 €, DZ 22 €, kein Frühstück. Kpt. Jaroše 733, ✆ 775611518 (mobil), ubytovnanovo@seznam.cz.

• *Camping* **ATC Hradec,** ca. 6 km südöstlich von Kadaň bei Hradec u Kadaně. Großer Platz mit großen Rutschen am Badeteich. Viel junges Publikum in Partylaune – trashige Countrybands sorgen am Wochenende zuweilen für Stimmung. Restaurant. 2 Pers. mit Zelt u. Auto 7,20 €, Holzhütte für 2 Pers. 14 €. Mai–Sept. Anfahrt: Von der Straße nach Žatec ausgeschildert. Mehrmals tägl. Zugverbindungen nach Kadaň, bis zum Bahnhof von Hradec u Kadaně läuft man vom Zeltplatz allerdings ca. 15 Min. ✆ 605216105 (mobil), www.atchradec.com.

Ostrov (Schlackenwerth)

Etwa 10 km nördlich von Karlovy Vary liegt Ostrov, eine Industriestadt mit rund 19.000 Einwohnern. Schön ist Ostrov nicht, dafür architektonisch überaus interessant. Keine andere Stadt Tschechiens offenbart ein so reines und einheitliches Bild des **„sozialistischen Realismus“**, ein Baustil, der sich unter Stalin in der Sowjetunion etablierte und später von den Bruderstaaten übernommen wurde. Damit wollte man sich von den Visionen eines rigiden Funktionalismus zugunsten einer gegenständlichen, parteilichen Kunst abwenden. Was man sich darunter vorzustellen hat, zeigt das Zentrum der Neustadt (mit „Centrum“ ausgeschildert) vorzüglich. Deren Mittelpunkt bildet der Mirové náměstí mit dem *Dům kultury,* einer Art Kulturzentrum. Drum herum erstrecken sich Kleinausgaben von Repräsentationsbauten im typischen Stalin-Stil, dazu Plattenbauviertel im Schachbrettmuster.

Die Altstadt (mit „Staré město“ ausgeschildert) macht heute nur noch rund ein Zehntel Ostrovs aus und bildet den südlichen Stadtrand. Gesehen haben muss man sie nicht. Früher war das jedoch anders. Denn ganz im Süden der Altstadt gab es einst ein großes Schloss, zwei Flügel sind noch erhalten. Zuletzt wurden einige Trakte aufwendig restauriert, die neue Stadtbibliothek soll darin einziehen. Den dazugehörigen **Schlosspark** *(Zámecky park)* beschrieb der Historiker Bohuslav Balbín als das „achte Weltwunder“. Heute erinnert im Park lediglich ein kleines **Lustschloss** *(Pobočka Ostrov Letohradek)* an die gute alte Zeit, die Kunstgalerie Karlsbad präsentiert darin wechselnde Ausstellungen. Im Nordwesten schließt ein **Klosterareal** an den Schlosspark an. Der Konvent mit Piaristenschule stammt aus dem 17. Jh. und wurde jüngst mit EU-Geldern restauriert. In der Klosterkirche befindet sich seitdem eine Ausstellung zur Stadtgeschichte. Etwas weiter steht die Gruftkapelle der Herzöge von Sachsen-Lauenburg und der Markgrafen von Baden.

• *Verbindungen* Ständig **Busse** nach Jáchymov und Karlovy Vary, bis zu 7-mal tägl. nach Boží Dar.

Züge regelmäßig nach Karlovy Vary. Bahnhof nahe der Altstadt.

• *Öffnungszeiten* **Schlosspark,** April, Mai, Sept. u. Okt. 5.30–21 Uhr, Nov.–März 5.30–20 Uhr u. Juni–Aug. 5.30–23 Uhr. **Lustschloss,** Mai–Okt. tägl. (außer Mo/Di) 13–17 Uhr. **Klosterkirche,** tägl. (außer Mo) 9.30–12.30 u. 13–18 Uhr.

Jáchymov

(St. Joachimsthal)

Jáchymov zu Füßen des Keilbergs (→ S. 82) ist zweifelsohne der schäbigste Kurort Westböhmens. Das Gros der ausländischen Besucher aus dem grenznahen Sachsen kommt auch nicht zum Kuren, sondern der billigen Liebe und Zigaretten wegen. Dabei liegt der Ort eigentlich ganz idyllisch in einem tiefen Taleinschnitt, in dessen unterer Hälfte rund um das **Sanatorium Radium Palace** sogar ein kleiner ansehnlicher Park samt einem neuen Aquazentrum existiert. Besuchenswert ist bislang nur das **Stadtmuseum** (Městské muzeum) im oberen Teil des Orts beim Rathaus. Das in der ehemaligen königlichen Münze untergebrachte Museum erinnert an die Zeit, als der Ort noch wegen seiner Silbervorkommen berühmt war. Im Jahre 1519 begann man, in St. Joachimsthal Silbermünzen zu prägen. Aus dem sog. „Joachimsthaler" leiteten sich später die Bezeichnungen „Taler" und „Dollar" ab.

In Jáchymov liegen aber nicht nur die Anfänge des Dollars, sondern auch des Uranerzabbaus. Zur Glas- und Porzellanherstellung wurde es verwendet. Zu Beginn des 20. Jh. entdeckte die Chemikerin Marie Curie im Joachimsthaler Uranerz das Element Radium, wofür sie später den Nobelpreis erhielt. Doch der Kontakt mit dem Uran erwies sich für sie als genauso tödlich wie für Generationen deutscher Bergleute. Die durchschnittliche Lebenserwartung lag in Jáchymov bis in die Mitte des 20. Jh. bei 42 Jahren. Danach besorgten in erster Linie politische Gefangene im Zuge der stalinistischen Säuberungen den Abbau des Urans. Der Name Jáchymov stand für eines der berüchtigtsten Konzentrationslager der Tschechoslowakei. Viele Internierte starben an Erschöpfung, Hunger und Leukämie. Daran soll künftig ein **Freilicht-Bergbaumuseum** samt Lehrpfad erinnern, das 2010 noch im Aufbau begriffen war. Nach dessen Fertigstellung wird man u. a. die Nachbildung einer Gefangenenbaracke sehen können. Bislang ist lediglich der sog. **Stollen Nr. 1** nahe der alten, unübersehbaren Zeche Svornost im oberen Ortsteil zugänglich. Der 260 m lange Stollen diente als Erkundungsstollen für neue Uranerzlager, die Tore sollten die hier arbeitenden Gefangenen an der Flucht hindern.

Seit 1964 wird kein Uran mehr abgebaut. Im ehemaligen Uranerzbergwerk entspringen jedoch radioaktive Thermalquellen, deren Wasser in der Behandlung von Nerven- und Rheumaerkrankungen Anwendung findet. Was hier einst den Tod brachte, schenkt heute Kranken Linderung. Ein solches Radonbad ist nur nach ärztlicher Voruntersuchung möglich.

Straßenzug in Jáchymov

• *Information* **Informační centrum Jáchymov,** im Rathaus am Náměstí Republiky. Mo–Fr 8–12 u. 12.30–17 Uhr, Sa/So ab 9 Uhr. ✆/℻ 353811379, www.mestojachymov.cz.

• *Verbindungen* **Busse** ständig über Ostrov nach Karlovy Vary, bis zu 7-mal tägl. nach Abertamy, Pernink, Potůčky und Boží Dar.

• *Kuren* Informationen hält die **Kurverwaltung** nahe dem Kreisverkehr (im Haus „Tolar") im unteren Ortsbereich bereit. ✆ 35383 3333, www.laznejachymov.cz.

• *Übernachten* Für preiswertere Unterkünfte → Boží Dar.

Sanatorium Radium Palace, das feudale 4-Sterne-Haus, 1910–1912 erbaut, bietet komfortable Zimmer mit Parkettböden und klassischer Einrichtung. An Nichtkurgäste wird allerdings nur vermietet, wenn Kapazitäten frei sind. EZ ab 69 €, DZ ab 112 €. Im kleinen Kurzentrum, nicht zu übersehen. T. G. Masaryka 413, ✆ 353835555, ℻ 353835777, www.laznejachymov.cz.

• *Öffnungszeiten* **Stadtmuseum,** Mincovní 37, Mi–So 9–12 u. 13–17 Uhr. Eintritt 2,40 €, erm. die Hälfte.

Stollen 1, Führungen April–Okt. Mi–So um 10, 11, 13, 14 u. 15 Uhr. Eintritt 1,60 €, erm. die Hälfte.

• *Auf den Klínovec* Die Talstation der auf den Keilberg führenden Sesselbahn liegt ca. 3 km außerhalb von Jáchymov, vom Kreisverkehr im unteren Ortsbereich mit „Lanovka" ausgeschildert. Im Winter befördert sie Skifahrer, im Sommer Wanderer hinauf. Tägl. 10–18 Uhr, einfache Fahrt 2,40 €.

Das Erzgebirge ist sauer

Wie der Böhmerwald (→ S. 167) im Süden ist auch das Erzgebirge (Krušné Hory) im Norden Böhmens ein Grenzgebirge zwischen der Tschechischen Republik und Deutschland. Es erstreckt sich über eine Länge von ca. 140 km vom Elstergebirge im Westen bis zum Elbsandsteingebirge im Osten. Die Kammlinie besitzt keine herausragenden Bergmassive, sondern verläuft leicht wellig – ein Paradies für Radfahrer. Bewaldete Kuppen bilden meist die Gipfel, die z. T. auf über 1200 m ansteigen. Jedoch sind die Wälder aufgrund der Emissionen der Braunkohlekraftwerke im nordböhmischen Kohlebecken und des damit verbundenen sauren Regens stark in Mitleidenschaft gezogen.

Die Besiedlung des Erzgebirges erfolgte im 12. Jh. durch Bergleute, die hier, wie der Name schon verrät, insbesondere Erze, aber auch Silber abbauten. Die Landwirtschaft wird bis heute vernachlässigt, da hohe Niederschlagsmengen, niedrige Temperaturen und ein alles andere als fruchtbarer Boden keine guten Ernten versprechen. Größere Städte gibt es keine. Freundlichere Dörfer findet man insbesondere in der westlichen Hälfte. Die Ortschaften östlich von Boži Dar sind überwiegend trostlos. Auch zum Radfahren, Wandern oder Langlaufen ist die westliche Hälfte die schönere.

Boží Dar (Gottesgab)

Die kleine 178-Seelen-Gemeinde bezeichnet sich stolz als die höchstgelegene Ortschaft Böhmens (1028 m ü.d.M.) und ist das touristische Zentrum des Erzgebirges auf tschechischer Seite.

Das ehemalige Bergbaustädtchen liegt nahe der deutsch-tschechischen Grenze, ca. 5 km nördlich von Jáchymov und rund 27 km nördlich von Karlovy Vary. Heute steht es ganz im Zeichen des Fremdenverkehrs, insbesondere des **Wintersports.** Geboten werden mehr als 120 km gespurte Langlaufloipen, einige davon führen grenzüberschreitend ins benachbarte **Oberwiesenthal.** Für Abwechslung im alpinen Skisport sorgen 20 Lifte, die meisten davon an Boží Dars Hausberg, dem Klínovec (s. u.). Des Weiteren gibt es Snowtubes, durch die man auf Reifenschläuchen jagt, Halfpipes für Snowboarder und Strecken für Snowkiter. Aber auch im Sommer lockt der Ort Touristen an, insbesondere zum Wandern und Radfahren in der Umgebung. Ein interessanter Weg ist der Naturlehrpfad durch das südwestlich des Orts gelegene Hochmoor (ausgeschildert). Unter Radlern beliebt ist die markierte Jens-Weißflog-Rundtour über den Fichtelberg nach Oberwiesenthal (25 km). Auch verkehren zwischen Boží Dar und Karlsbad an Sommerwochenenden Cyklobusse (→ S. 58). Am Keilberg sind Downhillstrecken für Mountainbiker angelegt. Informationsmaterial zu den diversen Wander-, Rad-, und Langlaufstrecken hält das lokale Informationsbüro bereit. Der Ort selbst hat zwar jede Menge Hotels, Pensionen und Restaurants zu bieten, die oft in hübschen Holzhäuschen untergebracht sind, ansonsten aber gibt's wenig zu tun. Um dem ein wenig abzuhelfen, hat man neben dem Informationszentrum ein kleines **Heimatmuseum** eingerichtet. Hier erfährt man alles Mögliche über den Ort und seine Bewohner.

Information/Verbindungen/Sport

• *Information* **Infocentrum Boží Dar,** im winzigen „Zentrum". ✆ 353815108, www.bozidar.cz. Tägl. 8–18 Uhr. Der dazugehörige Infopavillon neben dem Hotel Zelený dům bei der Kirche hat außer einem Kaffeeautomaten wenig zu bieten.

• *Verbindungen* **Busse** bis zu 7-mal tägl. über Jáchymov und Ostrov nach Karlovy Vary.

• *Wintersport* In und rund um Boží Dar gibt es 3 Skiareale mit 20 Liften. Anspruchsvollere Abfahrten bestehen am Klínovec (bis zu 2,5 km Länge, s. u.), für Kinder und Anfänger genügt das Areal Novako direkt am Ort. Eintägiger Skipass 10–21 €. Ski- und Snowboardunterricht sowie Ausrüstungsverleih (ab ca. 13 €/Tag) gibt es in Boží Dar an jeder Ecke.

Essen & Trinken/Übernachten

• *Restaurants* **Sv. Petr,** eines der beliebtesten Restaurants im Ort, der gleichnamigen Pension (s. u.) angegliedert. Rustikale Einrichtung. Ausgefallene böhmische Küche, viele Wildgerichte. Im Sommer mit offenem Grill auf der Terrasse. Mittlere Preisklasse.

Zelený dům („Grünes Haus"), unübersehbar grünes Haus an der Hauptdurchgangsstraße. Hier übernachtete schon Luther. Urgemütlich-dunkles Restaurant im Bauernstubenstil. Leser loben die gute Küche – dicke Pfeffersteaks, Braten und Wildgerichte zu 4–10,80 €. Nette Terrasse. Boží Dar 46, ✆ 353815133.

Anton Günther Schänke, heißt wirklich so. Die Gaststätte widmet sich ganz dem Leben und Werk des 1937 verstorbenen gleichnamigen lokalen Heimatdichters und Volkssängers (sein Grab befindet sich auf dem örtlichen Friedhof). Andenken, Liedpostkarten und Schwarz-Weiß-Fotografien an der Wand. Große Speisekarte: vom „Schmuggler-Rostbraten" bis zum „Henkers Rutenstreich", Hg. 4,80–11,80 €. Schräg gegenüber dem Infocentrum, ✆ 353540377.

Über ein gutes Restaurant verfügt auch die Pension **Daro** gegenüber dem Infocentrum.

• *Kneipe* **Kolíba,** urige, mit Holz beheizte Bierstube. Rund ein Zehntel der Dorfbevölkerung kommt hier allabendlich zusammen. Tschechische Schlager und die Stones aus den Boxen. Herzlicher Wirt, der gern Wacholderschnaps trinkt. Tägl. 17–1 Uhr. Gegenüber der Kirche.

• *Übernachten* In Boží Dar gibt es rund 2000 Betten, fast jedes zweite Haus ist ein Hotel oder eine Pension. Im Sommer wird man wenig Probleme haben, irgendwo unterzukommen, im Winter reserviert man besser im Voraus. Der erstgenannte Preis ist der Sommer-HS-Preis, der zweite der Winter-HS-Preis.

*** **Hotel Praha,** eines der besten Häuser vor Ort. Leicht rustikal angehauchte, gepflegte Zimmer. Kleiner Wellnessbereich mit Hallenbad und Sauna. Lift hinterm Haus. DZ 44/70 €. Boží Dar 45 (an der Straße, die am Ort vorbeiführt), ✆ 353815023, ℻ 353851865, www.hotelpraha.cz.

Sv. Hubert, am Ortseingang bei der Kirche. 12 rustikale Teppichbodenzimmer, gepflegt, aber schon mit Gebrauchsspuren. Eigene Parkplätze. Gutes Restaurant. DZ 36/80 €. Boží Dar 22, ✆/📠 353815144, www.svhubert.cz.

Pension Sv. Petr, 3 Türen vom Sv. Hubert entfernt. 8 schlichte Teppichbodenzimmer für 2–5 Pers., mit Kabel-TV. Ordentliches Restaurant, eigene Parkplätze. DZ 32/60 €. Boží Dar 6, ✆/📠 353449381, www.pension-svaty-petr.cz.

U sněhuláka, kleine Pension mit 7 Zimmern, z. T. im netten Landhausstil. Café (hausgemachte Kuchen). DZ 28/72 €. Boží Dar 48 (bei der Kirche), ✆/📠 353815123, www.pensionusnehulaka.cz.

Klínovec (Keilberg)

Östlich von Boží Dar erhebt sich mit 1244 m ü. d. M. der stolzeste Hügel des Erzgebirges. Auf seinem höchsten Punkt befinden sich eine heruntergekommene, verwaiste Hotelanlage (die seit Jahren restauriert werden soll) und ein mit Satellitenanlagen bestückter Sendeturm. Der Klínovec war bis vor ein paar Jahren weniger von grünen Wäldern umgeben, sondern mehr von mausgrauen. Die Zahl toter Bäume in den oberen Lagen war erschreckend, mittlerweile wurde aber vielerorts aufgeforstet. Auf jeden Fall lässt es sich hier nicht nur gut Ski fahren (→ Boží Dar), und das dank Schneekanonen den ganzen Winter über, sondern auch gut wandern. Von Boží Dar führt ein rot markierter **Wanderweg** zum Gipfel. Von dort gelangt man auf einem erst gelb, dann grün markierten Weg hinab nach Jáchymov. Zurück kann man den Bus nehmen oder man fährt mit der Seilbahn (→S. 80) wieder hinauf. 2011 soll diese durch eine neue ersetzt werden. Auch gibt es immer wieder Pläne, das Skigebiet am Keilberg mit dem am Fichtelberg auf deutscher Seite zu verbinden.

• *Anfahrt* Von der Verbindungsstraße von Boží Dar nach Vejprty (Richtung Chomutov) aus beschildert. Mit dem **Auto** kann man bis zum höchsten Punkt fahren. Im Winter auch **Skibusse** ab Boží Dar.

• *Übernachten* **Sport Hotel Rudolf,** auf dem Klínovec, nur wenige Meter unterhalb des Gipfels. Acht zwar ziemlich billig ausgestattete, aber insgesamt freundliche Zimmer (z. T. mit toller Aussicht), Restaurant mit herrlichem Biergarten, beliebt bei Radfahrern und Wanderern. Sauna und kleines Hallenbad. Mit HP im Winter 40 €/Pers., im Sommer 28 €. Klínovec, ✆ 353812000, 📠 353812001, www.sporthotelrudolf.cz.

Plešivec (Plessberg)

Wie der Klinovec ist auch der Plešivec (1028 m), ca. 8 km südwestlich von Boží Dar, ein beliebtes Ausflugsziel. Diverse markierte **Wanderwege** kreuzen sich hier, die sich zu großen und kleinen Touren verbinden lassen. Von seinem Gipfel (nahebei ein Hochseilgarten) genießt man an klaren Tagen eine herrliche Fernsicht. Von der Straße zwischen Jáchymov/Boží Dar und Abertamy ist der Weg auf den Plešivec beschildert.

• *Übernachten/Essen & Trinken* **Hotel Plešivec,** das traditionelle Gipfelhotel auf dem Plešivec wurde 2009/2010 komplett restauriert. Angenehme, jugendliche Zimmer mit Teppichböden und schmiedeeisernem Mobiliar, teils recht geräumige Bäder. Tolle Aussicht auf die Berglandschaft. Modern-rustikales Restaurant. Gutes Preis-Leistungs-Verhältnis. DZ 40 €. Plešivec, ✆ 777116970 (mobil), www.plesivec.eu.

Unterkünfte verschiedener Kategorien findet man auch im 3 km westlich gelegenen **Abertamy.**

Nejdek (Neudek)

In einem schönen Tal, ca. 13 km nordwestlich von Karlsbad, liegt das annähernd 9000 Einwohner zählende Nejdek. Das Zentrum rund um den Náměstí Karla IV. ist freundlich und mit Bürgerhäusern im Jugendstil und im Stil des Historismus durchsetzt. Man findet ein paar Restaurants und eine Weinstube. Ins Auge fällt der

Schwarze Turm (Černá věž) auf einem überhängenden Felsen, der einst Teil einer gotischen Burg war (nicht zugänglich). Ganz in der Nähe liegt das örtliche **Museum,** das aus dem Fundus des Karlsbader Museums wechselnde Ausstellungen präsentiert (Mi–So 8.30–12 und 13–16.30 Uhr, Eintritt variabel). Den Süden der Stadt dominieren Industriebetriebe, u. a. die größte Kammgarnspinnerei Tschechiens, den Norden Plattenbauten.

• *Verbindungen* **Busse** regelmäßig nach Karlovy Vary, bis zu 6-mal tägl. nach Nové Hamry, bis zu 4-mal nach Ostrov. **Züge** regelmäßig nach Karlovy Vary, bis zu 11-mal tägl. nach Nové Hamry und bis zu 9-mal tägl. über Pernínk und Horní Blatna nach Potůčky.

• *Übernachten* *** **Hotel Anna,** beste Unterkunft vor Ort. 21 Zimmer, der Kategorie entsprechend, jedoch ziemlich geschmacklos ausgestattet. Der Service hinkt der Sterneanzahl noch hinterher. Restaurant. EZ 38 €, DZ ab 52 €. Nám. Karla IV 486, ✆/℻ 353825756, www.annahotelnejdek.eu.

Von böhmischen Dörfern und der Bohème

„Ich sag' ihm das bei meiner Ehren, mir das böhmisch' Dörfer wären" – im didaktischen Tierepos *Froschmeuseler* von Georg Rollenhagen, das im Jahr 1595 erschien, tauchte die Redewendung erstmals auf. Viele Ortsnamen Böhmens klangen für deutsche Reisende schon damals fremd und unaussprechbar – was nach und nach dazu führte, dass der Ausdruck „böhmische Dörfer" für Unverständliches bzw. Unverstandenes verwendet wurde. Die Tschechen benutzen übrigens eine ganz ähnliche Wendung, nur sind es dort keine *böhmischen,* sondern *spanische Dörfer,* mit denen sich der Ahnungslose konfrontiert sieht. Kommt Ihnen das etwa spanisch vor?

Ein Böhme steckt natürlich auch im Wort Boheme (aus frz. *bohème*), das zunächst für die Pariser Künstleravantgarde des 19. Jh. stand und schon bald ein ungezwungenes (Lebens-)Künstler-Dasein schlechthin bezeichnete. Nun ist offenkundig nicht jeder Böhme ein Bohemien, aber das ist auch gar nicht gemeint. Die Wortgeschichte fußt auf einer früheren Verwendungsweise von *Böhme,* als auch noch Zigeuner bzw. Sinti so genannt wurden – vermutlich weil sie über Böhmen nach Westeuropa eingewandert waren. Populär wurde das Wort *bohème* dann durch Henri Murgers Roman *Scènes de la vie de Bohème* (1851), der als literarische Vorlage für Puccinis Oper *La Bohème* (1896) diente.

Nové Hamry (Neuhammer)

Verlässt man Nejdek in Richtung Norden, erreicht man nach ca. 5 km Nové Hamry, ein bäuerlich wirkendes kleines Dorf mit ein paar Unterkünften in einem malerischen Tal. Die Anfahrt mit dem Zug von Karlsbad über Nejdek ist herrlich, die Strecke idyllisch. Vom Bahnhof in Nové Hamry verläuft ein gelb markierter **Wanderweg** zum weiter südöstlich gelegenen Aussichtsturm auf dem Tisovský vrch (997 m. ü. M.), ein beliebtes Ausflugsziel. Folgt man von dort noch ein Stück weiter dem gelb markierten Weg und schwenkt dann nach rechts auf einen grün markierten Weg ab, gelangt man nach Nejdek (Länge ca. 8 km). Wer die Gegend mit dem Rad erkunden möchte, kann sich an Sommerwochenenden auch mit dem Cyklobus (→ S. 58) von Karlsbad nach Nové Hamry bringen lassen.

Verbindungen **Busse** bis zu 6-mal tägl. nach Nejdek. **Züge** bis zu 10-mal tägl. über Pernink und Horní Blatná nach Potůčky sowie über Nejdek nach Karlovy Vary.

Im Erzgebirge

Pernink (Bärringen)

Etwa 8 km nordöstlich von Nejdek liegt Pernink, einst Bärringen genannt, da einer Legende nach ein Bär hier einen Zinnbarren ausgrub. Schön ist Pernink nicht gerade, es bietet jedoch mehrere Unterkünfte und Restaurants, die insbesondere im Winter gut besucht sind, zumal es ein paar Schlepplifte gibt und Abfahrten dazu, die man allesamt im Schuss meistern kann. Die Landschaft um Pernink ist recht idyllisch. Etwa 2 km südlich liegt das **Naturschutzgebiet Oceán** mit einem weiten intakten Torfmoor.

Verbindungen **Busse** bis zu 7-mal tägl. nach Jáchymov und bis zu 10-mal tägl. nach Karlovy Vary. **Züge** bis zu 9-mal tägl. nach Potůčky und bis zu 7-mal über Nejdek nach Karlovy Vary. Bahnhof ca. 1 km westlich der Ortschaft im Wald.

Horní Blatná (Bergstadt Platten)

Weitere 3 km nördlich von Pernink erreicht man Horní Blatná, ein ehemaliges Bergbaustädtchen mit exakt 237 Häusern. Das schönste davon, ein liebevoll restauriertes Fachwerkpatrizierhaus, beherbergt ein unspektakuläres **Zinnmuseum.** Es befindet sich an der Bezručova, nur wenige Schritte vom Dorfplatz mit seiner barocken Pfarrkirche und ein paar Restaurants entfernt.

Nahe dem Ort liegen die **Wolfsgruben;** einfach am Museum vorbei bergauf und dann der roten Wandermarkierung folgen (Dauer ca. 30 Min., unterwegs viele Himbeersträucher). Dabei handelt es sich um einstige Stollen, die jedoch schon vor Jahrhunderten einstürzten. So entstanden tiefe, bizarre Schluchten, in denen bis in den Sommer hinein oft noch Schnee liegt.

* *Verbindungen* **Busse** bis zu 6-mal tägl. nach Jáchymov und Potůčky und bis zu 4-mal tägl. nach Karlovy Vary.
Züge bis zu 9-mal tägl. nach Potůčky, bis zu 7-mal über Pernink und Nejdek nach Karlovy Vary.
* *Öffnungszeiten* **Zinnmuseum,** in ungeraden Wochen Mi–Fr 9.30–15 Uhr, in geraden Wochen Mi–Fr 14–18 Uhr, Sa/So 9–12 u. 14–17 Uhr. Eintritt 0,80 €, erm. die Hälfte.

Potůčky (Breitenbach)

6 km trennen Horní Blatná von Potůčky, das umgeben von weiten Wäldern am Flusslauf der Černá liegt. Potůčky ist ein beliebtes Ausflugs- und Einkaufsziel der Sachsen. Ein **Grenzübergang** verbindet den Ort mit **Johanngeorgenstadt** auf deutscher Seite. Und wie es sich für einen tschechischen Grenzort gehört, gibt es hier einen riesigen Asia-Markt, auf dem man neben Zigaretten Spielzeug, Bier, Wein, Korbwaren, Gardinen, Riesenschnitzel, Trikots, Hossa-Hossa-CDs, Briefkästen usw. kaufen kann.

Verbindungen **Busse** bis zu 7-mal tägl. nach Jáchymov, bis zu 3-mal tägl. nach Karlovy Vary. **Züge** bis zu 7-mal tägl. über Horní Blatná, Pernink und Nejdek nach Karlovy Vary.

Kraslice (Graslitz)

Annähernd 8000 Einwohner zählt das von Klinkersteinhäusern geprägte, im Grenzland vergessene Städtchen rund 30 km nordwestlich von Karlsbad. Es wirkt um einiges größer und lebendiger, zumal es auch für die umliegenden, kleinen Ortschaften des westlichen Erzgebirges das kulturelle und wirtschaftliche Zentrum darstellt. Bekannt war das ehemalige Graslitz wegen seiner langen Tradition im Musikinstrumentenbau, in erster Linie Geigen, und in der Textilfertigung, insbesondere Spitzen. Rund um Kraslice findet man **Wanderwege** in allen Farben, nach Nejdek führt ein gelber (anstrengend, aber schön). Die schmalen Landstraßen der Umgebung eignen sich bestens zum **Radeln** (von Karlsbad fahren an Sommerwochenenden Cyklobusse nach Kraslice, → S. 58). Wintersportlern stehen im nahe gelegenen **Bublava** fünf Skilifte zur Verfügung. Das weit verstreute Dorf selbst besitzt bislang jedoch nicht nur wenige Unterkünfte und Restaurants, sondern auch kaum Charme.

* *Verbindungen* Bahnhof und Busbahnhof ca. 500 m westlich des Zentrums. **Busse** bis zu 6-mal tägl. nach Sokolov, nur 2-mal tägl. nach Karlovy Vary.
Züge stündl. nach Sokolov, Zwickau und Klingenthal.
* *Übernachten/Essen & Trinken* **Pension Krista,** 8 geräumige Zimmer mit etwas zusammengewürfelter Standardausstattung. Angegliedert ist ein bei deutschen Tagestouristen recht beliebtes Restaurant mit böhmischer Küche (große Portionen, aber nicht die Welt). Sichere Parkplätze im Hof. DZ 44 €. Dukelská 753 (Straße Richtung Chodov/Sokolov), ✆ 352686054, www.krista.cz.
Camping Nancy, der einzige Campingplatz im Herzen des westlichen Erzgebirges und bezüglich der Lage einer der schönsten Westböhmens. Idyllischer Wiesenplatz mit Naturpool, einem plätschernden Bächlein und Grillgelegenheiten. Nur Imbiss. Fahrbarer Untersatz vonnöten. Es werden auch 4 Zimmer (nur teilweise mit privatem Bad) im oberhalb gelegenen Forsthaus vermietet. Ganzjährig. Campen 4,80 €/Pers., egal ob mit Zelt oder Wohnmobil, DZ 27 €, Frühstück extra. Ca. 6 km nördlich von Kraslice an der Straße nach Přebuz, ✆ 352696360, www.atc-nancy.euweb.cz.
* *Skifahren* Tageskarte 12,80 €, Pistenlänge 2 km. Infos unter www.ski-bublava.cz.

Für Ziele südlich von Kraslice → Františkovy Lázně/Umgebung, S. 118.

Neue Kolonnade

Mariánské Lázně (Marienbad)

„Marienbad ist unbegreiflich schön", schwärmte einst Franz Kafka. Und das ist der Kurort noch immer: Ein inmitten von dicht bewaldeten Hügeln gelegenes, mit weiten Parkanlagen durchsetztes Paradies. Es gibt nur wenige Städte Europas, die ohne Küstenromantik so viel Flair haben.

Allein die Tatsache, dass Dichter und Denker, Könige und Adelige hier gerne verweilten, ist eigentlich schon Beweis genug. Die Gästeliste des Kurortes liest sich wie ein Who's who des 19. und frühen 20. Jh. Richard Wagner reiste mehrmals an und plante gar, seine Festspiele nicht in Bayreuth, sondern in Marienbad ins Leben zu rufen. Friedrich Hebbel verfasste in Marienbad den geistreichen Satz: „Hier sitz' ich in einem böhmischen Bade". Mit seiner Frau war er angereist, der die Leber Sorge bereitete. Der russische Literat Nikolaj Wassiljewitsch Gogol kam, er hatte es mit dem Magen. Ein gleichzeitig anwesender Millionär inspirierte ihn übrigens zur Gestalt des Kostausschogel in seinem Roman *Tote Seelen*. Ein anderer russischer Autor, Iwan Aleksandrowitsch Gontscharow, schuf in Marienbad die Gestalt der Olga Sergejewna Iljinska für seinen *Oblomov* – jener literarische Antiheld, der das Bett nie mehr verlassen wollte. Hugo von Hofmannsthal schrieb in Marienbad *Das Bergwerk von Falun*.

Seiten könnte man mit Schriftstellern füllen, die das westböhmische Bad besuchten: Johann Wolfgang von Goethe, Iwan Sergejewitsch Turgenjew, Henrik Ibsen, Rudyard Kipling, Mark Twain, Maxim Gorki, Jan Neruda, Alexander K. Tolstoj usw. Aber auch mit Komponisten wie Antonín Dvořák, Johann Strauß oder Anton Bruckner oder aber mit Wissenschaftlern wie dem Slawisten Josef Dobrovský, Sigmund Freud oder Samuel von Basch, der eine wissenschaftliche Methode zur Messung des

Blutdrucks begründete. Gekrönte Häupter kamen ebenfalls, u. a. Napoleon III., Otto I. von Griechenland, Kaiser Franz Josef I. oder Englands König Eduard VII.

Es war en vogue, in den weltberühmten, von weiten Kiefernwäldern umgebenen Kurort Marienbad zu reisen. Die Gäste liebten die stets etwas frischere und kühle Luft des Ortes in den heißen Sommermonaten, immerhin liegt Marienbad auf 630 m ü. d. M. Aber sie genossen auch die in den Stadtkern einbezogene Quellenlandschaft, die Galanterie- und Luxuswarengeschäfte, die vielen Parks und nicht zuletzt den Prunk der Kurhäuser, Kasinos, Hotels und Musikpavillons, viele mit einem Überschwang an historisierenden Formen. Noch heute ist das alte Kurzentrum Marienbads eine fast unbeschreibliche Pracht. Wo man hinsieht, stehen klassizistische Brunnentempel, Schweizerhäuser und luxuriöse Prachtbauten, die ein Bild von der Üppigkeit des Fin de Siècle vermitteln.

Geschichte: Erstmals erwähnt wurden die Quellen Marienbads im 16. Jh. Damals gab es den Ort jedoch noch nicht. Dort, wo die Quellen sprudelten, existierte nichts anderes als sumpfiges, bewaldetes Terrain. Bereits im ausgehenden 17. Jh. gewann man aus Verdampfung des Quellwassers der heutigen Kreuzquelle Glaubersalz, welches man als *sal teplensis* verkaufte und das sich schnell zu einem geschätzten Abführmittel entwickelte. Erst 1808 wurde hier auf Initiative des Abtes Karl Kasper Reitenberger vom nahe gelegenen Stift Tepl (→ S. 101) und des Arztes Dr. Joseph Johann Nehr ein Heilbad gegründet. Zehn Jahre später erklärte man Marienbad offiziell zum Kurort. Ein Denkmal des Abtes befindet sich an der Promenade, die an die Neue Kolonnade anschließt, eine Büste des Arztes beim Kreuzbrunnen. Letzterer schrieb auch die erste Abhandlung über die medizinische Bedeutung der Marienbader Quellen. Hohe Verdienste an der heutigen Erscheinung des Ortes hatte der Gartenarchitekt Václav Skalník. Nach seinen Plänen wurden im frühen 19. Jh. das gesamte Tal trockengelegt, weitläufige Parkanlagen geschaffen und gezielt Kurhäuser und Hotels drum herum platziert.

Einer der ersten VIPs, die den Ort populär machten, war der zu jener Zeit schon bejahrte Johann Wolfgang von Goethe. Die rapide Entwicklung Marienbads ließ ihn zu dem Ausspruch hinreißen: „Mir war es, als wäre ich in den nordamerikanischen Einsamkeiten, wo man Wälder aushaut, um in drei Jahren eine Stadt zu bauen". Wahre Worte. Etwas mehr als zehn Jahre vergingen und schon besaß der Ort ein Symphonieorchester. Zu Mitte des 19. Jh. kamen bereits 25.000 Kurgäste im Jahr. 1872 erhielt Marienbad Anschluss an das Eisenbahnnetz. Bis dato lag neben dem heutigen Chopinhaus (→ S. 96) die Postkutschenstelle, die zugleich das Zentrum des Ortes bildete. Ende des 19. Jh. reihte sich Marienbad neben Karlsbad in die Liste der bedeutendsten europäischen Kurorte ein. Bis zur Weltwirtschaftskrise, welche der Ort schwer zu spüren bekam, stieg die Zahl der Gäste auf über 50.000 Besucher im Jahr. Auf den Promenaden der Stadt ging es teilweise zu wie auf dem Ku'damm am Tag vor Heiligabend, und mit Schildern, auf denen „Rechts gehen" stand, versuchte man, die Massen auf den Straßen einigermaßen zu koordinieren.

Nach dem 2. Weltkrieg und dem Fall des Eisernen Vorhangs geriet Marienbad in Vergessenheit. Das sozialistische Einheitsgrau legte sich über die Mauern. Mittlerweile ist das Gros der alten palastartigen Kurbäder und der feudalen Bauten restauriert und strahlt in neuem Glanz. Der VIP-Glamour der alten Tage ist jedoch der Bodenständigkeit gewichen. All jenes, was vor gar nicht allzu vielen Generationen nur den Reichen und Berühmten der Welt vorbehalten war, steht heute nahezu jedem offen. Nur wie lange noch? Mit viel Mühe wird versucht, den Anschluss an die international renommierten elitären Weltbäder wiederherzustellen.

Mariánské Lázně
Karte S. 88/89

Lázně Kynžvart, Kladská
Waldquelle
Chopinova
Trebízského
Evangelische Kirche
1
Purkyňova
Ibsenova
Kurverwaltung
2
Kreuz-Brunnen
Mírové nám.
3
Theater
P
Abrissareal Arnika
Neue Kolonnade
Úzká
Städtisches Museum
Masarykova
4
Karlovarská
Pramenská
EC
Singender Brunnen
Goethovo nám.
5
6 Golfplatz, Karlovy Vary
třída
Skalníkovy sady
7
Ruská
Karolinen-Brunnen
Karlovarská
9
8
Chopin-haus
Dekanatskirche Mariä Himmelfahrt
Hlavní
10
Pferdekutschen
Reitenbergerova
11
Ambrosiusquelle
Marienquelle
Anglikanische Kirche
12
13
Dusíkova
Park Usmíření
Nové Lázně
Seilbahn
Ruská
14
15
BUS
WC
Russisch-orthodoxe-Kirche
16
Masarykova
Poštovní
17
Klíčova
18
Krakonoš I
Reitschule
19
Anglická
Rozhledna
20
Park Střed
Polizei
21
Miniaturpark
Hotel Panorama
Lidická
Dykova
Pod Panoramou

Marienbad
120 m
Essen & Trinken
2 U zlaté koule
3 Kolonáda
6 Royal Golf Restaurant
7 Art Café
8 Café Cukrárna
9 Maui Lounge
12 Café Amsterdam
14 Patriot
15 Kolonáda
16 Café Classic
18 Charlie
19 Moravská Restaurace U Ječminků
21 Park Restaurant
25 Café Park
29 New York Barcaffé
30 Vrbičky
Einkaufen
10 Knihkupetctví
23 Lera
Übernachten
1 Pacific
4 Esplanade
5 Sonnenstrahl
13 Nové Lázně
14 Villa Patriot
17 Zlatý zámek
20 Falkensteiner Grand Spa
22 Villa Meteor
24 Hostel Milano
26 Edinburgh
27 Villa St. Georg
28 Villa Regent
Nachtleben
11 Společenský dům Casino
31 D-Club Dylen/Na Rampě
Park Alfred-Alexandra
Casino Bellevue
Salzgrotte
Ampel
Tennis
Chebská
Hlavní třída
Ruská
Příkrá
Tyršova
B. Němcové
Anglická
Pod Panoramou
Zeyerova
Máchova
Lužická
Dvořákova
Husova
Komenského
Jiráskova
U Nemocnice
Park U Nemocnice
Stavbařů
Přemyslova
Žižkova
Na Výsluní
Libušina
Na Třešňovce
U Pily
Reinigung
Plzeňská
Palackého
Nákladní
Dřevěná
Družstevní
Bahnhof
BUS
Hamrníky
Pilsen, Tachov, Planá
Ferdinandsquelle
Rudolfquelle
Dobrovského
U Zastávky

Orientierung: Die Hlavní třída, die Hauptstraße, ist die Hauptachse des Kurortes. Sie verbindet das nördlich gelegene feudale Kurzentrum mit den weniger reizvollen südlichen Vororten, wo das Gros der ca. 15.000 Einwohner Marienbads lebt. Elektrobusse fahren auf ihr hoch und runter. Der Schnittpunkt zwischen dem alten und neueren Teil Marienbads befindet sich ungefähr auf Höhe der Chebská, wo auch bislang die einzige Ampel des Ortes steht. Ein Zentrum im üblichen Sinne gibt es nicht.

Information/Parken/Verbindungen

• *Information* **Infocentrum** im Dům Chopin an der Hlavní třída 47. Tägl. 9–18 Uhr. ✆ 354622474 www.marianskelazne.cz.

• *Parken* Falls Ihr Hotel über keine eigenen Parkplätze verfügt, steht Ihr Auto am sichersten im Parkhaus **Parking Centrum** an der Pramenská 653/1 in der Nähe des Stadttheaters. 7,60 €/Tag.

• *Verbindungen* Die **Stadtbusse** verkehren leider nicht allzu oft. Die Abfahrtszeiten hängen bei der zentralen Bushaltestelle nahe dem Hotel Excelsior aus. 0,40 €/Fahrt. Die wichtigsten Linien im Überblick: Mit Ⓑ5 gelangen Sie zum Bahnhof. Ⓑ13 fährt in das südlich von Marienbad gelegene Dorf Hamrníky, in die andere Richtung zur Seilbahn und weiter bis zum Golfplatz, Ⓑ3 nach Úšovice. Tickets bekommt man an den Automaten im Bus – halten Sie Kleingeld parat, die Automaten wechseln nicht! Sa/So nur sehr eingeschränkter Verkehr.

Seilbahn: Sie nennt sich *Lanová dráha* und führt zum über der Stadt gelegenen Hotel Krakonoš. April u. Okt. nur Sa/So, Mai–Sept. tägl. (außer Mo) 9.30–16.45 Uhr. Einfache Fahrt 1,60 €, hin/zurück 2,40 €.

Überlandbusse und Züge: Intercity-Busbahnhof und Bahnhof im Süden Marienbads: Regelmäßige Busverbindungen nach Cheb, Chodová Planá, Planá und Lázně Kynžvart. Zudem ca. 5-mal tägl. nach Pilsen, Stříbro und Tachov sowie 2-mal nach Aš und Prag.

Per Zug 5-mal tägl. über Bečov nad Teplou nach Karlsbad (tolle Strecke!), alle 2 Std. nach Prag, Plzeň, Teplá und Chodová Planá, regelmäßig nach Planá, Lázně Kynžvart, Stříbro und Cheb, 2-mal tägl. nach Františkovy Lázně.

Taxis: Mehrere Standorte entlang der Hlavní třída. Preisbeispiele: Plzeň 40 €, Františkovy Lázně 32 €, Karlovy Vary 44 €, Cheb 28 €, Teplá 18 €.

Pferdekutschen: Stehen im Skalník-Park bereit. Kleine Runde (20 Min.) 25 €, große Runde (60 Min.) 70 €.

Adressen (→ Karte S. 88/89)

• *Ärztliche Versorgung* Krankenhaus in der Vorstadt Úšovice. U Nemocnice 1. ✆ 354625 561.

• *Autoverleih* Zum Beispiel über die Agentur **Bohemia Tour,** Autos ab 54 €/Tag. Hlavní třída (1. Etage im Chopin-Haus), ✆ 354621581, www.bohemiatour.com.

• *Polizei* In der Hlavní třída 64. ✆ 156.

• *Post* In der Hlavní třída 17.

• *Reinigung* **Čistírna Apolenna,** etwas versteckt gelegene Reinigung in der Bezejmenná 12 in der südlichen Vorstadt. Mo–Fr 8–18 Uhr, Sa 8–12 Uhr.

• *Zeitungen* In deutscher Sprache finden Sie in dem kleinen Laden **Knihkupetctví (10)** an der Hlavní třída neben der Touristeninformation im Chopinhaus.

• *Einkaufen* Böhmisches Kristall und Porzellan gibt es in Hülle und Fülle an der Hlavní třída. Dort findet man auch Juwelier- und ein paar Designerläden; insgesamt ist das Angebot an qualitativ hochwertigen Waren bislang aber eher bescheiden – zu viele reisen mit dem Bus an, zu wenige mit dem Rolls. Ein einziger Tipp:

Lera (23), hochwertige Rindslederwaren aus Tschechien, insbesondere Damenhandtaschen. Inhaber Peter Kušnír verkauft auch die außergewöhnlichen handbemalten und -gravierten *Bambas Art Bags,* jede ein Kunstwerk für sich (100–400 €/Tasche). Sie entstammen einem kleinen Atelier im Böhmerwald. Hlavní třída 224.

Essen & Trinken/Nachtleben (→ Karte S. 88/89)

Preiswertere Restaurants, wo auch die Tschechen essen, finden Sie insbesondere in der südlichen Vorstadt. Ein Traum sind im Sommer die vielen Cafés mit ihren herrlichen Terrassen. Was das Nachtleben angeht, so ist es im Ganzen vorwiegend auf Kurgäste zugeschnitten – Konzertabende à la Karel Gott und Tanztees veranstalten etliche Häuser.

• *Restaurants* **Royal Golf Restaurant (6),** auf dem gleichnamigen Golfplatz (→ Sport & Freizeit/Golf). Gediegenes Nichtraucherrestaurant mit Bar im Stil eines englischen Herrenclubs. Pasta, Steaks und feine Fischgerichte, dazu eine kleine Auswahl an böhmischen Gerichten. Alles sehr lecker, zuvorkommender Service. Hg. 7–35 € (kanadisches Bisonsteak). ✆ 354622623.

U zlaté koule (2), liebevoll und gemütlich eingerichtetes Restaurant mit ausgefallener Speisekarte, darunter Fasanenbrust, Wachteln mit Gänseleberfülle oder gegrillte Riesengarnelen. U. a. schauen Stoffbären und Holzpuppen beim Essen zu. Hg. 10–19 €. Nehrova 26, ✆ 354624455.

Patriot (14), gepflegt-trendiges Lokal in einer klassizistischen Villa. Von Lesern sehr gelobt. Internationale Küche, Spezialität des Hauses ist Hirschrücken. Dazu gute Fischgerichte und Schmankerln wie Weinbergschnecken und Jakobsmuscheln. Auf die Tageskarte achten! Gehobeneres Preisniveau. Dusiková 62, ✆ 354673143.

Charlie (18), dunkel-gemütliches Nichtraucherlokal mit Wohnzimmeratmosphäre. Wählen Sie z. B. spanische Hühnerbrust mit Oliven oder gedünstete Froschschenkel. Inhaber Charlie ist gleichzeitig Küchenchef – da kann es auch mal dauern. Tägl. mittags und abends. Hg. 5,60–11 €. Anglická 137, ✆ 354622974.

Moravská Restaurace U Ječminků (19), einfach-rustikale Gaststätte mit mährischen Spezialitäten auf dem Teller (lecker die Brünner Lendchen mit Rahmsoße oder das Schnitzel im Weinteig) und Folklore aus den Boxen. Hg. 4–9 €. Klíčova 10, ✆ 354595032.

Maui Lounge (9), mehr Cafébar als Restaurant. Barhocker mit Schlangenhautdesign. *Die* Sushi-Adresse Marienbads (Happen ab 2,80). Gute Cocktails. Ruská 72, ✆ 607879813 (mobil).

Park Restaurant (21), rustikal-biederes Interieur, schöne Terrasse. Auf der Karte stehen Hirschmedaillons und Wildsteak mit Steinpilzsoße, aber auch Fisch und Pizza. Hg. 4–11 €. Im Maxim im 1. Stock finden regelmäßig Tanzabende statt (Musik der 60er bis 90er, So/Mo geschl.). Poštovní 194, ✆ 354600924.

• *Pivnice* **Vrbičky (30),** wer in Marienbad noch Marienbader treffen will, sollte diese gesellige Bierstube abseits des touristischen Zentrums nicht verpassen. Bunt und spaßig, Arbeiterpublikum jeglichen Alters und Umfangs. Billige Tagesgerichte. Kein Schild am Eingang! Jiráskova 4.

• *Cafés* **Art Café (7),** Café und Cocktailbar. Herrliche Terrasse. Innen etwas bieder, sofern keine schrägen Bilder unbekannter Künstler die Wände zieren. Cocktails 2,50–4 €. Fr/Sa zuweilen Live-Jazz am Abend. Ruská 315.

Café Amsterdam (12), Caférestaurant. Historischer Saal mit üppiger ornamentaler Ausschmückung, leider durch diverse Geschmacklosigkeiten verschandelt. Altmodische Polstergruppen, zuweilen etwas gähnende Atmosphäre. Terrasse. Hlavní třída 34.

New York Barcaffé (29), trendige Cafébar samt Restaurant (internationale Küche). Bringt einen Hauch von Großstadtflair nach Marienbad. Große Fensterfront. Junges Publikum. Faire Preise. Hlavní třída 233.

Café Classic (16), nettes Café im Stil eines französischen Bistros, eine Adresse fürs Frühstück. Hin und wieder Jazzabende: Dixieland, Swing, Latino oder Blues. Restaurant angeschlossen (neben böhmischen Standards auch große Salate und Fisch). Hlavní třída 50.

Café Cukrárna (8), modernes Kaffeehaus mit Steinfliesen und Kronleuchter. Kuchen, Eisbecher, Baguettes und Salate. Im Sommer bestuhlt man den Gehweg. Hlavní třída 45.

Café Park (25), nettes kioskartiges Sommercafé mit Terrasse. Palatschinken, Eisbecher und Omelettes. Im Alfred-Alexander-Park zwischen Anglická und Hlavní třída.

Kolonáda (15), Oblatenverkaufsstelle mit angegliedertem kleinem, preiswertem Café. Heiße Schoko-, Kakao- und Nussoblaten. Hlavní třída 44. Eine **weitere Kolonáda-Verkaufsstelle (3)** befindet sich an der Nehrova/Ecke Masarykova.

• *Tanz* **Společenský dům Casino (11),** wo Casino drauf steht, muss nicht Kasino drin sein. Der Neorenaissancebau aus dem späten 19. Jh. dient heute kulturellen Veranstaltungen jeglicher Art. Regelmäßige Tanzabende in prunkvollem Ambiente, beliebt bei fitten Kurgästen. Reitenbergerova 66.

• *Clubs* **Na Rampě (31),** großer Club, regelmäßig Konzerte und DJ-Partys (Rock, Reggae etc.). Nur ein paar Schritte weiter (im gleichen Komplex) befindet sich der **D-Club Dylen (31).** Wechselndes Programm zwischen Blackmusic-Nächten, Oldie-Abenden und Partys im Zeichen irgendeines Hochprozentigen. Mit Restaurant. Kollárova 707 (Vorstadt Úšovice).

Morrison, Rockclub in der ca. 4 km vom Zentrum gelegenen Gemeinde Hamrníky (Ⓑ13). Großer Saal, in dem an Wochenenden Livebands ihr Bestes geben. Ansonsten Musik von Metal bis Techno. Tägl. 18–2 Uhr. Vítězství 3.

Übernachten (→ Karte S. 88/89)

Das Gros der Mehr-Sterne-Hotels verfügt über eigene Kurbäder. Preiswerte Pensionen mit böhmischer Standardausstattung finden Sie in der südlichen Vorstadt in großer Zahl (DZ ab ca. 25–30 €).

***** **Esplanade (4),** der über den Dächern Marienbads (ca. 5 Fußmin. ins Zentrum) gelegene weiße Prachtpalast wurde bereits 1911 als Luxushotel errichtet und 2002 nach einer Generalrestaurierung wiedereröffnet. Seitdem eines der besten Häuser Westböhmens. Nicht immer stilsicher, aber mit viel Komfort: 110 Zimmer und Suiten mit Klimaanlage, 200-Kanal-TV sowie Marmorbädern (inkl. Massagestrahl). Limousinenservice, Indoor-Pool, römisches Bad, eigenes Kurzentrum und, und, und … DZ ab 203 €, Suite ab 252 €. Karlovarská 438, ✆ 354627855, 📠 354627860, www.esplanade-marienbad.cz.

***** **Nové Lázně (13),** das „Neue Bad" (→ Sehenswertes) ist eines der architektonisch schönsten Kurhäuser Marienbads. 98 komfortable Zimmer mit Stuck, Kronleuchtern und z. T. Originalkacheln aus dem späten 19. Jh. Sämtliche Kuranwendungen unter einem Dach, z. T. in herrlichen historischen Bädern. EZ ab 113 €, DZ ab 186 €. Reitenbergerova 53, ✆ 354644111, 📠 354644044, www.marienbad.cz.

**** **Falkensteiner Grand Spa (20),** Kurhotel oberhalb des Zentrums – Aufstieg! Viele deutschsprachige Gäste, freundliches Personal. Gesundheits- und Wellnessbereich auf 2005 m². Schöner Pool, Sonnenterrasse, Bibliothekszimmer, Tiefgarage und diverse Extras mehr. DZ ab 156 €. Ruská 123, ✆ 354929396, 📠 354929398, www.marienbad.falkensteiner.com.

**** **Pacific (1),** plüschiges Kurhotel in bester Lage. 95 Zimmer mit klassischem Mobiliar. Lassen Sie sich eines mit Balkon und Blick über den Skalníkovy Sady geben. Diverse Kuranwendungen im Haus. EZ ab 96 €, DZ ab 152 €. Mírové náměstí 84, ✆ 3546 51111, 📠 354651200, www.marienbad.cz.

*** **Villa Regent (28),** schöne Villa in ruhiger Lage. 25 geräumige, farbenfrohe Zimmer mit Jugendstilbildern, teilweise mit Balkon und toller Aussicht, sehr gepflegt. Kuranwendungen im Haus, Terrassenlokal. Parkplatz. EZ 53 €, DZ 82 €. Anglická 116, ✆ 354402010, 📠 354402040, www.marienbad.com/ckregent.

**** **Villa St. Georg (27),** mit Geschmack restaurierte Fachwerkgiebelvilla im Grünen, unweit des Kurzentrums. 13 stilvolle, gehoben ausgestattete und geräumige Zimmer und 2 Apartments mit Küche. Eigene Parkplätze (4 €/Tag). Von Lesern sehr gelobt. Der hilfsbereite Inhaber hat lange Jahre in der Schweiz gelebt. EZ 47 €, DZ 69 €. Anglická 358/4, ✆ 603244914 (mobil), 📠 354600228, sant.georg@telecom.cz.

Edinburgh (26), kleine Pension am Rande des Kurzentrums. 6 individuell eingerichtete, freundliche Zimmer in einem Altbau. Sichere Parkplätze. EZ 32 €, DZ ab 50 €. Ruská 56, ✆ 354620804, www.pensionedinburgh.com.

Villa Meteor (22), kleines Häuschen zwischen Wald und Wiesen auf einem Hügel über dem Ort – sehr idyllisch und ruhig. 4 unspektakulär möblierte Zimmer mit eigenem Bad. Nettes Gärtchen, sichere Parkplätze, freundliche deutsch-tschechische Inhaber. Wer hier nächtigt, sollte entweder gut zu Fuß sein oder ein Fahrzeug mitbringen. DZ 50 € (ohne Frühstück), ab 3 Nächten 40 €. Pod Krakonošem 584, ✆/📠 354625418.

Zlatý zámek (17), Tipp unter den billigeren Unterkünften. Großes, verwinkeltes Gebäude in bester Lage. Mischung aus einfachem Hotel und Jugendherberge. Ordentliche, wenn auch nicht unbedingt schöne Zimmer mit und ohne Bad. Etwas anonym. DZ mit Bad 40 €, ohne Bad 24 €. Klíčova 4, ☏/℻ 354623924, www.hotelzlatyzamek.cz.

• *Apartments* **Villa Patriot (14),** klassizistische Villa mit jugendlich-modernen, großzügigen Suiten (Schlafzimmer, Wohnzimmer, Bad, keine Küche!). Nettes Personal, gute Lage, sehr gutes Restaurant mit schöner Sommerterrasse. Parkplätze. Für 2 Pers. 100 €. Dusíkova 62, ☏ 354673143, ℻ 354673144, www.villa-patriot.cz.

Hostel Milano (24), restaurierter Altbau in unmittelbarer Zentrumsnähe. Man kommt in spartanischen Zimmern unter, Duschen und WC auf dem Gang. Gemeinschaftsküche. DZ 20 €, kein Frühstück, Parken 2 €/Nacht extra. Ruská 309, ☏ 774417065 (mobil), www.newyorkml.cz.

Sonnenstrahl (5), 1910 erbaute Villa 300 m oberhalb der Kolonnade. 9 im bunten Stilmix möblierte, auf elegant getrimmte Apartments. Garten mit Grill, Sandkasten und Goldfischteich. Sehr freundlicher Service. Je nach Apartmentgröße 52–90 €. Karlovarská 334, ☏ 354620825, ℻ 354620957, www.villa-sonnenstrahl.com.

• *Camping* **Camp Stanowitz,** im Dörfchen Stanoviště, ca. 3 km südlich von Marienbad, an der Straße nach Karlovy Vary ausgeschildert. Freundlicher, von sympathischen Leuten geführter Platz: idyllische Obstbaumwiese, gemütliche Terrasse, sauberste Sanitäranlagen (wenn auch nicht viele), gutes Restaurant. Es werden auch nette Zimmer mit Bad vermietet. Keine Busanbindung. 2 Pers. mit Zelt u. Auto 12,40 €, DZ 40 €. Stanoviště 9, ☏/℻ 354624673, www.stanowitz.com.

Sport & Freizeit/Kur & Kultur

• *Ausflüge* Tages- und Halbtagesausflüge können überall im Kurzentrum gebucht werden (u. a. im **CupVital Servicecenter** im Pavillon bei der zentralen Bushaltestelle, ☏ 35 4564211). Preisbeispiele: Egal ob nach Karlsbad oder Franzensbad und Eger oder ins Stift Tepl: ca. 14 €/Pers., nach Prag 28 €.

• *Baden* Im Waldbad **Koupaliště Lido** nahe dem Vorort Hamrníky, dort ausgeschildert. Kleiner See mit Ruderbootverleih. Ⓑ13 hält in Hamrníky.

Kurbäder können auch von Nichtkurgästen im Nové Lázně (→ S. 95) gebucht werden.

• *Kasinos* Marienbad besitzt 2 Kasinos. Empfehlenswert ist das **Casino Bellevue,** eines der schönsten des Landes, 1835 als Kaffeehaus errichtet. Unter deutscher Leitung. 10 € Eintritt (für Jetons). Mindesteinsatz je nach Spiel 1–5 €. Die Turnschuhe sollten im Hotel bleiben. Exquisites Restaurant (nur abends). So–Do 15–3 Uhr, Fr/Sa/So 15–4 Uhr. Anglická 281.

• *Golf* **Royal Golf Club Mariánské Lázně,** sehr schöner 18-Loch-Platz, 72 Par, am nordöstlichen Ende Marienbads. 1905 vom englischen König Edward VII. eröffnet, bei der 100-Jahr-Feier 2005 war Prinz Edward dabei. Greenfee 60–68 €. ☏ 354624300, www.golfml.cz.

Weitere Golfplätze beim Kloster Teplá (→ S. 102) und beim Schloss Kynžvart (→ S. 100).

• *Kuren* Therapiert werden insbesondere Erkrankungen, die mit Nieren, Harnwegen, Atemwegen und Dickleibigkeit in Verbindung stehen. Dagegen helfen Moorpackungen, Inhalationen, Bäder, Trinkwasserkuren und – betrachtet man das Angebot in den Cafés vor den Heilbädern – ewig fette Sahnetorten. Preise und Infos zu Kurangeboten erhält man bei der Kurverwaltung **Léčebné lázně Mariánské Lázně** (Marienbad Kur & Spa-Hotels), Masarykova 22, ☏ 354655501, www.marienbad.cz.

Solná Jeskyně, eine künstliche Salzgrotte an der Hlavní třída 622/15 A (zurückversetzt). Eine Solinhalation (50 Min., 6 €) hilft v. a. bei Atemwegserkrankungen, Schilddrüsenunterfunktion, Allergien und Schlafstörungen. 5 Sitzungen sollen die gleiche Wirkung haben wie eine Woche am Meer! Mo–Sa 9.30–18 Uhr, So 10–15 Uhr, Infos unter www.salina-ml.cz.

• *Radverleih* **Ramala,** Hlavní třída 267 (nahe der einzigen Ampel Marienbads, etwas zurückversetzt). Mountainbike 12 €/Tag. ☏ 354595240, mar.lazne@ramala.cz.

• *Reiten* Von Mai–Sept. über die dem **Hotel Levada** angegliederte Reitschule möglich. Einstündige Ausritte 16 €. Krakonoš 53, ✆ 608110919 (mobil).

• *Skifahren* 4 Loipen (5–9 km) werden rund um Marienbad gespurt. Im Nordosten des Orts gibt es zudem eine Gondelbahn und 2 Lifte für alpine Skifahrer. Leider sind die Hänge nicht arg lang – für die Fahrt von der Berg- bis zur Talstation kann man die Luft anhalten.

• *Wandern/Radfahren* Die Wege rund um den Ort sind bestens ausgeschildert und lassen sich beliebig zu einer großen oder kleinen Tour kombinieren. Da die Landschaft hügelig ist, sollte man ein wenig Kondition mitbringen. Beliebt sind Spaziergänge zu den verschiedenen Quellen rund um Marienbad, aber auch zum Goethefelsen (Weg vom Kurzentrum aus rot-gelb markiert). Tourenvorschläge finden Sie auch unter den ab S. 99 vorgestellten Ortschaften im Kapitel „Mariánské Lázně/Umgebung".

• *Tennis* Auf Sand und im Winter in der Halle beim **Tenisový Klub** an der Anglická 10. ✆ 354620064.

• *Theater* Im **Städtischen Theater** (Městské divadlo) überwiegend Gastspiele, hin und wieder auch Oper und Ballett. Třebízského 106, ✆ 354622036. Kartenverkauf auch über die Touristeninformation.

• *Veranstaltungen/Festivals* Am 2. Samstag im Mai wird die **Kursaison** festlich eröffnet. In der ersten Juliwoche findet alle zwei Jahre ein renommierter **Pianistennachwuchswettbewerb** statt. Auch geht Anfang Juli ein **Jazzfestival** über die Bühne. Stets in der 3. Augustwoche begeistert das **Chopinfestival.** Im Juli und Aug. wartet zudem der **Marienbader Kultursommer** mit verschiedenen Veranstaltungen auf. Ende Aug./Anfang Sept. gibt es schließlich die **Goethetage,** die ganz im Zeichen des großen Dichters stehen.

Die Marienbad-Legende

Der Name Marienbad leitet sich ganz belanglos von einer Quelle ab, über der früher ein Marienbild an einem Baum hing. Um die Stadtgeschichte jedoch ein wenig attraktiver zu machen, ließ man sich eine nette Legende einfallen. Sie erzählt von dem kleinen Jesulein, das gebadet werden sollte. Und so gingen die Engel für Maria Wasser aus den verschiedensten Quellen der Welt holen, und jeder flatterte mit einer Schüssel voll heran. Ein Wasser gefiel dem kleinen Heiland besonders, und er erkundigte sich bei dem zuständigen Engel, woher es denn käme. Der Engel antwortete, es komme vom Teplgrunde, aber die Quelle habe keinen Namen. So sagte das Christuskind: „Sie soll nach meiner Mutter heißen, da sie mir mit diesem Wasser das schönste Bad bereitet hat. Und Heilung sollen dort finden alle Kranken bis ans Ende der Tage."

Sehenswertes

Das Kurzentrum Marienbads mit seinen vielen Zuckertortenbauten, seinen Parkanlagen, Kolonnaden und Pavillons, in denen die Quellen sprudeln, ist beeindruckend und verzaubert die Sinne. Zu jedem der feudalen Hotels ließen sich unzählige Geschichten erzählen: In die westböhmischen Kurorte zog es nämlich nicht nur die Leidenden, sondern auch die Gelangweilten und die Hautevolee aus aller Welt mit ihren heiratsfähigen Töchtern. Herzschmerz war hier nicht seltener als Rückenschmerz.

Skalníkovy Sady (Skalník-Park): Der Park ist das Herz des Kurviertels. Benannt ist er nach dem Gartenkünstler Václav Skalník (→ Geschichte Marienbad). Im Park erinnert ein Denkmal an die Befreiung Marienbads durch die US-Armee am 6. Mai 1945. Im Norden der Grünanlage liegt der einzige schäbige Fleck im Kurzentrum, die *Bauruine Arnika.* Den kommunistischen Planungen, hier einen verglasten Megakurkomplex im Stil des Karlsbader Hotels Thermal entstehen zu lassen, fielen in

Nové Lázně – das neue Bad

den späten 1970ern elf historische Gebäude zum Opfer. Nach dem Abriss scheiterte das Projekt. Immer wieder versuchte man in den folgenden Jahrzehnten, die Freifläche neu zu bebauen – erfolglos. Die künftige Nutzung des Areals steht derzeit noch in den Sternen, auch wenn seit Jahren eine Hinweistafel anderes ankündigt.

Im Westen des Parks, vor der Neuen Kolonnade (s. u.), sprudelt der *Singende Brunnen* (Zpívající fontána) mit einem Durchmesser von 18 m. Zu jeder vollen ungeraden Stunde finden hier computergesteuerte Wasserspiele zu klassischer Musik statt, am späten Abend werden sie zudem farbenfroh illuminiert.

Nová kolonáda (Neue Kolonnade): Die lange, leicht geschwungene gusseiserne Konstruktion mit Motiven aus Neorenaissance und Neobarock ist zweifelsohne eines der schönsten Bauwerke der Stadt. Sie wurde 1889 gebaut. In der Mitte befindet sich eine kleine Orchesterbühne, auf der im Sommer fast täglich Blasmusik geboten wird. Des Weiteren beherbergt sie Cafés, Geschäfte und ein öffentliches WC. Direkt daneben liegt der *Kreuzbrunnen* (Křížový pramen), ein klassizistischer Brunnentempel, der von 72 Säulen umgeben wird. Hier lassen sich auch das ganze Jahr über drei verschiedene Quellwasser probieren (→ Quellen).

Nové Lázně (Neues Kurbad): 1896 wurde das Bad im Stil der Neorenaissance am südlichen Rand des Skalník-Parks eröffnet. Es ist das imposanteste und prunkvollste Kurbad des Orts und auch Nichthotelgästen (→ Übernachten, S. 92) zugänglich. Das Nové Lázně bietet für jedermann ärztliche Untersuchungen und Kuranwendungen von Mineralbädern über „pulsierende Magnettherapien“ bis zu Paraffinwickel.

Öffnungszeiten Rezeption Mo–Fr 7–20 Uhr, Sa/So 9–20 Uhr, Terminvereinbarung nötig. Preisbeispiele: Mineralbad in der Königskabine 42 €, Sprudelbad 10 €, Fußreflexmassage 18 €, Ganzkörpermassage 26 €.

Tipp: Verlangen Sie *kabina 1* oder *kabina 2*, die für königliche Besucher eingerichtet wurden.

Dům Chopin (Chopinhaus): Als man das Gebäude baute, war es das fünfte des ganzen Ortes und hieß „Haus zum Weißen Schwan“ *(Dům U bílé labutě)*. 1836 wohnte der damals 26-jährige polnische Komponist Frédéric Chopin in der zweiten Etage. Wie Goethe (→ Kasten S. 98) verliebte auch er sich in Marienbad. Und wie Goethe hatte auch er kein Glück, als er um die Hand einer jungen Dame anhielt. Seine Angebetete, die 16-jährigen Maria, stammte aus einer alten polnischen Adelsfamilie. Da Chopin aber nicht standesgemäß war, vereitelte Marias Vater eine Verbindung. Seine Sehnsucht verarbeitete der Komponist später in der Ballade *G-Moll*. Heute erinnert im zweiten Stock des Gebäudes eine kleine Ausstellung (Památník Fryderika Chopina) an Chopin. Im Erdgeschoss hat die städtische Touristeninformation ihren Sitz.

Adresse/Öffnungszeiten Hlavní třída 47. **Chopingedenkstätte,** nur im Sommer Di/Do/So 14–17 Uhr, Eintritt 0,80 €, erm. die Hälfte.

Městské muzeum (Städtisches Museum): Das klassizistische Gebäude hieß früher „Zur Goldenen Traube“. Goethe residierte hier 1823 bei seinem vierten und letzten Aufenthalt in Marienbad. Das heute darin untergebrachte Museum erfüllt so passenderweise zugleich die Funktion einer Goethegedenkstätte: Mehrere Räume zeigen noch das Originalinventar aus der Zeit des Dichters. Ansonsten widmet sich das Museum der kurgeschichtlichen Entwicklung des Ortes. Zum Museum gehört auch ein geologischer Park – wenig spannend und nur im Sommer zugänglich.

Der Platz vor dem Museum ist heute nach Goethe benannt. Der Dichter selbst – aus Aluminium – sitzt in dessen Mitte und überblickt die Stadt. Das hinter ihm aufragende große, auf eine Restaurierung wartende Gebäude ist übrigens das einstige „Hotel Weimar“, in dem König Eduard VII. zu wohnen pflegte und ein Techtelmechtel mit einer Hutmacherin hatte. Schräg gegenüber, im heutigen Hotel Hvězda, liebte der King zu dinieren, wählte von seidenen Speisekarten und trank aus vergoldeten Gläsern – so feudal geht es dort heute aber nicht mehr zu.

Adresse/Öffnungszeiten Goethovo náměstí 11. Di–So 9.30–17.30 Uhr, im Winter bis 16.30 Uhr. Eintritt 2,40 €, erm. die Hälfte.

Quellen: Weit über 40 kalte Quellen (9–12 °C) befinden sich in und rund um Marienbad. Sie kommen aus unterschiedlichen Tiefen, haben z. T. sehr unterschiedliche chemische Zusammensetzungen, weisen aber nahezu alle einen hohen Anteil an Kohlendioxyd auf, weshalb sie auch als Sauerbrunnen bezeichnet werden. Teils sprudelten sie einst einfach aus dem Boden und wurden gefasst, teils hat man sie durch Bohrungen zum Vorschein gebracht. Um viele von ihnen baute man klassizistische Pavillons. Die bedeutendsten Quellen sind der *Kreuzbrunnen* (Křížový pramen) und die *Ferdinandsquelle* (Ferdinandův pramen) – beide haben einen hohen Anteil an Glaubersalz, das stark abführend wirkt, zudem sind sie gut gegen Allergien. Die *Rudolfquelle* (Rudolfův pramen) und die stark eisenhaltige *Ambrosiusquelle* (Ambrožův pramen) helfen bei urologischen Beschwerden und bei Blutarmut. Der *Karolinenbrunnen* (Karolinin pramen) soll gegen Blasensteine ankommen.

Das alkalische Wasser der *Waldquelle* (Lesní pramen) ist gut gegen Atemwegserkrankungen. Unter uns gesagt, schmecken die meisten fürchterlich. Die vielen anderen Quellen der Stadt helfen noch so gegen manch andere Zipperlein. Erkundigen Sie sich vor dem Genuss der Wässerchen bei einem Arzt, wie viel Sie wovon trinken sollten.

Übrigens: Die *Marienquelle* (Mariin pramen), die dem Kurort überhaupt erst seinen Namen gab, ist – anders als die Legende vermuten lässt (→ S. 94) – keine Wasser-, sondern eine Gasaustrittsquelle. Das als „Mariengas“ bekannte CO_2-Gas

Der Marienbader Karolinenbrunnen

wird u. a. in Form von Gasumschlägen verabreicht und wirkt gegen Bluthochdruck und Durchblutungsstörungen.

• *Adressen/Öffnungszeiten* Die Quellen liegen über die ganze Stadt verteilt (→ Stadtplan). Im **Kreuzbrunnen** vor der großen Kolonnade kann man die Rudolf-, Karolinen- und Kreuzbrunnenquelle kosten, tägl. 6–18 Uhr. Dort gibt es auch Schnabeltassen zu kaufen. Angeblich soll man nämlich beim Spazierengehen trinken, und mit der Profikurtasse verschüttet man weniger. So mancher trägt in ihr auch seinen Schnaps spazieren. Achtung: Die meisten außerhalb der Kreuzbrunnenanlage gelegenen Quellen sind den Winter über abgedreht.

Kirchen: Hoch über dem Ort an der Ruská liegt die sehenswerteste Kirche Marienbads, die *russisch-orthodoxe Kirche* (auch: Sankt-Wladimir-Kirche, Pravoslavny kostel). Sie wurde 1902 gebaut und beherbergt wertvolle Ikonen und eine Ikonostase (dreitürige Bilderwand), die auf der Pariser Weltausstellung 1900 ausgezeichnet wurde. Sie ist kunstvoll mit Emaillemalereien verziert und angeblich das größte Porzellanstück der Welt. Nur ein paar Schritte weiter liegt die kleine *anglikanische Kirche* (Anglický kostel), ein roter Backsteinbau aus der zweiten Hälfte des 19. Jh. Gottesdienste mit königlichem Besuch finden darin nicht mehr statt, heute werden in ihr Ausstellungen und Lesungen veranstaltet.

Den Skalník-Park überblickt die römisch-katholische *Dekanatskirche Mariä Himmelfahrt* (Nanebevzetí Panna Maria). Der Bau in Form eines Oktagons entstand in der Mitte des 19. Jh. im üppigen neobyzantinischen Stil. Dekorative Szenen aus dem Apostelzyklus schmücken ihr Inneres.

Ein eher unauffälliges Gebäude ist die *evangelische Kirche* (Evangelický kostel) am Mírové náměstí. Auch sie wurde in der Mitte des 19. Jh. gebaut, gestiftet vom preußischen König Friedrich Wilhelm IV. In ihr gab einst Albert Schweitzer ein Orgelkonzert.

• *Öffnungszeiten* **Russisch-orthodoxe Kirche,** Mai–Okt. tägl. 8.30–12 u. 13–17 Uhr, Nov.–April 9.30–11.30 u. 14–16 Uhr. Eintritt 0,80 €, erm. die Hälfte. **Anglikanische Kirche,** nur zu Ausstellungen geöffnet. **Römisch-katholische Kirche,** im Sommer tägl. 10–18 Uhr, im Winter 9–16 Uhr. Die **evangelische Kirche** ist nur zu Orgelkonzerten und zum sonntäglichen Gottesdienst um 10 Uhr geöffnet.

Weitere Sehenswürdigkeiten: Der *Boheminium* genannte *Miniaturpark,* ein kleiner Freizeitpark, zeigt originalgetreue Nachbauten landesweit bekannter Burgen, Schlösser und dergleichen – ein Spaß für Kinder. Er liegt hoch über Marienbad neben dem alten *Hotel Krakonoš,* dem märchenhaftesten Hotel der Stadt. Jahrelang stand es leer und verfiel zusehends. 2010 begann man mit umfangreichen Restaurierungsarbeiten – eine neue Nobelunterkunft ist Marienbad damit gewiss. „Krakonoš" heißt übrigens „Rübezahl". Als große Steinfigur blickt die Sagengestalt aus dem Riesengebirge vor dem Hotel auf Marienbad hinab.

Vom Hotel Krakonoš führt ein schöner Spazierweg vorbei an einem Wildgehege zu einer nur noch spärlich erhaltenen, aber dennoch romantischen *Burgruine mit Aussichtsturm* (der Beschilderung „Rozhledna" folgen), von wo man einen herrlichen Blick über Marienbad genießt. Etwas tiefer liegt das *Hotel Panorama,* das derzeit leider auch leer steht, aber künftig hoffentlich wieder zum Kaffee auf seine schöne Aussichtsterrasse einladen wird.

• *Anfahrt/Öffnungszeiten* Das Hotel Krakonoš und der benachbarte Miniaturpark sind von der Dusíkova entweder zu Fuß, mit der Seilbahn oder mit Ⓑ13 zu erreichen. **Boheminium,** April–Okt. tägl. 10–17.30 Uhr. Eintritt 2,80 €, erm. die Hälfte.

Goethe und eine Liebesquelle, die nicht sprudeln wollte

Als Johann Wolfgang von Goethe 1821 in Marienbad weilte, waren die Tage von Wolken verhangen und es regnete unaufhörlich. Das Haus zu verlassen war unmöglich, und so vertrieb sich der Dichter die Zeit bei Tee und Gesellschaftsabenden. Dabei lernte er die junge Ulrike von Levetzow kennen. 1823, bei Goethes letztem Besuch der Stadt, trafen sich die zwei erneut. Goethe war – wie heute die meisten Besucher Marienbads – über 70, sie gerade 19 Jahre alt geworden. Auf Gesellschaften und Smalltalk hatte Goethe keine Lust mehr: „Auch ist es trostlos von politischen Dingen, wohin man auch horcht, zu vernehmen. Mich von allen solchen wie von ästhetischen Gesprächen und Vorlesungen zu befreyen, hatte ich mich auf sechs Wochen einem hübschen Kinde in Dienst gegeben." Ein inniges Verhältnis sollte entstehen, das er später in seiner *Marienbader Elegie* beschrieb. Hand in Hand schlenderten sie durch die Parkanlagen und tranken für gewöhnlich vom Ambrosiusbrunnen, der auch „Quelle der Liebe" genannt wird. Nebenbei lernte Goethe Tschechisch und sammelte fleißig Steine – eine seiner Leidenschaften. Den Serpentinvorkommen und Mineralien der Gegend widmete er in der Abhandlung *Marienbad überhaupt und besonders in Rücksicht auf Geologie* ein Kapitel. Weniger ertragreich sollte seine leidenschaftliche Neigung zu Ulrike werden: Es gab angeblich nur einen Kuss, und als Goethe um ihre Hand anhielt, bekam er eine Absage. Die anmutige Ulrike, die ihr Leben lang unverheiratet blieb, tat später immerhin noch den berühmten Spruch: „Keine Liebschaft war es nicht".

Tachov im Abendlicht

Mariánské Lázně/Umgebung

Die Umgebung Marienbads ist sehr hügelig und ideal zum Radfahren und Wandern – gute Kondition vorausgesetzt. Im Westen erhebt sich der Tschechische Wald (Český les; → Der Böhmerwald, S. 167), im Norden und Osten das Tepler Hochland (Tepelská plošina), das auf über 900 m ansteigt. Bis nach Karlsbad erstreckt sich der **Kaiserwald (Slavkovský les).** Weite Fichten- und Buchenwälder prägen ihn, durchsetzt von Teichen und Mooren. Nahezu überall bestimmen kleine Dörfer das Bild. Der Landstrich war seit eh und je dünn besiedelt, daran hat sich bis heute nichts geändert. Gen Süden setzen im Sommer immer wieder rot blühende Mohnfelder farbliche Akzente.

Lázně Kynžvart (Bad Königswart)

In der ersten Hälfte des 19. Jh. wurde der Kurort Bad Königswart gegründet. Die Familie Metternich wollte damit dem ca. 5 km südöstlich gelegenen Marienbad Konkurrenz machen. Doch mit der Pracht Marienbads kann der kleine Ort trotz so mancher ansehnlicher Bauten keinesfalls mithalten. Dafür hat Lázně Kynžvart heute die jüngeren Besucher, es ist die bedeutendste Kureinrichtung für Kinder in der Tschechischen Republik.

Lohnenswert ist ein Besuch des **Schlosses Königswart** am Ortsrand, das Fürst Metternich zwischen 1833 und 1839 nach Plänen des Wiener Architekten Pietro Nobile im Empirestil umbauen ließ. Fürst Metternich (1773–1859) – heute in erster Linie als Sektmarke bekannt – war einer der wichtigsten europäischen Staatsmänner seiner Zeit. Dem Verfechter der Monarchie war das Gedankengut der Französischen Revolution und Volkssouveränität jeglicher Art verhasst. Privat war der gebürtige Koblenzer ein leidenschaftlicher Sammler. In seinem Schloss häufte er

Kunstgegenstände, Porzellan, literarische Werke, Kuriositäten usw. an und wandelte es schließlich in ein Museum um, heute eines der ältesten Europas. Zeitgenossen wie der Dramatiker Friedrich Hebbel beschrieben die Kollektion als „mehr durch den Zufall zusammengebracht, als mit Sinn und Absicht angelegt“. Wie dem auch sei, eine Führung durch das Schloss, u. a. durch das Kanzlerarbeitszimmer, die Bibliothek, das Zeughaus mit rund 220 Waffen, das Billardzimmer, den Speisesaal mit einer Kollektion von 22 Familienporträts und den Musiksalon ist interessant. Am bizarrsten ist das Kabinett der Kuriositäten Hier sind u. a. ein Handschuh des 1867 hingerichteten mexikanischen Kaisers Maximilian, eine Spazierstocksammlung und ein Abdruck der rechten Hand von Alexandre Dumas – der französische Literat weilte öfters hier – ausgestellt. Im Sommer finden im weiten Schlossgarten gelegentlich Konzerte statt.

Markierte Wege laden in den umliegenden Wäldern zu ausgiebigen Spaziergängen ein. Von Marienbad führt ein schöner **Wanderweg** (erst blau, dann grün markiert) nach Lázně Kynžvart. Eine gemütliche Rundtour per **Rad** lässt sich ebenfalls von Marienbad hierher unternehmen, der Hinweg führt über Kladská (s. u.) und zurück über Valy.

• *Verbindungen* **Busse** fahren regelmäßig von und nach Mariánské Lázně, der Bus hält auch vorm Schloss.
Weniger vorteilhaft ist die Anfahrt mit dem **Zug,** da der Bahnhof weit außerhalb des Zentrums liegt. Stündl. Verbindungen nach Cheb, alle 2 Std. über Marienbad, Planá und Stříbro nach Pilsen.

• *Übernachten/Essen & Trinken* **Schlosshotel Metternich,** in den einstigen Wirtschaftsgebäuden des Schlosses. Eine Unterkunft, die Lesern gefiel: „Blitzsaubere, komfortable Zimmer, ordentlicher Service.“ Im Restaurant serviert man variantenreiche böhmische Küche (auch Wild und Fisch) zu 5,50–11,50 €. EZ 36 €, DZ 53 €. U zámku 350, ✆ 354691240, www.metternich.cz.

• *Golf* **Golf Club Kynžvart,** neuer 18-Loch-Platz neben dem Schloss. Tolle Kulisse. Greenfee 48–64 €. ✆ 354595164, www.golfkynzvart.cz.

• *Öffnungszeiten* **Schlossführungen** finden April u. Okt. nur Sa/So von 9–16 Uhr statt, Mai, Juni u. Sept. tägl. (außer Mo) 9–16 Uhr, Juli/Aug. tägl. (außer Mo) 9–17 Uhr. Eintritt 3,60 €, erm. 2,20 €.

Kladská (Glatzen)

Das ist Alpenromantik ohne Berge, ca. 9 km nördlich von Mariánské Lázně und ca. 4,5 km nordöstlich von Lázně Kynžvart. Inmitten des Kaiserwalds ließ Fürst Otto Schönburg-Waldenburg in der zweiten Hälfte des 19. Jh. ein **Jagdschloss** im Stil einer Schweizer Jagdhütte errichten. Im Laufe der Zeit kamen mehrere Blockhütten im Alpenstil hinzu. Kladská entwickelte sich zum Wanderermekka und zu einem beliebten Ausflugsziel der Marienbader Kurgäste. Heute ist das Wald- und Seengebiet drum herum ein **Naturschutzgebiet** mit Naturlehrpfad. Ganz nebenbei: Ein paar Kilometer weiter liegt **Prameny** (ehem. Sangerberg), ein kleines unscheinbares Dorf. Das war aber nicht immer so. Bis zur Vertreibung der Deutschen lebten hier weit über 2000 Menschen. Einst gab es hier auch ein großes Kurhaus, das Elisabethbad, an das heute jedoch rein gar nichts mehr erinnert.

• *Verbindungen* **Busse,** bis zu 4-mal tägl. nach Mariánské Lázně.

• *Übernachten/Essen & Trinken* **Lovecký zámeček,** das unübersehbare Jagdschlösschen des Fürsten. Düsterer Eingangsbereich und Speisesaal mit Holzvertäfelung, Antiquitäten, Trophäen und offenem Kamin. Das Haus hat was, auch wenn die Zimmer

Pension Kladská, Familienbetrieb mit hervorragendem Restaurant, wo man sich marinierte Wachteln, Wildschweinschinken oder gespickte Wildhasenkeule auftischen lassen kann (Hg. 10–18 €). Dazu 6 einfache Zimmer, am schönsten sind die mit Balkon unterm Dach. DZ 50 €. Kladská 6 (ausgeschildert), ✆/℻ 354691888, www.pensionkladska.cz.

extrem in die Jahre gekommen sind. EZ ab 23 €, DZ ab 42 €, etwas teurer zur Jagdsaison im Okt. Kladská 9, ✆/☏ 354691339, zamecek.lz9@lesycr.cz, www.kladska.com.

Für weitere Ziele nordwestlich von Marienbad → Františkovy Lázně/Umgebung ab S. 118, für weitere Ziele nördlich und nordöstlich von Marienbad → Karlovy Vary/Umgebung ab S. 65.

Klášter Teplá (Stift Tepl)

Das Kloster liegt ca. 2 km von der Ortschaft Teplá entfernt und ca. 12 km östlich von Marienbad. Es wurde 1193 von Fürst Hroznata gestiftet und mit Mönchen des Prämonstratenserordens aus dem Kloster Strahov in Prag (→ S. 230) besetzt. Das barocke Konventsgebäude wurde nach Plänen von Christoph Dientzenhofer Ende des 17. Jh. umgebaut. Bis ins 20. Jh. prägte das Kloster maßgeblich die Entwicklung des gesamten Umlands. 1950 wurden die Mönche vertrieben, und die tschechoslowakische Armee zog ein. 1990 bekam der Orden das Kloster zurück, aber nicht mehr in dem Zustand von einst. Obwohl schon seit Jahren Restaurierungsarbeiten im Gange sind, blicken die hier wieder lebenden Mönche noch vielfach auf blankes Mauerwerk und bröselnden Stuck. Sehenswert ist die gut erhaltene Bibliothek im Neobarockstil (1905–1908), die zweitgrößte Böhmens. Sie besitzt über 100.000 Bände, im Hauptsaal befindet sich davon rund ein Drittel. In ihrem Archiv lagert die älteste deutsche Übersetzung des Neuen Testaments aus dem 14. Jh. und über 700 bedeutende Handschriften. Ein Schmuckstück ist auch die Klosterkirche, eine dreischiffige Basilika mit gotischem Kreuzrippengewölbe, die ebenfalls im 17. Jh. barockisiert wurde. Ihre Pracht entfaltet die Kirche aber bislang nur im restaurierten Inneren, wo in den Sommermonaten Orgelkonzerte stattfinden. Die sterblichen Überreste Fürst Hroznatas ruhen im nördlichen Querschiff in einem monumentalen Grabbau. Nach dem Tode seiner Frau war er selbst dem Orden beigetreten. Am 14. Juli 1217 starb er in Gefangenschaft. 1897 wurde er heiliggesprochen. Mitte des 20. Jh.

stieg er zum Schutzpatron der politischen Gefangenen auf. Seitdem pilgern an seinem Todestag politisch Verfolgte aus der Ära des Sozialismus an sein Grab.

Ein markierter **Wanderweg** (rot) verbindet Marienbad mit dem Kloster, leider verläuft dieser oft nahe einer Straße. Schöner ist es, mit dem **Fahrrad** die Strecke zurückzulegen; die Straßen sind nur schwach befahren, und wer hinwärts über Ovesné Kladruby radelt und zurück über Horní Kramolín, hat einen abwechslungsreichen Rundkurs.

• *Verbindungen* Von Marienbad kein direkter **Bus** zum Kloster, in Teplá umsteigen.

• *Übernachten/Essen & Trinken* *** **Hotel Klášter Teplá,** in der ehemaligen Scheune des Klostergebäudes. Hält innen leider nicht, was es von außen verspricht. 58 Zimmer (die man öfters mal lüften könnte) mit billigen Furniermöbeln und abgeschabten Teppichböden. Die Bäder sind nur in den „Businesszimmern" restauriert. Immerhin ist ein gutes Restaurant angegliedert. EZ 28 €, DZ ab 36 €. Teplá, ✆ 353392264, 📠 353 392312, www.hotelklastertepla.cz.

• *Golf* **Golfklub Klášter Teplá,** auf dem Gelände des Klosters, ausgeschildert. 9-Loch-Platz. Viele Bahnen wurden auf ein kleines Stück Wiese gepresst. Greenfee 16–24 €. ✆ 602781756 (mobil), www.golftepla.cz.

• *Öffnungszeiten* **Kloster,** Okt.–Dez. u. Feb.–April Mo–Sa 9–15.30 Uhr, So 11–15.30 Uhr, Mai–Sept. Mo–Sa 9–17 Uhr, So 11–17 Uhr, Jan. geschl. Besichtigung nur mit Führung. Eintritt 4 €, erm. 2,80 €.

Klášter Matky Boži v Novém Dvoř

(Kloster der Jungfrau Maria von Nový Dvůr)

8 km östlich des Klosters Teplá liegt die Ortschaft Dobrá Voda und wiederum 1 km östlich davon das Trappistenkloster der Jungfrau Maria von Nový Dvůr. Der Klosterkomplex, der 2004 eingeweiht wurde, war der erste Klosterneubau auf tschechischem Boden seit dem Fall des Eisernen Vorhangs. Entworfen wurde er von dem britischen Stararchitekten John Pawson, einem Minimalisten, der eine klare Formensprache liebt und auch schon Designerläden für Calvin Klein gestaltete. Pawson integrierte das Kloster in die Ruine eines barocken, vermutlich von Kilian Ignaz Dientzenhofer erbauten Gutshofes. Heute leben darin 25 bis 30 Trappisten. Ruhesuchende Männer können am Klosterleben teilnehmen und auf Wunsch auch bei der dortigen Senfherstellung mithelfen (Infos unter www.novydvur.cz). Führungen durch das Kloster werden nicht angeboten. Die hypermoderne Kirche kann jedoch nach Voranmeldung (📠 00420/353300521 oder email@novydvur.cz) besichtigt werden.

Úterý (Neumarkt)

Etwa 26 km östlich von Marienbad liegt Úterý, ein uriger Ort inmitten eines von bewaldeten Hügeln umrahmten Tals. Angeblich wurde er im 11. Jh. von deutschen Kolonisten, die hier nach Gold suchten, gegründet. Rund um den kopfsteingepflasterten Markplatz stehen ein paar Fachwerkhäuser, z. T. noch mit einem gotischen Kern. Auf einer kleinen Anhöhe inmitten des Tals erhebt sich die **frühbarocke Kirche** des Orts, ein Werk Christoph Dientzenhofers (→ Kasten S. 147). Hektik herrscht nirgendwo, auch scheint der Fortschritt an Úterý spurlos vorübergegangen zu sein. Außer morbidem Charme, zwei Kolonialwarenläden und einer *Hospoda,* in der zu tschechischen Musikantenstadlklängen deftige Snacks serviert werden, besitzt der Ort wenig. Da aber alles so gemütlich und malerisch wirkt, diente Úterý schon mehrmals als Kulisse für tschechische Filme.

Rund um Úterý lässt es sich herrlich wandern. Ein schöner **Wanderweg** führt nach Konstantinovy Lázně (erst grün, dann blau markiert, ca. 8 km). Auch zum **Radfahren** ist die Gegend ideal, die Straßen sind nur schwach frequentiert. Schön ist z. B.

ein Rundkurs mit den Etappenpunkten Konstantinovy Lázně – Úterý – Teplá – Konstantinovy Lázně. Auch die Strecke nach Manětín (→ S. 150) ist einladend.

Verbindungen **Busse,** 5-mal tägl. von und nach Pilsen, 2-mal nach Stříbro, 3-mal nach Manětín.

Für weitere Ziele östlich von Marienbad → Plzeň/Umgebung ab S. 142.

Bezdružice (Weseritz)

Auf halbem Wege zwischen Úterý und Konstantinovy Lázně liegt Bezdružice, ein verschlafenes, typisch böhmisches Landstädtchen. Es wird überragt von einem spätbarocken, gelb-roten **Schloss,** das im 18. Jh. auf den Resten einer gotischen Burg entstanden war. In sozialistischer Zeit diente das Schloss als Erholungsheim, heute ist es jedermann zugänglich. Im Schloss präsentiert man u. a. moderne tschechische Glaskunst, darunter eine große Krippe aus geschmolzenem Kristall. Zum Getränk im Schlosscafé (mit schöner Terrasse) empfiehlt sich die Lektüre der *Verlorenen Geliebten* von Johannes Urzidil. Das Werk hat u. a. Weseritz zum Inhalt. Im Schloss kann man auch in klassisch-eleganten Zimmern übernachten (Infos unter mobil ✆ 737270331 und www.zamekbezdruzice.com).

• *Verbindungen* **Busse,** ständig nach Konstantinsbad, 5-mal tägl. nach Stříbro. **Züge,** bis zu 7-mal tägl. nach Konstantinsbad.

• *Öffnungszeiten* **Schlossgalerie,** Mi–So 10–17 Uhr. Eintritt 3,60 €, erm. die Hälfte.

Konstantinovy Lázně (Konstantinsbad)

Ein kleiner Kurort im Grünen. Wer ausschließlich Ruhe und Erholung sucht, ist hier richtig.

Konstantinovy Lázně liegt etwa 34 km südöstlich von Marienbad mitten im Nirgendwo. Zwischen gepflegten Wiesen und Wäldchen verstecken sich ein paar Häuser – Konstantinovy Lázně ist mehr Park als Ort. Egal, ob am Tag oder in der Nacht, Ruhe ist garantiert. Und da man vor lauter Bäumen keine Stadt sieht, ist zum Glück alles bestens ausgeschildert. So stößt man letztendlich doch noch auf das, was sich „Zentrum“ nennt, eine kleine Häuseransammlung rund um die Kneipe U Krkovičky nahe der Polizei.

Anfang des 19. Jh., als es hier nur Felder und eine schwefelhaltige Quelle gab, welche die deutschen Bauern „Stinker“ nannten, nahm die Kurgeschichte ihren Lauf. Beeinflusst von der Entwicklung Marienbads glaubte man, auch hier ein Kurhaus bauen zu müssen, auf das eine folgte das zweite und so weiter. Ende des 19. Jh. erlebte Konstantinsbad, so der damalige Name, schließlich seine Blüte – insbesondere bei Offizieren und Industriellen war der Kurort beliebt. In jungen Jahren verbrachte der Dichter Rainer Maria Rilke (1875–1926) hier seine Sommerwochen, damals noch ein Nobody unter den Gästen, heute einer der wenigen Namen, mit denen sich der Ort schmücken kann. Behandelt werden in erster Linie Herz-Kreislauf-Erkrankungen, Epilepsie, Blutarmut, Stoffwechselstörungen und Krankheiten der Atemorgane. Die Prusíkquelle hilft dagegen. Ihr Wasser ist ein Gemisch aus fünf verschiedenen Quellen.

Rund 4 km westlich von Konstantinovy Lázně liegt auf einer Anhöhe die dominante **Burgruine Švamberk** (im Tschechischen auch „Krasíkov“ genannt) mit einer kleinen Kapelle – aus der Ferne imposanter als unmittelbar davor. Wer's nicht glauben will, folgt von Konstantinovy Lázně erst dem blauen und dann dem gelb markierten Wanderweg hinauf. Es bieten sich aber noch eine Vielzahl weiterer herrlicher **Wander- und Radfahrmöglichkeiten** rund um den Ort an (→ Útery, S. 102).

Information/Verbindungen/Diverses

• *Information* **Infocentrum,** etwas zurückversetzt von der Hauptstraße Lázeňská. Daneben ein kleines Feuerwehrmuseum. Sept.–Juni nur Mo/Mi/Sa 12–17 Uhr, Juli u. Aug. tägl. 10–17 Uhr. ✆ 374625450, www.infokl.cz.

• *Verbindungen* **Busse,** ständig nach Bezdružice, bis zu 4-mal tägl. nach Planá, bis zu 6-mal nach Stříbro, nur 1-mal nach Pilsen. **Direktzüge** bis zu 7-mal tägl. nur nach Bezdružice und Pňovany. Bahnhof und Busbahnhof liegen nebeneinander.

• *Baden* Im **Hallenbad** des Hotels Jirásek. Zudem gibt es ein kleines **Wellnesszentrum** an der Plzeňská 58, wo man baden, aber auch diverse Behandlungen genießen kann.

Für den Sommer bietet sich das Naturbad **Hradišťský vrch** an, ein ehemaliger Steinbruch ca. 1 km Luftlinie südlich von Konstantinsbad. Tolle Kulisse vor einer imposanten Basaltwand. Konstantinsbad Richtung Okrouhlé Hradiště verlassen, nach ca. 900 m links ab.

• *Kuren* Für jedermann im Hotel Prusík. Wer sich über Kurmöglichkeiten näher informieren will, kann dies beim Kurhotel Jirásek tun (→ Übernachten).

• *Tennis* Im Sportovní areál (s. o.) möglich.

• *Veranstaltungen* Am 3. Samstag im Mai wird die Kursaison feierlich eröffnet.

Essen & Trinken/Übernachten

Trotz vieler Hotels und Pensionen ist das Angebot an guten Quartieren relativ gering, zumal so manche bessere Häuser nur in Verbindung mit einer Kur gebucht werden können. Zudem gilt oft: von außen hui, von innen pfui.

• *Essen & Trinken* An gehobeneren Restaurants herrscht Mangel.

Im Restaurant des **Hotels Jitřenka** an der Hauptstraße Lázeňská gibt es neben den tschechischen Klassikern (Dillsuppe, Lendenbraten, Mährischer Spatz) auch internationale Kreationen wie „Indonesien Hühnerpfanne". Hg. 3,60–8,80 €. ✆ 374625218.

Bei Kurgästen beliebte **Cafés** befinden sich in den Hotels Prusík und Jirásek. Nett für den Sommer ist das gemütliche Gartencafé **Kavárna Staré Lázně** beim Freibad. Mo/Di geschl.

Eine einfache Adresse für billige böhmische Standards in zentraler Lage ist die Pinte **U Krkovičky** schräg gegenüber dem Kurhaus Mánes. Stets gut besuchter Treffpunkt, da sonst ohnehin im Ort nicht viel geboten wird.

• *Übernachten* **Kurhotel Jirásek,** eines der besten Kurhäuser vor Ort, aber nicht zu viel erwarten. Ausgeschildert. Um übernachten zu können, braucht man keine Kur zu buchen. Vermittelt auch das Gros der anderen Kurhäuser. Restaurierte Teppichbodenzimmer ohne besondere Note. DZ 92 €. Konstantinovy Lázně, ✆ 374615500, ℻ 374625550, www.konstantinovy.cz.

Pension Villa, in einem rosafarbenen Stadthaus an der Hauptstraße. 5 sehr gepflegte und große, aber alles andere als stilvolle Zimmer mit Bad. Die Vermieterin spricht kein Deutsch. DZ 26 €, kein Frühstück. Lázeňská 12, ✆/℻ 374694065, www.konstantinsbad.xf.cz.

• *Camping* **Camping La Rocca,** in Konstantinsbad ausgeschildert. Großer, gepflegter Platz mit wenig Schatten. Restaurant, Kiosk, Kneipe, Feuerstelle, gute Sanitäranlagen. Tennisplatz und Pool. Hütten mit und ohne Bad. Mai–Sept. 2 Pers. mit Zelt u. Auto 10 €, Hütte für 4 Pers. mit Bad 39 €. Konstantinovy Lázně 136, ✆ 374625287, www.larocca.cz.

Chodová Planá (Kuttenplan)

Etwa 8 km südlich von Marienbad, an der Straße nach Planá, liegt Chodová Planá, aus dem das süffige, malzige **Chodovar-Bier** kommt. Abgefüllt wird es in der gleichnamigen Brauerei, einem der ältesten Brauhäuser Westböhmens (seit 1573). Ende Juni findet hier der traditionelle Wettkampf im Rollen von Eichenholzfässern statt, im August das lokale Bierfest – beide Male steht das Städtchen kopf.

Den Rest des Jahres hingegen präsentiert sich Chodová Planá entlang seiner viel befahrenen Hauptdurchgangsstraße als hässliches Entlein und würde keine Seele anlocken – gäbe es da nicht noch ein paar Anziehungspunkte, die ebenfalls mit dem hiesigen Gerstensaft zusammenhängen. So wird im Keller des Brauereihotels U Sládka (→ Übernachten) zum **Bierbad** geladen. Für rund 24 € darf man sich 20 Minuten lang in eine mit dunklem, 34 °C warmem Badebier gefüllte Wanne legen. Das sieht nicht besonders lecker aus, soll aber sehr wohltuend sein: Schadstoffe werden aus dem Körper geschwemmt, der Haut werden Vitamine zugeführt und der Kreislauf wird in Gang gebracht. Damit sich die Wirkung voll entfalten kann, wird ein Gläschen Lagerbier gereicht. Ausklingen lässt man das Relaxbad am besten in einer der zwei **Brauereigaststätten.** Die eine nennt sich **Ve Skále** und ist in einem stilvollen Gewölbekeller aus dem 12. Jh. untergebracht. Die Gaststätte fungiert zugleich als kleines Brauereimuseum, in dem altes Handwerkszeug ausgestellt wird. Der Zugang erfolgt über einen 40 m langen Gang durch massiven Granitfels. Die Küche ist mehr als deftig – Braten dominiert. Wer will, bestellt „15 kg gebratenes Ferkel für den ganzen Verwaltungsrat". Angeboten werden aber auch einfache Biersnacks und für Vegetarier gibt es panierten Käse. Die andere Gaststätte ist die **Stará Sladovna,** und tatsächlich befindet sie sich auch, dem Namen entsprechend, in einer alten Mälzerei. Mit einem schönen Biergarten davor ist sie *die* Adresse für den Sommer. Hier sind oft über zehn verschiedene Biere im Angebot.

• Verbindungen/Anfahrt Für Verbindungen → Planá. Brauerei, Hotel und Gaststätten (✆ 374798122) sind im Ort nicht zu übersehen.

• Übernachten *** **Hotel U Sládka,** das der Chodovar-Brauerei angeschlossene Hotel an der Durchgangsstraße. Herkömmliche Zimmer, dem 3-Sterne-Standard entsprechend ausgestattet. EZ 47 €, DZ 76 €. Pivovarská 107, ✆ 374617100, 374617000, www.chodovar.cz.

• Brauereiführungen Tägl. um 14 Uhr, 2,80 €/Pers.

Planá (Plan)

Das Städtchen Planá, ca. 11 km südlich von Marienbad, besitzt das, was Chodová Planá nicht hat: eine Umgehungsstraße. Dadurch wirkt das kleine Zentrum schon viel freundlicher. Der lang gezogene, meist zugeparkte Marktplatz mit einer Nepomukstatue ist umringt von einfachen niedrigen Bürgerhäusern. Den Störchen gefällt der Anblick, auf so manchen Schornsteinen drum herum nistet ein Paar. Etwas abseits vom Marktplatz steht die **Marienkirche** mit einem alles überragenden neobarocken Turm samt Zwiebelhaube. Die Kirche selbst ist nicht allzu interessant, im Turm aber präsentiert die **Galerie Ve věži** immer wieder Ausstellungen zeitgenössischer Maler. Nur ein paar Schritte weiter gab es einst eine gotische Feste, woraus im Laufe der Zeit ein Barockschloss wurde. Heute ist darin eine Schule untergebracht.

Die Giebel von Planá

Lohnenswert ist ein Besuch des **Bergbaumuseums** (Hornické muzeum; ausgeschildert). Es befindet sich in einem alten Stollen, aus welchem vom Ende des 16. bis ins frühe 20. Jh. Silber gefördert wurde. Mit einem Schutzhelm geht es hinein, zu sehen gibt es alte Grubenlampen und Bergbaugeräte – schön für Kinder, denn sie dürfen nahezu alles anfassen, nur ganz wenige Ausstellungsstücke stehen hinter Glas.

• *Verbindungen* Bahnhof etwas außerhalb des Zentrums im Südwesten der Stadt an der Straße nach Bor. Dort fahren auch die Busse ab.

Regelmäßig **Busse** über Chodová Planá nach Marienbad und nach Tachov, bis zu 8-mal tägl. nach Stříbro, bis zu 4-mal nach Konstantinovy Lázně.

Züge stündl. nach Tachov, Marienbad und Cheb, ca. 8-mal tägl. nach Pilsen und Prag.

• *Essen & Trinken* **Na Náměstí,** verwinkeltes Fischlokal am Marktplatz (Hausnr. 41). Forelle, Lachs oder Dorsch in verschiedenen Zubereitungsformen, dazu Kurzgebratenes vom Schwein, Rind oder Huhn. Hg. 5,60–14 €. ✆ 374798862.

• *Camping* **Camp Karolina,** ca. 6 km südlich von Planá bzw. 2 km südöstlich von Brod nach Tichou mitten in der Pampa. Bereits von der Straße 21 Planá – Bor ausgeschildert. Idyllisch am Bach gelegener, von Bäumen umgebener privater Platz. Sehr gepflegt. Internationales Publikum. Beliebt bei Familien, es wird viel für Kinder geboten: Spielplatz, Pool etc. Restaurant. Mai–Mitte Okt. 2 Pers. mit Wohnmobil 16 €, Bungalow mit Küche, WC (keine Dusche) und 5 Betten 42 €. Brod nad Tichou, ✆ 777296990 (mobil), ✆ 377370378, www.camp-k.cz.

• *Öffnungszeiten* **Bergbaumuseum,** April, Mai u. Sept. nur Sa/So, Juni–Aug. tägl. (außer Mo) 10–12 u. 13–16 Uhr. Führungen zur vollen Std. Eintritt 2,40 €, erm. die Hälfte.

Galerie Ve věži, Di–Fr 14–16 Uhr, Sa/So 14–17 Uhr. Der kleine Eintritt hängt von der jeweiligen Ausstellung ab.

Tachov (Tachau)

An den Ausläufern des Böhmerwalds, ca. 24 km südwestlich von Marienbad, liegt Tachov, vormals Tachau, eine Kreisstadt mit rund 14.000 Einwohnern. Hier gibt es alles, was zu einer Kreisstadt gehört, zumindest an öffentlichen Einrichtungen. Der Stadtkern selbst hat ein paar schöne Ecken, vieles wirkt dennoch eher schmucklos. Den leicht bergauf verlaufenden Marktplatz umgeben mehrere alte Bürgerhäuser. Auch gibt es eine **Stadtmauer,** die in weiten Teilen erhalten und abschnittsweise begehbar ist, und ein Schloss, das heute die Stadtverwaltung und eine Schule beherbergt. Das in einem ehemaligen Franziskanerkloster untergebrachte **Museum des Tschechischen Waldes** (Muzeum Českého Lesa) sammelt fleißig: Heiligenfiguren, hussitische Kanonenkugeln, Renaissance- und Barockschlüssel, alte Bierflaschen der Chodovar-Brauerei, dazwischen ein paar Keramikfunde aus der späten Steinzeit, ausgestopfte Tiere und die Ergebnisse des letzten Grundschulmalwettbewerbs.

Etwas Besonderes wird vielleicht die imposante Reitschule aus der Mitte des 19. Jh. im Vorort **Světce** (Richtung Svobodka), sofern die Restaurierungsarbeiten einmal abgeschlossen sind. Zuletzt war sie nur zu besonderen Anlässen geöffnet.

• *Information* **Městské kulturní středisko** am Náměstí Republiky. Juni–Aug. Mo–Fr 9–17 Uhr, Sa 9–12 Uhr, Sept.–April Mo–Fr 9–16 Uhr. ✆ 374630000, www.tachov-mesto.cz.

• *Verbindungen* Busbahnhof und Bahnhof etwas außerhalb des Zentrums im Norden der Stadt. Regelmäßig **Busse** nach Planá und Stříbro, ca. 5-mal tägl. nach Přimda, Pilsen und Marienbad. Stündl. **Züge** nach Planá, bis zu 4-mal tägl. nach Domažlice.

• *Parken* Gebührenpflichtige Parkplätze am Marktplatz und etwas weiter nördlich an der Husitská.

• *Essen & Trinken* **River Restaurant,** nettrustikales Restaurant mit schöner Terrasse direkt am Fluss – der Sommerspot des Städtchens. Gehobenere Küche, darunter Pasta, Grillspezialitäten, etwas Fisch und große Salate. Hg. 4–10,40 €. Von Lesern gelobt. Vom Marktplatz am Supermarkt Dům Potravin vorbei der Straße zum Fluss folgen. Rokycanova 299, ✆ 731898175 (mobil).

• *Übernachten* Die Stadt besitzt nur wenige Unterkünfte. Eine Empfehlung im Zentrum:

Pension Praha, schräg gegenüber dem Museum. 4 Zimmer mit Standardausstattung. Einchecken nur bis 21 Uhr. DZ 32 €. B. Němcové 480, ✆/☏ 374724343.

• *Öffnungszeiten* **Museum des Tschechischen Waldes,** an der Durchgangsstraße. Im Sommer Mo–Fr 9–17 Uhr, Sa/So 10–16 Uhr, im Winter verkürzt. Eintritt 0,80 €, erm. die Hälfte.

Bor (Haid)

Blickfang des sonst eher unauffälligen Städtchens Bor rund 17 km südöstlich von Tachov ist das **Schloss** bzw. dessen 30 m hoher, walzenförmiger Turm mit seinem spitzen Dach. Er kann bestiegen werden, 117 Stufen sind es hinauf. Das Schloss, das auf den Resten einer frühgotischen Burg steht und im 19. Jh. neugotisch umgebaut wurde, wird seit Jahren restauriert, präsentiert sich aber in weiten Teilen immer noch in ruinösem Zustand. Innerhalb einer Führung bekommt man nicht nur die Stadt aus der Vogelperspektive zu sehen, sondern auch die St.-Laurentius-Kapelle mit ihren Freskenresten. Doch ganz ehrlich: Es gibt spannendere Schlösser in Westböhmen.

Öffnungszeiten **Schloss Bor,** April u. Okt. Di–Fr 10–17 Uhr, Mai–Sept. tägl. (außer Mo) 10–17 Uhr. Führung 1,70 €, erm. 1,20 €.

Verschwundene Ortschaften

Auf das Ende des 2. Weltkriegs folgte die Zwangsaussiedlung der Sudetendeutschen aus der damaligen Tschechoslowakei. In weiten Teilen Westböhmens und insbesondere in den Gebieten zur bayerischen Grenze hin verloren damit viele Städte das Gros ihrer Einwohner, manche Dörfer waren gar ausgestorben. Um die Gegend wiederzubeleben, versuchte die Regierung in Prag, wolhynische Tschechen – im Nordwesten der Ukraine lebende Landsleute – zum Übersiedeln in die Grenzgebiete zu bewegen. Doch der Erfolg war bescheiden. Schließlich siedelte man, teils auch unter Zwang, Slowaken, Rumänen, Ukrainer, Sinti und Roma an. Das Terrain unmittelbar vor der Grenze wurde durch den Eisernen Vorhang zum Sperrgebiet. Die Ortschaften in jenem Streifen verfielen im Lauf der Zeit und wurden von der Natur zurückerobert. Allein im Grenzland bei Tachov verschwanden so über 20 Dörfer mit Kirchen, Schulen, kleinen Schlössern und Kapellen, zudem etliche Einöden, Mühlen usw. Jenes Gebiet lässt sich heute per pedes oder Rad herrlich erkunden (s. u.). An die Ortschaften erinnert oft so gut wie nichts mehr. Wer aufpasst, findet irgendwo im Wald noch eine Hausfassade stehen, anderswo ein Denkmal für die Opfer des 1. Weltkrieges, von Sträuchern verschlungen. Angeblich sollen hier noch viele Schätze unter der Erde schlummern, vom Tafelsilber bis zum Familienschmuck, vergraben von den Sudetendeutschen kurz vor ihrer Vertreibung.

Mit dem Thema Vertreibung setzen sich viele Tschechen (egal ob Historiker, Politiker oder Honza Normalverbraucher) bis heute ungern kritisch auseinander, vielmehr übt man sich darin, die deutsch-böhmische Vergangenheit auf dem Boden der heutigen Tschechischen Republik schlicht zu ignorieren. Ganz im Gegensatz dazu versucht die junge tschechische Initiative **Antikomplex,** das verschwundene Sudetenland mit verschiedenen Projekten und Veranstaltungen ins Gedächtnis zurückzurufen. Ihr über 650 Seiten starker Katalog zur Ausstellung „Zmizelé Sudety/Das verschwundene Sudetenland" wurde vom Verlag Nakladatelství Českého lesa Domažlice herausgegeben (ISBN 80-86125-73-4). Weitere Infos unter www.antikomplex.cz.

Mariánské Lázně/Umgebung

Přimda (Pfraumberg)

Ungefähr 20 km südlich von Tachov liegt Přimda, einer der vielen Orte der Gegend, die durch die Nähe zu Deutschland geprägt sind: ein paar Kasinos und Nightclubs. Auf einem Hügel im Norden von Přimda steht die gleichnamige **Burgruine** mit den Überresten eines romanischen Wohnturms. Von hier genießt man einen herrlichen Panoramablick nach Bayern und bei klarer Sicht bis nach Prag. Die Burg wurde bereits im 12. Jh. errichtet, und besitzt angeblich die älteste steinerne Toilette Mitteleuropas – noch nahezu komplett erhalten. Auf dem Weg zur Burg passiert man einen kleinen Heiligenschrein mit einer Madonnenstatue. Einer Legende nach steht sie an jener Stelle, wo der Burgherr seine Handwerker ermorden ließ, um sicher zu gehen, dass niemand von den geheimen Gängen zur Burg erfahren konnte.

• *Anfahrt zur Burg* Im Ort der Beschilderung zum „Horský Hotel" folgen, dort beim Fußballplatz parken und noch ca. 30–40 Min. zu Fuß weiter.

• *Übernachten* **Horský Hotel,** vor Ort ausgeschildert. Nur 5 Zimmer mit Teppichboden und Möbeln im Bauernstubenstil. Komfortabel, gute Bäder. Rustikales Restaurant mit netter Sommerterrasse. DZ 48 €. Pod Hradem 210, ☏/℻ 374796231, www.horskyhotel.primda.cz.

Wandern und Radfahren entlang der tschechisch-deutschen Grenze

Von Cheb gen Süden bis nach Česká Kubice (südlich von Domažlice → S. 178) verläuft parallel zur Grenze ein rot markierter Wanderweg, mal etwas näher daran, mal etwas weiter davon entfernt. Auf diesem passiert man neben dem angeblichen **Mittelpunkt Europas** (in der Nähe der Anhöhe Dyleň, in guten Karten vermerkt) auch diverse verschwundene Ortschaften (→ Kasten) – Augen offen halten. Teils führt er durch breite, baumfreie oder mit Jungbäumen aufgeforstete Schneisen inmitten des Waldes. Sie wurden zur Grenzüberwachung angelegt, manchmal sogar ein paar Kilometer vor der wirklichen Grenze – ein gemeiner Trick, um Flüchtlinge zu überführen: Hatten diese die Sperranlagen bis dahin robbend und kriechend überwunden, glaubten sie sich dahinter in Sicherheit und marschierten aufrechten Schrittes in die Hände der Grenzsoldaten. Der rote Wanderweg wird von blauen, grünen und gelben Wegen gekreuzt, teils führen diese auch über die Grenze nach Deutschland. Mit einer Wanderkarte lassen sich Rundwege jeder Länge zusammenstellen. Auch mit dem Fahrrad kann man das gesamte Grenzgebiet herrlich erkunden – egal ob auf markierten oder unmarkierten Radwegen. Grundsätzlich eignet sich jedes Sträßlein zum Radeln, der Verkehr hält sich überall mehr als nur in Grenzen. Restaurants findet man jedoch nur wenige, die Brotzeit sollte im Rucksack sein. Ein idyllisches Dorf unterwegs ist **Diana** mit schönen Holzhäusern, wildromantischen Gärten und einem ockerfarbenen Schloss, das angeblich nach Plänen des Barockbaumeisters Giovanni Santini (→ Kasten, S. 147) entstand. 1991 wurde es der Adelsfamilie Kolowrat rückerstattet, es ist der Öffentlichkeit nicht zugänglich. Bei **Nové Domky** schließlich erinnert ein Denkmal am Straßenrand an den Fall des Eisernen Vorhangs. Die Inschrift: „Hier haben die Außenminister Genscher und Dienstbier den Eisernen Vorhang durchschritten. 23.12.1989".

Für weitere Ziele südlich von Tachov → Domažlice/Umgebung ab S. 177.

Kurhaus Imperial

Františkovy Lázně (Franzensbad)

Franzensbad ist der Archetyp eines Heilbads. Ockerfarbene neoklassizistische Bauten prägen das Kurzentrum, in dem selbst das Kino noch mit Pilastern geschmückt ist. Drum herum laden Parks zum Spazieren durch die Quellenlandschaft ein.

Von den drei renommierten westböhmischen Kurorten ist Franzensbad mit rund 5500 Einwohnern der ruhigste und kleinste. Alles steht hier im Zeichen der Erholung. Das schachbrettartig angelegte Kurzentrum ist verkehrsberuhigt. Schrilles Nachtleben, das die Genesung beeinträchtigen oder die Nachtruhe stören könnte, gibt es nicht, lediglich ein paar „Nightclubs“ am Stadtrand, die den deutsch-tschechischen Grenzverkehr ankurbeln.

Ähnlich wie Marienbad oder Karlsbad lockte auch Franzensbad berühmte Persönlichkeiten an, nur nicht so viele. Von der Gästeliste des Ortes kennt man den Maler Carl Spitzweg, Komponisten wie Ludwig van Beethoven und Joseph Strauß, Philosophen wie Friedrich Nietzsche und Arthur Schopenhauer oder Staatsmänner wie Otto von Bismarck und den serbischen König Milan. Auch Dichter kamen, z. B. der Prager Schriftsteller Jan Neruda, aber selbstverständlich auch der überall in Böhmen kurende Johann Wolfgang von Goethe.

Im Gegensatz zu Marienbad oder Karlsbad scheint Franzensbad auch heute wieder Dichter in seinen Bann zu ziehen. Deren Popularität lässt jedoch noch auf sich warten. In den „Franzensbader Blättern“, einer kleinen deutschsprachigen Loseblattsammlung, veröffentlichen sie zuweilen ihre Verse – zur Kostprobe das Gedicht *Glauberquelle IV*: „Wenn dein Darm schon träge ist, seine Arbeit fast vergisst, rührt sich kaum noch auf der Stelle, dann hilft nur die Glauberquelle. Ganz so ähnlich ging es mir, ich trank Glauberquelle vier, Davon zwei, drei warme Becher und mein Darm wurde zum Rächer.“

Geschichte: Schon im Mittelalter war die Gegend für ihr Quellwasser bekannt, der Säuerling (kohlensaures Wasser) wurde geschätzt und gerühmt. Dadurch entwickelte sich im 17. Jh. das 5 km entfernte Eger (das heutige Cheb) zu einem Kurort. Ganze Scharen von Trägern verdienten sich ihr Brot mit dem Transport des Wassers von der Quelle in die Stadt. Ein dortiger Kaufmann begann während des Dreißigjährigen Krieges, das Wasser in Tonkrüge abzufüllen und in verschiedene europäische Städte zu versenden. Schiller und Goethe z. B. ließen es sich nach Weimar schicken. 1793 erst wurde das Heilbad gegründet, und die kleine Häuseransammlung von „Egerwasser“ in „Kaiser Franzensdorf“ nach Kaiser Franz I. umbenannt. Verständlicherweise hatte das Proteste der Wasserträger zur Folge, die um ihr Einkommen fürchteten. In den ersten Jahren des Kurbetriebs trank man nur das Wasser der Franzensquelle. Aufgrund der starken Nachfrage und der vielen Gäste reichte es bald nicht mehr aus, und man suchte und bohrte nach weiteren Quellen. So entdeckte man die Luisenquelle (benannt nach der Tochter Kaisers Franz I.) und Gasquellen, die zur Einrichtung der ersten Gasbäder führten. Auch begann man zu jener Zeit mit Moorbehandlungen zu experimentieren, Franzensbad war in diesem Punkt wegbereitend.

Mitte des 19. Jh. gab es schon drei Kurgebäude. 1865 wurde Franzensbad zur Stadt erhoben. Im gleichen Jahr erfolgte der Anschluss an das Eisenbahnnetz, was der weiteren Entwicklung der Stadt zugute kam. Damals machte Franzensbad übrigens noch einen recht bunten Eindruck, die Häuser waren in pastelligen Blau-, Grün-, Rot- und Gelbtönen gestrichen. Seine große Blütezeit erlebte der Kurort vor dem 1. Weltkrieg. Zum Wohle und zur Freizeitgestaltung der Besucher waren Sporteinrichtungen gebaut worden: Es entstanden Reitanlagen, Tennis- und Golfplätze, Kricketfelder usw. Damit die Kurgäste nicht durch Lärm gestört wurden, war schon damals das Bauen während der Kursaison verboten. Bis zu 20.000 Kurgäste und 80.000 Kurzbesucher zählte man im Jahr. Nach dem 1. Weltkrieg, in dem Franzensbad als Lazarett fungierte, wurden neue Quellen entdeckt. 1941 richtete man gar ein balneologisches Forschungsinstitut ein. Die Befreiung Franzensbads durch die Amerikaner erfolgte am 25. April 1945; ein Denkmal bei der Kolonnade erinnert heute daran. Bald darauf stand die Stadt leer, sämtliche deutsche Einwohner waren vertrieben. Unter den Kommunisten verfiel Franzensbad, die Gebäude wurden verstaatlicht. Zugleich wurde es eine Art kleine Künstlerenklave, da sich viele Journalisten, Schriftsteller, Schauspieler und Regisseure, die in Prag Publikations- oder Auftrittsverbot hatten, in Franzensbad niederließen. Seit der Wende wird fleißig restauriert – die Fassaden erstrahlen größtenteils in neuem Glanz.

Orientierung: Franzensbad liegt inmitten eines weiten, leicht welligen Beckens. Kein Hügel oder großes Bauwerk kann als Orientierungspunkt herangezogen werden. Das eigentliche Kurzentrum ist klein und fast quadratisch, es umfasst nur fünf Straßenzüge, ist aber weitgehend von Wäldern und Parkanlagen umgeben. Nördlich, entlang der Americká, schließt sich das „moderne“ Franzensbad an. Dort liegen auch die Restaurants und Kneipen, die von den Einheimischen besucht werden.

Information/Parken/Verbindungen

• *Information* Das Reisebüro **FL Tours** in der Americká 2 fungiert zugleich als städtisches Informationsbüro. Buchung von Ausflügen, Tickets für kulturelle Veranstaltungen und Unterkunftsvermittlung. Mo–Fr 8–18 Uhr, Sa/So 8–14 Uhr. ✆ 354543162, www.frantiskolazensko.cz. Eine weitere Infostelle befindet sich zentral an der Národní 10.

• *Parken* Recht sicher sind die Parkplätze an der Ecke Chebská/Klostermannova im Süden des Orts (1 €/Std., 6 €/Tag) und der Großparkplatz gleich beim Bahnhof (0,80 €/Std., 6,40 €/Tag).

• *Verbindungen* Bahnhof im Norden der Stadt an der Nádražní stezka. Regelmäßig **Züge** nach Cheb und Aš, alle 2 Std. nach Zwickau, 2-mal tägl. nach Marienbad.

Die **Busse** fahren in der Americká beim Infobüro FL Tours ab. Ständige Verbindungen nach Cheb, regelmäßig nach Aš, 4-mal tägl. nach Prag und Karlovy Vary, 1-mal nach Stříbro und Plzeň.

• *Taxi* Taxistandort an der Americká bei der Bushaltestelle, ✆ 354542123. Preisbeispiele: innerhalb des Orts 2 €, zum See Amerika 3 €, nach Cheb 6 €.

Adressen (Karte S. 113)

• *Ärztliche Versorgung* In vielen Kurhäusern gibt es einen ärztlichen Bereitschaftsdienst rund um die Uhr.

• *Polizei* An der Americká 16. ✆ 156.

• *Post* In der Lidická.

• *Einkaufen* Im Kurzentrum wird viel böhmisches Glas angeboten, ansonsten gibt es nur wenig Interessantes oder Außergewöhnliches zu kaufen.

Nature Life (16), tschechische Naturkosmetik, dazu Wein aus Mähren. Neue Kolonnade.

Franzensbader Kurshop (12), hier kann man sich mit den leckeren hiesigen Oblaten eindecken und zudem den Kräuterlikör „Dr. Adler" kosten. Jiráskova 15.

Minerály Čada (8), kleine Verkaufsgalerie, in der vornehmlich Mineralien, Halbedelsteine und schöner Schmuck angeboten werden. Sa/So geschl. Boženy Němcové 2.

Essen & Trinken/Nachtleben (Karte S. 113)

Da viele Kurgäste VP buchen, ist die Angebotsvielfalt an guten hotelunabhängigen Restaurants eher bescheiden.

• *Restaurants* **Goethe Restaurant (14),** im Gesellschaftshaus Společenský dům. Vornehmste Lokalität der Stadt. Eleganter Saal mit gelb-weißem Stuck und dunkelroten Vorhängen. Am Wochenende abends Klavierbegleitung. Das Besondere aber ist der Boden, zugleich Europas größtes Bodenaquarium – hier tummeln sich 50 japanische Koi-Karpfen. Neben Knödelküche auch zeitgemäße internationale Kost. Hg. 8,50–22 €. Národní třída, ✆ 354500146.

Rybářská bašta (6), kleines Fischlokal in einem romantischen Minischlösschen am Schwanensee (Labutí jezírko). Im Winter heizt der offene Kamin, im Sommer sitzt man draußen. Vor allem Forelle und Karpfen in zig Variationen, leider wird oft sehr fettig gebraten. Hg. 5,50–10,50 €. Dlouhá 8, ✆ 354542964.

Rudý Baron Amerika, Fachwerkhaus am Amerika-See. Das Innere ist eher unspektakulär, aber nette Terrasse. Viele verschiedene Fleischvariationen, auch Wild und Kaninchen. Hg. 5–13 €. ✆ 354535535.

Chaloupka U Vody, Blockhaus direkt am Ufer des Amerika-Sees gleich gegenüber dem Rudý Baron – herrliche Terrasse. Innen sehr rustikal. Eher gewöhnliche Karte zwischen Schnitzel und paniertem Käse, nachmittags gibt es Kuchen. Lesermeinung: „Verdammt gemütlich und der Service lässt nichts zu wünschen übrig". Mo geschl. Hg. 3–8 €. ✆ 354673135.

Gruzia (13), innen nicht sehr zeitgemäß (Teppichboden, gepolsterte Sitzecken), aber ganz nette Terrasse. Regelmäßig Livemusik. Steaks, Koteletts und viel Paniertes zu 3,50–12 €. Husova 129, ✆ 354542877.

Selská jizba (10), ländlich eingerichtetes Lokal, das sich ganz der mährisch-slowakischen Küche verpflichtet. Es gibt *halušky* (eine Art Spätzle), dicke Würste oder große Rauchfleischplatten. Gute Auswahl an mährischen Weinen. Hg. 4–8 €. Hin und wieder Abende mit Akkordeonmusik. Jiráskova 21, ✆ 354204250.

Švejk Restaurant (19), zünftiges Restaurant mit böhmischer Küche. Neben Lenden- und Rostbraten steht auch „Bataillonstransport" oder „Spazierung nach Franzensbad" auf der Karte – lassen Sie sich überraschen. Außenbereich, ab und zu Country-Abende. Hg. 3,60–6,40 €. Klostermannova 2, ✆ 354543808.

U vrby (18), die Gaststätte selbst hat zwar das Flair eines Vereinslokals, besitzt jedoch eine nette Terrasse am Bach. Gute Möglichkeit, um mit Franzensbadern ins Gespräch zu kommen. Die Mittagsgerichte (kleine Auswahl an ordentlichen Braten) sind auf einer Tafel nur in Tschechisch angeschrieben, abends gibt es Kurzgebratenes. Freundliches Personal, sehr günstig. *Chodovar*-Bier. Slepá 2, ✆ 354544078.

• *Außerhalb* **Štekrův Mlýn (1),** idyllisch gelegene alte Mühle ca. 3 km nördlich von Franzensbad. Nebenan fließt ein Bächlein, und die Pferde weiden auf der Koppel. Böhmische Hausmannskost, Hg. 3,50–10 €. Zudem Vermietung von 9 Zimmern mit Kiefernholzmöbeln, DZ 44 €. Von der Straße nach Vojtanov (E 49) ausgeschildert. ✆ 354542204, www.stekr.euweb.cz.

Restaurace Hrad Vildštejn (2), in der romantischen Burg Wildstein, ca. 6 km nördlich von Franzensbad in Skalná (im Ort ausgeschildert). Lokal im Stil einer mittelalterlichen Schenke, es werden auch Ritteressen angeboten. Der Ober im höfischen Kostüm, mittelalterliche Musik aus den Boxen. Empfehlenswert sind die originellen Gerichte auf Bestellung (✆ 354594930): gefüllte Wachteln, gebratener Fasan oder ein ganzes 18-kg-Ferkel. Netter Service, mittlere Preisklasse. Im UG befindet sich ein Museum mit Funden aus der Burg, im 2. Stock ein Feuerwehrmuseum. Ganz nebenbei: Der Burgherr selbst ist ein echter Ritter. Pumr Miroslav, zugleich auch Unternehmer, wurde dazu geschlagen, nachdem er sich um den Wiederaufbau der Burg verdient gemacht hatte. Regelmäßig mit dem Bus von Cheb und Franzensbad zu erreichen.

• *Cafés* **Wiener Café (14),** im Gesellschaftshaus Společenský dům an der Národní třída. Gediegenes Kaffeehaus mit viel Gold und Stuckdecken. Guter Platz, Passanten zu beobachten, ohne selbst beobachtet zu werden – die Fenster sind verspiegelt. Schöne Terrasse, hauseigene Konditorei.

Café Kolonáda (15), die ideale Terrasse für den Nachmittagskaffee im Sommer. Neue Kolonnade.

Kavárna Zámeček, gemütliches kleines Café in einem Märchenschlösschen inmitten des Sady Míru, eines Waldgebiets im Osten der Stadt. Nette Terrasse und die üblichen Torten. Das Café lässt sich bei einem Spaziergang von Franzensbad erreichen. Zudem vom Hotel Luisa an der E 21, der Hauptverbindungsstraße zwischen Cheb und Aš, beschildert.

• *Tanz* **Vinárna Royal (7),** der Tanzsaal gehört zur Kavárna Beethoven. Fast tägl. Schlager-Livemusik (unter der Woche bis 24 Uhr, Sa/So bis 2 Uhr). Dazu Wein und Pizza, im Sommer zuweilen auch Gegrilltes von der Innenhofterrasse. Kein Eintritt. Absolute Geschmackssache! Národní třída 7.

Im Kurzentrum

Übernachten

Grundsätzlich gilt: Lassen Sie sich vom äußeren Eindruck des Hauses nicht täuschen und bestehen Sie darauf, Ihr Zimmer vor Bezug zu sehen. Viele Häuser nämlich verfügen unter demselben Dach über Zimmer vom Hostel- (nur mit Waschbecken!) bis zum 3-Sterne-Niveau. An Kurzurlauber werden nicht in allen Kurhäusern Zimmer vermietet, in den hier aufgeführten Hotels dürfte dies jedoch kein Problem sein. Wer günstig unterkommen will, findet preiswerte Pensionen insbesondere im Norden der Stadt zwischen den Straßen Anglická und Americká.

• *Hotels* **** **Imperial (17),** eines der elegantesten Hotels Westböhmens und das Beste, das Franzensbad zu bieten hat. Freistehende Palastvilla. 49 stilvolle, komfortable Zimmer, darunter auch behindertengerechte. Lobby-Bar, Terrasse, bewachte Parkplätze. Kuranwendungen im Haus. Absolute Ruhe, hier muss man einfach gesund werden. EZ ab 75 €, DZ ab 96 €. Sady Bedřicha Smetany, ✆ 354206600, ℻ 354206652, www.franzensbad.cz.

**** **U tří lilie (11),** inmitten des Kurzentrums. Goethe und Fürst von Metternich weilten schon hier. Zimmer mit großzügigen Bädern. Mit Teppichböden wurde nicht gespart. Restaurant, Café. Kuranwendungen. EZ ab 75 €, DZ ab 100 €. Národní 3, ✆ 354208900, ✆ 354208995, www.franzensbad.cz.

**** **Reza (5),** 39 der Sterneanzahl entsprechend ausgestattete Zimmer in einem Hotelgebäude, das 1823 als „Brandenburger Tor" eröffnet wurde. Schwimmbad, Sauna, Kosmetiksalon usw. Restaurant, Café. Kuranwendungen im Haus. Beim Frühstücksbüffet kommt man sich mit 50 Jahren noch wie ein Teenager vor. EZ 58 €, DZ 90 €, Parken 3,50 €/Tag extra. Americká 47, ✆ 354544111, ✆ 354544099, www.hotelreza.cz.

Diana (20), privates Kurhaus ganz im Süden von Franzensbad. Neubau. Im Foyer grüßen Hirschgeweihe. Helle Zimmer mit Kaufhausmobiliar, die meisten davon mit Balkon. Es wird viel geboten: Außen- und Innenpool, Radverleih, Organisation von Jagdausflügen, Kurbehandlungen etc. EZ 32 €, DZ 60 €, Parken 1,50 €/Tag extra. Klostermannova 122/1A, ✆ 354402111, ✆ 354543708, www.diana-ld.com.

• *Pensionen* **Klima (21),** ruhige und abseits des Zentrums gelegene, familienfreundliche, kleine Kuranlage im Fachwerkstil. Überaus populär – frühzeitige Buchung dringend notwendig. Große Zimmer mit Hotelkomfort. Kleiner Pool im Garten. Ärztliche Untersuchungen und Kuranwendungen im Haus. Ab 38 €/Pers. Lesní 1, ✆ 354542890, ✆ 354542691, www.sanatoriumklima.cz.

Lionetta (9), Teppichbodenzimmer mit Bad, nichts Besonderes. Küchenbenutzung möglich. Mitten im Zentrum. EZ 24 €, DZ 40 €. Národní 10, ✆ 606716359 (mobil), www.lionetta.cz.

Abbazia (4), historisches Gebäude (1870) nördlich des Kurzentrums. 8 z. T. farbenfrohe Zimmer mit Naturholzmöbeln, neuen Bädern und Satelliten-TV. Abschließbarer Parkplatz. EZ 32 €, DZ 40 €. Francouská 169, ✆ 354542660, www.abbazia.cz.

Villa Altona (3), in einem ruhigen Wohnviertel nordwestlich des Kurzentrums. Zwar keine Villa, aber ebenfalls ein historisches Stadthaus. Ordentliche Teppichbodenzimmer mit Bad, TV, Minibar. Parkplätze im Hof. EZ 26 €, DZ ab 35 €, Frühstück extra. Anglická 63, ✆ 354542979, ✆ 354542185, www.villa.altona.cz.

• *Außerhalb* **Štekrův Mlýn,** → Essen & Trinken.

• *Camping* Der alteingesessene Campingplatz **Jadran** in der Nähe des Amerikasees beschränkte sich 2010 nur noch auf Bungalowvermietung und bot keine Campingmöglichkeiten mehr. Mit finanzieller Unterstützung der Stadt und v. a. der EU plant man, entweder den Platz bis 2011 (vielleicht auch erst 2012) zu renovieren oder am Amerikasee einen neuen Campingplatz einzurichten. Bis dahin weicht man am besten auf die Campingplätze bei Cheb (→ S. 126) aus.

Sport & Freizeit/Kur & Kultur

• *Ausflüge* Halbtages- und Tagesfahrten werden überall angeboten, u. a. auch bei **FL Tours** (→ Information). Preisbeispiele: Egerlandrundfahrt oder Marienbad 16 €, Prag 30 €.

• *Baden* **Aquaforum**, nahe dem Caesarbad an der 5. května. Der Aquapark im Stil eines antiken Tempels bietet etliche Becken, Relaxräume, eine Liegewiese, eine Sauna, Solarium etc. Wellnesszentrum. Tägl. 9–21 Uhr. Eintritt für 2 Std. 4,80 €, für 4 Std. 8 €.

• *Kasino* **Casino Ingo,** im 1. Stock des Gesellschaftshauses Společenský dům an der Národní třída. Roulette, Poker und Black Jack. Für 10 € Eintritt bekommt man Jetons im gleichen Wert. Mindesteinsatz 1 €. Angemessene Kleidung erbeten. Tägl. 15–4 Uhr.

• *Golf* **Golf Club Františkovy Lázně,** 18-Loch-Platz (72 Par) ca. 6 km nördlich von Franzensbad bei Hazlov (von der Straße nach Aš ausgeschildert). Greenfee 48–56 €. ✆ 354595402, www.gr-fl.cz.

Zudem gibt es den **Golf Club Luby,** rund 25 km nördlich von Franzensbad im gleichnamigen Dorf (dort ausgeschildert). 9-Loch-Platz (Par 70), Greenfee 16–20 €. ✆ 354560022. www.golfluby.cz.

• *Kuren* Die über 20 Quellen von Franzensbad und die vor Ort gewonnene radioaktive Moorerde haben den Kurort zu einem Herz-, Rheuma- und Frauenheilbad von Weltrang gemacht. Interessierte können umfangreiches Infomaterial von der **Kurverwaltung** in der Jiráskova 3 anfordern, ✆ 354201104, www.franzensbad.cz. Auch ohne Pauschalkur können einzelne Anwendungen gebucht werden, einfach in den Kurhäusern oder bei der Kurverwaltung nachfragen. Angeboten werden z. B. Reflexmassagen (15 €) oder Aromabäder (11 €).

Zudem gibt es die **Solná Jeskyně,** eine künstliche Salzhöhle an der Americká 20. Gegen welche Beschwerden ein Besuch helfen soll → Marienbad/Solná Jeskyně, S. 93. 50-minütige Sitzung 4 €. Tägl. 9–20 Uhr. Reservierung unter ✆ 774688644 (mobil), www.solna-jeskyne.com.

• *Radverleih* Immer wieder wechselnde Anbieter. Die Touristeninformation erteilt Auskünfte, wer gerade Räder verleiht.

• *Reiten* Ausritte bei **Eva Šimáčková** im ca. 10 km östlich von Franzensbad gelegenen Dorf Nebanice möglich. 12 €/Std. Nur nach Voranmeldung. Nebanice 10, ✆ 354597105, www.nebanice.com.

• *Wandern/Radfahren* Sehr beliebt sind die Spazierwege nach Amerika (→ Sehenswertes) und zum Aussichtsturm (Rozhledna) im Süden des Orts. Da die Gegend insgesamt eher flach ist, sind auch größere Wanderungen nicht allzu anstrengend. Rund um den Ort findet man eine Vielzahl gut ausgeschilderter Wanderwege. Manche Linienbusse nach Aš und Cheb nehmen Fahrräder mit, Infos dazu bei der Touristeninformation. Für Wander- und Radtouren → auch Franzensbad/Umgebung ab S. 118.

• *Tennis* Auf den Sandplätzen des **Tenisový Klub** am westlichen Ende des Kurzentrums möglich. Keine telefonische Reservierung. Tägl. 9–20 Uhr. Platz 5 €/Std.

• *Theater* **Divadlo B. Němcové,** an der Ecke Dr. Pohoreckého/Ruská. Neben Vorstellungen in tschechischer Sprache auch Konzerte und Operetten. Kartenvorverkauf Mo–Fr 13–15 Uhr. ✆ 354542077, www.divadlofl.org.

• *Veranstaltungen* Mitte Mai **Quellenweihe** und Eröffnung der Kursaison. Juli–Sept. **Musiksommer.**

Božena Němcová – die Fünfhundert-Kronen-Frau

Božena Němcová (geb. Barbara Prankl, 1820–1862) gilt als die tschechische George Sand und als die Begründerin des tschechischen Realismus. In vielen Novellen und Erzählungen prangerte sie die soziale Ungleichheit der Frauen an. Ihr bekanntestes Werk ist der Roman *Die Großmutter* (Babička), der in mehr als 20 Sprachen übersetzt wurde. Noch heute zählen ihre Bücher zu den meistgelesenen Tschechiens. Wer Božena als Autorin nicht kennt, kann sich ihr Konterfei auf dem 500-Kronen-Schein anschauen. 1846 weilte sie zur Kur in Franzensbad und hielt das gesellschaftliche Treiben der Stadt in mehreren Essays fest. Vor dem Areál Milano hat man ihr ein Denkmal gesetzt. Das Theater der Stadt trägt heute ihren Namen.

Sehenswertes

Das kleine **Kurzentrum,** umgeben von weiten Parks, ist ein Gesamtkunstwerk. Das Erscheinungsbild ist von Maß und Eleganz, nicht von überladener Tortigkeit wie in Marienbad oder Karlsbad. Dazu trägt jedes einzelne der in Schönbrunner Gelb und Stuckweiß gehaltenen Gebäude bei. Wirklich hervorzuheben ist abgesehen vom Společenský dům (s. u.) jedoch kaum eines. Auch die Kirchen machen da keine Ausnahme.

Národní třída (Nationalstraße): Auch wenn der Name eine breite, stark befahrene Avenue vermuten lässt, ist sie die Hauptflaniermeile im Kurzentrum. Auf Deutsch hieß sie früher „Kaiserstraße". Einen schönen Blick auf die Straße genießt man vom Musikpavillon im *Stadtpark* (Městské sady), wo im Sommer regelmäßig Nachmittagskonzerte veranstaltet werden. Spaziert man die Straße hinab, vorbei an gusseisernen Laternen und jungen Bäumchen, passiert man unter anderem die *Kavárna Beethoven.* Hier wohnte Ludwig van Beethoven 1812. Weiter am örtlichen Kino und dem *Společenský dům* (s. u.) vorbei, führt die Národní třída direkt auf den

Pavillon der *Franzensquelle* (Františkův pramen, s. u.) zu. Er wurde 1832 errichtet und löste einen Vorgängerbau aus dem Jahre 1793 ab. Linker Hand befindet sich die *Neue Kolonnade* mit einem gemütlichen Café. Wenige Meter rechts vom Pavillon steht die *Statue des František,* eines puttenartigen Jungen mit Fisch, der auf einer Kugel sitzt. Ein alter Volksglaube veranlasst Frauen, seine Füße und andere Körperteile zu berühren, um fruchtbar zu werden. Wer daran glauben will, sollte zumindest die Originalfigur anfassen; sie steht im städtischen Museum (s. u.).

Weiter südlich schließt sich der *Salzquellenpark* (Sadý Solného) an, in dem sich die Halle der berüchtigten Glaubersalzquelle (→ Quellen) befindet.

Izabelina promenáda (Isabellapromenade): Hinter der Neuen Kolonnade führt die von klassizistischen Statuen und Vasen gesäumte Isabellapromenade zur *Kolonnade der Salz- und Wiesenquelle* (Kolonáda Solného a Lučního prmene). Einst war die Isabellapromenade selbst eine offene Kolonnade mit über 60 dorischen Säulen. Doch sie war nicht allzu standhaft; nachdem sie ein Sturm vernichtet hatte, baute sie niemand mehr auf. In der Kolonnade der Salz- und Wiesenquelle befindet sich auch ein *Oldtimermuseum* mit rund 30 Exemplaren, darunter einige Motorräder (tägl. 10–17 Uhr, Eintritt 2 €).

Nördlich der Isabellapromenade erstreckt sich der *Smetanapark* (Sady Bedřicha Smetany). Neben einem Goethedenkmal im Stil der Wiener Sezession aus dem Jahr 1906 findet man dort auch das *Kurhaus Imperial,* eines der elegantesten Hotels Westböhmens (→ Übernachten).

Společenský dům (Gesellschaftshaus): Es wird auch Traiterhaus genannt und ist eines der ältesten und schönsten Gebäude der Stadt. 1795 wurde es feierlich eröffnet. Der Neue Saal im Stil der Neorenaissance wurde 1876 angebaut. Alle bedeutenden gesellschaftlichen Veranstaltungen – Bälle, Versammlungen und dergleichen – wurden zur Blütezeit des Kurbads darin abgehalten. Heute beherbergt es das Kasino des Orts, das ausgefallene Goethe-Restaurant und das Wiener Café (→ Essen & Trinken). Im Neuen Saal finden noch immer Tanznachmittage und -abende statt; das Niveau hat aber fürchterlich nachgelassen. An Goethes Aufenthalte in Franzensbad erinnern Medaillons im Gebäude. Direkt hinter dem Gesellschaftshaus schließt das *Hotel U tří lilie* (Zu den Drei Lilien) an, ebenfalls eines der ersten Gebäude Franzensbads.

Městské muzeum (Stadtmuseum): Auf zwei Etagen informiert es über die Geschichte des Kurorts und des Kurwesens überhaupt. Zu sehen gibt es alte Badewannen, Arztbestecke zum Aderlass, Fitnesstrainer, Etiketten längst zerbrochener Wasserflaschen usw. Des Weiteren beherbergt das Museum die Originalstatue des František.

Adresse/Öffnungszeiten Dlouhá 4. Tägl. (außer Mo) 10–17 Uhr. Eintritt 1,20 €, erm. 0,80 €.

Quellen: Rund um die Stadt entspringen rund 20 Quellen mit einer Temperatur zwischen 10,1 und 12,5 °C. Viele davon wurden in Empirepavillons gefasst, so z. B. die bekannteste Quelle des Ortes, die *Franzensquelle* (Františkův pramen) unter einer schlichten klassizistischen Rotunda. Ihr Wasser besitzt einen hohen Salzgehalt, unterstützt die Rekonvaleszenz und hilft bei Verdauungsstörungen. Einen besonderen Ruf haben die in ihrer Wirkung „durchschlagenden" *Glauberquellen* (Glauberův pramen) von Franzensbad. Es gibt vier, die durch römische Zahlen unterschieden werden. Glauberův pramen IV weist den höchsten Glaubersalzanteil aller Glauberquellen der Welt auf. Das Salz ist übrigens ein Natriumsulfat und trägt seinen Namen nach dem Apotheker und Chemiker Johann Rudolf Glauber (1604–1670). Verwendung findet es außer als bewährtes Abführmittel bei der Glasfabrika-

Egerländer Fachwerk

tion und der Stofffärberei. Weitere bedeutende Quellen sind die *Neuquelle* (Nový pramen), die bei Anämie hilft, die schwefelhaltige *Salzquelle* (Solný pramen), deren Wasser insbesondere bei Atemwegserkrankungen eingesetzt wird, sowie die *Sophienquelle* (Pramen Žofie) und die *Natalienquelle* (Pramen Natálie), die Linderung bei Nierenerkrankungen schaffen. Das Wasser der *Adlerquelle* (Adlerův pramen), benannt nach Bernhard Vinzenz Adler, der sich um die Gründung des Kurorts verdient gemacht hatte, der *Luisenquelle* (Luisin pramen), die in einem herrlichen Empirepavillon aus dem Jahr 1826 gefasst ist, und der *Kaltquelle* (Studený pramen) wird insbesondere für Bäder verwendet. Das Wasser der *Wiesenquelle* (Luční pramen) unterstützt zudem noch die Magen- und Darmfunktion.

• *Öffnungszeiten* Die Quellen liegen über die ganze Stadt verteilt (→ Stadtplan), viele sind nur während der Kursaison zugänglich. Ganzjährig sind die Natalienquelle, die Eisenquelle, die Luisenquelle, die Kaiserquelle sowie die Quellen Glauber I und Glauber II zugänglich.

Amerika: Keine Stadt Europas liegt näher an Amerika als Franzensbad. Nur meinen die Franzensbader mit Amerika einen ca. 1,5 km südwestlich des Kurzentrums gelegenen See und den zwischen Ort und See angelegten Waldpark. An Sommernachmittagen fährt mindestens stündlich eine Bummelbahn, angetrieben von einem Range Rover, vom Aréal Milano zum See. Wer zu spät kommt, muss laufen, aber das tun viele, Amerika ist ein beliebtes Ausflugsziel. Beim See gibt es einen Minizoo (kostenlos) mit Ziegenböcken, Schafen und Straußen und zwei gemütliche Restaurants (→ Essen & Trinken). Bei Letzteren findet man auch eine kleine Liegewiese mit Bootsverleih – Baden ist jedoch nicht erlaubt, der See dient der Fischzucht.

Marktplatz in Eger

Františkovy Lázně/Umgebung

Inmitten eines Beckens, eingeschlossen von den Ausläufern des Tschechischen Waldes (→ S. 167) im Süden, des Fichtelgebirges im Westen, des Elstergebirges im Norden und des Kaiserwalds (Císařský les) im Osten, liegt Franzensbad. Die Umgebung wird landwirtschaftlich intensiv genutzt. Auf den umliegenden Anhöhen stehen Burgruinen, in so manchen Dörfern Schlösser, viele davon verwahrlost. Diverse Wanderwege verbinden die Ausflugsziele miteinander, auf Nebenstraßen kann man sie auch gemütlich mit dem Rad erkunden. Auch das Zentrum von Cheb, der einstigen Reichsstadt Eger, lohnt eine Stippvisite. Westlich von Cheb liegt der Stausee Skalka, östlich der Stadt der Stausee Jesenice. In beiden kann man – sofern es die Wasserqualität zulässt (im Sommer zuweilen verschmutzt durch Bakterien und starke Algenbildung) – baden. Ein weiteres interessantes Ausflugsziel ist das Naturschutzreservat Soos.

Soos

(bei Nový Drahov)

Das über 200 ha große Naturreservat liegt etwa 6 km nordöstlich von Franzensbad. Mofetten, kleine schlammgefüllte Erdlöcher, in denen Kohlendioxyd blubbernd und gelegentlich auch zischend zutage tritt, sind die letzten Zeichen vulkanischer Aktivität in Mitteleuropa. Der angeblich jüngste Vulkan Mitteleuropas ist übrigens der **Komorní Hůrka** (Kammerbühl), ein 500 m hoher Hügel ca. 2 km westlich von Franzensbad. Leider ist der Hügel bewaldet und an die Zeit, als er Lavafontänen gen Himmel spukte, erinnert nichts mehr – immerhin geschah es am Ende des Quartärs, vor ca. 1,5 Millionen Jahren.

Durch das Naturschutzgebiet führt ein Lehrpfad auf einem Holzsteg (Dauer ca. 1 Std.). Es geht vorbei an Sümpfen, Mooren, Quellen und schwarzen Seen. Gelegentlich hat man fast den Eindruck, als hätte sich hier eine schreckliche Umweltkatastrophe abgespielt. Seltenen Vögeln und Pflanzen bietet das Terrain Schutz, auch gibt es viele Schlangen. Früher transportierte man von hier Schlamm für Kurbehandlungen nach Karlsbad. Zwei Museen am Eingang des Naturreservats informieren über Soos, die Entstehung des Lebens und zeigen ein paar Modelldinos. Zudem kann man auch eine Station für kranke Vögel besichtigen.

Vom Egerland zur Euregio Egrensis

Das historische Egerland im Nordwesten Böhmens umfasste einst das Egertal bis Karlsbad, den Kaiserwald (Cískařský les) und das Tepler Hochland (Tepelská plošina). Im 12. Jh. wurde das Gebiet von Westen her, überwiegend aus dem heutigen Bayern, besiedelt. Und obwohl hier über die Jahrhunderte hinweg Deutsch gesprochen wurde, gehörte die Region ab dem 14. Jh. stets zur böhmischen Krone. Die Bevölkerung blieb bis 1945 größtenteils deutschsprachig, sprach eine eigene Mundart und pflegte ihr besonderes Brauchtum mit Trachten, Dudelsackmusik usw.

Das Gros der Egerländer und Tschechen hegte keine Sympathien füreinander, aufgrund mangelnder Kontakte waren jedoch im Egerland – anders als in Prag oder Ostböhmen – ethnische Spannungen lange Zeit die Ausnahme. Das änderte sich, als die Egerländer gegen ihren Willen nach dem 1. Weltkrieg in die ČSR eingegliedert wurden. Mit der Sudetendeutschen Partei unter der Führung von Konrad Henlein bereiteten sie den Anschluss an das Deutsche Reich vor. Und als die Hakenkreuzfahne über Eger und später über Prag wehte, herrschte zunächst Jubelstimmung unter vielen. Den Gipfel nationalsozialistischer Gesinnung markiert Hitlers Aussage aus dem Jahr 1942: „Die Tschechen sind ein Fremdkörper inmitten der deutschen Gemeinschaft. Es gibt keinen Platz für uns beide. Einer muss verschwinden“. Diese Haltung gegenüber den Tschechen kehrte sich am Ende des 2. Weltkrieges um in einen offenen Hass gegenüber allem Deutschen und gipfelte in der Vertreibung der Egerländer.

Mit der Schaffung der „Euregio Egrensis“ (1992), ein bayerisch-böhmisch-sächsischer Zusammenschluss grenznaher Regionen, will man sich wieder näher kommen und alte Mauern v. a. in den Köpfen einreißen. Die länderübergreifende Initiative hat sich zum Ziel gesetzt, insbesondere den Ausbau der Infrastruktur, des Tourismus, der Wirtschaft und der Kultur auf dem Gebiet des ehemaligen Egerlands zu fördern. Vielleicht verhilft dies der Region irgendwann einmal wieder zu einer neuen Identität.

Auf dem Weg nach Soos passiert man das Dorf **Stodola** mit einem kleinen privaten **Schmetterlingsmuseum** an der Hauptstraße. In Schaukästen sind präparierte Exemplare in allen Farben ausgestellt, in einem Raum über dem Museum kann man sich inmitten flatternde Exemplare setzen.

Per **Rad** gelangt man von Franzensbad auf Nebenstraßen recht gemütlich nach Soos. Auch führt ein rot markierter **Wanderweg** nach Soos, dieser verläuft jedoch meist entlang einer Straße.

• *Verbindungen* Nur selten **Busse** von Františkovy Lázně nach Nový Drahov, von da aus noch ca. 10 Min. zu Fuß. Jedoch bis zu 9-mal tägl. **Zug**verbindungen von Cheb nach Nový Drahov, der Bahnhof liegt ausserhalb der Ortschaft direkt beim Naturreservat.

• *Übernachten/Essen & Trinken* **Selský dvůr,** in Nový Drahov, einem denkmalge-

Karte S. 113

schützten Bauerndorf mit Weiher. Ehemaliger Gutshof, der zu einer Pension mit Restaurant umgebaut wurde. Beliebtes Tagesausflugsziel bayerischer Grenztouristen. Deftige Hausmannskost, Hg. 4–8 €. Große Terrasse. 17 Zimmer, 18 €/Pers. Nový Drahov 5 (Durchgangsstraße), ✆ 354542449, ✆ 354544231, www.bauernhof.cz.

• *Öffnungszeiten* **Soos,** März/April u. Sept.–Nov. tägl. 9–17 Uhr, Mai–Aug. 9–18 Uhr. Eintritt 2,40 €, erm. 1,20 €, die Eintrittskarte gilt für alle Sehenswürdigkeiten auf dem Gelände. **Schmetterlingsmuseum,** tägl. (außer Mo) 10–17 Uhr. Eintritt 2 €, erm. 0,80 €.

Für weitere Ziele nordöstlich von Františkovy Lázně → Karlovy Vary/Umgebung ab S. 65.

Chlum Svaté Maří (Maria Kulm)

Chlum Svaté Maří, ca. 18 km östlich von Franzensbad, ist eine kleine verschlafene Ortschaft. Das war nicht immer so: Im 17. Jh., als man zu Chlum Svaté Maří noch Maria Kulm sagte, war der Ort größer als Karlovy Vary. Man zählte über 1800 Einwohner, neun Schuhmacher und 21 Gasthäuser. Heute sind es 330 Einwohner, kein Schuhmacher und zwei Gasthäuser. In ganz Böhmen berühmt wurde Maria Kulm einst durch Heinrich Cunos (1796–1835) Drama *Die Räuber von Maria Kulm,* in welchem das tapfere Burgvogtstöchterlein Bibiena einer gefürchteten Räuberbande das Handwerk legt. Das Stück löste des Öfteren Tumulte unter den Zuschauern aus und geriet dadurch immer wieder in die Schlagzeilen.

Wallfahrtskirche Chlum Svaté Maří

Heute ist Maria Kulm einzig und allein noch wegen der **Wallfahrtskirche Mariä Himmelfahrt** bekannt. Pilgerfahrten dahin finden von Mai bis Oktober statt. Über die letzte wundersame Heilung, so wurde uns mitgeteilt, durfte sich im Sommer 2000 ein Deutscher freuen. Obwohl evangelisch, bereitete ihm der Ischiasnerv vom einen auf den anderen Moment keine Beschwerden mehr. Die sehenswerte und reich ausgeschmückte Kirche wurde 1702 nach Plänen von Jean Baptiste Mathey fertig gestellt. Heute restauriert man fleißig. Die Kuppel der Kirche ist eine Kopie der Kuppel des Petersdoms. Das dazugehörige Kloster verwalten die Kreuzherren mit dem roten Stern. Dieser Männerorden wurde übrigens im 13. Jh. von der Hl. Agnes von Böhmen gegründet.

• *Verbindungen* Mit dem **Bus** regelmäßig von Sokolov zu erreichen.

• *Übernachten/Essen & Trinken* *** **Schlosshotel Mostov**, im gleichnamigen Dorf, rund 5 km Luftlinie (ca. 16 km mit dem Fahrzeug) südwestlich von Chlum Svaté Maří. Halb Museum (es kann eine Porzellansammlung mit rund 200 Exponaten besichtigt werden), halb Hotel. 50 Zimmer (nicht alle im Schloss) auf 3-Sterne-Niveau.

Schöner Garten. Das angeschlossene Restaurant bietet verfeinerte böhmische Küche, Hg. 6–18 €. Von der E 48 Eger – Karlsbad Ausfahrt 160 (Odrava) nehmen. DZ ab 92 €. Mostov 1, ✆ 354400450, 📠 35 4400451. www.mostov.cz.

• *Öffnungszeiten* Die **Kirche** betritt man über das Kloster. Einfach klingeln, tagsüber ist immer jemand da. Führungen, sehr aufschlussreich, aber lang, finden Fr–So statt. Der Eintritt ist kostenlos. Wer will, kann eine Spende geben.

Für weitere Ziele östlich von Františkovy Lázně → Karlovy Vary/Umgebung ab S. 65.

Hrad Ostroh (Burg Seeberg)

Über schmale Sträßlein erreicht man etwa 5 km westlich von Franzensbad das kleine Dorf Ostroh mit der mittelalterlichen gleichnamigen Burg. Der frühere, deutsche Name „Seeberg" ist heute ein wenig irreleitend, denn einen See zu Füßen der Burg gibt es schon seit Jahrhunderten nicht mehr. Dennoch, die Burg liegt schön und ist ein beliebtes Ausflugsziel. Sie beherbergt in ihren gut restaurierten Räumlichkeiten verschiedene kleine Ausstellungen. In der Vorburg werden alte landwirtschaftliche Geräte, Bauernschränke, Spinnräder, Trachten, vergilbte Fotografien usw. aus dem Egerland gezeigt. In der Hinterburg, von der Vorburg durch einen Graben getrennt, präsentiert eine Werbeausstellung Karlsbader Porzellan; zudem sind mehrere Räume mit Möbeln verschiedener Stilrichtungen – von Empire bis Chippendale – ausgestattet. Ritterburgromantik kommt aber nicht auf. Angeschlossen ist ein etwas biederes Burgrestaurant (ganzjährig geöffnet).

Von Franzenbad führt ein **Wanderweg** vorbei am Amerikasee (erst grün, dann blau markiert) zur Burg. Rund um die Burg verläuft zudem ein **Lehrpfad,** der über die Geschichte der Region und ihre einstigen deutschen Bewohner informiert. Dabei passiert man auch die kleine **St.-Wolfgangs-Kirche** (Kostel sv. Wolfganga) aus dem späten 15. Jh., die heute nur noch als Veranstaltungsort dient.

• *Verbindungen* Schlechte Busanbindung, Ostroh ist in erster Linie für Selbstfahrer geeignet.

• *Übernachten* *** **Hotel Seeberg,** im Dorf nicht zu verfehlen. 22 helle, ordentliche Zimmer, sehr ruhig, teilweise mit Balkon oder Terrasse. Wer billiger wohnen will, geht in die dazugehörende Pension auf der anderen Straßenseite: etwas einfacher (keine Minibar, kein Tresor), aber alle Zimmer mit Du/WC. Hauseigene Kurbehandlungen. DZ im Hotel 42 €, in der Pension 33 €. Ostroh 2, ✆ 354595081, www.seeberg.cz.

• *Öffnungszeiten* **Burg,** März/April sowie Okt./Nov. tägl. 10–16 Uhr, Mai/Sept. 10–17 Uhr, Juni 9–17 Uhr, Juli/Aug. 9–18 Uhr. Eintritt 2,40 €, erm. 1,20 €.

Aš (Asch)

Nordwestlich von Franzensbad erstreckt sich das **Ascher Ländchen,** auch Ascher Zipfel genannt, weit nach Deutschland hinein und trennt dort Bayern von Sachsen. Im Mittelpunkt steht das rund 13.000 Einwohner zählende, wenig ansprechende Aš. Bis 1945 lebten hier rund 45.000 Deutsche und nur 500 Tschechen. Im 2. Weltkrieg wurde Asch stark in Mitleidenschaft gezogen. Heute ist das einzig blühende Gewerbe des Städtchens zugleich das älteste der Welt. Doch das soll sich ändern: Die englisch-israelische Investorengruppe BCD plant in Aš einen 70 ha großen Hightech-Industriepark für mehr Arbeitskräfte als die Stadt Einwohner hat, dazu vier Wohntürme und ein durchgestyltes Vergnügungszentrum. Schon seit Jahren jedoch wird der Baubeginn immer wieder verschoben (zuletzt wurde 2011 ins Auge gefasst). Und selbst wenn der erste Spatenstich getan sein sollte – so befürchten Skeptiker –, wird das Projekt niemals umgesetzt werden, da BCD nach deren

Meinung nur EU-Fördergelder abgreifen will. So ist anzunehmen, dass Asch bis auf Weiteres erst mal ein welkes Mauerblümchen bleibt: Einen Stadtkern sucht man vergebens, das Zentrum bildet die lange Durchgangsstraße. An ihr stehen ein paar Häuser im Stil des Historismus, viele davon warten noch immer auf ihre Restaurierung. Finanzieller Art sind auch die Gründe, weshalb das **Stadtmuseum** (Městské muzeum) im **Neorenaissanceschlösschen** des Grafen Zedtwitz an der Mikulašská 3 voraussichtlich noch für Jahre geschlossen bleiben wird. Irgendwann aber will man hier wieder eine Ausstellung zur Textilgeschichte Aschs einrichten. Weitere Pläne sehen gar einen Museumsableger im bisher noch maroden ehemaligen Feuerwehrhaus am zentralen Poštovní náměstí vor.

Der Hausberg des Städtchens ist der 757 m hohe **Háj** (Hainberg), zugleich die höchste Erhebung des Fichtelgebirges auf tschechischem Boden. Auf ihm befindet sich ein Aussichtsturm. Das einst beliebte Ausflugslokal daneben brannte vor einigen Jahren ab (Anfahrt: Von der Hauptdurchgangsstraße in Aš mit „Rozhledna Háj" ausgeschildert, danach stets der Vorfahrtsstraße folgen, bis weitere Hinweisschilder auftauchen; die letzten Meter vom Parkplatz bei einer Sportanlage sind zu Fuß zurückzulegen, ca. 5 Min.).

• *Verbindungen* **Busse** regelmäßig nach Cheb, Podhradí und Franzensbad. 3-mal tägl. nach Bad Elster.

Züge regelmäßig nach Františkovy Lázně und Cheb. Die Bahnstrecke nach Selb (Bayern) soll wiederbelebt werden.

• *Übernachten/Essen & Trinken* ****** Schlosshotel Větrov,** ein ehemaliges Jagdschlösschen, nebenan ein kleiner Park mit Teich. Gepflegtes Restaurant. Gediegene Zimmer im Haupthaus, etwas einfacher die im Nachbargebäude. DZ im Schloss ab 115 €, im Nebengebäude 58 €. Krásná 274 (2 km nördlich von Aš, von der Straße nach Podhradí ausgeschildert), ✆ 354525179, ℻ 354 599099, www.hotel-vetrov.cz.

Podhradí (Neuberg)

Etwa 5 km nördlich von Aš liegt das kleine nette Dorf Podhradí zu Füßen seiner Burg, von der jedoch nicht mehr als der **Burgturm** übrig geblieben ist. Die Burg wurde im 13. Jh. vom Geschlecht der Neipperger, berühmt-berüchtigten Raubrittern, zur Überwachung des Handelswegs von Asch ins sächsische Bad Elster errichtet. Kaum ein Kaufmann konnte passieren, ohne von ihnen überfallen zu werden. Im 17. Jh. kam ein Renaissanceschloss hinzu, Anfang des 20. Jh. brannte es ab. Interessant ist das Areal aber noch immer, auch wenn es der Wald zurückerobert hat. Inmitten von Bäumen lassen sich noch Reste der Ummauerungen, Parkanlagen und Terrassen erkennen. Auch kann man in die alten Kellergewölbe (Achtung Einsturzgefahr!) klettern; in ihnen soll es spuken.

Von Podhradí führt ein schöner, grün markierter **Wanderweg** bis nach Hazlov, von wo man mit der Bahn zurück nach Franzensbad gelangt. Wer bis nach Franzensbad zu Fuß gehen will, folgt von Hazlov einem blau markierten Weg nach Ostroh (für den letzten Abschnitt → S. 121).

Verbindungen **Busse** 4-mal tägl. über Franzensbad nach Cheb, regelmäßig nach Aš.

Cheb (Eger)

Cheb besitzt eine herrliche Altstadt und einen farbenfrohen Marktplatz, der eines Kostümfilms würdig ist. Nur kunterbuntes Markttreiben fehlt darauf. Das findet man jedoch im nahen Dragon Bazar, dem größten Asia-Markt Tschechiens.

Cheb, 10 km von der deutschen Grenze entfernt und Kreisstadt der westlichsten Region Böhmens, ist ein wichtiger Verkehrsknotenpunkt und ein bedeutendes Industriezentrum. Sehenswert ist die Altstadt mit ihrem lebendigen Marktplatz, auf dem im Sommer Straßencafés und Restaurants auf eine gemütliche Pause einladen. Gotik-, Renaissance- und Barockbürgerhäuser, hinter deren fröhlichen Fassaden sich so manch geschichtsträchtiges Ereignis abgespielt hat, verleihen ihm ein besonderes Flair. Rund um die Altstadt liegen weniger einladende Viertel. Dort bekommt ein plattengrauer Gürtel langsam Farbe, auch gibt es eine Reihe neuer Gewerbegebiete. Kehrt man diesen den Rücken, wird es gleich ländlich. Dann erfreuen Wiesen, Weiden und Wälder das Auge, zudem ist die Umgebung seenreich.

Geschichte: Erstmals urkundlich erwähnt wurde Eger 1061. Unter Kaiser Friedrich I. Barbarossa entwickelte sich die Stadt gegen Ende des 12. Jh. zu einem wichtigen Handels- und Verwaltungszentrum. 1355 erhielt sie von Kaiser Karl IV. das Münzrecht. Im folgenden Jahrhundert stieg Eger zu einer der größten und reichsten Städte der böhmischen Krone auf. Tuchmacher, Gerber und Kaufleute zählten zu den wichtigsten Zünften. Im 16. Jh. erlebte die Stadt eine kulturelle und wirtschaftliche Blütezeit, herrschaftliche Häuser im Zentrum bezeugen dies noch heute. Der Dreißigjährige Krieg führte die Stadt jedoch an den Rand des Abgrunds, viele Bewohner emigrierten. Erst mit der Entstehung des nahe gelegenen Kurorts Franzensbad Ende des 18. Jh. folgten wieder bessere Zeiten. Nach dem Anschluss an das Eisenbahnnetz Mitte des 19. Jh. siedelten sich Industriebetriebe rund um den Ort an. Anfang des 20. Jh. fuhr man sogar auf den Straßen Berlins oder Londons mit Fahrrädern und Motorrädern der Marken Premier und Eska aus Eger. Die Einwohnerzahl stieg rapide an, zwischen 1870 und 1921 verdoppelte sie sich auf über 27.000, der Anteil an Tschechen betrug dabei keine 5 %. 1944 lag die Einwohnerzahl gar bei über 40.000. Vernichtend für Eger sollten sich der 2. Weltkrieg und dessen Folgen auswirken, weniger jedoch durch Schäden im Stadtbild als vielmehr durch den Aderlass an der Bevölkerung. Das Gros der jüdischen Einwohner war von den Nazis ermordet worden; lediglich die Židovská (Jüdische Straße) erinnert heute noch an sie. Und die Deutschen selbst, die sich stets vehement gegen alles Tschechische gewehrt hatten – Eger war z. B. die einzige Stadt Böhmens, die sich lange Zeit geweigert hatte, tschechische Straßennamen anzuschreiben –, wurden vertrieben. So blieb eine leere, tote Stadt zurück. Nicht gerade mit Erfolg gekrönt waren die Versuche in der zweiten Hälfte des 20. Jh., Tschechen in Cheb anzusiedeln. Nur wenige wollten sich hier niederlassen. So versuchte man der Stadt durch Umsiedlung von Slowaken und Einbürgerung von Sinti und Roma neues Leben einzuhauchen. Seit der Grenzöffnung ist Cheb eine aufstrebende Kreisstadt, deren Stadtkern sich in neuem Glanz zeigt.

Information/Parken/Verbindungen

- *Information* **Turistické infocentrum** am Náměstí krále Jiřího z Poděbrad 33, ✆ 35444 0302, www.mestocheb.cz. Zimmervermittlung und Kartenvorverkauf. Hilfsbereit. Tägl. 9–17 Uhr.
- *Parken* Mehrere bewachte Parkplätze im Zentrum, u. a. beim Hotel Hvězda.
- *Verbindungen* Bahnhof und Busbahnhof ca. 500 m südlich des Zentrums.

Busse, regelmäßig nach Františkovy Lázně und Mariánské Lázně, bis zu 8-mal tägl. nach Prag, bis zu 5-mal nach Karlovy Vary und Plzeň. **Züge,** regelmäßig Verbindungen nach Karlovy Vary, alle 2 Std. nach Prag und Plzeň.

Adressen (→ Karte S. 125)

- *Ärztliche Versorgung* **Okresní nemocnice** (Bezirkskrankenhaus) in der K nemocnici 17 südlich des Zentrums. ✆ 354405111.
- *Polizei* An der Jiráskova/Ecke Mánesova südlich des Zentrums. ✆ 156.
- *Post* Zum Beispiel in der Šlikova.

• *Einkaufen/Markt* Ein paar kleine **Kunsthandwerksläden** haben sich im Stöckl am Marktplatz eingemietet. Zu kaufen gibt es alles zwischen Keramik, Kristall und Holzspielzeug.

Podníková prodejna Chebský pivovar (5), hier kann man das leckere Egerer Hradní-Bier erstehen. Die Produktion des hellen 11-gradigen Bieres wurde in den 1990er-Jahren eingestellt und die Brauerei abgerissen. Erst seit 2010 wird es wieder gebraut, allerdings im nahen bayerischen Waldsassen – unter Aufsicht und nach dem Rezept des Egerer Brauers Jaroslav Malkovský. Náměstí krále Jiřího z Poděbrad 481/3.

Kolonáda (8), hier gibt es die berühmten Karlsbader Oblaten zu kaufen. Im Mussmitbringsel-Laden steht man zuweilen Schlange. Náměstí krále Jiřího z Poděbrad, gegenüber dem Hotel Hvězda.

U Chebské mydlářky (7), hübscher Laden mit schöner Fassade. Hier kann man tschechische Naturkosmetik erstehen. Náměstí krále Jiřího z Poděbrad 474/29.

Dragon Bazar, größter Asia-Markt Tschechiens. Verkaufsgepflogenheiten ähnlich wie in Saigon. Nahezu nichts, was es hier nicht gibt: Markenimitate von der Rolex bis zur Levis, Bataillone von Gartenzwergen, Zigaretten, Schnapsflaschen. Zählen Sie Ihr Wechselgeld genau nach! Am Grenzübergang Svatý Kříž/Waldsassen ca. 5 km südwestlich von Cheb.

Aus der Fabrik an den Marktstand – Vietnamesen in Tschechien

In nahezu allen grenznahen Städten gibt es Vietnamesenmärkte. Sie schossen nach der Wende wie Pilze aus dem Boden, inzwischen ist der große Boom jedoch vorbei. Angeboten werden in erster Linie billiger Alkohol, Markenimitate und Zigaretten. Die Vietnamesen kamen v. a. nach dem Vietnamkrieg (ab 1975) ins Land. Die offene Rechnung für die tschechoslowakischen Waffen- und Sprengstofflieferungen (Semtex!) an die kommunistischen Brüder in Nordvietnam beglich Vietnam durch Entsendung von Arbeitern für die hiesigen Industriebetriebe. Nach 1990 folgte der Nachzug der Verwandten. Mittlerweile sind jedoch auch viele Vietnamesen wieder in ihre Heimat zurückgegangen, rund 200.000 Menschen in Vietnam sprechen Tschechisch. In Tschechien leben heute noch etwa 60.000 Vietnamesen (geschätzte 20.000 davon illegal), in Cheb 3000, wo sie rund ein Zehntel der Einwohner ausmachen.

Essen & Trinken/Nachtleben

• *Restaurants* **Barbarossa (9),** das Restaurant des gleichnamigen Hotels (→ Übernachten). Etwas bieder, aber luftig-hell, besonders im mit Korbmöbeln bestückten Wintergarten. Weißhemdige Kellner. Wie wäre es mit Beefsteak, Schweinemedaillons in Rahmsoße oder Zander mit Naturkruste? Hg. 6,80–14 €.

Hannibal (13), etwas außerhalb des Zentrums, der gleichnamigen Pension angeschlossen (→ Übernachten). Sehr gepflegtes Restaurant im Bauernstubenstil, hübscher Hinterhofgarten mit Goldfischteich. Fleischlappen jeder Art, dazu auch ein paar Fischgerichte. Hg. 4–12 €.

Restaurace U Kralé Jiřího (10), einfach-rustikale, typisch tschechische Gaststätte. Gewohnter Mief, gewohnt deftige Kost: Rauchfleisch mit Kartoffelknödeln und Kraut, Schweinefleisch mit Schwarzbiersoße oder ein gemischter Bauernteller zu 4–9 €. Březinova 2, ✆ 354422031.

• *Cafés* **Café U Kamennýho červa (3),** kleine gemütliche Bar mit schöner Innenhofterrasse im Schirndinger Haus. Junges Publikum. Mit Galerie. Náměstí krale Jiřího z Poděbrad 7.

Bartholomeus (4), die Adresse am Hauptplatz – morgens, mittags und abends. In der netten Cafébar servieren Kellner mit weißem Hemd und roter Krawatte. Náměstí krale Jiřího z Poděbrad 37.

Cukrárna Kapucín (6), kleines, stets gut besuchtes Konditoreicafé. Gute Frühstücksadresse. So geschl. Židovská 22.

• *Kneipen* **Hradní Krčma (1),** netter

Biergarten auf dem Stadtwall bei der Burg. Hier wird das lokale Bier (→ Einkaufen) ausgeschenkt.

Šenk U Mnicha (2), ebenfalls ein feuchtfröhlicher Treffpunkt (günstiges Bier) mit vornehmlich jungem Publikum. Billard. Úzká 2.

Übernachten

**** **Barbarossa (9),** gepflegtes Altstadthaus und bestes Hotel im Zentrum. In einer ruhigen Seitengasse. 21 geräumige Zimmer mit Kiefernholzmobiliar. Freundliches Personal. Dennoch: 4-Sterne-Niveau nach westeuropäischem Maßstab besitzt es nicht. Hotelgarage (kostenlos). EZ 50 €, DZ ab 67 €. Jateční 7, ✆ 354423446, www.hotel-barbarossa.cz.

*** **Hotel Slavie (12),** saniertes Haus in der Fußgängerzone. Zimmer mit TV, Telefon, Safe und kratzigen Teppichböden. Modern, aber recht billig eingerichtet. Videoüberwachte Parkplätze im Hof. EZ 33 €, DZ 56 €. Svobody 32, ✆ 354433216, 📠 354433494, www.hotel-slavie.cz.

Hotel Monika (11), beste Lage. Eher schlichte, wenig geschmackvoll ausgestattete Zimmer mit und ohne Bad. Sehr freundliches, junges Personal. Sehr beliebtes Restaurant. DZ mit Bad 47 €, ohne Bad 35 €. Svobody 9, ✆ 354430046, 📠 354437792, www.hotel-monika.com.

Pension Hannibal (13), ca. 5 Fußmin. abseits des Zentrums. Hübsche Zimmer im Bauernstubenstil, wahlweise mit Du/WC oder nur mit Dusche (WC auf dem Gang). Gutes Restaurant mit Hinterhofgarten. Wegbeschreibung: Den Marktplatz bergab gehen, dann der Svobody folgen, bis es rechts ab in die Májová geht, von dort noch ca. 300 m (ab hier auch ausgeschildert). DZ je nach Standard 36–42 €. Májová 10, ✆ 603501068 (mobil), pension.hannibal@quick.cz.

• *Außerhalb* *** **Hotel Stein,** alter restaurierter Gutshof am Nordufer des Skalka-Stausees, dort bestens ausgeschildert. Bunte Teppichbodenzimmer mit Massivholzmöbeln und schweren Ledersesseln. Gemütliches Restaurant mit Sommerterrasse. Wellnessbereich, Rad- und Bootsverleih, Pferdeausritte (12,30 €/Std.), beliebt bei Familien. Keine Busanbindung. DZ 56 €, 3-Bett-Zimmer 68 €, Frühstück extra. Skalka 10, ✆ 354 423301, 📠 359604333, www.hotelstein.cz.

• *Camping* Wer mit dem Zelt oder Wohnmobil unterwegs ist, hat an den stadtnahen Stauseen mehrere Plätze zur Auswahl. Eine gute Empfehlung:

Autokemp Václav, großer Platz in schöner Lage am Nordufer des Jesenice-Sees, von Chebs südlichem Vorort Podhrad aus beschildert. Beliebt bei Holländern, freundliches Personal. Restaurant, Kinderspielplatz, Fußballwiese, Waschmaschine etc. April–Sept. Bahnhof Všebor in Laufnähe, bis zu 9-mal tägl. Zugverbindungen nach Cheb und Mariánské Lázně. 2 Pers. mit Zelt u. Auto je nach Lage und Größe des Stellplatzes ab 20 €, Podhrad, ✆/📠 354435653, www.kempvaclav.cz.

Sport & Freizeit/Kultur

• *Baden* Am **Jesenice-Stausee** östlich und am **Skalka-Stausee** westlich von Cheb (Letzteren erreicht man bis zu 9-mal tägl. mit dem Zug, in Všebor aussteigen) kann man gegen geringe Gebühr die „Strände" der Campingplätze nutzen. Ansonsten hat man zu den Seen durch das Schilf und die Datschensiedlungen drum herum nur schlechte Zugangsmöglichkeiten. Baden ist jedoch durch Algen- und Bakterienbildung infolge starker Sonneneinstrahlung im Sommer nicht immer möglich.

• *Theater* **Západočeské divadlo** (Westböhmisches Theater), ein schönes kleines klassizistisches Gebäude am Divadelní náměstí. Zuweilen finden auch deutschsprachige Gastspiele statt, erkundigen Sie sich beim Infozentrum. ✆ 354432522, www.divadlocheb.cz.

• *Veranstaltungen* Ein internationales **Festival der Jugendblasorchester** geht jedes gerade Jahr im Juni über die Bühne. Den Juli und August bestimmt alljährlich der **Kultursommer** mit zahlreichen Veranstaltungen. Ende Aug./Anfang Sept. gibt es die **Wallenstein-Tage** mit historischem Markt, Umzügen etc. Einen **internationalen Tanzwettbewerb** bringt der Oktober. Gleichzeitig findet dann das **Jazz Jam Cheb** statt, ein traditionelles Jazzfestival.

• *Wandern/Radfahren* Ein rot markierter Wanderweg führt von Cheb entlang der tschechisch-bayerischen Grenze bis nach Česká Kubice (→ S. 178) südlich von Domažlice. Egal, wie weit Sie wandern wollen, steigen Sie bei der Ortschaft **Starý Hrozňatov** (→ S. 130) ein, damit ersparen Sie sich die Randbezirke Chebs. Der rote Wanderweg führt auch gen Norden stets die Grenze entlang. Wer will, gelangt auf ihm auch über den **Komorní hůrka** (→ S. 118) nach Franzensbad, auf diesem Abschnitt spaziert man jedoch fast ausschließlich an Straßen entlang.

Die Nebenstraßen südlich von Cheb eignen sich gut für Radtouren. Auch gibt es mehrere grenzüberschreitende Radwege, so z. B. eine Trasse von Eger nach Waldsassen (Bayern). Zudem verkehren am Wochenende Cyklobusse (→ S. 58) über Karlsbad nach Boží Dar.

Sehenswertes

Die Sehenswürdigkeiten Chebs liegen alle in der Altstadt, das Gros sogar rund um den Marktplatz. Von dessen Westseite zweigen romantische Gassen ab, die auch auf der Prager Kleinseite liegen könnten. Östlich des Platzes ist die Pracht der Altstadt hingegen schon nach ein paar Parallelstraßen dahin. Die geschäftigste Straße der Stadt stellt die Třída Svobody dar, die als Fußgängerzone vom Marktplatz Richtung Bahnhof verläuft. Alle Sehenswürdigkeiten sind bestens ausgeschildert.

Náměstí krále Jiřího z Poděbrad (Marktplatz): Der lang gestreckte brunnengeschmückte Platz, heute benannt nach König Georg von Poděbrady (1458–71), dem ersten europäischen König, der dem katholischen Glauben abschwor, ist seit dem 12. Jh. das Zentrum des Städtchens. Der untere Teil diente früher als Gemüse-, der obere als Pferdemarkt. Er ist umgeben von schönen alten Bürgerhäusern; die wichtigsten im Überblick: An der Ostseite steht das *neue Rathaus* (Nová Radnice), ein auffälliger Barockbau mit Uhrturm aus der ersten Hälfte des 18. Jh., heute Sitz der Staatsgalerie (s. u.). Rechts daneben schließt das sog. *Schillerhaus* (Schillerův dům, Nr. 17), ein Patrizierhaus, an. Ende des 18. Jh. befand sich darin der Gasthof „Zum Goldenen Hirsch", in dem sich Schiller für seine Recherchen zur Wallensteintrilogie 1791 einmietete. Ebenfalls an der Ostseite, etwas tiefer am Platz, hebt sich das graue *Schirndinger Haus* (Schirndingerův dům, Nr. 7) ab, das einzige Gebäude, dessen Giebelseite zum Platz ausgerichtet ist. Hinter dem gotischen Portal besitzt es einen schönen Arkadenhof mit Bar (→ Essen & Trinken). Direkt daran grenzt linker Hand das rosa-weiße *Gablerhaus* (Gablerův dům, Nr. 6) mit einer reich verzierten Rokokofassade. Goethe übernachtete einst darin.

Den unteren Teil des Marktplatzes dominiert das *Stöckl* (Špalíček), ein verschachtelter Gebäudekomplex aus elf bizarren Fachwerkhäusern. Im Mittelalter befanden sich darin deutsch-jüdische Handelshäuser, später Krämerläden, heute sind hier einfache Geschäfte, Kunsthandwerksläden und ein Café untergebracht. Hinter dem Stöckl, im Stadthaus Nr. 3, hat heute das Egermuseum seinen Sitz.

Chebské muzeum (Egermuseum): Das Museum informiert über die Entwicklung der Stadt und der Region von ihren Anfängen bis zur Gegenwart, das Thema Vertreibung wird jedoch nur gestreift, das Thema Neuansiedlung schlicht ignoriert. Zu sehen sind u. a. Heiligenfiguren, das Beil, das Karl Huss, dem letzten Henker von Eger gehörte, Folterinstrumente, Egerländer Trachten, Ölgemälde aus dem 17. und 18. Jh. usw. Zudem widmet sich das Museum in besonderem Maße Albrecht von Wallenstein (→ Kasten), der hier 1634 auf Anordnung von Kaiser Ferdinand ermordet wurde. Er selbst ist als Gipsbüste anwesend. Auch seinem Pferd, das in der Schlacht bei Lützen 1632 erschossen wurde, huldigt man mit einer Kopie. Zudem können Wallensteins Spitzenkragen, seine Stiefel, sein Sterbezimmer und anderes besichtigt werden.

Zum Museum gehört seit 2008 ein typisch Egerländer *Fachwerkhof* im ca. 17 km östlich von Cheb gelegenen Dorf Milíkov (Miltigau). Der einstige Hof deutscher Bauern aus dem 19. Jh. in idyllischer Lage neben der Kirche (Hausnr. 18) wurde restauriert und ist heute in den Sommermonaten zu besichtigen.

• *Adresse/Öffnungszeiten* **Museum,** Náměstí Krále Jiřího z Poděbrad 3. Tägl. (außer Mo) 9–12.30 u. 13–17 Uhr. Eintritt 2,40 €, erm. die Hälfte. **Fachwerkhof in Milíkov,** April–Sept. Sa/So 10–17 Uhr, Eintritt 1,20 €, erm. die Hälfte.

Státní galerie výtvarných umění (Staatsgalerie der bildenden Kunst): Sie beherbergt im 1. Stock eine durchaus sehenswerte Sammlung tschechischer Kunst des 20. Jh., auch wenn diese nicht gerade ansprechend präsentiert wird. Beachtenswert sind insbesondere die kubistischen Plastiken Otto Gutfreunds (leider oft an andere Galerien verliehen) und die Arbeiten des Bildhauers František Bílek im 2. Stock. Zudem finden hier häufig wechselnde Ausstellungen statt.

Adresse/Öffnungszeiten Náměstí krále Jiřího z Poděbrad 16. Di–So 10.30–12 u. 12.30–17 Uhr. Eintritt 2,80 €, erm. die Hälfte. Jeden ersten Do im Monat frei.

Wie aus Albrecht von Waldstein „Wallenstein" wurde

Albrecht von Waldstein (1583–1634), eine der zentralen Figuren des Dreißigjährigen Krieges, stammte aus einer protestantischen böhmischen Adelsfamilie, konvertierte zum Katholizismus und kam durch Heirat zu großem Reichtum. Diesen wusste er geschickt zu vermehren. Für Ferdinand II., Kaiser des Heiligen Römischen Reichs, stellte er auf eigene Kosten Heere von bis zu 40.000 Mann Stärke auf, denn die Kriegsbeute gehörte stets dem, der die Söldner bezahlte. Er vertrieb nichtkatholische Adelige und eignete sich deren Vermögen an. Machtbesessen wie er war, mussten sich seine Offiziere auf seine Person statt auf den Kaiser verpflichten. Ferdinand II. verdächtigte ihn des Hochverrats. Bald darauf war Waldstein tot, von einem irischen Hauptmann in Eger erstochen. Unsterblich wurde er jedoch durch Friedrich Schillers Historiendrama, das aus einem „Waldstein" einen „Wallenstein" machte.

Chebský hrad (Egerer Burg): Im Nordwesten der Stadt, hoch über dem Flusslauf, liegt die Egerer Burg, auch Kaiserburg genannt, da sie Kaiser Friedrich I. Barbarossa in der zweiten Hälfte des 12. Jh. auf den Fundamenten einer alten slawischen Befestigung errichten ließ. Eine Besonderheit ist die romanische *Burgkapelle*, komplett erhalten und bestens restauriert. Eigentlich handelt es sich dabei um zwei übereinander liegende Kapellen. Die untere, dunklere war für das Dienstpersonal bestimmt. Deren Kreuzgewölbe ruht auf vier stämmigen Granitsäulen mit Würfelkapitellen. Die obere, in der der Kaiser zu beten pflegte, ist beschwingter, schlanke Marmorsäulen tragen hier ein spitzbogiges Gewölbe.

Hinter der Burgkapelle befand sich früher der *Palast* mit einem großen Bankettsaal, in dem Wallensteins Generäle ermordet wurden, wenige Stunden bevor der große Feldherr selbst sterben musste. Seitdem soll der Geist Wallensteins stets um Mitternacht in einer von vier Rappen gezogenen Kutsche hier erscheinen. Von dem Palast sind ein paar Mauerreste mit einem Rundbogenfenster erhalten.

Wer will, kann noch den *Schwarzen Turm* (Černá věž) besteigen, ein Relikt der slawischen Befestigung mit 3 m dicken Mauern. Die vielen Stufen belohnen aber nicht mit einer tollen Aussicht.

Adresse/Öffnungszeiten Trčky z Lípy. April, Mai, Sept. tägl. (außer Mo) 9–12 u. 13–17 Uhr, im Juni bis 18 Uhr, Okt./Nov. bis 16 Uhr, Juli/Aug. tägl. 9–12 u. 13–18 Uhr. Eintritt 1,60 €, erm. die Hälfte.

Dům Balthasara Neumanna (Balthasar-Neumann-Haus): 1687 wurde Balthasar Neumann, einer der großen Architekten des europäischen Barock, in Eger geboren. 1753 starb er in Würzburg – die dortige Residenz zählt zu seinen imposantesten Werken. Das Balthasar-Neumann-Haus ist nicht – wie der heutige Name vermuten lässt – das Geburtshaus des Baumeisters, sondern das ehemalige Gästehaus des Klarissenklosters. Später diente es als eine der Zentralen der Sudetendeutschen Heimatfront, danach als Treffpunkt der trinkfreudigen sozialistischen Jugend und heute als deutsch-tschechische Begegnungsstätte. Unter anderem werden hier Seminare und Sprachkurse abgehalten, zudem gibt es eine Bibliothek. Auch können sich Interessierte einige wenige Andenken an Balthasar Neumann ansehen. Träger der Begegnungsstätte sind die Euregio Egrensis (→ S. 119), die Eghalanda Gmoin und der Bund der Deutschen Landschaft Egerland, eine Vereinigung nichtvertriebener Deutscher aus dem Raum Eger.

Adresse/Öffnungszeiten Františkánské náměstí. Nur Di 10–12 u. 14–19 Uhr sowie Mi 10–12 u. 13–17 Uhr. Kein Eintritt.

Kirchen: Nordöstlich des Egermuseums steht die gotische *Hauptkirche Sankt Niklas* (Kostel sv. Mikulaše), ursprünglich eine romanische Basilika, im 18. Jh. nach einem Brand u. a. durch Balthasar Neumann barockisiert – ihr Inneres ist sehenswert. Die nahe gelegene *Sankt-Wenzels-Kirche* (Kostel sv. Václava) des ehemaligen Dominikanerklosters ließ der Deutsche Ritterorden zwischen 1688 und 1689 errichten. Auf einen Kirchturm verzichtete man. Der Orden unterhielt hier auch ein Brauhaus. Das Kloster beherbergt heute mehrere Agenturen, seine Säle können für Veranstaltungen gemietet werden. Wie die St.-Niklas-Kirche entstand auch die *Mariä Verkündigungskirche des Franziskanerklosters* (Františkánský klášter) südwestlich des Marktplatzes im 13. Jh. Leider wurde das Gros ihres kostbaren Interieurs während der sozialistischen Herrschaft beschädigt, zerstört oder geraubt. Heute ist das Gotteshaus stark renovierungsbedürftig. Nebenan kann jedoch der Kreuzgang, der auch wechselnden Ausstellungen dient, besichtigt werden. Die *Klarakirche* (Kostel Klarisek) schräg gegenüber war einst die Klosterkirche des Klarissenordens. Sie wurde Anfang des 18. Jh. errichtet und ist vermutlich das Werk Christoph Dientzenhofers (→ S. 147). Heute stellt man hier gotische Bildhauerei des historischen Egerlands und europäische Kunst des 17. und 18. Jh. aus. Eine weitere erwähnenswerte Kirche ist die *Sankt-Bartholomäus-Kirche* (Kostel sv. Bartoloměje) nahe dem Fluss Ohře (Eger), die zu Beginn des 15. Jh. von den Kreuzherren mit dem roten Stern erbaut wurde. Das einst dazugehörige Spital jagten deutsche Truppen 1945 versehentlich in die Luft, als man versuchte, die nahe gelegene Brücke zu sprengen, um den Amerikanern den Einzug in die Stadt zu erschweren.

• *Öffnungszeiten* **Sankt-Niklas-Kirche,** tagsüber i. d. R. geöffnet. **Klarakirche,** tägl. (außer Mo/Di) 9–12 u. 13–17 Uhr. Eintritt 2,40 €, erm. die Hälfte. Jeden ersten Do im Monat frei. Alle anderen Kirchen sind nur zu Messen oder Veranstaltungen geöffnet. **Kreuzgang des Franziskanerklosters,** Mai–Sept. tägl. (außer Mo) 10–12 u. 13–17 Uhr. Eintritt frei.

Ruhet in Frieden

Im September 2010 wurde neben dem städtischen Friedhof von Cheb (*Městský hřbitov*, an der Karlovarská, ca. 2,5 km östlich des Zentrums) die größte deutsche Kriegsgräberstätte auf tschechischem Boden eingeweiht – ein Zeichen der Versöhnung. 5500 Menschen fanden hier ihre letzte Ruhestätte, die Hälfte der Toten ist ohne Namen, darunter 473 Zivilisten. Lange Zeit wurden ihre Gebeine umhergeschoben, lagerten u. a. in Pappschachteln in einem Bunker beim mittelböhmischen Příbram – keine Gemeinde wollte die Deutschen haben. Man vermutet, dass insgesamt 180.000 Wehrmachtssoldaten in Böhmen und Mähren fielen, die meisten gegen Kriegsende. Dem Volksbund deutscher Kriegsgräberfürsorge sind 5000 sog. „Grablageorte“ bekannt, wo gefallene Soldaten kurzerhand verscharrt wurden.

Galerien: Einen Besuch wert ist die renommierte **Fotogalerie G 4,** die der heutige Stadtrat und studierte Fotograf Zbyněk Illek bereits vor 20 Jahren gründete. Die Galerie zeigt interessante wechselnde Ausstellungen und verkauft zudem Fotobände und extravagante Postkarten, u. a. mit Motiven von Jan Saudek. Die **Galerie Růžový kopeček** organisiert internationale Künstlerbegegnungen, kleine Konzerte und präsentiert vornehmlich Künstler der Region. Angegliedert ist ein kleines Geschäft mit Künstlerbedarf.

Adressen/Öffnungszeiten **Fotogalerie G 4,** Kamenná 2, Di–Fr 10–18 Uhr, Sa 10–17 Uhr. Kein Eintritt. **Galerie Růžový kopeček,** Růžový kopeček 5, tägl. (außer Mo) 11–18 Uhr. Eintritt variabel.

Doubrava (Taubrath)

Doubrava, ca. 10 km südöstlich von Cheb, ist ein Dorf wie aus dem Bilderbuch. Gäbe es keine Telefonleitungen und Straßenbeleuchtungen, würde man glauben, die Zeit sei hier vor 100 Jahren stehen geblieben. Der kleine idyllische Ort besteht aus typischen alten, Egerländer Fachwerkhäusern. Die Gebäude mit ihren bunt bemalten Balken sind allesamt restauriert – liebevoll, nicht mit der oft anderswo üblichen Gleichgültigkeit. Aus einem **Wehrhof** aus der Mitte des 18. Jh., einem der ältesten noch erhaltenen der Gegend, wurde ein Gasthof mit gemütlichem kleinem Biergarten und privatem Freilichtmuseum. Es zeigt alte landwirtschaftliche Geräte, antike Bauernmöbel und Hausrat. Umgeben ist der Hof von jahrhundertealten Buchen, Eichen und Linden. Drum herum grasen Kühe und Pferde auf den Weiden.

Rund um Doubrava kann man herrlich wandern. Ein erst gelb, dann rot markierter **Wanderweg** führt z. B. nach Starý Hrozňatov (s. u.). Auch bieten sich die Landstraßen der Gegend zum **Radeln** an.

Verbindungen/Öffnungszeiten **Busse** nur 3-mal tägl. über Kozly von und nach Cheb. **Museum** tägl. 11–20 Uhr, im Winter bis 16 Uhr. Eintritt 2 €, erm. 1,20 €.

Starý Hrozňatov (Altkinsberg)

Etwa 4 km Luftlinie trennen Doubrava von Starý Hrozňatov, einem verschlafenen kleinen Ort mit einem Fußballplatz in der Mitte und einem alles überblickenden, märchenhaften Schloss, das in sozialistischer Zeit ein beliebter Treffpunkt der Parteibonzen war und 2010 aufwendig restauriert wurde. Da es bislang nicht zugänglich ist, bleibt vorerst die nahe gelegene **Wallfahrtskirche Maria Loreto** (von der Straße Eger – Waldsassen ausgeschildert) die Attraktion. Sie wurde in der zweiten Hälfte des 17. Jh. errichtet (zur Geschichte der Loretoheiligtümer → Prag, S. 231). Vor dem 2. Weltkrieg pilgerten jährlich über 20.000 Gläubige hierher, der Sozialismus setzte dem ein Ende. Heute erstrahlt der Wallfahrtsort in neuem Glanz, und es kommen wieder Pilger, u. a. aus dem bayerischen Waldsassen.

Vraní dvur, pension ca. 4 km südöstlich von Starý Hroznatov im Weiler Kozly. Fachwerkhaus mit idyllischer Terrasse im Grünen. Restaurant mit sättigenden Portionen (jedoch unregelmäßig geöffnet). Sehr geräumige, familiengerechte Zimmer mit Teppichböden. Anfahrt: Von Starý Hroznatov nimmt man die Straße zur Wallfahrtskirche Maria Loreto und zweigt unmittelbar dahinter links ab. Es geht an einem alten aufgegebenen Tonwerk vorbei. Bei einer Bushaltestelle rechts ab, von da an auch ausgeschildert. DZ 47 €. Kozly 25, ✆ 354593153, www.vranidvur.cz.

• *Verbindungen* **Busse** (Ⓑ2 ab Busbahnhof) mehrmals tägl. von und nach Cheb.

• *Übernachten/Essen & Trinken* **Pension Stříbrny Jelen,** „Zum Silbernen Hirschen". Idyllisches Gartenrestaurant, innen viele Trophäen. Freundliche Zimmer. DZ 44 €. Hrožnatov 151, ✆ 354430531, www.stribrnyjelen.cz.

• *Öffnungszeiten* **Wallfahrtskirche,** Mai–Okt. tägl. 10.30–16.30 Uhr. Außerhalb dieser Zeit kann man sich unter der Nummer ✆ 0049/9632/8547 (aus Deutschland 09632/8547) bei Herrn Sommer anmelden.

Für weitere Ziele südöstlich von Cheb und Františkovy Lázně → Mariánské Lázně/Umgebung ab S. 99.

Herausgeputzt – das Pilsner Zentrum

Plzeň (Pilsen)

Pilsen ist berühmt wegen seiner Braukunst und begehrt als Produktionsstandort. Besuchenswert macht die westböhmische Metropole v. a. ihr reges Kulturleben.

Pilsen ist nach Prag mit rund 163.000 Einwohnern die zweitgrößte Stadt Böhmens. Ihren Horizont begrenzen Industrieanlagen mit rauchenden Schloten, Gewerbeparks mit modernen Fabrikationshallen internationaler Unternehmen und frisch gestrichene Plattenbaukonglomerate. Das Zentrum ist sympathisch, wenn auch bei Weitem kein Schmuckkästchen.

Pilsen bezeichnet sich selbst gerne als „Hauptstadt des Bieres". Das Bier wurde hier zwar nicht erfunden, die nach der Stadt benannte Biersorte aber schon. Trinken kann man es in aller Welt. Allein wegen des Gerstensafts nach Pilsen zu fahren, lohnt also kaum. Eher schon kommt man wegen so mancher Sehenswürdigkeit, auch wenn kein wirkliches Highlight darunter ist. Was der Stadt jedoch Attraktivität verleiht, ist die Mischung aus Bier, Sehenswürdigkeiten und der Tatsache, dass Pilsen eine überaus lebendige Studentenstadt (19.000 Studenten!) ist mit allem, was dazugehört: eine große Kneipenvielfalt, verschiedene Bibliotheken, gemütliche Cafés, interessante Galerien, mehrere Theater usw. Unterm Strich lohnt Pilsen daher mehr als nur einen kurzen Zwischenstopp.

Geschichte: Pilsens Chronik unterscheidet sich bis in die Mitte des 19. Jh. kaum von der anderer böhmischer Städte: Es gab gute Zeiten und schlechte Zeiten, Letztere bedingt wie fast überall durch große Feuersbrünste und Pestepidemien, die Hussitenkriege und den Dreißigjährigen Krieg. Stolz ist man heute darauf, dass in Pilsen 1468 mit der *Trojanischen Chronik* das erste tschechische Buch gedruckt wurde, und dass Kaiser Rudolf II. die Stadt 1599 für knapp ein Jahr zu seiner Residenz machte – er war vor der in Prag wütenden Pest geflohen. In der ersten Hälfte des 19. Jh. versuchte man sein Glück im Kurwesen – mit Karlsbad und Marienbad als die großen Vorbilder. Im Norden der Stadt, beim heutigen Lochotinský-Park ließ man einen Kurpark anlegen. Auch baute man ein Kurhaus. Doch die einzige eisenhaltige Quelle, in die man seine Kurorthoffnungen gesetzt hatte, versiegte nach kurzer Zeit.

Als Pilsens Straßen 1858 eine Gasbeleuchtung erhielten, zählte man ca. 14.000 Einwohner. Waffen und Bier besorgten Pilsens rasanten Aufstieg zur Wirtschaftsmetropole, genauer „Škoda" (→ S. 141) und die Rüstungsindustrie sowie die „Westböhmische Brauerei" und das Pilsener Urquell (→ S. 140). Infolgedessen vervielfachte sich die Einwohnerzahl. Die Kehrseite dieser Entwicklung brachte der 2. Weltkrieg. Pilsen wurde durch die Rüstungsschmiede Škoda, die gleich hinter Krupp kam, zum Ziel alliierter Luftangriffe: 11-mal tauchten Bomber über Pilsen auf, knapp 7000 Häuser wurden zerstört. Als die US-Armee Pilsen befreite, lagen weite Teile der Stadt in Schutt und Asche.

Nach dem Krieg bauten die Kommunisten die Škoda-Werke wieder auf und tranken dazu fleißig Bier. Um Pilsen errichteten sie Plattenbauten und im Zentrum Hässlichkeiten wie das Dům kultury in Bahnhofsnähe, eine Mischung aus Shopping- und Kulturzentrum. Zudem förderten sie das Hochschulwesen, aber nicht alle Studenten dankten es ihnen mit Ehrfurcht: Etwas außerhalb, im Gefängnis Bory an der Straße nach Klatovy, inhaftierte man politisch oppositionelle Intellektuelle. Unter anderem saßen hier der ehemalige Präsident Václav Havel und der einstige Außenminister Jiří Dienstbier ein. In den letzten 15 Jahren bemühte man sich, das Stadtbild wieder zu verschönern. Bis heute wird an allen Ecken saniert und restauriert. Die architektonischen Gräueltaten der kommunistischer Ära wegzuschminken, ist jedoch fast ein Ding der Unmöglichkeit. Bis 2015, wenn Pilsen zusammen mit der belgischen Stadt Mons den Titel „Europäische Kulturhauptstadt" umgehängt bekommt, will man aber auf jeden Fall glänzen, u. a. mit einem neuen Theater.

Orientierung: Das Zentrum der Stadt erstreckt sich um den Náměstí Republiky. Es ist schachbrettartig angelegt und wird dort, wo einst die Stadtbefestigungen standen, z. T. von schmalen Grünstreifen umschlossen. Mit Ausnahme der Pilsner-Urquell-Brauerei und des Škoda-Museums liegen alle Sehenswürdigkeiten nahe beieinander und lassen sich gemütlich zu Fuß abgehen.

Information/Parken/Verbindungen

• *Information* **Městské informační středisko Plzeň,** neben dem Rathaus am Náměstí Republiky 41. Vermittlung von Hotel- und Pensionszimmern sowie Privatunterkünften (ab 16 €/Pers.). Zudem Kartenvorverkauf. April–Sept. tägl. 9–19 Uhr, sonst bis 18 Uhr. ✆ 378035330, www.icpilsen.cz.

• *Parken* Die meisten Hotels verfügen über eigene Parkplätze. Tagesgäste parken recht sicher auf dem **Parkplatz nahe der Großen Synagoge** (Mo–Fr 7–22 Uhr), in der **Nonstop-Tiefgarage** (Podzemní Garáže) beim Bahnhof (Zufahrt von der U Trati; die Straße verläuft südlich der Bahngleise, von Norden bzw. vom Zentrum kommend am Bahnhof vorbei und dann rechts halten) und im Parkhaus des **Plzeň Plaza** (→ Einkaufen, die ersten 3 Std. sind kostenlos). Sonst zahlt man ca. 0,80 €/Std. Kostenlos parkt man (bis 23 Uhr, dann ist Zapfenstreich) im **Innenhof der Pilsner-Urquell-Brauerei** östlich des Zentrums.

• *Verbindungen* **Stadtverkehr:** Es existieren 3 Straßenbahnlinien, die alle durchs

Zentrum führen. Zusteigemöglichkeiten für die Straßenbahn bestehen u. a. am Náměstí Republiky; Busse und Trolleybusse fahren z. B. am Kopeckého Sady nahe dem Westböhmischen Museum ab.

Überlandbusse: Busbahnhof an der Husova, ca. 1,5 km westlich des Zentrums. Nahezu stündl. Busse nach Prag, außerdem gute Verbindungen in alle größeren Städtchen Westböhmens, insbesondere nach Domažlice und Karlovy Vary.

Züge: Bahnhof ca. 1 km südwestlich des Zentrums. Häufige Verbindungen nach Prag, Mariánské Lázně und Cheb.

Adressen/Einkaufen (→ Karte S. 134/135)

• *Ärztliche Versorgung* Mehrere Krankenhäuser vor Ort, z. B. im südlich des Zentrums gelegenen Stadtteil Bory, Ed. Beneše 13. ✆ 377402274.

• *Auto-/Radverleih* Listen von Anbietern hält die Touristeninformation bereit. Günstigstes Auto ca. 50 €/Tag, Räder ab 8 €/Tag.

• *Polizei* Zentrale Polizeidienststelle an der Perlova. ✆ 158.

• *Post* Hauptpost im Zentrum an der Solní.

• *Wäsche* Einen Waschsalon (und zugleich Studententreff) findet man im Norden der Stadt (Stadtteil Lochotín) an der Sokolovská 105 (neben dem Kaufhaus Severka). Zu erreichen mit Ⓢ 4 Sokolovská.

• *Einkaufen* **Plzeň Plaza (3),** neueste Shoppingmall im Zentrum, über 100 Läden. Radčická 2.

Olympia, großes Shoppingcenter ca. 8 km südöstlich, nahe der Ortschaft Černice und der Autobahn Prag – Rozvadov. Ⓑ13 von der Americká.

Koření od Antonína (8), alternativer Gewürzladen, dessen Duft bis auf die Straße zieht. Offene Gewürze en masse. Dominikánská 7.

Music Records (9), großer, auf 2 Läden verteilter CD-Shop mit angeblich über 10.000 Titeln. Dominikánská 3.

Karabuka (21), schöne Möbel, dazu Kerzen, Vasen, Kuscheltiere und sonstiger dekorativer Wohnmüll, vieles stammt aus Asien. Bezručova 32.

Antik Mini Galerie (6), einer von vielen kleinen Trödelläden in der Stadt. Der Schwerpunkt liegt auf Schmuck und Silber. Nebenan ein **Antiquariat**, das auch Deutschsprachiges bereithält. Veleslavínova 25.

Sunny Art (22), ausgefallene Silberschmiedearbeiten mit außergewöhnlichen Steinen. Bezručova 12.

Essen & Trinken/Nachtleben (→ Karte S. 134/135)

Die Auswahl an guten Restaurants im Stadtzentrum ist enorm und jedes Jahr werden es mehr. Die gleiche Vielfalt zeichnet auch das Pilsner Nachtleben aus. Allerdings verschwinden viele Lokale auch schnell wieder von der Bildfläche. Wer nachts auf die Pauke hauen will, findet viele Locations in den Straßen Martinská und Americká.

El Cid (19), eine sehr gute Wahl für alle, die Abwechslung suchen. Eher gediegenes, aber trotzdem legeres Lokal mit weißen Tischdecken. Mediterranes mit Schwerpunkt auf der spanischen Küche. Empfehlenswert: Paella, Entenbrust mit Portwein und Orangen oder Lachsfilet mit Spinat und getrockneten Tomaten. Außenbereich, zuvorkommender Service. Hg. 8–16 €. Křižíkovy sady 1, ✆ 377224595.

Pils'n' Grill (7), das schicke Lokal ist dem Hotel Marriot Courtyard (→ Übernachten) angegliedert. Wie der Name schon sagt, auf Grillgerichte spezialisiert: Forelle oder Lachs genauso wie dicke Steaks. Hg. 6–18 €. Sady 5. května 57, ✆ 373370100.

U Mansfelda (16), gehört zur tschechienweiten Kette der „Pilsner Urquell Original Restaurants", die für Qualität bürgt. Rustikal-modernes Ambiente, gute böhmische Küche – kosten Sie das Putenschnitzel im Kartoffelpufferteig, den Bauernschweinebraten oder *Halušky* (eine Art Spätzle) mit Kraut und Speck. Terrasse. Hg. 5–13 €. Dřevěná 9, ✆ 377333844.

Stará Sladovna (4), ein Tipp in Sachen Erlebnisgastronomie. Dunkle Höhle, in der „mittelalterliche" Kost auf den Tisch kommt. Empfehlenswert sind z. B. die Wildbretmischung mit Wildschwein und Hirsch oder die bizarren „Überreste vom Pilsner Henker". Wer will, kann mit Groschen zahlen und mit den Händen essen. Das Essen wird im Tongeschirr zu angemessener Musik serviert. Hg. 7–14 €. Malá ulice 3, ✆ 377225151.

U Salzmannů (12), älteste Bierstube Pilsens. Dunkel getäfelter Speisesaal, einfaches Ambiente. Große, fleischlastige Standardkarte, Hg. 5–9 €, günstige Mittagsgerichte. Hin und wieder selbstgebrautes Bier – sehr lecker! Pražská 8, ✆ 377235476.

Slunečnice (29), helles Schnellrestaurant mit Sonnenblumen an den Wänden, das sich ganz der gesunden Bioküche verschrieben hat. Viel Gemüse und Salate, aber auch Hühnchen- und Fischgerichte, täglich wechselndes Angebot. Hg. bereits ab 2,60 €. Es wird auch gutes Vollkornbrot verkauft. Nur Mo–Fr bis 22 Uhr (16 Uhr im Hochsommer). Jungmannova 4, ✆ 377236093.

• *Cafés/Bars* **Měšt'anská Beseda (27),** imposantes Kaffeehaus im Wiener Stil. Pompöse Leuchter, ultrahohe Decke. Ideal für den Nachmittagskaffee. Kopeckého sady.

Cross Café (20), zu einer Kette gehörendes Café mit dem typischen American-Style-Krimskrams samt Muffins und Smoothies. Das Besondere hier: Das Café befindet sich im 16. Stock des Business-Centers Bohemia – grandiosere Ausblicke auf Pilsen gibt es nicht. Anglické nábř. 1.

Café Fellini (14), beliebter Treffpunkt im Zentrum. Innen mit gelben und roten Sesselchen ausgestattet, draußen nette Terrasse. Große Kuchentheke, Eis. Náměstí Republiky 6.

Caffé Emily (18), nettes Café im französischen Bistrostil, junges, gestyltes Publikum. Kleines Frühstücksangebot, Eisbecher, Cocktails und Kuchen. Schöne Terrasse auf einem Abschnitt der alten Stadtmauer. Zbrojnická 7.

Café Anděl (24), lichte, schicke Cafébar, ein In-Treffpunkt. Vegetarische Küche! Im Keller eine Musicbar mit regelmäßig stattfindenden Konzerten und DJ-Abenden (Jazz, Funk, Rock). Bezručova 7.

• *Kneipen* **Potrefena Husa (25),** tschechienweit vertretenes und überaus beliebtes Kneipenrestaurant. Junges Publikum, recht gutes Essen. Das dazugehörige Clubrestaurant **Potrafena Husa PH+** nebenan (Di–Sa bis 5 Uhr) gehört mit zum Beliebtesten, was Pilsen zu bieten hat. DJ-Partys. Musik (R'n'B, Hip-Hop, House etc.) und Klientel im Gegensatz zur Dekoration wenig aufregend. Kopeckého sady.

Dominik (9), witzige Outdoor-Kneipe in einem schattigen Hinterhof. Manchmal laute Musik und oft langhaariges Publikum. Kleine Gerichte. Im Winter trifft sich das Völkchen nebenan im gleichnamigen Kneipencafé mit Kicker (1. Stock). Dominikánská 3.

Archa (5), entspannte Hinterhofkneipe.

Recht gepflegt. Mehr als 200 Cocktails im Angebot! Auch bei älteren Semestern beliebt. Im Sommer gemütliche Bierbänke im Hof. Veleslavínova 22.

Krize Bar (30), rustikale Bierkneipe für jüngeres Publikum. Am Wochenende tauchen DJs auf (Rock und Pop), und dann geht es bis spät in die Nacht hoch her. So geschl. Jungmannova 5.

• *Clubs* **Goethe's Mefisto (26),** Musicbar mit vielen Studenten, die viel Wodka und Red Bull trinken. Programm zwischen Latino,

Oldies und Standard-Discomusik. Goethova 2.

House of Blues (32), ca. 10 Fußmin. südlich des Zentrums. Großer Club, der sich, wie der Name schon sagt, auf Blues, Jazz und Rock spezialisiert hat. Man wirbt mit „Konzerten von Spitzenkünstlern aus aller Welt", tatsächlich aber vorrangig tschechische Bands. Di–Sa 18–4 Uhr. Černická 10. Vom Zentrum die Prokopova nehmen (Abzweigung beim McDonald's an der Americká), nach den Bahngleisen die zweite (U Radbuzy) links ab und dann gleich wieder rechts.

Zach's Pub (11), Mischung aus Irish Pub, in dem das Guinness in Strömen fließt, und Music-Club mit regelmäßigen Konzerten. Man kann auch essen, z. B. ein *Full Irish Breakfast* oder Chili con Carne. Netter Biergarten im Innenhof. Palackého nám. 2.

Neutral (31), Club und Cafe. DJs und Konzerte – geboten wird alles andere als Mainstream (Jungle, Reggae, Punk, Techno). Freakiges Publikum, kleiner Eintritt. Resslova 17.

Potrefena Husa PH+ (25), → Kneipen.

Was der Big Mac mit Pilsen zu tun hat

1994 wurde das erste McDonald's in Pilsen eröffnet – in jener Stadt, aus der die Familie Ray Krocs, des Begründers des Fast-Food-Imperiums, ursprünglich stammt. Ray Kroc war Milchshake-Mixer-Vertreter, bevor er in das Schnellrestaurantgeschäft einstieg. Mit ein paar Schwarz-Weiß-Fotos erweist die McDonald's-Filiale an der Americká dem Franchisepionier die Reverenz – nicht gerade spannend. Und der Burger ist hier auch nicht größer oder besser als anderswo ...

Übernachten *(→ Karte S. 134/135)*

• *Hotels* **** **U Zvonu (17),** von außen ein steriler Neubau, von innen aber ein recht ansprechendes Haus, das sich so manches bei Designhotels abgeschaut hat. 27 schicke, der Sterneanzahl entsprechend komfortable Zimmer mit hübschen Bädern. Café und Restaurant (mit Teppichboden!). Bewachte Tiefgarage (12 €/Nacht). EZ 74 €, DZ 108 €. Pražská 27, ✆ 378011855, ℻ 378011856, www.hotel-uzvonu.cz.

**** **Marriot Courtyard (7),** wenig innovativer Neubau in unmittelbarer Nähe des Zentrums. Lobby mit niedrigen Decken im zeitgemäßen Design. Die 195 Zimmer und Suiten sind zwar sehr komfortabel (Safe, Minibar, Flachbild-TV), aber recht konventionell eingerichtet. In den dicken Teppichböden kann man fast versinken. Zuvorkommendes englischsprachiges Personal. Parken in der Tiefgarage (12 €/Nacht). Standardzimmer (egal ob DZ oder EZ) ab 88 € exkl. Frühstück und Mehrwertsteuer. Sady 5. května 57, ✆ 373370100, ℻ 373370101, www.marriot.com.

**** **Central (15),** von außen wie von innen wenig Flair. Die 82 Zimmer und Suiten mit z. T. netter Aussicht auf den historischen Marktplatz sind aber okay. Sauna, Fitnessraum, eigene Parkplätze. EZ 55 €, DZ 78 €, billiger am Wochenende. Náměstí Republiky 33, ✆ 377226757, ℻ 377226064, www.central-hotel.cz.

*** **Rango (13),** neueres familiäres Hotel in einem Altstadthaus aus dem 16. Jh. 11 großzügige, komfortable Zimmer und 1 Apartment mit Internetanschluss und Minibar. Bewachte Garagenplätze, beste Lage. Restaurant mit mediterraner Küche. EZ 58 €, DZ 86 €. Pražská 10, ✆ 377221188, ℻ 377220728, www.rango.cz.

*** **Slovan (28),** traditionsreiches Haus, Ende des 19. Jh. erbaut, mit pompösen Treppenaufgängen und verblichenem Glanz. Leider nur bieder-schwerfällige Standardzimmer (teils noch ohne Bad), die eine Beauty-Kur dringend nötig hätten. Eigene Parkplätze. DZ ohne Bad 40 €, mit Bad 52 €. Smetanovy sady 1, ✆ 377227256, ℻ 377227012, http://hotelslovan.pilsen.cz.

• *Pensionen* **K (23),** restauriertes Haus aus dem 18. Jh. Hübscher Eingangsbereich mit Jugendstilbildern und vielen Pflanzen. Zimmer z. T. fröhlich gestrichen, aber mit altbackenem Mobiliar ausgestattet. Sauber, geräumige Bäder. EZ 32 €, DZ 54 €. Bezručova 13, ✆/℻ 377329683, pensionk@volny.cz.

*** **Hotel/Pension Hazuka (33),** in Zentrumsnähe (15 Min. zu Fuß). Die Pension bietet freundliche, mit Kiefernholzmöbeln eingerichtete Zimmer. Etwas heller und schicker die Zimmer des angeschlossenen Hotels. Garagenparkplätze. Anfahrt: Vom Zentrum die Prokopova nehmen (Abzweigung beim McDonald's an der Americká) und stets dieser Straße stadtauswärts Richtung Süden folgen (ändert mehrmals ihren Namen), dann rechter Hand. Ⓑ13 u. 14 (Haltestelle Samaritská) fahren ebenfalls dorthin. EZ in der Pension 38 €, DZ 54 €, im Hotel 50 bzw. 71 €. Zborovská 16/18, ✆ 377420010, ℻ 377442691, www.hotelhazuka.cz.

V Solní (10), zentral gelegene Minipension. 3 geräumige Zimmer mit eigenem Bad (sehr sauber) und Standardmobiliar. Schnell ausgebucht, frühzeitige Reservierung ratsam. EZ 24 €, DZ 41 €, Frühstück extra. Solní 8, ✆ 377236652, www.volny.cz/pensolni.

U Salzmannů (12), 8 unterschiedlich große, ältlich-biedere 08/15-Zimmer und -Apartments mit TV und eigenem Bad. Die Pension ist der ältesten Pilsner Bierstube angegliedert. Eigene Parkplätze. DZ je nach Ausstattung und Lage 28–

60 €, Apartment für 2 Pers. 76 €. Pražská 8, ✆ 377235476, www.usalzmannu.com.

• *Camping* **Autocamp Ostende (1),** am nördlichen Stadtrand direkt an einem Badesee – für einen Stadtcampingplatz ein fast schon idyllischer Ort. Große Anlage mit viel Schatten. Restaurant. Sanitäranlagen etwas veraltet, aber okay. Mai–Sept. Von der Straße nach Most ausgeschildert. Wer ohne fahrbaren Untersatz unterwegs ist, nimmt vom Zentrum Ⓢ1 o. 5 bis Plaská, muss dann aber noch ca. 10 Min. laufen. 2 Pers. mit Zelt u. Auto 15 €, Hütte für 4 Pers. mit Du/WC 66 €. Malý Bolevec, ✆/📠 377520194, www.cbox.cz/atc-ostende.

• *Außerhalb* *****–**** Darovanský Dvůr,** großer historischer Gutshof, ca. 24 km nordöstlich von Pilsen nahe dem Dörfchen Darová, ausgeschildert. Über 100 Zimmer auf 3- und 4-Sterne-Niveau. 2 Restaurants, Pool, Kanu- und Mountainbikeverleih, Reitschule, Tennisplätze und ein 27-Loch-Golfplatz (Greenfee 40–56 €). EZ ab 41 €, DZ ab 56 €. Darová 3, ✆ 371740711, 📠 371740710, www.darovanskydvur.cz.

***** Schlosshof Býkov (2),** wer eine nette Unterkunft zentraler Wohnlage vorzieht, dem sei dieser ca. 10 km nördlich von Pilsen gelegene Barockhof aus dem frühen 18. Jh. empfohlen. Ein vormaliger Besitzer des Guts war Fürst Metternich. Die Zimmer (komfortabel, aber nicht immer das allerschönste Mobiliar) sind um einen gemütlichen Innenhof angelegt. Zum Hotel gehören Kongressräume, ein kleines Museum, eine Kapelle und ein gemütliches Lokal. Reitpferde, Mountainbikes, Fitnesscenter, Solarium, Sauna. Auch behindertengerechte Zimmer. Der Hof befindet sich nahe der Ortschaft Hromnice. Von Pilsen der Straße Nr. 27 nach Třemošná/Kaznějov folgen, dann ausgeschildert. EZ 48 €, DZ 56 €. Hromnice 55, ✆ 377193111, 📠 377959345, www.bykov.cz.

Sport & Freizeit/Kultur

• *Air Park Zruč* Ein Flugzeugschrottplatz mit ein paar MIGs, alten Panzern, ausgedienten Militärhubschraubern usw. Etwa 8 km nördlich von Pilsen im Ort Zruč-Senec (nimmt man die Straße über Třemošná, nicht zu verfehlen). Im Sommer tägl. 10–20 Uhr, im Winter bis 18 Uhr. Eintritt 4 €, erm. die Hälfte.

• *Eishockey* Der **HC Plzeň** spielt in der ČEZ-Arena (hier finden zuweilen auch Konzerte statt). Ca. 8 Fußmin. außerhalb des Zentrums, einfach der Propokova stadtauswärts folgen oder mit Ⓑ13 o. 14 zu erreichen.

• *Fußball* **Viktoria Plzeň,** bei Redaktionsschluss Tabellenführer der höchsten tschechischen Liga. Spielt im städtischen Stadion nahe der Tyršova nordöstlich der Altstadt

• *Golf* **Golf Park Plzeň,** 18-Loch-Platz ca. 8 km nordöstlich von Pilsen bei Dýšina. Greenfee 48–72 €. ✆ 373729961, www.golfplzen.cz. Für einen weiteren Platz nahe Pilsen → Übernachten/Außerhalb/Darovanský Dvůr.

• *Rundflüge* **Mujpilot,** 30 Min. in kleinen Propellermaschinen für max. 3 Pers. 119 €. Gestartet wird vom Flugplatz bei Líně, ca. 10 km südwestlich von Pilsen. ✆ 603887935 (mobil), www.mujpilot.cz.

• *Theater* Lohnenswert ist ein Besuch des **Tyl-Theaters,** das Anfang des 20. Jh. als Gegenstück zum Prager Nationaltheater entstand. Benannt ist es nach dem Komponisten und Dramatiker Josef Kajetán Tyl, der 1856 in Pilsen verstarb. Smetanovy Sady 16, Kartenvorverkauf in der Sedláčkova 2, Mo–Fr 9–18 Uhr, ✆ 378038190, www.djkt-plzen.cz.

• *Veranstaltungen/Festivals* Pilsen hat viel zu bieten. Zu den Highlights gehören von Feb.–März z. B. die **Smetana-Tage** (Kulturfestival), Ende April das **Finále** (Festival des tschechischen Films), Mitte Juni ein **Folklorefestival,** in der ersten Augusthälfte das Straßenfestival **Na Ulici,** im Sept. ein **Theaterfestival** und im Okt./Nov. ein **Jazzfestival.** Ende Aug. findet zudem i. d. R. das **Bierfest** der Pilsner-Urquell-Brauerei statt.

• *Zoo* Im Norden der Stadt, von der Straße nach Karlovy Vary ausgeschildert. Als besonders schön kann man den Pilsner Tiergarten nicht bezeichnen, er besitzt jedoch eine Attraktion: Komodowarane. April–Okt. 8–19 Uhr, Nov.–März 9–18 Uhr. Eintritt je nach Jahreszeit 2–3 €, Kinder 1,20–1,80 €. Ⓢ1 o. 4 Lékařská fakulta, von dort laufen. Nebenan ein **botanischer Garten** und ein **Dinopark** mit jeder Menge Plastikechsen.

Plzeň
Karte S. 134/135

Sehenswertes

Náměstí Republiky (Platz der Republik): Zentrum Pilsens ist der Náměstí Republiky, einer der größten Plätze Böhmens. Ihn säumen schöne Barock- und Renaissancehäuser, das Alter ihrer Grundmauern reicht z. T. bis ins 13. Jh. zurück. Zu den Sehenswürdigkeiten rund um den Platz gehören die Galerien im sog. Kaiserhaus sowie drei Museen (s. u.). Dominiert wird der Náměstí Republiky von der gotischen Sankt-Bartholomäus-Kirche (s. u.). Zwischen ihr und dem Rathaus, ein Renaissancebau mit reichem Sgrafittoschmuck, steht die Pestsäule. Die Bürger Pilsens stifteten sie 1681 der Muttergottes aus Dankbarkeit dafür, dass ihre Stadt vor einer schweren Epidemie verschont blieb. Letztmalig brach die Pest übrigens 1714 in Pilsen aus. Viele der Toten wurden gleich hier auf dem Platz bestattet; die südliche Hälfte des Náměstí Republiky war bis zum Ende des 18. Jh. ein Friedhof.

Chrám sv. Bartoloměje (Sankt-Bartholomäus-Kirche): Im ausgehenden 13. Jh. wurde mit dem Bau der dreischiffigen Hauptkirche begonnen, zu Beginn des 16. Jh. waren die Arbeiten abgeschlossen, aber nicht für immer. Verheerende Stadtbrände führten dazu, dass sie mehrmals wiederaufgebaut werden musste. In der Mitte des neugotischen Hauptaltars steht die bekannte, über einen Meter hohe steinerne „Pilsner Madonna" aus dem Ende des 14. Jh. Der Glockenturm der Kirche ist mit 102 m der höchste tschechische Kirchturm. Man kann ihn besteigen, 301 Stufen führen hinauf. Er stammt aus dem Jahr 1837. Der kleinere Vorgängerturm war infolge eines Blitzeinschlags abgebrannt.

Öffnungszeiten **Kirchturm mit Aussichtsplattform,** tägl. 10–18 Uhr. Eintritt 1,20 €, erm. 0,80 €. **Kirche,** April–Sept. Mi–Sa 10–16 Uhr, Okt.–Dez. Mi–Fr 10–16 Uhr.

Studentenstadt Pilsen

Museen am Náměstí Republiky: Das liebevoll gestaltete *Národopisné Muzeum* (Volkskundemuseum) vermittelt u. a. einen Eindruck davon, wie die Menschen in den letzten Jahrhunderten auf dem Land und in der Stadt gelebt haben. Dementsprechend hat man auch diverse Räumlichkeiten als Wohnstuben im Stil unterschiedlicher Epochen mit dem jeweils passenden Interieur eingerichtet. Kleinere Pilsen-Besucher zieht es eher in das *Muzeum Loutek* (Marionettenmuseum), das auf drei Stockwerken Kasperle, Zauberer und Hutzelweiber ansprechend präsentiert. Die Puppen entstammen der Sammlung des Westböhmischen Museums. Ein wenig gruseln kann man sich danach im kleinen, etwas provisorischen

Muzeum Strašidel (Gespenstermuseum). Im angeschlossenen Shop gibt es Accessoires für den nächsten Kinderfasching.

• Adresse/Öffnungszeiten **Volkskundemuseum,** Náměstí Republiky 13. April–Okt. tägl. (außer Mo) 10–18 Uhr, im Winter 9–17 Uhr. Eintritt 0,80 €, erm. die Hälfte. **Marionettenmuseum,** Náměstí Republiky 23. Tägl. (außer Mo) 10–18 Uhr. Eintritt 2,40 €, erm. die Hälfte. **Gespenstermuseum,** Náměstí Republiky 33. Tägl. 10–18 Uhr. Eintritt 3,20 €, erm. 2 €.

Velká synagoga (Große Synagoge): Die laut Synagogenprospekt drittgrößte Synagoge der Welt wurde 1892 im maurisch-romanischen Stil erbaut. Anfangs plante man die Synagoge übrigens noch größer und im neogotischen Stil, auch sollten ihre beiden Türme höher werden. Der Entwurf wurde jedoch von den Stadtvätern abgelehnt: Kein jüdischer Bau durfte die Sankt-Bartholomäus-Kirche in den Schatten stellen. Heute erinnert die Synagoge an die einst große jüdische Gemeinde Pilsens, die durch die Nationalsozialisten ihr gewaltsames Ende fand. Von den 3200 deportierten Pilsner Juden kehrten nach dem Krieg nur 116 zurück. Das Innere der Synagoge ist sehenswert, hin und wieder finden hier auch Konzerte statt. Im Eingangsbereich Verkauf von jüdischer Literatur, Souvenirs und koscherem Wein.

Adresse/Öffnungszeiten Sady Pětatřicátníků 11. Tägl. (außer Sa) 10–18 Uhr. Eintritt 2,20 €, erm. 1,40 €.

Pivovarské muzeum (Brauereimuseum): Kein Museum Pilsens lockt so viele Besucher an: Mit rund 50.000 im Jahr hält es den Rekord. Es ist untergebracht in einer Mälzerei aus dem Jahr 1492. Zu sehen gibt es jede Menge Gläser, Flaschen, Abfüllanlagen usw. Darunter befindet sich auch eines jener 30 gläserner Fässer (3 l passen rein), die sich Papst Pius XII. (1876–1958) jeden Monat zukommen ließ. Ob er die Bierfässer allein leerte oder in Gesellschaft, ist unbekannt. Zu sehen gibt es weiterhin Eis- und Lagerkeller sowie die Rekonstruktion einer Pilsner Bierstube aus den 1930er-Jahren. Eine Bierverköstigung im Museum gibt es nicht, dafür erhält man mit der Eintrittskarte eine Münze, mit der man in der beliebten Schenke U Parkánu nebenan einen halben Liter Bier umsonst bekommt.

Adresse/Öffnungszeiten Veleslavínova 6. April–Dez. tägl. 10–18 Uhr, sonst 10–17 Uhr. Eintritt mit Text 3,60 €, erm. 2,40 €, mit Audioguide 4 €, erm. 3,20 €.

Františkánsky klášter (Franziskanerkloster): Das Kloster samt Kirche entstand Ende des 13. Jh., war einst mit der Stadtmauer verbunden und blieb trotz schwerer Zerstörungen während der Hussitenkriege und des Dreißigjährigen Kriegs im Wesentlichen in seiner frühgotischen Gestalt erhalten. Heute beherbergt der Gebäudekomplex u. a. das *Diözesanmuseum*. Es zeigt Plastiken aus der Zeit der Gotik, der Renaissance und des Barock. Sehenswert ist die mit Fresken geschmückte Barbarakapelle. Die Wandmalereien, um 1460 entstanden, zeigen Szenen aus dem Leben der Hl. Barbara.

Adresse/Öffnungszeiten Františkánská 11. Das **Diözesanmuseum** war z. Z. d. letzten Recherche geschlossen.

Galerien: Pilsen kann mit etlichen Galerien aufwarten, kaum ein Straßenzug, der keine hätte. Präsentiert wird Kunst aller Arten – von der Landschaftsmalerei bis zur Videoinstallation. Manche verlangen ein paar Kronen Eintritt, die meisten nichts. Lohnenswert ist ein Besuch der *Galerie Jiřího Trnky* (Mo–Fr 10–12 und 13–17 Uhr, Sa 10–14 Uhr) und der *Galerie města Plzně* (Galerie der Stadt Pilsen, Di–So 10–12 und 13–18 Uhr). Sie sind beide im sog. Kaiserhaus, dem Gebäude neben dem Informationszentrum am Náměstí Republiky untergebracht und zeigen überwiegend moderne tschechische Kunst. Auf Design spezialisiert hat sich die *Univerzitní galerie* (Universitätsgalerie) in der Jungmannova 1 (Di–Fr 10–17 Uhr, Sa 10–12 Uhr). In den ehemaligen Pilsner Fleischbänken (Masné krámy) hat die *Zá-*

podočeské galerie (Westböhmische Galerie, Di–So 10–18 Uhr) ihren Sitz. Eher eine Verkaufsgalerie ist die *Galerie Trigon* (Mo–Fr 10–17 Uhr, Sa 10–12 Uhr) an der Perlova 12. Dort kann man auch Künstlerbedarf erstehen.

Západočeské muzeum (Westböhmisches Museum): Im Südosten der Altstadt liegt das Westböhmische Museum, ein mächtiges Neorenaissancegebäude mit dekorativen Jugendstilelementen. Es entstand zwischen 1893 und 1902 und besitzt einen gewaltigen Fundus an kunstgewerblichen und historischen Sammlungen, insgesamt rund 76.000 Objekte. Die seit Jahren andauernden Umbau- und Restaurierungsarbeiten haben jedoch zur Folge, dass das Gros der Exponate unter Verschluss ist. So waren zuletzt neben temporären Expositionen lediglich der Jubiläumssaal im Obergeschoss (mit einer Ausstellung über Meißner Porzellan) und die im Untergeschoss eingerichtete Rüstkammer (viele Kanonenkugeln, Morgensterne, Schanzengewehre, Schutzhelme etc.) zu besichtigen. Für die Zukunft sind weitere Dauerausstellungen zur Paläontologie und zur Industriegeschichte geplant.

Adresse/Öffnungszeiten Kopeckého sady 2. Tägl. (außer Mo) 10–18 Uhr. Eintritt für die Dauerausstellung 0,80 €, erm. die Hälfte.

Plzeňské Podzemí (Pilsner Untergrund): Schon im 13. Jh. begann man in Pilsen mit der Unterkellerung von Häusern. Im Lauf der Jahrhunderte erreichten die Keller Tiefen von bis zu vier Stockwerken. Sie dienten als Depots für Lebensmittel, aber auch als Werkstätten oder Brennereien. Viele waren durch ein Tunnelsystem miteinander verbunden. Fälschlicherweise wird das Labyrinth aus Gewölbekellern auch als „Katakomben" bezeichnet, ein Bestattungsort im frühchristlichen Sinne war es jedoch nie. Einen Teil der unterirdischen Gewölbegänge kann man besichtigen. Zu sehen bekommt man dabei auch Fundstücke aus Glas und Keramik. Archäologen entdeckten diese in versiegten Brunnenschächten, die, nachdem der Grundwasserspiegel abgesunken war, als Abfallgruben genutzt wurden. Allzu spannend ist ein Besuch aber nicht.

• *Adresse/Öffnungszeiten* In den Untergrund steigt man vom Brauereimuseum aus (s. o.), dort kauft man auch die Tickets. April–Dez. tägl. 10–18 €, sonst 10–17 Uhr. Führungen in englischer Sprache finden um 13 Uhr statt, sonst nur Führungen in tschechischer Sprache (man bekommt dann einen Audioguide mit verschiedenen Sprachen). Dauer 50 Min. Eintritt 4 €, erm. 3,20 €. Pulli mitnehmen!

Plzeňský Prazdroj (Pilsner-Urquell-Brauerei): Aus diesem Hause kommt eines der besten Biere weltweit, das Plzeňský prazdroj, das unter seinem deutschen Exportnamen „Pilsner Urquell" berühmt ist. Dieses Bier, das unerreichbare Vorbild von Pils, Pilsner oder Pilsener, steht wie kein anderes für Qualität. Seinen besonderen Geschmack verdankt es in erster Linie dem Žatecer Hopfen aus Nordböhmen, dem angeblich besten Hopfen der Welt.

Wer sich für Braukunst interessiert, kann an einer Führung durch die Brauerei teilnehmen, dabei geht es vorbei an Braupfannen, Sudkesseln, der Abfüllanlage (120.000 Flaschen/Std.) und durch Gär- und Lagerkeller (Letztere besitzen eine Länge von insgesamt 9 km!). Die einzelnen Arbeitsgänge erfährt man per Video. Zum Schluss gibt's ein kleines Glas Bier, das zu Demonstrationszwecken noch nach jener alten Methode in einem Holzfass zur Reife gelangte, wie es zur Gründungszeit der Brauerei 1842 Usus war. Die Rezeptur fürs Pilsner Urquell hat übrigens der bayerische Braumeister Josef Groll erfunden.

Ganz nebenbei: Schon im Mittelalter wurde in Pilsen Bier gebraut, in manchen Jahren aber von so minderer Qualität, dass es immer wieder zu Volksaufständen kam. So nahmen sich die Stadtväter der Brauereien an und kontrollierten diese auf folgende Art und Weise: Frisch gebrautes Bier wurde über eine Bank geschüttet, auf welche sich der Braumeister zu setzen hatte. Stunden später, wenn alles eingetrocknet war, hatte dieser aufzustehen. Klebte er fest, war alles o. k., wenn nicht, war das Bier verdünnt und es gab Stockhiebe.

Hinter dem Areal der Pilsner-Urquell-Brauerei liegt die 1869 gegründete Gambrinus-Brauerei. Beide Brauereien gehören heute zum südafrikanischen Bierkonzern *SABMiller*. Zusammen produzieren sie weit über 10 Mio. Hektoliter Bier pro Jahr, die nicht nur im eigenen Land getrunken, sondern in mehr als 50 Länder exportiert werden. 2500 Beschäftigte helfen dabei mit. Noch bis Ende 2003 konnten diese übrigens – einmalig in tschechischen Brauhäusern – nach Schichtende in der Brauereikneipe umsonst und unbegrenzt bechern gehen. Als man anfing, einen kleinen Obolus zu verlangen, kam es fast zum Aufstand.

Auf dem Brauereigelände befindet sich ein Souvenirladen, in dem es alles Mögliche zu kaufen gibt, auf das sich das Etikett der Brauerei drucken lässt. Im Restaurant „Na Spilce“, einer gepflegten Bierhalle für 550 Gäste, werden böhmische Gerichte der mittleren Preisklasse serviert.

• *Adresse/Öffnungszeiten* Die **Brauerei** liegt östlich des Zentrums an der U Prazdroje 7; nicht zu übersehen. Für Einzelpersonen finden im Sommer tägl. um 13 und 14.30 Uhr Führungen (ca. 90 Min.) statt, im Winter Mo–Fr um 14.30 Uhr, Sa/So zusätzlich um 13 Uhr. Eintritt 6 €. Wer die Führung mit einem Besuch des Brauereimuseums (s. o.) kombinieren will, zahlt 10 €.

Exposition Škoda: Wer hier Oldtimer erwartet, liegt falsch, denn diese gibt es im Škoda-Museum in Mladá Boleslav nordöstlich von Prag zu besichtigen, wo die Autos vom Band laufen. Die kleine, interaktive und auch deutschsprachige Exposition Škoda in Pilsen informiert in erster Linie über die Geschichte des Unternehmens, insbesondere am Standort Pilsen, wo heute u. a. Werkzeugmaschinen, Walzwerke, Druckwasserreaktoren, Dampfturbinen für Kohlekraftwerke und so weiter produziert werden. Škoda/Pilsen lieferte übrigens auch Reaktorteile für den störanfälligen Temelín-Meiler.

Die Unternehmensgeschichte nahm 1869 ihren Anfang, als der Ingenieur Emil Škoda (1839–1900) die gerade zehn Jahre zuvor gegründete *Graf Waldsteinische Maschinenfabrik* in Pilsen kaufte. Anfangs konstruierte man Maschinen für den Bergbau, für Brauereien und Zuckerfabriken. Mit dem Einstieg in die Stahlerzeugung und die Rüstungsproduktion stieg Škoda zu einem der bedeutendsten Unternehmen Österreich-Ungarns auf. Neben Wehrtechnik (Großkaliberhaubitzen, Schiffsgeschütztürme usw.) entwickelte man aber auch weiterhin Projekte für die zivile Nutzung, z. B. Stauanlagen für den Suezkanal. Anfang des 20. Jh. kam durch die Übernahme der Kraftwagenfabrik *Laurin und Klement* in Mladá Boleslav der Automobilbau hinzu, Ende des 1. Weltkriegs der Lokomotivenbau. Schließlich stand der Name Škoda auch für Schiffe, Flugzeuge und Stahlbrücken.

Mit der deutschen Besetzung Böhmens wurde Škoda Teil der Reichswerke Hermann Göring AG. Nach dem Krieg verstaatlichte die Tschechoslowakei das Unternehmen und nach dem Untergang des Kommunismus wurde es in eine Aktiengesellschaft überführt, der deutsche Volkswagenkonzern übernahm 1991 die Automobilsparte.

• *Adresse/Öffnungszeiten* Die Exposition Škoda ist die einzige permanente Ausstellung der Technikshow Techmania, die versucht, Kindern physikalische, akustische, optische und mechanische Thematiken näherzubringen. Die Ausstellung befindet sich auf dem Škoda-Werksgelände, Zufahrt über die Borská. Zu erreichen mit Ⓑ22 o. 41 bis Škoda v brána. Mo/Mi/Fr 8.30–15 Uhr, Di/Do/Sa/So 8.30–17 Uhr. Eintritt 5,60 €, erm. 3,60 €.

Plzeň Karte S. 134/135

Schloss Manětín

Plzeň/Umgebung

Verlässt man das Pilsener Becken, in dem sich die Stadt ausbreitet, wird die Gegend gleich hügelig. Weite Felder bestimmen das Bild und wechseln mit dichten Wäldern ab. Wer mit dem eigenen Fahrzeug unterwegs ist, zuckelt nicht selten einem Traktor oder Mähdrescher hinterher. Vielfach säumen Apfel- oder Kirschbäume die Straßen, v. a. im Frühling eine wahre Pracht. Es geht durch kleine, liebliche Dörfer mit alten ockerfarbenen Gutshöfen, die sich um einen Weiher gruppieren. Und es geht durch größere Ortschaften, mit einem Gemischtwarenladen in der Mitte und drum herum Plattenbauten. Aber egal wo, kaum eine größere Anhöhe ohne Burgruine, kaum eine Stadt ohne Schloss. Zum Wandern oder Radfahren lädt insbesondere der dünn besiedelte Landstrich rund um Manětín und Rabštejn nad Střelou ein. Das sehenswerteste kulturgeschichtliche Highlight in der Umgebung Pilsen ist das Kloster Kladruby.

Starý Plzenec (Alt-Pilsenetz)

Am Flüsschens Úslava, ca. 8 km südöstlich von Pilsen, liegt Starý Plzenec. Das Städtchen ist in Tschechien v. a. wegen der hier ansässigen **Sektkelterei Bohemia** bekannt (Produktion weit über 12 Mio. Flaschen jährlich), die übrigens zu *Henkell & Söhnlein* gehört. Die Reben kommen aus der Region um Mikulov in Mähren, in Starý Plzenec finden der Gärungsprozess und die Abfüllung statt. Vor Ort (ausgeschildert) kann man sich preiswert mit ein paar Flaschen eindecken, der beste und edelste Tropfen ist der *Louis Girardot (brut)*, die Flasche ca. 17 €.

Im Norden des Städtchens lag einst eine Burganlage der slawischen Přemysliden. Neben ein paar Grundmauern blieb eine **Rotunda** aus dem 10. Jh. erhalten, das älteste Bauwerk Westböhmens. Von der Kirche nördlich der Úslava führt ein Fußweg hinauf. Interessanter jedoch ist die gotische **Burgruine Radyně** auf dem gleichnamigen Hügel südlich des Städtchens. In der Mitte des 14. Jh. wurde sie von Karl IV. gegründet, nach einem Brand im 16. Jh. verfiel sie. Die Außenwände des Burgpalasts und ein 27 m hoher Turm sind noch erhalten.

• *Verbindungen* **Züge** alle 2 Std. nach Plzeň.

• *Essen & Trinken* **Restaurace Staroplzenecká,** in der Ortsmitte bei der Hauptkreuzung. Gepflegt-rustikales Restaurant mit riesigem Kachelofen und blumigen Deckenmalereien. Neben Kurzgebratenem (etliche Steakvariationen) auch Pizza. Hg. 4–12 €. Masarykovo nám. 57, ✆ 377965072.

• *Öffnungszeiten* **Burgruine Radyně,** April u. Mai nur Sa/So 10–18 Uhr, Juni–Aug. tägl. (außer Mo) 10–18 Uhr, Sept. u. Okt. nur Sa/So 9–17 Uhr. Eintritt 1,60 €, erm. die Hälfte. Anfahrt: Im Zentrum von Starý Plzenec zunächst ausgeschildert, doch bei der Weggabelung nach 2,5 km fehlt das Hinweisschild. Dort rechts Richtung Nebílovy halten und nach 700 m wieder rechts ab.

Zámek Kozel (Schloss Kozel)

Nahe der Ortschaft **Šťáhlavy,** ca. 14 km südöstlich von Pilsen, liegt das Jagdschloss Kozel, ein eingeschossiger klassizistischer Bau, um den sich ein malerisches Ensemble ebenfalls niedriger Pavillons mit Mansardendächern gruppiert. Die Anlage ist umgeben von einem englischen Garten mit exotischen Bäumen und einem Teich mit Seerosen. Johann Adelbert Czernín von Chudenice ließ das Schloss in der zweiten Hälfte des 18. Jh. bauen. Später ging es in den Besitz von Christian Vinzenz Waldstein-Wartenberg über, jenem Mann, dessen kleine Maschinenfabrik ein gewisser Emil Škoda übernahm und weltberühmt machte. Die Räumlichkeiten des Schlosses sind sehenswert, Wandschmuck und Mobiliar – überwiegend im Empirestil – blieben weitestgehend erhalten und vermitteln so einen Eindruck, in welch angenehmer Umgebung der Adel seine Sommer verbrachte. Vom Ankleidezimmer über die große Bibliothek bis zum Billardsalon können alle Räumlichkeiten des Hauptgebäudes besichtigt werden. In der ehemaligen Reitschule zeigt eine Galerie wechselnde Ausstellungen; in der Schlosskapelle werden hin und wieder Konzerte veranstaltet. Die Anlage ist ein beliebtes Ausflugsziel der Pilsener, beim Schloss findet man ein Restaurant, ein Café und einen Minigolfplatz.

• *Anfahrt/Verbindungen* Von Plzeň die Straße nach Starý Plzenec nehmen und von dort weiter Richtung Šťáhlavy. Das Schloss ist mit „Zámek" ausgeschildert.
Mit dem **Zug** erreicht man Šťáhlavy alle 2 Std. von Plzeň aus, vom Bahnhof ca. 1,5 km zu Fuß.

• *Öffnungszeiten* **Schloss,** April u. Okt. Sa/So 9–16 Uhr, Mai u. Sept. tägl. (außer Mo) 9–16 Uhr, Juni–Aug. tägl. (außer Mo) 9–17 Uhr. Führungen 4,80 €, erm. 3,20 €, mit dt. Text 0,80 €/Pers. extra. Eintritt für die Reitschule 0,80 €, erm. die Hälfte.

Zámek Nebílovy (Schloss Nebillau)

Für „Zámekioten" ganz nebenbei: 9 km südwestlich von Schloss Kozel liegt die kleine, verschlafene Ortschaft **Nebílovy.** Hier steht das Schloss Nebillau, das Anfang des 18. Jh. im Barockstil nach Wiener Vorbild errichtet wurde. Das gelb-apricotfarbene Hauptgebäude wurde bereits restauriert und kann besichtigt werden, dahinter sieht es jedoch noch arg heruntergekommen aus. Eine Schlosstour ist bislang wenig spannend, wer weiß aber, was daraus wird.

Öffnungszeiten April u. Okt. nur Sa/So 9–16 Uhr, Mai–Sept. tägl. (außer Mo) 9–17 Uhr, Mittagspause 12–13 Uhr. Eintritt 2,40 €, erm. die Hälfte.

Nepomuk

Etwa 35 km südöstlich von Pilsen passiert die Europastraße 49 das 3500-Einwohner-Städtchen Nepomuk. Es soll der Geburtsort des Hl. Nepomuk sein (→ Kasten). An der Stelle seines angeblichen Geburtshauses etwas abseits des Zentrums wurde 1734–36 eine barocke **Wallfahrtskirche** nach Plänen von Kilian Ignaz Dientzenhofer erbaut. Oberhalb des weiten, bergauf verlaufenden Marktplatzes befindet sich die ehemalige katholische Schule, heute das städtische **Volkskundemuseum** samt einer Galerie. Etwas nördlich des Zentrums thront auf einer Anhöhe das barocke **Schloss Zelená Hora** (Grünberg), das aus einer mittelalterlichen Burg hervorging. Es war u. a. im Besitz der Familien Sternberg, Colloredo-Mansfeld und Auersperg. In sozialistischer Zeit saß darin das Militär. Zum Zeitpunkt der letzten Recherche wurde das Schloss aufwendig restauriert, die Arbeiten werden voraussichtlich nicht vor 2012/2013 abgeschlossen sein. Dann soll darin u. a. ein Hotel eröffnen.

• *Verbindungen* Mehrmals tägl. **Busse** nach Plzeň, Blatná und Žinkovy. Bahnhof ca. 3 km außerhalb im Dorf Dvorec. **Züge** regelmäßig nach Plzeň, alle 2 Std. nach Budweis.

• *Essen & Trinken/Übernachten* *** **Hotel U Zeleného Stromu,** zentral gegenüber dem Museum. 56-Betten-Hotel in einem historischen Gebäude. Ordentliche Zimmer, jedoch ohne persönliche Note. Gepflegtes rustikales Restaurant im Zeichen des braven Soldaten Švejk angeschlossen. Hochwertige böhmische Küche zu 4–11 €. Freundliches junges Personal. EZ 38 €, DZ 58 €. Nám. A. Němejce 69, ☏ 371580371, ℻ 371580372, www.hotelnepomuk.cz.

• *Öffnungszeiten* **Museum,** Di–Fr 9–11 u. 12–16 Uhr, Sa/So nur bis 15 Uhr. Eintritt 1,60 €, erm. die Hälfte.

Die Nepomuk-Legende

Den Intrigen zwischen Kirche und Krone Ende des 14. Jh. fiel Johann aus Nepomuk zum Opfer, seines Zeichens Generalvikar des Prager Erzbischofs. Wenzel IV. hatte ihn zu Tode foltern und in die Moldau werfen lassen. Drei Jahrhunderte später, während der Gegenreformation, spannen die Jesuiten daraus die Geschichte vom schweigsamen Beichtvater Nepomuk, der die Beichtgeheimnisse der Königin nicht preisgeben wollte und deswegen sterben musste. Zum Beweis für die Geschichte exhumierten sie seinen Leichnam und fanden seine unverweste Zunge, die sie der Welt zur Schau stellten. (Laut weniger frommer Quellen soll es sich dabei um das verschrumpelte Gehirn gehandelt haben.) 1729 erfolgte schließlich die Heiligsprechung Johann Nepomuks. Acht Tage dauerten die prunkvollen Feierlichkeiten in Prag. Durch sein Denkmal auf der Karlsbrücke (→ S. 210) wurde er zum wichtigsten Brückenheiligen der katholischen Welt.

Žinkovy (Schinkau)

Etwa 6 km westlich von Nepomuk liegt die verträumte 1000-Einwohner-Gemeinde Žinkovy idyllisch an einem See. Am Ostufer des Sees steht ein mit Zinnen und Türmchen verziertes **Märchenschloss.** Einst war es im Besitz der Familie Emil Škodas. Heute gehört es einem reichen Amerikaner. Wie Schloss Grünberg (s. o.) soll auch dieses Schloss nach Abschluss der Restaurierungsarbeiten (vielleicht schon 2011) touristisch genutzt werden – als stiller, netter Urlaubsort bietet sich Žinkovy auf jeden Fall an. Im See kann man baden und angeln, zudem gibt es einen Ruderbootverleih. Die herrliche Umgebung lädt zum Wandern und Radfahren ein. Ein blau markierter Wanderweg führt nach Nepomuk.

• *Verbindungen* Mehrmals tägl. fährt ein **Bus** nach Nepomuk.

• *Übernachten/Camping* **Penzion Slávka,** kleine Familienpension am See. Terrasse, Grillmöglichkeiten. 2 große Zimmer mit privatem Bad und 2 kleinere mit Gemeinschaftsbad. Sehr freundlich. 13 €/Pers. Žinkovy 64, ✆ 371593315, f.proschek@tiscali.cz.

ATC Nový Rybník, ca. 3 km außerhalb von Žinkovy nahe der Straße nach Nepomuk. Schöne Lage an einem Badesee. Wasserrutsche, Restaurant, Minigolf-, Tennis- und Beachvolleyballplatz. Freundliches Personal. Bushaltestelle fast vor der Tür. Mai–Sept. 2 Pers. mit Zelt u. Auto 7,20 €, Chata für 2 Pers. 16 €, für 4 Pers. 26 €. Plzeňská 456, ✆/℻ 371591359, www.novyrybnik.cz.

Dolní Lukavice (Unter-Lukawitz)

Ungefähr 18 km südlich von Plzeň liegt die kleine Ortschaft Dolní Lukavice. In ihrem Zentrum steht ein **Barockschloss** aus dem frühen 18. Jh., heute in einem erbärmlichen Zustand. Das Mauerwerk liegt blank, viele Fenster fehlen, nur das Dach ist gedeckt. Im frei zugänglichen Garten lässt es sich jedoch herrlich picknicken. Einst war das Anwesen im Besitz des Grafen Karl Josef Morzin, an dessen Hof zu Mitte des 18. Jh. Joseph Haydn als Kammerkomponist für 200 Gulden, freie Kost und Logis wirkte. Ihm unterstand ein Orchester von 15 Mann. Zu Haydns Ehren finden heute immer im September **Festspiele** in Dolní Lukavice statt.

Verbindungen Regelmäßig **Busse** nach Plzeň und Přeštice.

Přeštice (Pschreschtitz) und Lužany (Luschan)

Přeštice, ca. 22 km südlich von Pilsen, ist ein Plattenbaustädtchen mit rund 6400 Einwohnern. Lediglich der kleine Ortskern besitzt ansatzweise Flair. Er wird überragt von einer mächtigen, weithin sichtbaren rot-beigen **Barockkirche,** entworfen von Kilian Ignaz Dientzenhofer. Leider ist das Gotteshaus meist verschlossen (aber durchs Portal einsehbar). Gleich darunter steht das **Haus der Geschichte** (Dům Historie Přešticka), das örtliche Museum mit einem nachgestellten Kaufmannsladen aus dem frühen 20. Jh.

Verlässt man Přeštice auf der E 53 gen Süden, erreicht man nach rund 2 km Lužany (Luschan). Biegt man dort gleich hinter dem „Coop Konzum" links ab, gelangt man zum **Schloss Hlávka** (Zámek Josefa Hlávky, kein Hinweisschild). Der Architekt Josef Hlávka (1831–1908), bekannt z. B. durch den Wiener Opernbau, ließ das ursprünglich im Renaissancestil errichtete Anwesen nach seinen Vorstellungen umbauen und scharte dort allerlei Künstler um sich. Zu seinen Gästen zählte u. a. auch Antonín Dvořák, der ihm zur Einweihung der Schlosskapelle die *Messe in D-Dur, Op. 86* komponierte. Hlávka ruht heute auf dem Friedhof von Přeštice in einer von ihm selbst entworfenen Gruftkapelle im Stil des Wiener Eklektizismus.

• *Verbindungen* Von Přeštice stündl. **Züge** und regelmäßig **Busse** nach Plzeň. Lužany ist von Přeštice ebenfalls regelmäßig mit dem Bus zu erreichen.

• *Öffnungszeiten* **Haus der Geschichte,** Di–Fr 9–12 u. 13–17 Uhr, Sa/So 14–17 Uhr. Eintritt 1 €, erm. 0,60 €. **Schloss Lužany,** war zuletzt nur an wenigen Sommerwochenenden zugänglich, Infos unter zamekjh@cmail.cz.

Chotěšov (Chotieschau)

Das kleine Städtchen Chotěšov an der Hauptverbindungsstraße Plzeň – Domažlice, etwa 15 km südwestlich von Pilsen, wird von einem riesigen Kloster überragt. Es wurde bereits Anfang des 13. Jh. als **Prämonstratenserkloster** gegründet und im 17. und 18. Jh. barockisiert. 1882 erwarb das Adelsgeschlecht Thurn und Taxis das

Anwesen, 1950 eignete es sich die tschechoslowakische Armee an. Als diese abzog, war das Kloster in einem katastrophalen Zustand – noch heute sind die meisten Trakte ziemlich heruntergekommen. Geld für die dringend notwendige Restaurierung fehlt, nur schleichend gehen die Arbeiten voran. Als Kulisse diente das Kloster übrigens für Szenen des Films *Hannibal* mit Brad Pitt.

- *Verbindungen* Bis zu 10-mal tägl. per **Bus** und **Zug** von Pilsen zu erreichen.
- *Öffnungszeiten* **Kloster**, Führungen nur Mai–Sept. stets So um 13.30, 15 u. 16.30 Uhr. Eintritt 2 €.

Für weitere Ziele südlich von Pilsen → Klatovy/Umgebung ab S. 158, für weitere Ziele südwestlich von Pilsen → Domažlice/Umgebung ab S. 177.

Klášter Kladruby (Kloster Kladrau)

Erst Kloster, dann Schloss, heute auf jeden Fall die größte Sehenswürdigkeit in der Nähe von Pilsen und gut über die E 50 zu erreichen.

33 km westlich von Pilsen erhebt sich majestätisch auf einer Anhöhe über der gleichnamigen Ortschaft eine der beeindruckendsten Klosteranlagen Böhmens. Vladislav I. gründete sie bereits im Jahr 1115 als Benediktinerkloster, 10 Jahre später wurde er selbst hier beigesetzt. In seiner Blütezeit unterstanden dem Kloster weit über 100 Dörfer, mehrere Gemeinden und Burgen.

Schwer in Mitleidenschaft gezogen wurde die Klosteranlage während der Hussitenkriege und im Dreißigjährigen Krieg. Giovanni Santini baute sie im Zuge der Gegenreformation wieder auf. So verwundert es nicht, dass an der riesigen, mit EU-Geldern restaurierten **Klosterkirche Sankt Marien** (Kostel P. Marie), der Hauptattraktion, romanische, gotische und barocke Elemente ineinander verschmelzen. Die Altarplastiken und die Heiligenstatuen sind ein Werk Matthias Bernhard Brauns. Das Konventsgebäude schuf vermutlich Kilian Ignaz Dientzenhofer. 1785 wurde das Kloster säkularisiert und diente vorübergehend als Kaserne und Hospital. 1825 ging das Objekt in den Besitz der Adelsfamilie Windischgrätz über, die es in ein Schloss umwandelte und eine Brauerei darin einrichtete. Die Kommunisten nutzten es als Kulturzentrum. Heute finden hier jedes Jahr im Sommer diverse Musikveranstaltungen statt.

Kloster Kladruby

Zwei Führungen werden durch das Kloster angeboten. Eine hat die Kirche und das Kloster als Benediktinerabtei zum Schwerpunkt (60 Min.), die andere das Kloster als Schloss derer zu Windischgrätz (50 Min.).

- *Verbindungen* **Busse** regelmäßig nach Stříbro, bis zu 3-mal tägl. nach Plzeň.
- *Öffnungszeiten* **Klosteranlage**, April u. Okt. nur Sa/So 9–16 Uhr, Mai u. Sept. tägl. (außer Mo) 9–16 Uhr, Juni–Aug. tägl. (außer Mo) 9–17 Uhr. Beide Führungen zusammen 4,80 €, erm. 3,60 €, eine Führung die Hälfte. Restaurant auf dem Klosterareal.

Dientzenhofer & Co – die großen Meister des Barock

Der Baustil des Barock, im 16. Jh. in Italien entstanden, hielt im 17. Jh. seinen großen Einzug in Böhmen. Von den katholischen Habsburgern zum „Reichsstil" erhoben, symbolisierte er religiöse Frömmigkeit, aber auch weltliche Daseinsfreude, die das Leben zum Fest erklärte. Die wichtigsten Kennzeichen sind eine stürmische Dynamik, schwungvolle Kurven und Flächen, die zu plastischen Gebilden mutieren. Typisch sind außerdem mächtige Kuppeln und illusionistische Deckengemälde. Unter den Jesuiten, die die Gegenreformation des Landes vornehmlich in die Hände genommen hatten, wurde der prunkvolle barocke Um- und Neubau sakraler Bauten gefördert.

Verantwortlich dafür waren zu einem großen Teil deutschsprachige Baumeister, allen voran die Dientzenhofers aus dem oberbayrischen Bad Aibling. Es waren mehrere – fünf Söhne hatte der Bergbauer Georg Dientzenhofer – und alle begaben sich in die Lehre nach Prag. Während vier davon später nach Süddeutschland zurückkehrten und zahlreiche Städte mit prachtvollen Barockbauten verschönerten, blieb **Christoph Dientzenhofer** (1665–1727) in Böhmen. Hier verwirklichte er grandiose Projekte wie die Wallfahrtskirche Maria Kulm (→ Františkovy Lázně/Umgebung, S. 120) und das Stift Tepl (→ Mariánské Lázně/Umgebung, S. 101). An Berühmtheit übertraf ihn lediglich sein in Prag geborener Sohn **Kilian Ignaz Dientzenhofer** (1689–1751), der als großer Meister des Spätbarock gilt. Studienreisen führten diesen nach Italien und Frankreich. 1720 kehrte der Künstler an die Moldau zurück. Bis zu seinem Tode lebte er dort, abgesehen von zahlreichen Dienstreisen kreuz und quer durch Böhmen, wo er für unzählige Barockbauten verantwortlich war. Zu seinen Meisterwerken gehört die Sankt-Nikolaus-Kirche auf der Prager Kleinseite (→ S. 222).

Giovanni Santini (1667–1723) ist ein weiterer bedeutender Name unter den ganz großen Barockmeistern Böhmens. Als Johann Blasius Santini-Aichel wurde er in Prag geboren. Sein Großvater, Anton Akel, war aus dem Luganese zugewandert, seine Großmutter Christine (geborene Ost) kam aus dem damals deutschsprachigen Pilsen. Giovanni Santini brachte die sog. „Barockgotik" hervor, eine eigenwillige Stilrichtung, die gotische und barocke Elemente miteinander verschmelzen ließ. Herausragendes Beispiel ist das Kloster Kladruby.

Ein ebenfalls nennenswerter Barockkünstler ist der Tiroler Bildhauer **Matthias Bernhard Braun** (1684–1738). Unzählige hochbarocke Statuen, u. a. an der Karlsbrücke in Prag (→ S. 210), sind ihm zu verdanken.

Přehrada Hracholusky (Hracholusky-Talsperre)

1964 wurde die Mže (Mies) ca. 15 km westlich von Pilsen durch einen Damm gestaut. Der dadurch entstandene See wirkt eher wie ein breiter Fluss. Sein Nordufer ist überwiegend bewaldet, das Südufer wird touristisch genutzt: Hier gibt es auch die besten Bademöglichkeiten – zu viel erwarten sollte man sich aber nicht. Rechts und links der Ortschaft **Hracholusky** erstrecken sich weite Datschensiedlungen. Nahe der Staumauer im Osten des Sees, beim Campingplatz Transkemp, legt im Sommer das Motorschiff „Plzeň" ab. Es steuert verschiedene Ecken des Stausees an (Mai/Juni/Sept. nur Sa/So, Juli/Aug. Di–So, die längste Strecke kostet 4 €).

• *Verbindungen* Die Anbindung mit öffentlichen Transportmitteln ist sehr schlecht, der See ist in erster Linie ein Ziel für Selbstfahrer.

• *Übernachten/Camping* Sie haben die Wahl zwischen mehreren Campingplätzen, auf denen im Sommer Zelte und Wohnwagen dicht an dicht stehen. Die schönsten Plätze liegen ca. 3 km nördlich des Dorfs Přovany (dort ausgeschildert), dazu gehören: **Radost** (schattenlose Stellplätze direkt am See) und **Terasy** (direkt dahinter). Egal wo, 2 Pers. mit Wohnmobil bezahlen ca. 6,50 €. Beide Plätze vermieten auch preiswert Betten in Chatas.

Stříbro (Mies)

Das 8000 Einwohner zählende Städtchen Stříbro, ca. 34 km westlich von Pilsen, ist kein Ort, den man gesehen haben muss. Eine gemütliche Pause ist er dennoch wert. Die Deutschen nannten den Ort Mies nach dem zu seinen Füßen fließenden gleichnamigen Fluss (tschech. Mže). Stříbro, übersetzt „Silber", ist genauso passend, zumal der Wohlstand des Städtchens bis zum Dreißigjährigen Krieg auf den reichen Silbervorkommen der hiesigen Bergwerke gründete. Die Schweden jedoch zerstörten die Stollen.

Zentrum des Städtchens ist der **Masarykovo náměstí,** ein gemütlicher Platz, umgeben von einer Vielzahl hochgiebeliger Bürgerhäuser, die fast alle restauriert sind. Eines der schönsten Renaissancerathäuser Böhmens ist hier zu finden. An dessen Turm erfreut ein Glockenspiel. Gegenüber, in den Räumlichkeiten eines alten Minoritenklosters, befindet sich das **Stadtmuseum** (Městské muzeum). Es klärt über die Bergbauvergangenheit des Städtchens auf, präsentiert Mineralien, Keramik, Möbel, Waffen usw. (2010 leider geschlossen). Rund um die Altstadt sind noch Teile der alten Befestigungen erhalten.

• *Verbindungen* Busbahnhof ca. 5 Fußmin. westl. des Zentrums, ausgeschildert. **Busse** regelmäßig nach Tachov und Kladruby, bis zu 8-mal tägl. nach Planá, bis zu 5-mal nach Pilsen, Mariánské Lázně und Cheb, 2-mal nach Františkovy Lázně und Asch.

Bahnhof ca. 2 km südlich des Zentrums. **Züge** fahren regelmäßig nach Pilsen, alle 2 Std. über Marienbad nach Cheb sowie nach Prag und Lázně Kynžvart.

• *Parken* Am Hauptplatz.

• *Übernachten/Essen & Trinken* **** **Hotel Alexander,** am Marktplatz. Neueres Haus in einem Gebäude aus dem 16. Jh. 24 angenehme Zimmer, komfortabel ausgestattet (u. a. mit Safe), aber leider nicht mit der Aufmerksamkeit eingerichtet, die das so liebevoll restaurierte Haus verdient hätte. EZ 43 €, DZ 62 €, Fr–So 30 % Rabatt. Masarykovo nám. 13, ✆ 373737816, ℻ 373737862, www.hotel-alexander.cz.

Pension U Rybiček, nur ca. 80 m vom Marktplatz entfernt. 9 ordentliche Teppichbodenzimmer und 2 Apartments, doch noch wichtiger sind die nette angeschlossene Weinstube und das Restaurant mit Mikrobrauerei (beide mit Außenbereich): Hirschrücken, Wildgulasch oder Rib-Eye-Steak zu 4–11 €. EZ 31 €, DZ 40 €. Plzeňská, ✆ 374782428, www.urybicek.eu.

Für weitere Ziele westlich und nordwestlich von Plzeň → Mariánské Lázně/Umgebung ab S. 99.

Plasy (Plass)

Etwa 2000 Einwohner zählt das Städtchen Plasy ca. 21 km nördlich von Pilsen im grünen Tal der Střela. Es steht ganz im Schatten eines weitläufigen barocken **Zisterzienserklosters.** Bereits 1144 wurde das Kloster von Vladislav II. gegründet. Das Gros der heute zu sehenden Bauten stammt jedoch aus dem 17. und 18. Jh., für sie zeichnen so berühmte Architekten wie Giovanni Santini und Kilian Ignaz Dientzenhofer verantwortlich (→ Kasten, S. 147). Da das ganze Areal auf sumpfi-

Santini-Wendeltreppe im Kloster Plasy

gem Boden errichtet wurde, stehen die Fundamente der Kirche und der Klostergebäude auf über 5100 Eichenholzpfählen. 1826 ging das Kloster zusammen mit 55 Dörfern in den Besitz des Fürsten Metternich über, dem erzkonservativen österreichischen Kanzler, dessen Familie das Kloster bis 1945 gehörte (→ Lázně Kynžvart, S. 99). Am nahe gelegenen Friedhof (gegenüber der Straße) ließ er die Friedhofskapelle zu einer klassizistischen Familiengruft umbauen. Ganz im Sinne seines politischen Denkens stellt sie den dahinter liegenden Friedhof der Bürgerlichen in den Schatten.

Das Technische Nationalmuseum Prag machte sich zuletzt dafür stark, die maroden Wirtschaftsgebäude des Konvents vor dem Verfall zu retten. Bis 2014 sollen diese restauriert werden und dann ein „Zentrum für Architekturgeschichte" beherbergen. Bislang werden zwei Führungen angeboten. Eine widmet sich dem Konvent als solchem, wobei zu den Höhepunkten der barocke Lesesaal der Bibliothek, die einst 14.000 Bände umfasste, und jener Flügel, in dem das Krankenhaus untergebracht war, gehören. Sehenswert dort ist die Wendeltreppe von Giovanni Santini (→ Kasten, S. 147). Bei der zweiten Tour steht die Mariä-Himmelfahrts-Kirche mit ihrem monumentalen Barockaltar und dem Reliquienschrein des Hl. Antonius im Mittelpunkt.

• *Verbindungen* Bahnhof ca. 1 km vom Kloster entfernt, der Bus hält vor der Tür. **Busse** regelmäßig nach Plzeň und Kralovice (Mariánský Týnec), bis zu 4-mal nach Manětín. **Züge** stündl. nach Plzeň.

• *Essen & Trinken/Übernachten* **Penzion Rudolf II.,** an der Durchgangsstraße schräg gegenüber dem Klostereingang. 17 freundliche Zimmer (Kiefernholzmobiliar, bunte Bettbezüge). Die besseren verfügen über Wannenbäder und Satelliten-TV mit deutschen Programmen. Rustikales Restaurant mit einem Touch Mittelalterambiente (Ritterrüstungen). Außergewöhnliche ländliche Küche, z. B. Rostbraten vom Strauß, Wildschweingulasch oder Fasan. Auch einige Fischgerichte. Kleiner Außenbereich mit Kinderspielplatz. Einziger Haken: Durch die Nord-Süd-Verkehrsachse vor der Tür etwas laut. Hg. 5–12 €. DZ je nach Ausstattung 28–52 €. Plzeňská 37, ✆ 724105952, ✆ 721802971, www.rudolf-II.cz.

• *Öffnungszeiten* **Kloster Plasy,** April u. Okt. nur Sa/So 9–15 Uhr, Mai u. Sept. tägl. (außer Mo) 9–16 Uhr, Juni–Aug. tägl. (außer Mo) 9–17 Uhr, Mittagspause 11.45–12.45 Uhr. Eintritt je nach Führung 1,60–2,40 €, erm. 0,80 –1,60 €.

Portal der Wallfahrtskirche von Mariánský Týnec

Mariánský Týnec (Maria Teinitz)

Nahe der Ortschaft Kralovice, ca. 9 km nordöstlich von Plasy, liegt Mariánský Týnec, ein Dorf mit Weiher und einer großen **Wallfahrtskirche** samt Propstei. Gebaut wurde diese in der Mitte des 18. Jh. von dem Architekten Giovanni Santini (→ S. 147), der auch am Kloster Plasy wirkte. Und wie Plasy ging auch Mariánský Týnec in den Besitz der Metternichs über, die kein Interesse an der Pflege des einstigen Wallfahrtsorts zeigten. 1919 stürzte die große Kuppel der Kirche ein. Seit Jahren werden – mit EU-Geldern – umfangreiche Restaurierungsarbeiten durchgeführt. Die Propstei beherbergt heute das **Heimatmuseum** der Region Pilsen/Nord, das ein buntes Sammelsurium aus allen Epochen präsentiert, von gotischen Plastiken über Spielzeug und Trachten bis zu einem Bienenstock in Löwenform. Bei einem Rundgang ist auch die Kirche zu besichtigen.

• *Verbindungen* Kralovice ist am einfachsten mit dem **Bus** von Plzeň zu erreichen, von dort ca. 2 km zu Fuß weiter.

• *Übernachten* Vor Ort hat man schlechte Karten.

Pension U Přihodů, ca. 12 km nördlich von Mariánský Týnec im hübschen Wenige-Seelen-Dorf Podbořánky. 8 rustikale Zimmer mit privaten Bädern, dazu Sauna, Tennis- und Golfplatz ums Eck. Absolut ruhige Lage, freundliche deutschsprachige Betreiber. DZ 38 €. Podbořánky 28, ✆/📠 313599275, www.penzionpodboranky.cz.

• *Golf* **Golfclub Podbořánky,** im gleichnamigen Dorf (→ Übernachten). 9-Loch-Platz, Par 72. Greenfee 14–24 €. ✆ 313599888, www.golfpark.cz.

• *Öffnungszeiten* **Museum,** April–Okt. tägl. (außer Mo) 9–18 Uhr, sonst bis 15 Uhr. Eintritt 1,60 €, erm. 0,80 €.

Manětín (Manetin)

Etwa 35 km nordwestlich von Pilsen liegt Manětín, ein gemütlicher kleiner Flecken ganz im Zeichen des Barock. Das einzige Leben spielt sich an der Hauptstraße vorm Schloss ab, wo man eine Handvoll Geschäfte findet, und im „Schlossrestaurant“ (Zámecká restaurace), wo schon um 11 Uhr morgens bei Bier und Schnaps über Gott und die Welt und den örtlichen Fußballverein TJ Sokol diskutiert wird. Zur Gemütlichkeit des Orts tragen auch die an jeder Ecke im Ort stehenden Barockplastiken aus Sandstein bei – die Frauenfiguren stellen übrigens die Tugenden und Jahreszeiten dar, die Heiligenstatuen sind Landes- und Schutzpatrone.

Das **Schloss** in seiner heutigen Form entstand auf den Grundmauern eines mittelalterlichen Johanniterkonvents. Es wurde in der ersten Hälfte des 18. Jh. im Auftrag des Adelgeschlechts Lažanský errichtet, das es bis 1945 bewohnte. Durch das Schloss werden Führungen angeboten, zu sehen bekommt man u. a. ein paar herrliche Deckenfresken, Porzellan in Vitrinen, Porträts der Lažanský, die Schlossbibliothek mit mehr als 5000 Bänden – das Gros davon in deutscher Sprache – und die Dechanatskirche, die durch eine überdachte Straßenbrücke mit dem Schloss verbunden ist.

Von Pilsen führt ein überregionaler **Radwanderweg** nach Manětín und von dort weiter über Chyše und Valeč nach Kadaň (→ Karlovy Vary/Umgebung ab S. 75).

• *Verbindungen* **Busse** regelmäßig nach Nečtiny, bis zu 7-mal tägl. nach Plzeň, bis zu 4-mal nach Úterý, Rabštejn nad Střelou und Plasy.

• *Übernachten* In Manětín und Umgebung gibt es nur wenige Unterkunftsmöglichkeiten und unter den wenigen nur wenige empfehlenswerte.

Penzion U Kaprů, an der Durchgangsstraße im 6 km südwestlich gelegenen Nečtiny. 4 freundliche, helle Zimmer, 3 davon mit IKEA-Kiefernmöbeln. Gute Bäder. DZ 28 €. Nečtiny 154, ✆ 604741337 (mobil), www.penzionukapru.wz.cz.

• *Öffnungszeiten* **Schloss,** April u. Okt. nur Sa/So 9–16 Uhr, Mai–Sept. tägl. (außer Mo) 9–16 Uhr. Eintritt mit dt. Führung 5,60 €, erm. 4 €.

Für weitere Ziele nördlich von Pilsen → Karlovy Vary/Umgebung ab S. 65.

Rabštejn nad Střelou (Rabenstein)

Über einem rauschenden Fluss ein berauschender Anblick: Rabštejn nad Střelou, ein Dorf wie aus dem Märchen.

Ungefähr 40 km nördlich von Pilsen, umgeben von Wäldern, in denen sich Fuchs und Hase gute Nacht sagen, liegt das pittoreske Rabštejn nad Střelou. Über dem Flusslauf der sich schlängelnden Střela klettern die Häuser einen steilen, hohen Felsen hinauf. Gekrönt wird dieser von der Pfarrkirche und einem einstigen, heute leer stehenden Kloster. Direkt darunter liegt ein Barockschloss (nicht zugänglich). Ganz unten am Fluss befindet sich die einzige Schenke, der Klub Hubert, wo sich Ausflügler auf ein kühles Bier und einen Karnickelbraten versammeln. Die wenigen Wege und Straßen säumen Kreuze und Heiligenstatuen.

20 ständige Einwohner zählt der Ort, der sich gerne als die kleinste Stadt Mitteleuropas bezeichnet. Häuser gibt es für etliche Einwohner mehr, das Gros davon jedoch wird als Wochenendhaus genutzt. Zum Glück ist keines darunter, welches das romantische Ortsbild verschandelt. Rabštejn nad Střelou ist ein beliebtes Etappenziel, zumal die Gegend drum herum dank kaum befahrener Straßen zum **Wandern** und **Radfahren** nur so einlädt. Sehr schön ist der grün markierte Wanderweg nach Plasy, der am Flusslauf der Střela entlang führt. Ein blau markierter Wanderweg führt nach Manětín.

• *Verbindungen* **Busse** bis zu 4-mal tägl. nach Manětín.

• *Übernachten* **Penzion U Zámku,** ca. 3,5 km östlich von Rabštein an der kaum befahrenen Straße nach Žihle. In einem restaurierten, denkmalgeschützten Gebäude. Solide möblierte Zimmer mit privaten Bädern. Grill- und Spielplatz, Sauna, Restaurant mit Terrasse. Freundlich und deutschsprachig. DZ 44 €. Nový Dvůr 2, ✆ 373395337, www.pensionbeimschloss.de.

Ranch Havraní Kámen, der im Wald versteckte Reiterhof bietet spartanisch-rustikale Zimmer mit und ohne Bad. Gemütliches Lokal mit überdachter Terrasse. Ausritte möglich. In Rabštejn an der Straße nach Stvolny ausgeschildert. DZ ohne Bad 20 €, mit Bad 28 €. Rabštejn nad Střelou 72, ✆ 724216744, www.volny.cz/ranchr.

Klatovy aus der Vogelperspektive

Klatovy (Klattau)

Klatovy, das Tor zum Böhmerwald, ist auch bekannt als Tschechiens Nelkenmetropole. Und einer aufgehenden Blüte gleich zeigt sich das Zentrum, doch drum herum viele welke Blätter.

Ein Glück, dass es Stadtmauern gibt. Im Falle Klatovys müssen sie gottlob nicht mehr vor Feinden schützen, sondern vor unliebsamen Ausblicken: Die teils noch gut erhaltenen Befestigungsanlagen aus dem 14. und 15. Jh. trennen die kleine, freundliche Altstadt von monotonen Plattenbausiedlungen. Zentrum der Altstadt ist der leicht abfallende kopfsteingepflasterte Náměstí Míru. Meist geht es beschaulich auf ihm zu, im Sommer sorgt zuweilen ein Alleinunterhalter für Abwechslung. Der Platz wird gesäumt von schönen alten Bürgerhäusern, die im Kern größtenteils gotisch sind. Das prächtigste Gebäude am Platz ist das Rathaus. Gleich daneben liegt die ehemalige Jesuitenkirche, deren Katakomben zu einem gruseligen Besuch einladen. Auch in der benachbarten Apotheke, der schönsten Barockapotheke des Landes und heute ein Museum, lassen so manche eingelegte Ingredienzien erschaudern.

Bester Monat für einen Besuch der 23.000 Einwohner zählenden Kreisstadt ist Anfang/Mitte Juli, wenn die *Klattauer Kirchweih* über die Bühne geht. Dann kommen auch die Nelkenzüchter aus den umliegenden Ortschaften, präsentieren ihre Neuzüchtungen und bereichern die Stadt mit duftenden Blumen und Blüten. Die ersten Nelken kamen übrigens 1813 als Souvenir aus Nancy im Gepäck von heimkehrenden Soldaten, die an den Napoleonischen Kriegen teilgenommen hatten, an den Rand des Böhmerwalds. Heute genießen die heimischen Züchter landesweit Achtung und tragen zum Wohlstand der Gegend bei.

Geschichte: 1260 wurde Klatovy von König Ottokar Přemsyl II. gegründet. Unter der Herrschaft der Luxemburger erlebte die Stadt im 14. und frühen 15. Jh. eine erste wirtschaftliche und kulturelle Blüte, die mit den Hussitenkriegen ihr Ende fand. Aufschwung und Wohlstand sollten für Klatovy erst wieder im ausgehenden 16. Jh. folgen. Insbesondere durch den Anbau des begehrten gelben Gewürzsafrans, der damals als Farbstoff teuer gehandelt wurde, stieg Klatovy zu den sieben reichsten Städten Böhmens auf. Doch dann kam der Dreißigjährige Krieg. Schwedische Truppen plünderten die Stadt mehrmals und ließen sie verwüstet zurück. An seine einstige Blüte sollte der Ort nicht mehr so schnell anknüpfen können. Aus der ersten böhmischen Zeitung in tschechischer Sprache, die übrigens in Klatovy aufgelegt wurde, weiß man, dass die Stadt 1758 fast vollständig niederbrannte. Und da ein Unglück selten allein kommt, folgten dem Brand Hungersnöte und Epidemien. Erst Mitte des 19. Jh. erholte sich die Stadt langsam wieder, dazu trug insbesondere die Textilindustrie bei. Während der Zeit der deutschen Okkupation war Klattau Verwaltungssitz der Nazis für den gesamten Böhmerwald. Heute ist Klatovy ein wirtschaftliches und industrielles Zentrum und versucht, als Tor zum Böhmerwald auch für den Tourismus attraktiv zu werden.

Information/Parken/Verbindungen

- *Information* **Informační centrum Klatovy,** Náměstí Míru 63. Hilfe bei der Zimmersuche, Wechselstube, gutes Kartenmaterial. Mai–Sept. tägl. 9–17 Uhr, im Winter nur Mo–Fr. ✆ 376347240, www.klatovy.cz/icklatovy.
- *Parken* Gebührenpflichtig am Hauptplatz möglich.
- *Verbindungen* Bahnhof (vom Zentrum mit allen Stadtbussen zu erreichen) und Busbahnhof ca. 2 km außerhalb des Zentrums im Nordwesten der Stadt.

Busse: Regelmäßige Verbindungen nach Pilsen, Švihov und Janovice nad Úhlavou (Burg Klenová), bis zu 6-mal tägl. nach Domažlice, bis zu 3-mal nach Železná Ruda.

Regelmäßig **Züge** nach Pilsen und Nýrsko, ca. 10-mal tägl. nach Sušice, Železná Ruda und Horažďovice, 7-mal nach Domažlice.

Adressen (→ Karte S. 155)

- *Ärztliche Versorgung* Krankenhaus in der Plzeňská 569 nördlich des Zentrums. ✆ 3763 35111.
- *Polizei* Im Rathaus. ✆ 156.
- *Post* Hauptpost nordwestlich des Altstadtkerns an der Nádražní.
- *Einkaufen* **Škodovaská (7),** Einkaufszentrum mit einem großen TESCO-Supermarkt und etlichen weiteren Geschäften an der Straße nach Domažlice.

Dionýsos (3), freundlicher Weinladen, in dem man sich mit tschechischen Tröpfchen weit über Supermarktniveau eindecken kann. Denisova 103.

Antiquariat Josef Babůrek (1), etwas außerhalb des Zentrums. Unter anderem deutsche Bücher, dazu große Ansichtskartensammlung. Nur Mo–Fr 11–17 Uhr. Kollárova 179.

Essen & Trinken/Nachtleben (→ Karte S. 155)

- *Restaurants* **Van Gogh (16),** neueres, schick-trendiges Caférestaurant ganz im Zeichen des niederländischen Malers. Internationale Küche der mittleren Preisklasse, zu den Spezialitäten gehören die Steaks. Planická 3, ✆ 777265438 (mobil).

Tep (8), gediegen und zugleich altmodisch-verspielt eingerichtet. Geboten wird eine skurrile Mischung aus böhmischer, französischer, mexikanischer und argentinischer Küche. Schon Václav Klaus aß hier! Hg. bereits ab 3 €. Mo–Do nur mittags, So geschl. Nám. Míru 151 (2. Stock), ✆ 777263546 (mobil).

Restaurant/Music Club Střelnice (2), Mischung aus Restaurant und Bierhalle, der „Pilsner Urquell Original Restaurant"-Kette zugehörig, die tschechienweit für Qualität bürgt. Zapftheke im kupfernen Brauerei-Look, böhmische Küche der mittleren Preisklasse, die nicht nur die Standards bie-

Klatovy Karte S. 155

tet. Im Club nebenan, einem der wenigen Nightspots der Stadt, hin und wieder Konzerte und „tschechoslowakische Partys". Pražská 22, ✆ 775383129 (mobil).

U Švejka (12), in einem schönen sgraffitoverzierten Gebäude. Serviert wie alle Švejk-Restaurants des Landes deftige Braten- und Knödelküche. Mittlere Preisklasse. Denisova 90, ✆ 376321419.

Café-Bar & Pizzeria Segafredo (14), heißt wirklich so! Farbenfrohe, moderne Pizzeria mit netter, großer Terrasse. Über 30 verschiedene Pizzen, dazu Pasta. Hg. 3–6 €. Pavlíkova 6, ✆ 777101764 (mobil).

Slavie (10), Selbstbedienungsrestaurant mit billigsten Tagesgerichten, Kuchen und belegten Brötchen. Mo–Fr 9–17 Uhr, Sa nur bis 13 Uhr. Nám. Míru/Ecke Pražská.

• *Außerhalb* **Country Saloon (4),** originelles Restaurant mit Cowboystiefeln an der Decke und Kuhfellen an der Wand. Serviert wird böhmische „Cowboyküche" wie „Bleichgesicht-Überraschung" oder „Das Geheimnis vom Apachenhäuptling". Hinter den Namen verbergen sich vorrangig Steaks, auch vom Bison, die vom offenen Grill kommen. Terrasse. Hg. 5,20–17,50 €, ab und zu Live-Musik. Vermietet werden zudem im „Western-Style" eingerichtete Zimmer (teils sehr geräumig) im gleichen Gebäude. DZ 36 €, sehr gutes Preis-Leistungs-Verhältnis. ✆ 376313338, www.countryklatovy.cz. Etwa 3 km westlich von Klatovy an der Straße nach Domažlice im Dorf Beňovy.

• *Cafés* **Pepino (13),** hinter dem Schwarzen Turm in netter Lage. Hübsche, von alten Mauern umgebene Terrasse. Eisbecher, Palatschinken, aber auch Pasta.

Mléčná (15), Café mit Korbmöbeln und an den Wänden alte Stadtansichten. Gute Kuchen- und Tortenauswahl sowie belegte Brötchen. Netter kleiner Außenbereich. Náměstí Míru.

Čajovna & Keramika U naší milé paní (11), Teestube mit Keramikverkauf in den Festungsmauern der Altstadt. Sa/So erst ab 14 Uhr. Pavlíkova 215, gleich bei der Erzdekanatskirche.

Marktplatz von Klatovy

Übernachten

*** **Hotel Ennius (5),** gepflegteste Unterkunft in der Altstadt, wenn es auch von außen nicht so aussieht. Geräumige Zimmer mit Kiefernmöbeln und Plastiktopfpflanzen. Rustikales Restaurant im Rittersaal-Ambiente. Keine eigenen Parkplätze. EZ 36 €, DZ 56 €. Randova 1, ✆ 376320567, ℻ 376320564, www.sweb.cz/ennius.

Hotel Klatovský Dvůr (6), etwas außerhalb des Zentrums an der Straße nach Domažlice, deswegen leider etwas laut. 11 einfache Zimmer mit Bad, z. T. sehr geräumig. Eigene Parkplätze. EZ 24 €, DZ 40 €. Domažlická 188, ✆/℻ 376321517, www.klatovskydvur.cz.

Pension Zlatý drak (17), der „Goldene Drache". Restaurant mit Asiaküche unten, darüber werden geschmacklos eingerichtete Zimmer mit privaten Bädern vermietet. Wechselt immer wieder Pächter und Namen. Eigene Parkplätze. EZ 16 €, DZ 32 €, Frühstück 3 € extra. Vídeňská 32, ✆ 376313060, www.penzion-zlatydrak.cz.

Pension U Hejtmana (9), 7 biedere Zimmer mit TV, Kühlschrank und Kochnische.

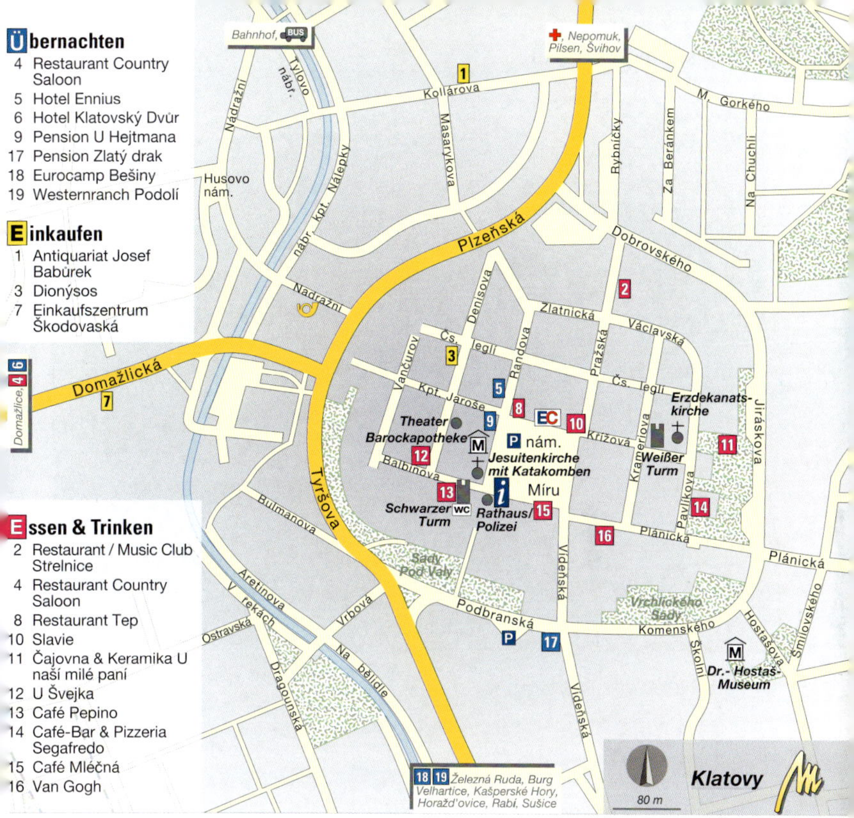

Kleiner Parkplatz, sehr zentral. Reservierung erforderlich, da keine Rezeption. DZ je nach Größe 20–28 €, kein Frühstück. Kpt. Jaroše 145, ☏/℻ 376317918, www.uhejtmana.klatovynet.cz.

• *Außerhalb* **Westernranch Podolí (19),** ca. 15 km südlich von Klatovy im gleichnamigen Bauerndorf (von der Straße nach Železná Ruda bei Běšiny ausgeschildert). Zwar keine Cartwrights-Ranch, aber dennoch recht idyllisch: eine Art Blockhüttencamp mit Saloon. Ideal für alle, die sich gern Sporen an die Stiefel schnallen und einen Cowboyhut aufsetzen. Grillmöglichkeiten, Abenteuerspielplatz, Ausritte auf Haflingern (8 €/Std., 48 €/Tag). Apartment (nett) für 2 Pers. 40 €, rustikale Blockhütte 32 €, simples Hüttchen (ohne Bad) 18 €. Kein Frühstück. Podolí, ☏ 606171999 (mobil), www.rancpodoli.cz.

Country Saloon, → Essen & Trinken.

• *Camping* **Camping Hnačov,** schöner Platz ca. 13 km östlich von Klatovy nahe dem gleichnamigen Weiler am See. Weitläufige Wiese mit einem kleinen Wald daneben. Beliebt bei Seglern und Surfern. Neues Sanitärgebäude, Feuerstellen. Restaurant. Juni–Sept. Anfahrt: Straße nach Horažd'ovice nehmen, bei der zweiten Abzweigung nach Plánice links ab. Bushaltestelle nahe dem Gelände (2-mal tägl. nach Plzeň, mehrmals tägl. nach Klatovy). 2 Pers. mit Zelt u. Auto 7 €, Hütten mit 4 Betten ab 20 €. Hnačov, ☏/℻ 376394258, www.hnacov.cz.

Eurocamp Bešiny (18), ca. 12 km südlich von Klatovy nahe dem gleichnamigen Dorf, von der Straße nach Železná Ruda ausgeschildert. Fest in holländischer Hand. Recht komfortabel. Großer Pool (wenig attraktiv), Minigolf, Feuerstelle, Tennisplätze, gute, saubere Sanitäranlagen, sehr sicher. Restaurant. Ganzjährig. 2 Pers. mit Auto u. Zelt 7,20 €, gepflegte Bungalows mit Küche und Bad 42 € für bis zu 4 Pers. Bešiny, ☏/℻ 376375011, www.eurocamp.besiny.cz.

Eine böhmische Prinzessin

Sport & Freizeit/Kultur

- *Baden* Ca. 13 km östlich von Klatovy beim Weiler Hnačov liegt ein **Badesee,** auf dem im Sommer auch gesurft wird. Anfahrt → Camping Hnačov.
- *Fahrradverleih* Über **Priorit** (Ostravská 169), telefonisch buchbar unter ✆ 602163613 (mobil). 10,50 €/Tag.
- *Reiten* Ausritte sind über die **Westernranch Podolí** möglich (→ Übernachten).
- *Rundflüge* Bietet der **Aeroklub Klatovy.** 1 Std. ca. 230 €. Infos unter ✆ 376310355 oder www.lkkt.cz.
- *Theater* **Stálá divadelní scena Klatovy** in der Kpt. Jaroše. Vorrangig Komödien, ab und zu Konzerte. Verkauf von Theaterkarten nebenan. ✆ 376311261, www.divadlo.klatovynet.cz.
- *Veranstaltungen* **Kirchweih mit Nelkenausstellung** Anfang/Mitte Juli. **Internationales Kammermusikfestival** mit verschiedenen Aufführungen von Mai–Sept.
- *Wandern/Radfahren* Für Tourenvorschläge → Klatovy/Umgebung ab S. 158, die schönsten führen durch den Böhmerwald.

Sehenswertes

Historická Expozice Barokní Lékárna (Barockapotheke): 1964 wurde die Apotheke aus dem 17. Jh. von der UNESCO unter Denkmalschutz gestellt; bis dahin gingen hier noch Rezepturen über den Ladentisch. Die Verkaufsräume sind sehenswert, die hinteren Trakte jedoch, wo einst die Medikamente im Hexenküchenstil gemixt wurden, sind spannender: Ausgestellt sind u. a. Glasgefäße mit getrocknetem Ziegenblut und eingelegten Därmen, Apparate zum Pillendrehen und zur Salbenherstellung. Die Mittelchen enthielten Ingredienzien wie Wildschweinhauer oder Krebsscheren. Zu sehen gibt es außerdem ein 2 m langes Stoßhorn eines männlichen Narwals, das einstige Maskottchen des Apothekers. Bei den Einheimischen galt es als das Horn des legendären Einhorns, nach dem das Gebäude auch seinen Namen *U Bilhého Jednorožce* (Zum Weißen Einhorn) erhielt. Die gleichnamige *Galerie* nebenan präsentiert wechselnde Ausstellungen.

• Adresse/Öffnungszeiten Náměstí Míru 149. **Apotheke,** Mai–Okt. tägl. (außer Mo) 9–17 Uhr, Besichtigung nur in Verbindung mit einer Führung. Wann die nächste stattfindet, ist an der Tür angeschlagen. Führungen können auch unter ✆ 739235184 (mobil) reserviert werden. Eintritt 1,60 €, erm. die Hälfte.

Neposkvrněného Početí P. Marie (Kirche der Unbefleckten Empfängnis der Jungfrau Maria): Die zweitürmige Barockkirche stammt aus dem Jahr 1665 und ist ein Nachbau der berühmten Jesuitenkirche Il Gesú in Rom. Die drei Frontportale sollen das Werk Kilian Ignaz Dientzenhofers (→ Kasten S. 147) sein, für den Rest der Kirche zeichnen Dominico Orsi und Carlo Lurago verantwortlich. Sehenswert sind insbesondere die prunkvollen Seitenaltäre. Einem findigen Pfarrer ist es übrigens zu verdanken, dass die Kirche vor rund drei Jahrzehnten nicht einstürzte, da dringend notwendige Sanierungsarbeiten aus Geldmangel viel zu lange unterblieben waren. Als es 1981 bereits durchs Dach regnete, griff der Geistliche zur Selbsthilfe und entwarf höchstpersönlich ein Gerüst, um die notwendigsten Arbeiten mit bescheidenen Mitteln zu ermöglichen.

Nach der Besichtigung der Kirche lohnt auch ein Blick in die unter ihr gelegenen *Katakomben*. Hier ruhen mumifizierte Jesuiten und wohlhabende Einheimische, zusammengeschrumpelt auf 8–10 kg. Von den einst über 200 Mumien sind heute nur noch einige wenige hinter Glas zu sehen, was insbesondere auf den Vandalismus vieler Besucher zurückzuführen ist. Nicht wenige Touristen nahmen sich Gliedmaßen der Mumien als schaurige Souvenirs mit nach Hause. Katakomben und Kirche sollen in den nächsten Jahren mit EU-Geldern umfassend restauriert werden.

Adresse/Öffnungszeiten Náměstí Míru. Die **Kirche** ist oft geschlossen, aber einsehbar. **Katakomben,** April u. Okt. nur Sa/So 9–12 u. 13–17 Uhr, Mai–Sept. tägl. zu den gleichen Zeiten. Eintritt für die Katakomben 1,60 €, erm. die Hälfte.

Černá věž (Schwarzer Turm): Der 81 m hohe ehemalige Wachturm entstand zusammen mit dem benachbarten Renaissancerathaus um das Jahr 1559 und zeugt vom ehemaligen Wohlstand der Stadt. Die schwärzliche Färbung des Gemäuers ist übrigens nicht auf Brände zurückzuführen, sondern beruht auf einer natürlichen Verfärbung der vermauerten Steine. In alter Zeit patrouillierte auf der Brüstung jede Nacht ein Turmwächter, der stündlich ein Signal zu blasen hatte. Von hier sieht man noch heute bis weit in den Böhmerwald. Im Osten der Altstadt fällt dabei auch ein kleinerer Turm, der sog. *Weiße Turm* (Bílá věž), ins Auge. Der freistehende, campanileartige Glockenturm entstand im späten 16. Jh. und gehört zur gotischen *Erzdekanatskirche Mariä Geburt* (Arčiděkanský kostel P. Marie).

• Adressen/Öffnungszeiten **Schwarzer Turm,** Náměstí Míru. April u. Okt. nur Sa/So 10–12 u. 13–16 Uhr, Mai, Juni u. Sept. tägl. (außer Mo) 9–12 u. 13–17 Uhr, Juli/Aug. tägl. 9–12 u. 13–18 Uhr. Eintritt 1,60 €, erm. die Hälfte. Der **Weiße Turm** (nicht zugänglich) und die **Erzdekanatskirche** befinden sich in der Krameriova.

Muzeum Dr. Hostaše (Dr.-Hostaš-Museum): Das in einem prächtigen Stadtpalais untergebrachte umfangreiche Heimatkundemuseum widmet sich der Geschichte der Klattauer Region. Zu sehen gibt es u. a. Keramikfunde aus den Hügelgräbern der Umgebung, archäologische Funde aus der Eisen- und Bronzezeit, Schmuck aus dem Mittelalter, Siegel, Münzen usw.

Adresse/Öffnungszeiten Hostašova 1. Tägl. (außer Mo) 9–12 u. 13–17 Uhr. Eintritt 1,20 €, erm. die Hälfte.

Klatovy Karte S. 155

Wasserburg Švihov

Klatovy/Umgebung

Harmonisch und fast lieblich wirken die Landschaften rund um Klatovy. Im Süden liegen die waldreichen Höhen des Böhmerwaldes, eine der beliebtesten Urlaubsregionen Tschechiens. Radfahrer und Wanderer schätzen sie im Sommer, Lang- und Abfahrtsläufer im Winter. Ferienzentrum des westlichen Böhmerwaldes ist Železná Ruda. Gen Norden zeigt sich die Landschaft eher sanft gewellt. Kaum eine Ortschaft ohne Weiher oder größeren Teich. Daneben ragt zuweilen auf irgendeinem Hügel eine einsame Kapelle in den Himmel. Burgen findet man nahezu überall. Die sehenswertesten sind die Burg Velhartice, die Wasserburg Švihov und die Burg Rabí. Letztere ist gar eines der großen touristischen Highlights Westböhmens.

Švihov (Schwiehau)

Bei der Ortschaft Švihov, rund 10 km nördlich von Klatovy, erhebt sich im Auenbereich des Flusses Úhlava die berühmte **Wasserburg,** eine der mächtigsten Böhmens. Errichtet wurde sie zwischen 1480 und 1510. Im 18. Jh. diente sie als Getreidelager, im 20. Jh. als Kulisse für Märchen- und Ritterfilme. Unter anderem wurde hier *Drei Nüsse für Aschenbrödel* gedreht. Heute zieht die Burg jährlich mehr als 50.000 Besucher an. Bei einer Führung durch die Festung werden u. a. Räumlichkeiten mit Renaissancemöbeln besichtigt, ein großer Tanzsaal mit einer herrlichen Kassettendecke, eine Waffenkammer und die Burgkapelle mit einem Fresko des Hl. Georg als Ritter aus dem frühen 16. Jh.

Švihov selbst ist ein verschlafener Ort mit rund 1500 Einwohnern und viel Grün drum herum. Švihov und Klatovy verbindet ein schöner, rot markierter **Wanderweg,** z. T. entlang der Úhlava.

• *Verbindungen* Bahnhof am Ortsausgang Richtung Klatovy. Stündl. **Züge** nach Klatovy und Plzeň. Regelmäßig **Busse** nach Klatovy, Pilsen und Přeštice, bis zu 7-mal tägl. nach Chudenice.

• *Öffnungszeiten* **Wasserburg,** April u. Okt. nur Sa/So 9–15 Uhr. Mai u. Sept. tägl. (außer Mo) 9–16 Uhr, Juni–Aug. tägl. (außer Mo) 9–17 Uhr. Es werden 2 Führungen angeboten, eine führt durch die Burg (60 Min., die interessantere), die andere durch den Küchentrakt (50 Min.). Je nach Führung 2–2,80 €, erm. 1,40–1,80 €.

Chudenice

Ungefähr 15 km westlich von Švihov liegt das von weiten Wäldern umgebene Chudenice. Es ist kein besonders hervorstechender Ort, ohne jedoch hässlich zu sein. Ob sich der Name des Orts von den einst recht bedürftigen Einwohnern ableitet („chudý" = arm), sei dahingestellt. Alles andere als arm war auf jeden Fall das Adelsgeschlecht Czernín, das sich ab dem 13. Jh. hier niederließ. Deren einstige Residenz, das **Alte Schloss** *(Starý zámek)* im Zentrum des Orts, kann besichtigt werden. Durch die feudalen Salons schlurft man mit Filzschlappen über 250 Jahre alte Holzböden hinweg. Unter anderem sieht man ein Originalporträt der Kaiserin Sissi und den Fächer der Schriftstellerin Božena Němcová, den diese einst als Dank für eine Führung durch das Schloss zurückließ. Heute werden solche Gaben nicht mehr akzeptiert, mit 60 Kronen Eintritt ist man jedoch dabei. Für ein paar Kronen mehr darf man zudem das kleine Heimatmuseum im Schloss besuchen, das auch über die Geschichte Chudenices informiert.

Weitere Sehenswürdigkeiten von Chudenice – allesamt ausgeschildert – sind der **Amerikanische Garten** (Americká zahrada), eine parkähnliche Gartenanlage mit rund 300 seltenen Pflanzenarten, darunter auch einige nordamerikanische Gehölze, und der 45 m hohe **Aussichtsturm Bolfánek** (Rozhledna Bolfánek). Er ist bei einem gemütlichen Spaziergang vom Empireschlösschen **Zámek Lázeň** aus zu erreichen. Das Schlösschen aus dem 19. Jh. ist erst seit Kurzem wieder im Besitz der Adelsfamilie Czernín, die es umfangreich restaurieren will. Nach Abschluss der Arbeiten will Graf Karl-Eugen Czernín die obere Etage privat nutzen, das Erdgeschoss soll ein Restaurant beherbergen.

• *Verbindungen* Regelmäßig **Busse** nach Klatovy.

• *Öffnungszeiten* **Altes Schloss,** April, Mai, Sept. u. Okt. nur Sa/So 9–12 u. 13–17 Uhr, Juni–Aug. tägl. (außer Mo) 9–12 und 13–18 Uhr. Führung durch das Schloss 2,40 €, erm. 1,60 €. Für das Schlossmuseum braucht man ein separates Ticket (0,80 €, erm. die Hälfte).

Für weitere Ziele nördlich von Klatovy → Plzeň/Umgebung ab S. 142.

Horažd'ovice (Horaschdowitz)

Das 5700 Einwohner zählende Städtchen liegt ca. 32 km südöstlich von Klatovy. Seine Gründungsgeschichte könnte Pate stehen für so manche Ortschaft im hohen Alaska: Bereits im 13. Jh. ließen sich hier am Flusslauf der Otava vom Goldrausch getriebene Abenteurer nieder und begannen nach dem kostbaren Metall zu schürfen. Doch der Goldsegen hielt nicht lange an, und so verlegte man sich auf die Zucht von Flussperlmuscheln. Bis zur ersten Hälfte des 20. Jh. verdienten auf diese Weise viele Einwohner von Horaschdowitz ihre Brötchen.

Am gemütlichen Marktplatz und in den davon abgehenden Nebengassen stehen schöne alte Bürgerhäuser. Beherrscht wird der Ort von einem Barockschloss, das auf einem ursprünglich gotischen Kastell errichtet wurde. Darin befindet sich heute das **Stadtmuseum** (*Městské muzeum*), das über die Geschichte Horažd'ovices informiert. Nebenbei beherbergt es eine große Trophäensammlung. Die Besichtigung führt auch in eine mit Fresken reich verzierte Barockkapelle. Wer danach noch Lust auf einen Spaziergang hat: Ein grün markierter Weg bringt Sie zu der ca. 1,5 km entfernten **Burgruine Prácheň.**

- *Verbindungen* Bahnhof und Busbahnhof liegen nahe beieinander, ca. 200 m östlich des Zentrums. Regelmäßige **Busse** und **Züge** nach Klatovy.
- *Essen & Trinken* **V zámku,** netter Außenbereich unter den Arkaden des Schlosshofs – gut für eine Kaffeepause. Die Pizzen sind nicht der Renner. ✆ 376511694.
- *Öffnungszeiten* **Stadtmuseum,** Juni–Sept. tägl. (außer Mo) 9–16 Uhr. Eintritt 1,20 €, erm. die Hälfte.

Schloss von Horažd'ovice – wo man die Sonne nicht aufziehen muss

Hrad Rabí (Burg Rabí)

Eine Dominante in der Landschaft, einer normannischen Burg ähnlich, furchteinflößend und imposant: Hrad Rabí, die größte Burgruine Böhmens. Ihre gewaltigen Mauern haben eine Gesamtlänge von 9 km.

Über dem gleichnamigen Dorf rund 34 km südöstlich von Klatovy thront die mächtige gotische Adelsburg aus dem 14. Jh. Allein bei ihrem Anblick aus der Ferne scheint das Mittelalter ganz nah zu sein; nicht das von den Romantikern verklärte Mittelalter, sondern das „dunkle" Zeitalter, als Feudalherren und Raubritter das Volk ausbeuteten und Burgen ein Symbol der Bedrohung waren. Bei der Belagerung der Burg im Jahr 1421 verlor der ohnehin schon einäugige Hussitenführer Jan Žižka (→ S. 39) sein zweites Auge. Ende des gleichen Jahrhunderts hielt sich der Burgherr Graf Půta Švihovský einen Affen als Haustier. Als dieser einmal in die Wälder entwischte, hielten die Bauern das zwischen den Bäumen herumturnende Tier für den „Leibhaftigen" und töteten es bei einer hitzigen Teufelsjagd. Wütend über die Dummheit der Bevölkerung erließ Graf Švihovský daraufhin die Strafabgabe „Pensio simialis" – auf Deutsch Affensteuer. Im 18. Jh. wurde die Burg verlassen und verfiel. Erste Restaurierungsarbeiten begannen, nachdem das Dorf Rabí die Burg 1920 für eine Krone an den Staat verkauft hatte. Heute ist der größte Teil des weitläufigen Geländes mit vielen Treppen, Auf- und Abgängen sowie einem mächtigen Wohnturm der Öffentlichkeit zugänglich und zählt zu den meistbesuchten Burganlagen Westböhmens. Von nah und fern reist man insbesondere im Juli an, wenn zwischen den alten Festungsmauern ein **Ritterfest** veranstaltet wird. Das kommt auch dem gepflegten Dorf Rabí mit schönen Bauten im typisch südböhmischen Stil am Fuße der Burg zugute, es lebt vornehmlich vom Tourismus.

- *Verbindungen* **Busse** regelmäßig nach Sušice und Horažd'ovice.
- *Essen & Trinken* Die Restaurants rund um die Burg unterscheiden sich in Qualität, Ausstattung und Preis nur wenig voneinander. Im Sommer lädt insbesondere der nette Hinterhofbiergarten der unübersehbaren **Rabská hospůdka** nach der Burgbesichtigung auf ein Getränk ein.
- *Übernachten* *** **Hotel Atawa,** die beste Unterkunft vor Ort. Hübsche in blauen Farbtönen gehaltene Zimmer mit Holzboden. Hallenbad und Sauna. Parkplätze im Hof. Für das Gebotene günstig. Reservierung empfohlen. EZ 30 €, DZ 48 €. Rabí 9, ✆ 731446080 (mobil), www.hotelatawa.cz.
- *Öffnungszeiten* **Burganlage,** Juni–Aug. tägl. (außer Mo) 9–17 Uhr, Mai u. Sept. tägl. (außer Mo) 9–16 Uhr, April u. Okt. nur Sa/So 10–16 Uhr, Mittagspause 12–13 Uhr. Es gibt 2 verschiedene Touren, beide zusammen kosten 3,60 €, erm. 2 €.

Burg Rabí

Sušice (Schüttenhofen)

Wie Klatovy preist sich auch das 30 km südöstlich gelegene Sušice gerne als das „Tor zum Böhmerwald". Die Stadt erstreckt sich in einem weiten, von grünen Hügeln umrahmten Tal. Fährt man jedoch von Norden hinein, macht Sušice einen wenig freundlichen Eindruck. Triste und teils verlassene Industriebetriebe säumen die Straßen – Zeugen des Niedergangs der hiesigen Streichholzproduktion (→ Kasten, S. 163). Die Altstadt präsentiert sich dagegen ganz ansehnlich, insbesondere rund um den Náměstí Svobody, den großen baumbestandenen Marktplatz. Ihn umgeben ein paar Gebäude aus jener Zeit, als die Stadt noch von der Salz- und Goldgewinnung lebte. Dazu gehört z. B. das heute leer stehende **Rozacínovský-Haus** (Nr. 48) mit einem gotischen Türbogen und einer Sgraffitofassade, die übrigens erst 1914 bei Restaurierungsarbeiten unter dem Putz entdeckt wurde. Das **Voprchovský-Haus** (Nr. 40), ein ursprünglich gotisches Bürgerhaus, schmückt ein außergewöhnlich schöner Giebel. Vorübergehend beherbergte es einen Bierausschank, daraufhin eine Dekanei und heute das **Böhmerwaldmuseum** (Šumava muzeum Sušice) mit einer witzigen Sammlung an Streichholzschachteln und einer der größten mechanischen Weihnachtskrippen Tschechiens. Die Krippe wurde erst Ende 2004 von zwei Böhmerwälder Holzschnitzern fertiggestellt. Die Christkind-Szenerie bereichern historische Denkmäler aus Sušice.

Nur ein paar Schritte vom Marktplatz entfernt, befindet sich linker Hand an der Příkopy (der Straße nach Petrovice) ein kleiner, von Mauern umgebener **jüdischer Friedhof.** Er wurde 1626 angelegt und legt Zeugnis ab von der einstigen jüdischen Gemeinde. Am 27. November 1942 verschwand diese für immer. An jenem Tag wurden die Juden Sušices nach Terezín (Theresienstadt) deportiert und später in den osteuropäischen Konzentrationslagern umgebracht. Überblickt wird die Stadt im Osten (nahe der Straße nach Podmokly) von der weithin sichtbaren **Schutzengelkapelle** aus dem späten 17. Jh. Von ihr genießt man eine herrliche Aussicht.

Marktplatz von Sušice

• *Information* **Městské informační středisko,** im Rathaus am Nám. Svobody. ✆ 3765 40214, www.sumavanet.cz/mususice. Okt.–April Mo–Fr 9–16 Uhr, Mai–Sept. Mo–Fr 7–17 Uhr, Sa/So 9–14 Uhr.

• *Verbindungen* **Busse** fahren am Flussufer ab. Nur 1-mal tägl. direkt nach Plzeň, jedoch regelmäßig nach Klatovy und Kašperské Hory.

Bahnhof im Norden der Stadt fast 4 km außerhalb des Zentrums. Bis zu 10-mal tägl. **Züge** nach Klatovy.

• *Kanuverleih* Gute Kajakmöglichkeiten bestehen am Flüsschen Otava von Sušice Richtung Rabí und weiter Richtung Horažďovice. Kajaks verleiht z. B. **Otavatour Sušice** am Nám. Svobody 28. Es gibt Trassen zwischen 2 ½ (bzw. 10 km) und 5 Std. Dauer (bzw. 20 km). Für bis zu 3 Pers. 12 €/Tag. ✆ 606909924 (mobil), www.otavatour.cz.

• *Essen & Trinken* **Hotel Fialka,** in einem schönen historischen Gebäude am Marktplatz. Schlicht und unspektakulär, Raucher- und Nichtraucherraum. Außenbestuhlung. Greifen Sie zu Schaschlik oder den Rehschnitten in Rotwein. Günstige Mittagsgerichte, sonst Hg. 4–10 €. Ein dazugehöriges Hotel gibt es trotz des Namens nicht! Kein Tel.

• *Übernachten* *** **Hotel Gabreta,** provinzielles Mittelklassehotel gleich beim Marktplatz. Standardzimmer, z. T. recht geräumig, mit TV und Telefon. Eigene Parkplätze und Fahrradverleih. Im Restaurant gibt es neben den böhmischen Standards auch einige Wildgerichte, Hg. 4–9,20 €. EZ 26 €, DZ 40 €. Americké armády 73, ✆/℻ 376528016, www.hotelgabretasusice.cz.

Pension Milli, nahe dem Marktplatz. Saubere Zimmer mit Bad, etwas in die Jahre gekommen und wenig zeitgemäß möbliert, dafür mit Kühlschrank und für den Preis durchaus okay. Kleine Terrasse fürs Feierabendbier. Restaurant. 12 €/Pers., Frühstück extra. Kostelní 70, ✆ 376526598, www.sweb.cz/pension.milli.

• *Außerhalb* **Penzion Jiřičná,** im Weiler Jiřičná bei Petrovice, ca. 7 km westlich von Sušice. Pension und Adventure-Zentrum, unter belgischer Leitung, untergebracht in einer alten Brauerei. 12 Zimmer mit Bad, die v. a. von Gruppen gebucht werden. Angeboten werden u. a. Kanufahrten auf dem Fluss Otava, Pferdetrekking und diverse andere Adventure-Trips. Zudem Verleih von Mountainbikes. DZ 50 €. Jiřičná 3, ✆ 602474605 (mobil), www.pensionjiricna.com.

Hotel Gandalf, die schönste Unterkunft der Gegend liegt im beschaulich-ruhigen Dorf Svojšice. Mit Liebe wurde hier die ehemalige Schule des Dorfs in ein Hotel umgewandelt. 15 helle Zimmer (auch Familienzimmer) mit alten Dielenböden. Auf (unnötigen) Schnickschnack wie TV wurde bewusst verzichtet. Garten, Bar im Keller, Innenpool mit Zugang zur Terrasse. Ebenfalls unter belgischer Leitung (deutschsprachig). Mit HP 49 €/Pers. Anfahrt: Sušice auf der 171 Richtung Petrovice verlassen und nach ca. 5 km rechts Richtung Cihelná abzweigen. 2 km weiter wieder rechts ab nach Castkov, durch den Ort, und schon sieht man die alte Schule von Svojšice. Svojšice 44, ✆ 602474605 (mobil), ℻ 376520662, www.hotelgandalf.com.

• *Öffnungszeiten* **Böhmerwaldmuseum,** Mai–Okt. tägl. (außer Mo) 9–12 u. 12.45–17 Uhr, So nur halber Tag. Eintritt 1,60 €, erm. 0,80 €.

Hrad Velhartice (Burg Welhartitz)

Die imposante Befestigungsanlage aus dem 14. Jh. ca. 16 km südöstlich von Klatovy zählt zweifelsohne zu den romantischsten Burgen Westböhmens. Sie liegt landschaftlich überaus reizvoll am Rande eines steil abfallenden Plateaus, hoch über einem rauschenden Bach, wie geschaffen für Rapunzel & Co. Eine einzigartige, vierbogige Brückenkonstruktion verbindet den klotzigen Wehrturm mit der Ruine des alten Palasts, auch Paradieshaus *(Rájsky dům)* genannt. Der weiße Spätrenaissancepalast neben dem Paradieshaus kam im 17. Jh. hinzu. Zwei Führungen werden angeboten: Bei der langweiligeren stolpert man durch die Burganlage, vorbei an Zisternen und Kellerräumen. Bei der spannenderen wandelt man durch die Salons des Spätrenaissancepalasts. Unter anderem erfährt man dabei auch etwas über die Gesellschaftsspiele, die zu jener Zeit in Mode waren.

Im Dörfchen selbst kann man noch – sofern gerade jemand da ist – eine **historische Schmiedewerkstatt** (Historicka kovárna; ausgeschildert) besichtigen. Falls niemand öffnet, gehen Sie einfach in die zünftige Wirtschaft nebenan, wo Brotzeiten mit Speckwurst, eingelegtem Schweinekamm oder Spezialitäten vom Lavagrill aufgetischt werden. Schöner Hinterhof!

• *Anfahrt/Verbindungen* Die Burg ist mit „Hrad" ausgeschildert. Vom Parkplatz noch ca. 5 Min. zu Fuß. **Busse** bis zu 5-mal tägl. vom Ort Velhartice nach Klatovy.

• *Öffnungszeiten* **Burg,** Juni–Aug. tägl. (außer Mo) 9–18 Uhr, Mai u. Sept. tägl. (außer Mo) 9–17 Uhr, April u. Okt. nur Sa/So 9–16 Uhr. Eintritt in das Burgareal 1,20 €, jede Führung 2,20 €, erm. Die Hälfte.

Heiße Ware – Rotköpfe aus Sušice

Ende des 19. Jh. wurde heiße Ware aus Westböhmen in der ganzen Welt gehandelt – in Afrika, Nord- und Südamerika, Australien, Asien und überall in Europa: Streichhölzer aus Schüttenhofen. In aller Herren Ländern flackerten sie auf wie heute die Birnen von Osram.

Angefangen hatte alles 1839, als der Zimmermann Adalbert Scheinost sich mit seiner Frau Marie in ein gerade abgebranntes (!) Haus am Marktplatz einmietete und die Köpfe von Holzspänen mit Phosphor überzog. Die Technik dazu hatte das Ehepaar in Wien erlernt. Die zündende Idee überhaupt war erst ein paar Jahre zuvor in England geboren worden. Knapp zwölf Monate später stieg der hiesige Kaufmann Bernhard Fürth in die Zündholzproduktion mit ein; große Maschinen konnten angeschafft werden, und keine zehn Jahre später exportierte man schon nach Übersee. 1903 überführte man die Schüttenhofener Zündholzfabriken – mittlerweile gab es mehrere – in eine Aktiengesellschaft namens SOLO. Kurz darauf erreichte die hiesige Zündholzproduktion ihren Höhepunkt. Doch dann kamen die Weltkriege, dazwischen die Weltwirtschaftskrise, schließlich die Verstaatlichung des Unternehmens unter den Kommunisten und – parallel zu alledem – der Siegeszug des Feuerzeugs. Zur sinkenden Nachfrage gesellten sich immer höhere Herstellungskosten. Das konnte nicht gut gehen. 2009 verlagerte SOLO die Produktion nach Asien und Russland. Vom Standort Sušice werden die Streichhölzer nur noch vertrieben. 30 Mitarbeiter sind geblieben – von einst 2000 in den Glanzzeiten des Unternehmens.

Kašperské Hory (Bergreichenstein)

Bereits im 13. Jh. war Kašperské Hory bekannt für seinen Goldreichtum, aus über 40 Stollen förderte man das edle Metall. Etwa 300 Goldmühlen gab es rund um den Ort. Doch mit der Zeit versiegte eine Goldader nach der anderen, und das Städtchen verarmte. Heute hat man eine neue Goldader entdeckt, den Fremdenverkehr. Das 1600 Einwohner zählende Städtchen 40 km südöstlich von Klatovy ist ein beliebtes Ausflugsziel, insbesondere von Radwanderern – sie bringen etwas Leben in das sonst überaus verschlafene Nest.

Rund um den hübschen kleinen Dorfplatz mit einer rosa-weiß gestrichenen Pfarrkirche in der Mitte findet man Cafés und Restaurants mit Tischen und Stühlen im Freien sowie Souvenirläden, die Holzpuppen und böhmisches Glas verkaufen. Damit man auch etwas besichtigen kann, gibt es zwei Museen: Ein **Böhmerwaldmuseum** (Muzeum Šumavy) gleich hinter der Kirche und ein **Motorradmuseum** (Moto muzeum), das durch ein großes Werbebanner auf sich aufmerksam macht. Ersteres zeigt u. a. Ausgestopftes vom jungen Reh bis zur Forelle, Putten und Heiligenfiguren, lebendige (!) und tote afrikanische Käfer, Jugendstilgläser und sog. „Totenbretter“, auf die einst die Verstorbenen bis zu ihrer Beerdigung gelegt wurden. Etwas einheitlicher geht es im Motorradmuseum zu: Zu sehen gibt es Fabrikate von NSA, BMW, F.N., DKW, BSA usw. Die älteste Maschine ist eine Wanderer, Baujahr 1913, zu den Highlights gehört zudem eine JAC von 1930, angeblich ein Unikat. Für Abwechslung sorgen im gleichen Gebäude eine Ausstellung über das Brauwesen im Böhmerwald und eine über Holzspielzeug.

Im Winter bestehen rund um den Ort gute Langlaufmöglichkeiten, es gibt auch ein kleines Skizentrum mit drei Liften – Mut für die Abfahrt braucht man nicht.

• *Information* **Městské kulturní a informační centrum** im Rathaus in der Ortsmitte. Juli u. Aug. Mo–Fr 8.30–17 Uhr, Sa/So 9–15 Uhr, Juni u. Sept. So geschl., Okt.–Mai nur Mo–Fr 9–12 u. 13–16 Uhr. ✆ 376503411, www.sumavanet.cz/khory.

Ein **Böhmerwald-Infozentrum** gibt es am Ortsausgang Richtung Sušice. Dez.–März sowie Mai u. Okt. Mo–Fr 8.30–15.30 Uhr, Juni–Sept. Mo–Sa 8.30–16 Uhr, April u. Nov. geschl. ✆ 376582734, www.npsumava.cz.

• *Verbindungen* Regelmäßig **Busse** nach Sušice. Diese halten auch an der Abzweigung nach Annín, von dort noch ca. 5 Min. zu Fuß nach Annín.

• *Einkaufen* Etwa 9 km nordwestlich von Kašperské Hory liegt das Dörfchen **Annín.** In der traditionsreichen Glashütte **Sklárna Annín** (ehem. Rückl & Söhne) kann man allerlei Kitsch vom Briefbeschwerer über Vasen und Bowlesets bis zu Christbaumkugeln erstehen.

• *Übernachten* **** **Park Hotel Tosch,** in der Ortsmitte. 43 klassisch-elegante, geräumige Zimmer und Apartments mit Marmorbädern. Innenpool, Parkmöglichkeiten im Hof, Tennisplatz, Radverleih. Viel deutsches Publikum. EZ 58 €, DZ 88 €, Apartment 138 €. Náměstí 4, ✆ 376582592, ℻ 376582500, www.tosch-parkhotel.cz.

Hotel Kašperk, Komforthotel in einem schönen historischen Stadthaus direkt am Marktplatz. 24 modern eingerichtete Zimmer, nicht überschick, aber doch sehr zeitgemäß, im gleichen Stil das Restaurant. Große Pluspunkte: Die Schwimmhalle mit einem 17 x 6 m großen Pool und der Megasandkasten – zu Recht bei Familien sehr beliebt. Eigene Parkmöglichkeiten. EZ 40 €, DZ 80 €. Náměstí 3, ✆/℻ 376324113, www.hotelkasperk.cz.

• *Außerhalb* *** **Hotel Rosa,** ca. 6 km östlich von Kašperské Hory im Dorf Řetenice. Gepflegtes Mittelklassehaus in schöner Lage. Ordentliche Zimmer. Pool, Tennisplatz, Solarium, Fitnessraum, Mountainbike- und Bootsverleih – ideal für Aktivurlauber. Restaurant. DZ 52 €. Řetenice 4, ✆ 388310112, www.hotelrosa.cz.

Rychta na Racánku, → Hrad Kašperk.

• *Camping* **Autokemp Annín I,** ca. 7 km nordwestlich von Kašperské Hory, jedoch nicht in Annín selbst, sondern auf der anderen Flussseite, von der Straße nach Sušice ausgeschildert. Schöner, an der Otava gelegener Platz. Einstiegsmöglichkeiten in den Fluss, Restaurant. Ordentliche Sanitäranlagen. April–Okt. 2 Pers. mit Zelt u. Auto 8 €, Hütten je nach Größe und Ausstattung 7–17 €. Annín, ✆ 376522698, 📠 376522698, www.kempannin.sumava.net.

Autokempink Nové Městečko, ca. 11 km nordwestlich von Kašperské Hory im gleichnamigen Weiler. Viel Schatten unter hohen Bäumen. Sanitäranlagen einfach, aber okay. Etwas laut durch die nahe Straße. Restaurant. Gemischtes Publikum. Mai–Sept. 2 Pers. mit Zelt u. Auto 8,80 €, Hütte für 4 Pers. ab 24 €. Dlouhá Ves 155, ✆ 376528825, 📠 376520247, www.sumavanet.cz/dlouhaves.

• *Öffnungszeiten* **Böhmerwaldmuseum,** Mai–Okt. Di–So 9–12 u. 12.45–17 Uhr. Eintritt 1,60 €, erm. 0,80 €.

Motorradmuseum, Juni–Sept. tägl. 9–17.30 Uhr, sonst bis 16 Uhr. Eintritt 2 €, erm. die Hälfte.

Hrad Kašperk (Burg Karlsberg)

3 km nördlich von Kašperské Hory ragt die Burg auf einem Felsmassiv (870 m) imposant aus einem Nadelwald empor. Kaiser Karl IV. ließ sie in der Mitte des 14. Jh. zum Schutz der Landesgrenzen und der Goldgräbersiedlungen errichten. Kašperk war übrigens eine der wenigen Burgen Böhmens, deren wehrhafte Mauern allen Angriffen standhielten. Zwei Führungen werden angeboten. Bei der einen besichtigt man neben dem Palast auch den Westturm, bei der anderen den Ostturm und die Burgkeller. Jede Tour dauert ca. 45 Minuten.

Ein erst gelb, dann rot markierter, 10 km langer Wanderweg führt von hier nach Sušice. Auch von Kašperské Hory existiert ein (grün) markierter Weg zur Burg.

• *Anfahrt* Vom Motorradmuseum am Marktplatz in Kašperské Hory aus beschildert. Nach ca. 3 km liegt linker Hand ein großer Parkplatz, von dort noch 1,5 km zu Fuß. An schönen Sommertagen kann man auch mit der Kutsche nach oben fahren.

• *Übernachten* **Rychta na Racánku,** sympathische Landpension neueren Datums nahe dem Parkplatz. Ruhige Lage, toller Obstgarten mit Planschbecken, Hängematte und Sandkasten. Beliebtes Ausflugsrestaurant mit schöner Terrasse angeschlossen (Mo Ruhetag). Zimmer mit privaten Bädern. DZ 32 €. Žlíbek 17, ✆/📠 376582117, www.racanek.cz.

• *Öffnungszeiten* Mai/Juni u. Sept./Okt. tägl. (außer Mo) 9–17 Uhr, Juli u. Aug. tägl. (außer Mo) 9.30–18 Uhr. 2,40 €/Tour, erm. 1,70 €, fremdsprachige Führung 2,90 €, erm. 2 €.

Kutschfahrt zur Burg Kašperk

Železná Ruda (Markt Eisenstein)

Inmitten des Böhmerwalds, an der tschechisch-bayerischen Grenze, liegt Železná Ruda, ein beliebter Ferienort im Sommer wie im Winter. Die Umgebung ist herrlich und bietet Aktivurlaubern viele Möglichkeiten. Der Ort mit seinen Plattenbauten ist wenig prickelnd, auch wenn diese mittlerweile farbenfroh gestrichen sind.

Der 1600 Einwohner zählende Grenzort, etwa 42 km südlich von Klatovy in einem Tal am Flusslauf der Řezná gelegen, hat sich ganz auf den Fremdenverkehr eingestellt. Es stehen mehr als 5000 Gästebetten zur Verfügung. Im Winter kommen Skifahrer, im Sommer Wanderer und Radfahrer und das ganze Jahr über Sextouristen und Schnäppchenjäger, Letztere zum Zigaretten- und Vogelhäuschenkauf. Wirklich Sehenswertes gibt es kaum, daran ändern auch die zwei Museen nichts. Dem Infozentrum angegliedert ist das **Böhmerwaldmuseum** (Muzeum Šumavy), das in fünf Räumen die typischen Exponate der Region zeigt: Hirschgeweihe, ein paar antike Möbel, Gläser usw. Schräg gegenüber der Kirche mit ihrem überdimensionalen zwiebelförmigen Kirchturm liegt das kleine **Motorradmuseum** (Muzeum Historických Motocyklů), das auch ein paar historische Fahrräder präsentiert. Im gleichen Gebäude ist zudem eine **Ausstellung zur Geschichte des Skisports in der Region** (Historie Lyžování Na Zeleznorudsku) untergebracht.

In der kalten Jahreszeit bildet Železná Ruda mit dem nördlich angrenzenden Ferienort Špičák ein **Wintersportzentrum.** An den beiden Hausbergen, dem Pancíř (1214 m) und dem Špičák (1202 m), erschließen 17 Liftanlagen 11 km Abfahrtspisten, außerdem stehen 55 km Langlaufloipen zur Verfügung.

Im Sommer bieten sich rund um den Ort herrliche **Wandermöglichkeiten.** Zwei Empfehlungen: von Železná Ruda zum idyllisch gelegenen Teufelssee (Čertovo jezero; erst blau, dann rot markiert) oder vom Berg Pancíř (1214 m) zum Prenet (1071 m; rot markiert). Wer sich den Aufstieg auf den Pancíř sparen will, fährt von Špičák mit dem auch im Sommer betriebenen Sessellift (9–16 Uhr, hin/zurück 2,80 €, erm. die Hälfte) hinauf. Auch **Radfahrer** kommen rund um Železná Ruda auf ihre Kosten, es gibt unzählige markierte Radwege. Am schönsten sind Touren durch den Nationalpark Šumava (→ Ziele im Westen des Nationalparks Šumava), durch welchen u. a. die Radroute Nr. 33 „Christian Battaglia“ verläuft. Diese führt von Železná Ruda über Prášily, Srní und Lenora quer durch den Nationalpark bis nach Nová Pec (103 km). Mountainbiker können sich auf den **Bikepark** in Špičák freuen, der mit verschiedenen Trails und einer „Sprungsektion“ für Kurzweil sorgt (Tageskarte 13,80 €).

Idylle im Böhmerwald

Der Böhmerwald – ein bedrohtes Paradies

Der Böhmerwald ist Europas größtes zusammenhängendes bewaldetes Grenzgebirge; es ist ca. 250 km lang und trennt Tschechien von Deutschland und Österreich. Der Gebirgszug beginnt auf tschechischer Seite südlich von Cheb und erstreckt sich bis zum österreichischen Mühlviertel. Bevor der Böhmerwald Mitte des 20. Jh. durch unpassierbare Grenzen zerschnitten wurde, lebten hier Menschen, die sich kulturell und sprachlich wenig voneinander unterschieden. Die Frage der nationalen Zugehörigkeit veränderte nicht nur den Charakter der Region, sondern ließ den Wald auch in Teilregionen zerfallen. So bezeichnet man heute den Abschnitt südlich von Cheb bis zu jener Senke, die zwischen Furth im Wald und Domažlice verläuft, auf deutscher Seite als Oberpfälzer Wald, auf tschechischer als Český les (Tschechischer Wald). Südlich davon steigt der Böhmerwald bis zu Höhen von 1400 m an. Die Tschechen nennen ihn auf ihrer Seite Šumava („Die Rauschende"), das Pendant auf deutscher Seite ist der Bayerische Wald.

Die Vertreibung am Ende des 2. Weltkrieges und der danach gezogene Eiserne Vorhang schufen hier ein von Menschenhand unberührtes Naturparadies. Die von Fichten- und Kiefernwäldern, Hochmooren, Wildbächen, Seen und Bergwiesen überzogenen Hochlagen sind Lebensraum von Auerhähnen, Wanderfalken, Fischottern, Luchsen und Schwarzwild. 2010 wurden zudem erstmals seit 50 Jahren wieder Wölfe gesichtet. Um dieses Naturgebiet zu schützen, wurde 1991 auf tschechischer Seite der **Nationalpark Šumava** (Narodní Park Šumava) gegründet, der knapp 70.000 ha umfasst und ungefähr dreimal so groß ist wie der Nationalpark Bayerischer Wald auf deutscher Seite. Doch die Schönheit des Böhmerwaldes, wie von Adalbert Stifter einst literarisch verewigt, ist bedroht. Dafür zeichnet der Borkenkäfer verantwortlich. Auf tschechischer Seite, wo lange Zeit die Meinung vertreten wurde, dass der Wald der Natur überlassen werden müsse, traf der Waldfresser auf keinen Widersacher. In der östlichen Region des Böhmerwaldes um den Plöckenstein (Plechý, der Berg liegt außerhalb des in diesem Buch beschriebenen Reisegebiets) gleichen mittlerweile schon 10.000 ha (!) Wald, so die Schätzungen, einem Baumfriedhof. Die Borkenkäferplage führte gar zu einem handfesten Streit zwischen Tschechien und dem Nachbarn Österreich, der seinen Wald von den aus Böhmen einfliegenden Käfern bedroht sieht. 2010 entschloss sich Tschechien deshalb, nun doch Maßnahmen gegen die Borkenkäferplage einzuleiten.

Information/Verbindungen/Sport & Freizeit

• *Information* **Informační centrum,** an der Durchgangsstraße Javorská 154, ☎/℻ 376397033, www.sumava.net/itcruda. Hilfsbereit und kompetent. Tägl. 8–12.30 u. 13.30–18 Uhr.

• *Verbindungen* Bis zu 5-mal tägl. **Busse** nach Klatovy und Nýrsko, im Sommer häufiger, dann auch Verbindungen nach Lenora, Kvilda, Modrava und Srní.
Bahnhof ca. 600 m nördlich des Zentrums an der Straße nach Špičák. **Züge** bis zu 10-mal tägl. nach Klatovy und Nýrsko, 3-mal nach Plzeň. Im Sommer fährt gelegentlich auch eine alte **Dampflok** von Bayerisch Eisenstein (dort auch ein Lokalbahnmuseum) über Železná Ruda in die nahe gelegene Ortschaft Hojsova Stráž, Auskunft über das Infozentrum.

• *Radverleih* **Mountainbikes** gibt es an vielen Ecken zu mieten, z. B. bei **MAX** (hinter dem Restaurant Bultas an der Durchgangsstraße). 10 €/Tag. ☎ 603524262 (mobil), www.ski-snow.max.sweb.cz.

• *Skifahren* In der Regel ist die Region von

Dez.–März schneesicher. Tageskarte ca. 21 €, erm. 14 €. Eine **Skischule** befindet sich in Špičák (Infos unter www.spicak.cz). 4-Tages-Kurs ab 45 €. Es können auch überall Skier geliehen werden, ca. 22 €/Tag, ca. 80 € für 6 Tage.

• *Öffnungszeiten* **Böhmerwaldmuseum,** Di–Sa 9–17 Uhr, So 9–12 Uhr. Eintritt 0,80 €, erm. die Hälfte. **Motorradmuseum,** tägl. 9–17 Uhr. Eintritt 1,70 €, erm. 0,80 €. **Skiausstellung,** wie Motorradmuseum. Eintritt 0,90 €.

Essen & Trinken/Übernachten

• *Essen & Trinken* Im Ortskern drängt sich Restaurant an Restaurant. Ausstattung und Qualität unterscheiden sich meist nur wenig. Etwas aus der Reihe fallen folgende Lokalitäten:

Belvedér, das rustikale Restaurant des einsam gelegenen Hotels hoch über Železná Ruda serviert keine außergewöhnlichen Gerichte, eher die Standards zu günstigen Preisen. Außergewöhnlich ist jedoch das selbst gebraute Bier, das es in der hellen, halbdunklen und dunklen Variante gibt. Terrasse, aber ohne nennenswerte Aussicht. Železná Ruda 189, ✆ 376397016. Von Bayern kommend, kurz vor dem Motorradmuseum nach links bergauf in die Belvederská abbiegen, dann immer den Berg hoch für ca. 1,2 km.

Šenkýrka U Hamru, gemütlich-warmes Lokal in einem alten Holzhaus. Forelle, Kartoffelpuffer oder Obstknödel zu fairen Preisen. Hier sitzt man gerne länger, auch draußen. Di–Sa ab 18 Uhr. Sklářská (von Bayern kommend, vor der Kirche rechts ab), ✆ 777840440 (mobil).

Café Charlotte, bei bayerischen Grenzgängern äußerst beliebtes, großes und recht rustikales Café. Grund: Mega-Tortenvitrine, 30 verschiedene Eisbecher. Über den Köpfen der Gäste fährt eine Modelleisenbahn. Terrasse. Von Bayern kommend hinter der Kirche rechts abbiegen, dann unübersehbar.

• *Übernachten* Es gibt enorme Überkapazitäten, bis auf ein paar schöne Sommerwochenenden steht oft vieles leer. Daher fehlt vielerorts auch das Geld für eine zeitgemäße Renovierung. Im Zentrum können Sie bereits ab 10 €/Pers. übernachten (sofern die Herberge keine Herzchen zieren ...). Schöner als in Železná Ruda selbst übernachtet man in Hamry und Hojsova Stráž auf halber Strecke nach Nýrsko (→ Zwischen Železná Ruda und Nýrsko, S. 169). Angegeben sind die HS-Preise im Sommer.

*** **Hotel Špičák,** in ruhiger Lage nahe dem Ortsteil Špičák, von der Straße nach Nýrsko ausgeschildert. Fünfstöckiges Berghotel (Bj. 1970, jedoch renoviert), 71 der Sterneanzahl entsprechend ausgestattete Zimmer mit Standardeinrichtung. Buchen Sie ein Zimmer mit Balkon und Panoramablick auf den Böhmerwald. Haken: Ab vom Schuss, im Winter sind Schneeketten für die letzten paar Meter ein Muss. Oft von Reisegruppen in Beschlag genommen. Bewachte Parkplätze. Sauna, Solarium, Skischule, Sommerterrasse etc. DZ ab 56 €, oft zudem gute Paketpreise. Špičák 95, ✆ 376372111, 📠 376397119, www.orea.cz.

Hotel Malá Paříž, im Ortsteil Špicák (ausgeschildert). Kleines, sympathisches Familienhotel. Freundliche Zimmer und Apartments, auch wenn Mobiliar und Kunstdrucke an den Wänden nicht recht zusammenpassen wollen. Restaurant. Sehr zuvorkommender Service. DZ 42 €. Špičák 17, ✆/📠 376397511, www.malapariz.cz.

Penzion U Zlomené lyže, etwas oberhalb des Zentrums. Schnuckeliges Böhmerwaldhaus aus dem frühen 18. Jh. mit umlaufendem Holzbalkon samt Geranien. 6 nette Zimmer. Mit viel Liebe ist das kleine Kneipenrestaurant (Nichtraucher) im EG eingerichtet. Sommerterrasse. Anfahrt: Von Bayern kommend, kurz vor dem Motorradmuseum links bergauf in die Belvedérská abbiegen, nach ca. 200 m linker Hand. 18 €/Pers. Belvedérská 2, ✆ 376391378, www.uzlomenelyze.cz.

• *Camping* **Autokemp Železná Ruda,** nördlich der Stadt unmittelbar an der Straße nach Klatovy. Wenig einladend, da laut. Chatavermietung. Juni–Sept. 2 Pers. mit Zelt u. Auto 9,50 €, Chata für 4 Pers. 28 €. Železná Ruda, ✆ 602258589 (mobil), www.autocamp-zeleznaruda.cz.

Ziele im Westen des Nationalparks Šumava

Südöstlich von Železná Ruda beginnt der Nationalpark Šumava, ein Paradies für **Langläufer, Wanderer** und **Radfahrer,** Letztere kommen in Scharen. Es gibt unzählige markierte Wege und Routen, vielfach auf geteerten oder planierten Forststraßen, die sich zu kurzen und langen Touren kombinieren lassen und so jedem Anspruch gerecht werden. Die wenigen noch verbliebenen Dörfer – nach der Vertreibung der deutschen Bevölkerung und der Schaffung eines streng bewachten Grenzstreifens verschwanden viele für immer – erwachen zu neuem Leben. Die alten, mit Schindeln gedeckten Berghäuser werden restauriert und zu Cafés, Restaurants oder Unterkünften ausgebaut. An den Straßen wird vielfach Honig verkauft.

Hinweis: Verlassen Sie zu Ihrer eigenen Sicherheit und zum Schutz der Natur niemals die Wege.

Beliebte Ziele sind u. a. die wildromantische **Vydra-Schlucht** (von Antýgl führt ein rot markierter Wanderweg hindurch), die **Hochmoore von Modrava** (grün markierter Wanderweg ab Modrava) oder das **Šimon-Adler-Museum** (Muzeum Dr. Šimona Adlera) in **Dobrá Voda.** Es informiert über den Rabbiner und Historiker Dr. Šimon Adler, der 1944 in Auschwitz ermordet wurde. Nur ein paar Schritte vom Museum entfernt steht die **Kirche des Hl. Einsiedlers Gunther,** ein barocker Sakralbau aus der ersten Hälfte des 18. Jh. mit einem interessanten modernen Glasaltar. Die Kirche wurde erst 1996 neu geweiht, während des Sozialismus diente sie als Munitionslager der Grenztruppen.

Nur 2 km sind es von Dobrá Voda nach **Hartmanice.** Die dortige 1883 erbaute **Bergsynagoge** (Horská Synagoga) beherbergt ein Museum, das sich mit dem einstigen deutsch-jüdisch-tschechischen Leben im Böhmerwald beschäftigt – sehr aufschlussreich.

Unterkünfte und Restaurants finden Sie insbesondere in Modrava, Srní und Prášily. Selbstverständlich lohnen sich auch Touren in jenen Teil des Nationalparks Šumava, der bereits zu Südböhmen gehört und damit außerhalb des hier beschriebenen Reisegebiets liegt, beispielsweise zum **Lipno-See** oder in die mittelalterliche Stadt **Prachatice** an der Nationalparkgrenze.

• *Übernachten/Essen & Trinken* **Hotel Modrava,** in Modrava an der Straße nach Antýgl. Gepflegtes Hotel. Farbenfrohe Aufgänge und rustikal-moderne Zimmer. 1-a-Service, gutes Restaurant mit gemütlicher Terrasse. Sauna und Billardsalon. DZ 63 €. Modrava 79, ✆/📠 376599325, www.hotelmodrava.cz.

*** **Klostermannova chata,** in Modrava an der Straße nach Kvilda, ausgeschildert. 1924 errichtete große Berghütte mit Schindeldach, heute nach aufwendiger Restaurierung Hotelbetrieb. 15 Zimmer zum Wohlfühlen (bestehen Sie auf einem mit Aussicht!), tolle Terrasse, gutes Restaurant. Sauna, Bowling, Billard. DZ ab 60 €. Modrava 4, ✆/📠 376324256, www.klostermannovachata.cz.

Mechovský Dvorec/Mosauer Hof, in Srnís westlichem „Vorort" Mechov. Eine Leserempfehlung. Hübsches Böhmerwaldhaus, Terrasse, sehr gepflegt. Alle Zimmer mit Bad. Deutschsprachig. An der Haustüre werden die Schuhe ausgezogen. 24 €/Pers. Mechov 181, ✆ 376324063, www.sumava-mechov.cz.

• *Öffnungszeiten* **Šimon-Adler-Museum,** in Dobrá Voda (ausgeschildert). April–Okt. tägl. (außer Mo) 9–12 u. 12.30–17 Uhr, sonst bis 16 Uhr. Eintritt 0,80 €, erm. die Hälfte. Im Museum sind auch Eintrittskarten (gleicher Preis) für die **Kirche** (!) zu bekommen. Führungen durch die Kirche tägl. (außer Mo) im Stundenrhythmus.

Bergsynagoge, in Hartmanice unterhalb des Marktplatzes an der Straße nach Petrovice. Tägl. (außer Mo) 9–18 Uhr. Eintritt 1,60 €, erm. die Hälfte.

Zwischen Železná Ruda und Nýrsko

Rund 25 km trennen Železná Ruda von Nýrsko. Die Landschaft dazwischen – kleine Gebirgsdörfer, glucksende Bergbäche und dichte Märchenwälder – ist herrlich.

Wer die Strecke mit dem Rad abfahren will, verlässt am besten hinter Špičák die Straße 190 und nimmt das sich endlos windende Parallelsträßlein auf der anderen Hangseite des Úhlava-Tals. Hier herrscht sehr wenig Verkehr. Unterwegs passiert man das häuserarme, aber dennoch kilometerlange Dorf **Hamry** mit Einkehrmöglichkeiten. Von Hamry führt ein populärer, rund 8 km langer Wanderweg auf den Großen Osser (1293 m), der sich bereits auf bayerischer Seite befindet.

• *Verbindungen* Auf der schönen Strecke zwischen Železná Ruda und Nýrsko verkehrt bis zu 10-mal tägl. ein **Zug.** Dieser hält zwar auch in Hamry, jedoch liegt der Bahnhof im Tal und der weit verstreute Ort hoch darüber.

• *Übernachten* **Penzion Bečvářův srub,** an der Durchgangsstraße in Hojsova Stráž, fast exakt zwischen Železná Ruda und Nýrsko. Hübsche Pension im Blockhüttenstil, alles sehr rustikal. Angenehm möblierte Zimmer mit Holzböden, alle mit Bad, teilweise mit Kochmöglichkeit. Restaurant mit schöner kleiner Terrasse. DZ ca. 45 €. Hojsová Stráž 201, ✆ 602602221 (mobil), ✆ 376383679, www.sumavasrub.cz.

Chata U Jezevce, in Hamry oberhalb des Hotels Královský Dvůr. Böhmerwaldhaus in toller einsamer Lage, Blick auf den Großen Osser. Draußen Grill und kleiner Pool. Simple ältlich-biedere Teppichbodenzimmer mit Bad. Von Lesern gelobt. 14 €/Pers. Hamry 20, ✆ 603805556 (mobil), www.chataujezevce.cz.

Pension Královský hvozd, in Hamry direkt unterhalb des Hotels Kollerhof. Zimmer mit Bad und einfachen furnierten Möbeln, aber sehr gepflegt. Garten. EZ 14 €, DZ 20 €. Hamry 28, ✆ 376390189, www.ceskehory.cz.

*** **Hotel Kollerhof,** gut geführtes Haus unter deutsch-tschechischer Leitung in Hamry. Von der Straße Nýrsko – Železná Ruda bestens ausgeschildert. Natur pur. Berghotel mit traumhafter Aussicht. Komfortable, helle Zimmer, alle mit Parkettboden und Balkon. Herrliche Terrasse, Sauna, empfehlenswertes Restaurant (sehr gute Regionalküche, die nett dekoriert zum Tisch kommt, Hg. ab 5 €). Äußerst zuvorkommender Service. EZ 34 €, DZ 60 €. Hamry 29, ✆ 376390113, www.hotelkollerhof.com.

Nýrsko (Neuern)

Rund 15 km südwestlich von Klatovy liegt Nýrsko, auf der Landkarte ein viel versprechendes Städtchen nahe einem Stausee. Leider entpuppt sich der schön gelegene See vor Ort als ein Trinkwasserreservoir, in dem Baden verboten ist. Auch der Ort selbst enttäuscht, obwohl er das Marktzentrum einer landschaftlich reizvollen Region ist. Den Ortskern teilt ein Fluss in zwei Hälften, drum herum überwiegen schlichte Bauten. Bekannt ist Nýrsko für das Optikunternehmen *Okula,* das ab Fabrik preiswert Brillen verkauft. Schöner sind die umliegenden Dörfer wie **Skelná Hut', Zelená Lhota** oder **Hamry** (s. o.), die mit einer Reihe von netten Unterkünften aufwarten können, was man von Nýrsko nicht gerade behaupten kann.

Kanufahren auf der Úhlava

Markierte **Rad- und Wanderwege** führen von Nýrsko durch vergessene Wälder entlang der tschechisch-deutschen Grenze nach Železná Ruda (→ S. 165).

• *Information* **Informační a kulturní centrum Nýrsko** am Busbahnhof im Zentrum, ausgeschildert. Mo–Fr 9–16 Uhr, im Sommer auch Sa. ✆ 376571616, www.sumavanet.cz/icnyrsko.

• *Verbindungen* **Busse** ca. 5-mal tägl. nach Železná Ruda und Klatovy, regelmäßig nach Janovice nad Úhlavou (Burg Klenová).
Züge bis zu 10-mal tägl. nach Klatovy und Železná Ruda. Der Bahnhof liegt jedoch, im Gegensatz zum Busbahnhof, nicht zentral, sondern weit außerhalb.

• *Übernachten* **Penzion St. Leonhard,** gehobene Pension beim Dorf Chudenín, ca. 5 km westlich von Nýrsko, gut ausgeschildert. Neubau im alpenländischen Stil. Sehr ruhige Lage im Grünen. 14 Zimmer und Apartments, freundlich ausgestattet, mit Minibar und Balkon. Restaurant, Sauna, kleiner Innenpool, Reithalle (Unterricht und Ausritte). DZ 56 €. Uhliště, ✆/℻ 376572110, www.leonhard.cz.

• *Camping* **Autokemp Nýrsko,** im Süden von Nýrsko (ausgeschildert). Enger Wiesenplatz ohne Schatten, dafür Schwimmbad nebenan. Restaurant und kleiner Laden. Kinderspielplatz. Sehr freundliches Personal. Mai–Sept. 2 Pers. mit Zelt u. Auto 8 €, Hütte für 2 Pers. 12,50 €. Tylova 778, ✆ 376571220, www.autokemp-nyrsko.cz.

Für weitere Ziele westlich von Klatovy → Domažlice/Umgebung ab S. 177.

Hrad Klenová (Burg Klenau)

Janovice nad Úhlavou ist ein recht farbloses Städtchen zwischen Nýrsko und Klatovy. Südöstlich davon erhebt sich jedoch auf einer bewaldeten Anhöhe die frühgotische Burgruine Klenová aus dem Ende des 13. Jh. samt einem **Renaissanceschloss.** Von der Burganlage angetan war der romantische Dichter Ludwig Tieck (1773–1853), der hier als Gast des Reichsgrafen Stadion-Thannhausen zu Besuch weilte. Das Schloss wird heute von der Galerie Klatovy-Klenova verwaltet und beherbergt eine Ausstellung über historische Möbelstücke. Zudem wird in vier Sälen tschechische Kunst des 20. Jh. gezeigt, darunter Werke von Max Švabinsky und Emil Filla. Auch finden immer wieder anspruchsvolle Wechselausstellungen statt. Zudem ist auf dem Areal ein Skulpturenpark im Entstehen. Nach dem Besuch des Schlosses lädt ein recht gediegenes Restaurant zu einer Pause ein. Ganz nebenbei: Wer sich an böhmischen Schlössern nicht sattsehen kann, dem sei ein Abstecher in das 3 km östlich gelegene Dorf **Týnec** empfohlen. Hoch über dem Ort steht ein überaus prächtiges Schloss. Leider ist es in einem äußerst ruinösen Zustand und der Öffentlichkeit nicht zugänglich.

Bäuerin im Böhmerland

• *Anfahrt/Verbindungen* Die Burg liegt ca. 2 km von Janovice nad Úhlavou entfernt und ist von dort ausgeschildert. Janovice ist mit Bussen ab Klatovy zu erreichen, doch empfiehlt sich ein Ausflug hierher in erster Linie für Selbstfahrer.

• *Öffnungszeiten* **Schlossanlage,** April u. Okt. tägl. (außer Mo) 10–12 u. 12.30–16 Uhr, Mai, Juni u. Sept. tägl. (außer Mo) 9–12 u. 12.30–17 Uhr, Juli u. Aug. tägl. 9–12 u. 12.30–18 Uhr. Eintritt 2,80 €, erm. 1,20 €.

Am Marktplatz

Domažlice (Taus)

Die reizvolle mittelalterliche Stadt ist das Herz des Chodenlandes. Zum Bleiben lädt sie nicht nur Mitte August ein, wenn ein ausgelassenes Folklorefest gefeiert wird, Domažlice ist auch ein attraktiver Ausgangspunkt für Ausflüge in die Umgebung.

Das freundliche Domažlice mit seinen rund 11.000 Einwohnern ist offiziell eine Kreisstadt und inoffiziell die Hauptstadt des Chodenlandes, das durch farbenfrohe Trachten, eine eigene Mundart und die typische Dudelsackmusik bekannt ist. Doch an das Brauchtum der Choden, eines uralten slawischen Volksstamms (→ Kasten S.176), erinnert in Domažlice außer in Souvenirgeschäften und Museen oder zu Festtagen nur wenig. Lediglich auf den Dörfern im Umland sieht man noch gelegentlich ältere Frauen in ihren herrlichen Trachten und hört – sofern man des Tschechischen mächtig ist – ihren eigenartigen Dialekt.

Die meisten Besucher des Städtchens sind Tagesausflügler aus dem 15 km entfernten Bayern. Erstaunlich, dass nicht mehr Touristen kommen, wartet Domažlice doch nicht nur mit billigen Zigaretten, gemütlichen Restaurants und schattigen Cafés unter Arkaden am Marktplatz auf, sondern mittlerweile auch mit einigen netten Pensionen. Beschaulich geht es v. a. am Abend in den engen gepflasterten Gassen der denkmalgeschützten Altstadt zu. Liebevoll gefertigte Hauszeichen erinnern dort ein wenig an die Prager Kleinseite. So eignet sich Domažlice jederzeit auch für einen längeren Aufenthalt.

Geschichte: Die Geschichte Domažlices spiegelt zugleich die Geschichte der Choden wider (→ Kasten S. 176). Die reine Stadtentwicklung ist schnell erzählt, obwohl die Anfänge bis ins 9. Jh. zurückreichen. Schon damals gab es hier eine kleine Zollgemeinde, die den Handelsweg zwischen Regensburg und Böhmen kontrollierte. Im 13. Jh. wurde Domažlice zur königlichen Stadt erhoben. Aus jener Zeit stammt die Chodische Burg (→ Sehenswertes). Auch umschloss man damals die Stadt mit einer Mauer, von der jedoch kaum etwas erhalten blieb. Die böhmischen Könige, die um die strategische Lage Domažlices wussten, unterstützten stets den Aufschwung der Stadt. Im 16. Jh. erreichte sie ihre erste Blüte. Berühmt war Domažlice zu jener Zeit für sein Weißbier, das selbst nach Bayern exportiert wurde. Der Dreißigjährige Krieg brachte wie überall Not und Hunger, das darauf folgende Jahrhundert immer wieder verheerende Brände, unter denen die Stadt und ihre Bevölkerung litt. Erst Mitte des 18. Jh. kam ein neuer, langsamer Aufschwung, zu dem das Handwerk maßgeblich beitrug. Heute lebt man in Domažlice in erster Linie von der Maschinenbau-, Textil- und Holzindustrie.

Information/Parken/Verbindungen

• *Information* **Městské informační centrum,** Nám. Míru 51. Juni–Sept. Mo–Fr 7.30–17 Uhr, Sa/So 10–14 Uhr, sonst Mo–Fr 7.30–16 Uhr, Sa 9–12 Uhr. ✆ 379725852, www.idomazlice.cz.

• *Parken* Gebührenpflichtig am Marktplatz möglich. Ein weiterer großer Parkplatz befindet sich an der Hruškova nahe der Burg.

• *Verbindungen* Intercity-Busbahnhof nahe dem Zentrum zwischen Poděbradova und Dukelská, Bahnhof etwas außerhalb südöstlich des Zentrums. Am Bahnhof fahren zudem die Busse in die nahe gelegenen Dörfer ab. **Züge,** 2-mal tägl. nach Regensburg, Horažďovice und Planá, bis zu 5-mal tägl. nach Prag und Tachov, regelmäßig nach Plzeň und Klenčí pod Čerchovem, bis zu 7-mal nach Klatovy. **Busse,** regelmäßig nach Plzeň, Horšovský Týn und Kdyně, bis zu 6-mal tägl. nach Klatovy, bis zu 3-mal tägl. nach Prag. Im Sommer zudem ständige Verbindungen nach Babylon.

Adressen (→ Karte S. 174)

• *Ärztliche Versorgung* Krankenhaus westlich des Zentrums an der Kozinova. ✆ 379710111.

• *Einkaufen* Jeden Mittwoch **Markt** auf dem Náměstí Míru.

Kumšt (3), Kramlädchen mit historischen Replika (u. a. Ritterrüstungen), Kunsthandwerk, Met, Glas, Fell etc. – vieles davon von Hand gefertigt. Liebevoll eingerichtet. Poděbradova 88.

Vinotéka Patriot (7), kleine Vinothek mit Schwerpunkt auf mährischen Produkten. Nám. Míru 9–12.

• *Polizei* Stadtpolizei im Rathaus am Marktplatz. ✆ 156.

• *Post* Am Sady Ant. Příhody.

Essen & Trinken/Übernachten (→ Karte S. 174)

• *Essen & Trinken* **Chodský hrad (9),** im Burggebäude. Rustikal angehauchte Räumlichkeiten, vornehmlich deutsches Publikum. Typisch böhmische Küche (auch wenn die Nudelgerichte südländisch klingen mögen ...) der mittleren Preisklasse. Chodské nám. 96, ✆ 379776010.

Historická krčma U Meluzíny (10), uriges, rustikal eingerichtetes Kneipenrestaurant. Sattmacherküche wie *Halušky* mit Kraut (eine slowakische Spätzlevariante) oder Kartoffelspinatnudeln mit Pilzen. Zudem Kaninchen, Wild und Fisch auf der Karte. Im Sommer werden zuweilen auch gute Grillgerichte serviert. Hg. 5–10 €. Gemütliche Innenhofterrasse. Nur mittags und abends. Vodní 19, ✆ 379768698.

Restaurace Maštal v Podhradí (13), von innen schöner als von außen. Auf Bauernstube gestyltes Restaurant mit alten Rädern an der Decke. Miniterrasse. Herzhafte böhmische Küche, Hg. 2,50–5,50 €. Jiráskova 42, ✆ 379722406.

Hospůdka U kamenného sloupu (4), gepflegtes Wirtshaus östlich des Unteren Tors. Neben regionaler, deftiger Küche auch ein paar vegetarische Gerichte. Hg. 3,50–6,50 €, lediglich die Steaks sind teurer. Mit Pension. Poděbradova 139, ✆ 379778386.

Caffé Enzo (5), modernes dunkelrotes Café mit Terrasse am Marktplatz. Guter Cappuccino. Nám. Míru/Ecke Kostelní.

Čajovna Želva (12), nette, leicht alternativ angehauchte Teestube. Havlíčkova 81.

• *Übernachten* **Hotel Sokolský dům (6),** in bester Lage am Marktplatz. 12 an sich recht hübsche Zimmer (z. B. schöne Holzdecken) mit neuen Bädern, jedoch etwas lieblos ausgestattet. Restaurant. EZ 32 €, DZ 48 €. Nám. Míru 121, ✆ 37972 0084, www.sokolskydum.cz.

Penzion U Chodského Hradu (8), ebenfalls am Marktplatz. 15 sehr freundlich ausgestattete Zimmer mit Holzboden, am

Domažlice Karte S. 174

schönsten sind die unterm Dach. Viele Zimmer mit kleiner Teeküche. DZ 48 €. Nám. Míru 66, ✆/℻ 379423415, www.penzionuchodskehohradu.eu.

Pension Konšelský šenk (11), in zentraler Lage. 10 liebe- und geschmackvoll eingerichtete Zimmer: helles Holz, Parkettböden, farbenfrohes Interieur. Hinterhofgarten und gemütliche Pizzeria im gleichen Haus. Parken frei. Sehr freundliche Betreiber. EZ 27 €, DZ 43 €. Vodní 33, ✆ 604916396 (mobil), www.konselskysenk.cz.

Pension Athletic (2), farbenfrohe Zimmer, unterschiedlich eingerichtet, z. T. jedoch recht einfallslos und ohne besondere Note. Eigene Parkplätze. DZ mit Frühstück oder Apartment ohne Frühstück 36 €. Spálená 151, ✆ 777933000 (mobil), www.athleticpension.cz.

Pension Family (1), von einer Leserin empfohlen, die sich hier bestens aufgehoben fühlte. 6 Zimmer und ein kleines Apartment. Sauna und kleiner Hinterhofgarten fürs Frühstück im Sommer. DZ 32 €, Frühstück (3,20 €) und Parken (1,20 €/Nacht) extra. Školní 107 (über der Pizzeria Venezia), ✆ 604763934 (mobil), www.pensionfamily.cz.

Sport & Freizeit/Kultur

- *Baden* → Babylon, S. 177.
- *Reiten* → Naturpark Tschechischer Wald, S. 180.
- *Veranstaltungen* Traditionelle Trachten und Masken sieht man beim fröhlichen **Karneval in Postřekov,** ca. 10 km westlich von Domažlice. Alljährliches Highlight ist das farbenprächtige **Chodenfest** mit Dudelsackpfeifern, Tanz, Musik und einer Messe auf dem 3 km südwestlich von Domažlice gelegenen Laurentiusberg (Veselá Hora) am Wochenende nach dem 10. August.
- *Wandern/Radfahren* Auf unzähligen gut markierten Wanderwegen rund um Domažlice (→ unter den einzelnen Orten) lässt sich die Umgebung gemütlich per pedes erkunden. Eine grenzüberschreitende, markierte Radwanderstrecke (ca. 20 km) führt von Domažlice nach Furth im Wald und über Kdyně zurück. Zudem bestehen Radwanderwege nach Nýrsko und weiter nach Železná Ruda und über Chudenice nach Klatovy.

Sehenswertes

Náměstí Míru (Platz des Friedens): Er ist einer der schönsten Marktplätze Westböhmens. Über eine Länge von 500 m säumen ihn farbenfrohe Bürgerhäuser mit romantischen Laubengängen, Barock- und Rokokogiebeln. Viele der Gebäude besitzen tiefe, mehrstöckige Keller, die einst zur Aufbewahrung von Lebensmitteln angelegt wurden. Im Osten begrenzt das Untere Tor (Dolní Brána) den Marktplatz. Es ist ein Relikt der alten Stadtmauer und heute ein Wahrzeichen Domažlices. Überragt wird der Platz von einem etwas schiefen, 56 m hohen Rundturm, der zur *Erzdekanatskirche Mariä Geburt* (Arciděkanský kostel Narození Panny Marie) gehört. Von seiner Galerie blickt man im Süden auf den Tschechischen Wald und im Norden auf die historische Anhöhe von Baldov, wo im Jahr 1431 die Hussiten das kaiserliche Kreuzfahrerheer besiegten. Auf dem Turm befindet sich auch ein kleines Glöcklein aus dem 15. Jh. Der Volksmund hat dem Glöckchen den Namen „Advent" gegeben, da es vom ersten Adventssonntag bis Weihnachten täglich um 18 Uhr erklingt. Die Erzdekanatskirche war ursprünglich gotisch, das Kreuzgewölbe lässt dies noch erkennen. Mitte des 18. Jh. wurde sie jedoch im Stile des Barock umgebaut. Wer anders als Kilian Ignaz Dientzenhofer könnte auch hier seine Finger im Spiel haben? Gegenüber der Kirche befindet sich das *Rathaus* von Domažlice, ein schönes Gebäude im Neorenaissancestil.

Öffnungszeiten **Kirchturm,** Mai–Sept. Mo–Sa 9–12 u. 13–17 Uhr, So 13–17 Uhr. Eintritt 1,20 €, erm. die Hälfte.

Chodský hrad (Chodische Burg): Der heute eher schlossartige Komplex verdankt sein Aussehen einem Barockumbau im 18. Jh. An die alte Burg erinnert nur noch der schlanke Burgturm, von dem man einen Rundblick über die Stadt genießen kann. Früher tagte das chodische Gericht in der Burg, zudem wurden hier die sog. Majestätsbriefe, die Dokumente über die Privilegien der Choden, aufbewahrt. Heute beherbergen die Räumlichkeiten ein modern konzipiertes Volkskundemuseum zur chodischen Kultur. Zu sehen gibt es allerhand Trachten, Spitzen, Keramik, antike Möbelstücke und eine hübsche Bauernstube. Archäologische Funde beleuchten zudem die frühgeschichtliche Entwicklung der Region. Lohnenswert.

Adresse/Öffnungszeiten Chodské náměstí. April–Okt. tägl. 9–12 u. 13–17 Uhr, im Winter Mo–Fr 9–12 u. 13–16 Uhr. Eintritt 1,60 €, erm. die Hälfte.

Národopisné muzeum Jindřicha Jindřicha (Jindřich-Jindřich-Museum): Ein weiteres Museum, das sich mit der chodischen Kultur befasst. Es entstand aus der Privatsammlung des Domažlicer Komponisten und Volkskundlers Jindřich Jindřich (1876–1967), der eine erstaunliche Kollektion an Töpferwaren, Heiligenbildern und Fotografien zusammengetragen hatte. Ein Blickfang ist die chodische Stube mit historischen Möbelstücken. Es finden auch wechselnde Ausstellungen statt.

Adresse/Öffnungszeiten Náměstí Svobody 67. Zum Zeitpunkt der letzten Recherche wegen Restaurierungsarbeiten geschlossen. Danach wieder Mo–Fr 9–12 u. 13–16 Uhr.

Galerie bratří Špillarů (Galerie der Brüder Špillar): Die Galerie widmet sich den beiden in Pilsen geborenen Brüdern und Malern Špillar. Der ältere von beiden, Jaroslav Špillar (1869–1917), interessierte sich vornehmlich für das ländliche Leben chodischer Familien, das er in unzähligen Bildern einfing. Eines seiner beliebtesten Motive war der Dudelsackpfeifer. Er starb an einer tückischen Geisteskrankheit. Kurz vor seinem Tod war er noch von der fixen Idee besessen, sich einen geschlossenen Kutschenwagen als fahrbares Atelier umzubauen zu lassen. Sein jüngerer Bruder Karel (1871–1939) verließ die Heimat früh und erlebte seine fruchtbarsten Jahre in Frankreich, wo er die stillen Winkel von Paris, Strände der Normandie und Landschaften der Bretagne farbenfroh einfing. Neben den Werken beider Brüder zeigt die Galerie auch wechselnde Ausstellungen.

Adresse/Öffnungszeiten Msgre B. Staška 265. Mai–Okt. Mo–Sa 9–12 u. 13–16 Uhr, ansonsten nur Mo–Fr. Eintritt 1,20 €, erm. die Hälfte.

Domažlice
Karte S. 174

Hundsköpfe mit Dudelsack – das chodische Volk

Wer die Choden eigentlich sind und woher sie kommen, weiß niemand so genau. Urkundlich erwähnt wurde der slawische Volksstamm erstmals im Jahr 1040, als er den böhmischen Herzog Bratislav erfolgreich im Kampf gegen den deutschen Kaiser Heinrich III. unterstützte. In jenem Jahrhundert wurden die Choden auch mit der Überwachung der bayerisch-böhmischen Grenze betraut. Die deutsche Expansion Richtung Osten sollte damit aufgehalten werden. Die Aufgabe der Grenzkontrolle, die die Choden mit Kampfbeilen und scharfen Hunden durchführten, gab dem Volk auch seinen Namen (tschech. „chodit" = patrouillieren). Als Gegenleistung erwarben die Choden von den böhmischen Königen, insbesondere von König Johann von Luxemburg im Jahr 1325, besondere Privilegien: Als Freibauern sollten sie zeitlebens keinem anderen Menschen als dem König untertan sein, weniger Steuern bezahlen, von Zollgebühren befreit sein und so viele Hasen in den Wäldern jagen dürfen, wie sie wollten. Drei Jahrhunderte konnten sie ihren Sonderstatus genießen. Doch nach der Schlacht am Weißen Berg (→ Geschichte), wo sich die Choden auf die Seite der protestantischen böhmischen Stände geschlagen hatten, wurden ihnen ihre Privilegien aberkannt. Ihrem Widersacher, dem siegreichen General Maximilian Laminger von Albenreuth, wurde die gesamte Region rund um Domažlice vermacht. Sämtliche Versuche, die alten Privilegien mit legalen Mitteln zurück zu gewinnen, schlugen fehl. Es kam zum Aufstand. Diesem folgte der blutige Gegenschlag der kaiserlichen Truppen. Den Führer des chodischen Widerstandes, Jan Sladký Kozina, ließ Laminger von Albenreuth 1695 in Pilsen öffentlich hinrichten. Einer Legende nach prophezeite Kozina noch am Galgen dem General dessen Tod auf Jahr und Tag. Und wie angekündigt starb dieser exakt ein Jahr später an einem Schlaganfall. Eine kleine Kozina-Gedenkstätte befindet sich im Dorf Újezd, auf halber Strecke zwischen Domažlice und Klenčí pod Čerchovem.

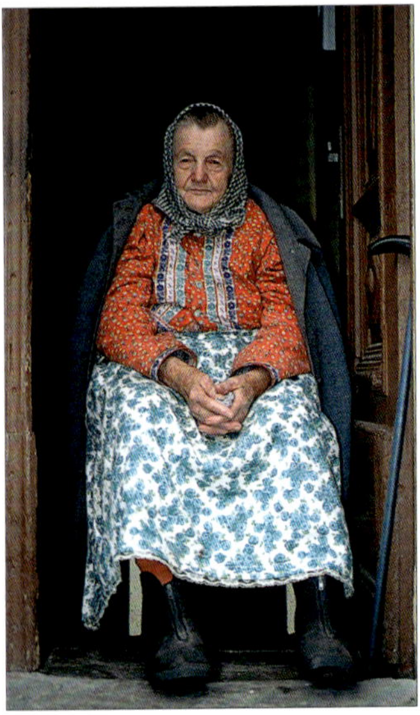

Chodische Tracht

Zur Romantisierung des chodischen Volkes trug insbesondere Alois Jiráseks (1851–1930) Roman *Hundsköpfe* bei – benannt nach dem Hundekopf im chodischen Wappen, einem Symbol für Treue und Wachsamkeit. In kommunistischer Zeit rechtfertigte man die Aufgaben der Grenzsoldaten des Kalten Krieges übrigens mit der Geschichte der chodischen Grenzhüter.

Bäuerlich geprägt – die Umgebung von Domažlice

Domažlice/Umgebung

Domažlice liegt zu Füßen der stillen tiefen Forste des Tschechischen Walds (Český les), dem böhmischen Pendant zum Oberpfälzer Wald. Die gesamte dünn besiedelte Waldregion ist ein beliebtes Ausflugsziel: Durch die intakte Natur, wegen des einstigen Eisernen Vorhangs lange Zeit unberührt, führen zahlreiche markierte Rad- und Wanderwege. Eines der meistbesuchten Ziele ist der Gipfel des Čerchov, die höchste Erhebung des Tschechischen Waldes. Wer mit dem Auto durch die Gegend kutschiert, sieht am Straßenrand häufig kleine Stände, an denen Imker Honig, Pilzesammler riesige Schwammerl oder Fischer ihren frischen Fang aus rauschenden Bächen oder stillen Flüsschen feilbieten. Lohnenswert sind auch Abstecher zu den alten Chodendörfern mit ihren traditionellen Holzhäusern westlich von Domažlice. Die schönsten liegen abseits der Hauptverbindungsstraßen. Leider kann man oft nicht mehr als nur hindurch fahren. Die Dörfer sind so klein, dass sie oft nicht einmal mit einer Dorfkneipe aufwarten können. Im Norden und Osten von Domažlice erstrecken sich im Sommer weite, goldene Weizenfelder, dazwischen kleine Wälder.

Das sehenswerteste Städtchen in der Umgebung von Domažlice ist Horšovský Týn. Zum Baden lädt Babylon ein – der Turm, der bis zum Himmel reichen sollte, wurde hier aber nie gebaut. Ruinen wie am Euphrat gibt es rund um Domažlice jedoch auch: Auf vielen Hügeln liegen die steinernen Reste vergessener Burgen.

Babylon

Der Urlaubsort in Miniformat liegt ca. 7 km südwestlich von Domažlice an einem gemütlichen Badesee mit großem Strandbad. Am Südufer findet man Restaurants und viele Ferienhäuser. Darunter befinden sich auch ein paar feudale Bauten, denn die hiesige Sommerfrische entdeckte der Geldadel schon zu Ende des 19. Jh. Ein Wermutstropfen ist die stark befahrene Staatsstraße 26 von Domažlice ins bayerische Furth im Wald, die den Ort unschön tangiert. Weiter südlich passiert sie Grenzdörfer wie **Česka Kubice** und **Folmava.** Diese haben kein Flair, dafür Kasinos und Nightclubs, auf deren Terrassen sich die Mädchen im Sommer gähnend bräunen. Babylon bietet sich als Ausgangspunkt für herrliche Wanderungen in die dichten Wälder der Umgebung und auf den **Čerchov** (s. u.) an.

• *Verbindungen* Im Sommer ständig **Busse** von und nach Domažlice, **Züge** fahren seltener.

• *Essen & Trinken* **Restaurant Pizzeria Babylon,** wechselnde böhmische Tagesgerichte, ansonsten Fisch, Fleisch und gute Pizza aus dem Holzofen. Hübsche Veranda, an der leider die Lkws vorbeirauschen, denn das Lokal liegt direkt an der Staatsstraße 26. Hg. 3,60–6,80 €, nur die Steaks sind teurer. ✆ 379793227.

• *Übernachten* Da die meisten Babylon-Urlauber in ihren eigenen Datschen wohnen, ist die Auswahl eher bescheiden.

Pension Magda, hoch über dem See, ausgeschildert. Jugendliche Pension mit farbenfroh gestrichenen, im IKEA-Stil eingerichteten Zimmern, geräumig und sehr freundlich. April–Nov. DZ 31 €, Apartment 60 €. Babylon 69, ✆ 720443322 (mobil), www.pensionmagda.cz.

Penzion Maxov, im gleichnamigen Dorf ca. 9 km südöstlich von Babylon an der Straße 190. Neubau im Alpenstil, sehr ruhige Lage, tolles Panorama. 5 Zimmer unterschiedlicher Größe mit Bad, z. T. mit Balkon, aber alles andere als stilsicher eingerichtet. Restaurant und Bierterrasse. DZ 32 €. Maxov, ✆ 379779018, www.maxov.webpark.cz.

• *Camping* **Autokemp Babylon,** der einzige Campingplatz vor Ort, jedoch nicht direkt am See. Große Stellwiese mit (schlechtem) Restaurant und Kochgelegenheiten. Leider nur wenig Schatten. Chatavermietung. Veraltete Sanitäranlagen. Mai–Sept. 2 Pers. mit Zelt u. Auto 9,20 €, Chata für 2 Pers. 15,20 €. Zahradní 542, ✆/℻ 379724031, www.babylon-obec.cz/autokemp.

Čerchov (Schwarzkoppe)

Mit 1042 m ist der Čerchov der höchste Gipfel des Tschechischen Waldes. Gekrönt wird er von einem Aussichtsturm, den man Anfang des 20. Jh. errichtete, schon damals war der Berg ein beliebtes Ausflugsziel. Doch fast die gesamte zweite Hälfte des letzten Jahrhunderts stand der Grenzberg unter der Kontrolle des Militärs und war Sperrgebiet. Erst seit der Wende darf man ihn wieder besteigen und vom Aussichtsturm das betrachten, was früher nur für die Augen und Ohren der Militärs bestimmt war. Zahlreiche **Wanderwege** führen zu seinem Gipfel, u. a. ein ca. 7 km langer, grün markierter Weg von Babylon. Rund um den Čerchov finden Sie im Winter auch schöne gespurte Loipen.

• *Anfahrt* Eine Anfahrt zum Gipfel ist nicht möglich. Der kürzeste Fußweg hinauf (ca. 5 km) beginnt beim Parkplatz im Weiler Carpatice auf 580 m Höhe, ausgeschildert.

• *Öffnungszeiten* **Aussichtsturm,** Mai/Juni und Sept./Okt. nur Sa/So 9–17 Uhr, Juli/Aug. tägl. 9–17 Uhr.

Klenčí pod Čerchovem (Klentsch)

Rund 8 km westlich von Domažlice liegt dieses alte Chodenstädtchen, das bekannt ist für die Herstellung von Keramik mit den bunten traditionell-chodischen Motiven. Entlang der Hauptdurchgangsstraße, die sich einen Hügel hinaufzieht, gibt es Teller, Vasen und dergleichen zu kaufen. Ein kleines **Museum** (Klenčí Baarovo muzeum) unterhalb der Dorfkirche erweist dem in Klenčí pod Čerchovem geborenen Volksschriftsteller Jindřich Šimon Baar (1869–1925) die Referenz. Am **Aussichtspunkt Výhledy,** 3 km südlich des Ortes, hat man ihm ein Denkmal gesetzt. Im Juli findet dort stets das Heimatfest Národopisná slavnost statt.

• *Verbindungen* Regelmäßig **Züge** nach Domažlice, bis zu 7-mal tägl. auch **Busse.**

• *Übernachten* *** **Hotel Game,** ca. 1 km außerhalb, im Ort ausgeschildert. Sport- und Freizeithotel. Tennisplatz und Schwimmbad gleich ums Eck. Sauna, Solarium. Ruhige Lage. Zimmer (viele mit Balkon) jedoch nichts Besonderes. Neckermann-Vertragshotel. DZ 50 €. Klenčí pod Čerchovem, ☎ 379794611, 📠 379794613, www.hotelgame.cz.

• *Öffnungszeiten* **Museum,** Mai–Sept. Di–Sa 10–12 u. 13–16.30 Uhr, So nur bis 15.30 Uhr. Eintritt 0,80 €, erm. die Hälfte.

Naturpark Tschechischer Wald – von Bělá nad Radbuzou nach Poběžovice

Zum Radfahren oder Wandern durch den Tschechischen Wald ist Bělá nad Radbuzou, rund 30 km nordwestlich von Domažlice, eine guter Ausgangspunkt. Der Ort selbst hat jedoch außer einer alten, von Statuen gesäumten Brücke nichts Besonderes zu bieten. Am Marktplatz beginnt ein 24 km langer, schöner **Wanderweg** (gelb markiert) durch den Naturpark Tschechischer Wald, der zunächst bis nach **Pivoň** führt, einem idyllisch in einem kleinen Tal gelegenen Dorf. Am nördlichen Ortsausgang von Pivoň kann man die gruseligen Ruinen eines verfallenen Augustiner-Eremitenklosters aus dem 13. Jh. besichtigen (Einsturzgefahr!). Immerhin wurde bereits das Dach der Kirche gedeckt. Endstation der Wanderung ist der kleine Ort **Poběžovice (Ronsberg),** dessen Leben sich vornehmlich in der Kneipe des Hotels Hubertus in der Stadtmitte abspielt. Poběžovice besitzt eine weite Schlossanlage aus dem 16. Jh., teils restauriert, teils noch ziemlich ruinös. Zum EU-Beitritt 2004 brachte man eine Gedenktafel an der Schlossmauer an: „Im Ronsberger Schloss lebte Richard Coudenhove Kalergi, Vater des Gedankens des geeinten Europas".

Auch mit dem **Fahrrad** gelangt man übrigens auf schwach frequentierten Straßen von Bělá nad Radbuzou über Rybník nach Pivoň und weiter nach Poběžovice. Die Strecke ist ein wenig länger, aber ebenfalls herrlich. Da das gesamte Grenzgebiet dünn besiedelt ist: unbedingt Proviant mitnehmen.

Angler bevölkern die Flussläufe des Tschechischen Waldes

• *Verbindungen* **Züge** von Poběžovice bis zu 10-mal tägl. nach Domažlice, bis zu 5-mal nach Tachov.

• *Öffnungszeiten* **Schloss Poběžovice,** nur im Juli u. Aug. tägl. 9–17 Uhr. Führungen zu jeder vollen Std. Kein Eintritt, Spende erwünscht.

• *Reiten* Ausritte bietet der Reiterhof **K x K** beim Dorf Svržno (Nr. 20) 5 km östlich von Bělá nad Radbuzou an. 40 Min. 14 €. ✆ 723626361 (mobil), www.konesvrzno.cz.

Für weitere Ziele nördlich von Domažlice → Mariánské Lázně/Umgebung ab S. 99.

Horšovský Týn (Bischofteinitz)

Ein beschaulicher Marktplatz, ein großer Park zum Schlendern und ein prächtiges Renaissanceschloss. In Horšovský Týn lässt sich gemütlich ein Nachmittag verbringen.

Mehr aber leider nicht, denn mit guten Unterkünften sieht es in dem 5000-Einwohner-Städtchen 12 km nördlich von Domažlice bislang noch mager aus. Grund genug, die touristische Infrastruktur ein wenig anzukurbeln, hätte Horšovský Týn aber allemal: Die Lage des Ortes zu beiden Seiten des Flusslaufs der Radbuza ist äußerst reizvoll und der Náměstí Republiky, der denkmalgeschützte Hauptplatz, ein Schmuckstück. Pastellfarbene Giebelhäuser aus verschiedenen Epochen säumen ihn. Die barockisierte **Peter-und-Paul-Kirche** (Kostel sv. Petra a Pavla), im 13. Jh. als gotischer Bau errichtet, beherrscht dessen Mitte.

Das Renaissanceschloss von Horšovský Týn

Dominiert wird der Ort von einem vierflügeligen, sgraffitoverzierten **Renaissanceschloss** (Zámek Horšovský Týn) – als wäre Italien ganz nah. Im 13. Jh., als Horšovský Týn noch Zollstation (= Teyn) an einem bedeutenden Verkehrsknotenpunkt war, stand hier eine gotische Bischofsburg. Sie brannte Mitte des 16. Jh. aus. Auf ihren Ruinen ließen die Lobkowitz ein prächtiges Schloss errichten, der alte Befestigungscharakter blieb dabei erhalten. Spätere Umbauten führten dazu, dass heute von der Frühgotik bis zum Klassizismus nahezu alle Stilrichtungen im und am Schloss vorzufinden sind. Wer es besichtigt, kann zwischen verschiedenen Touren wählen. Es gibt u. a. eine Führung durch den Burggrafenpalast, eine durch den Wappensaal, eine durch die Mauern der ehemaligen Burg, eine durch die Küchen (ostasiatisches Porzellan!) und eine durch das Schloss. Letztere ist für all jene, die keinen ganzen Tag hier verbringen wollen, die spannendste Tour. Sie vermittelt einen Eindruck vom feudalen Leben des hier einst residierenden Adels. Salons, Tanzsaal und Bibliothek sind noch weitestgehend mit dem Originalmobiliar ausgestattet: Porzellanleuchter mit echten Edison-Birnen, englische Reisewecker aus dem Barock, böhmische und venezianische Kristalllüster usw.

Was Horšovský Týn mit dem Mond zu tun hat

In Horšovský Týn erblickte der Astronom Joseph Johann von Littrow 1781 das Licht der Welt. Auf ihren weltberühmten Sohn ist die Stadt sehr stolz. Sie kennen ihn nicht? Der Himmelsforscher entdeckte einen Krater auf dem Mond, der nach ihm benannt wurde. In dessen Nähe landete das Apollo-17-Raumfahrzeug im Dezember 1972.

Nördlich des Schlosses schließt sich der große **Schlosspark** an (von der Westseite der Schlossanlage frei zugänglich). Darin befinden sich Pavillons, Brunnen, Statuen und ein See. An der Nordseite des Parks sind noch Reste der Stadtmauern aus dem 13. Jh. zu sehen. Besonders lohnenswert ist ein Besuch von Horšovský Týn zur **Anna-Kirchweih,** die stets Ende Juli stattfindet. Das dreitägige Fest wartet mit mittelalterlichen Events, altböhmischen Spezialitäten und viel Musik auf.

• *Information* **Regionální informační centrum,** Náměstí Republiky 105, Mo–Fr 8–16 Uhr, Juni–Aug. auch Sa/So 9–17 Uhr. ✆ 379415151, www.horsovskytyn.cz.

• *Verbindungen* Regelmäßig **Busse** nach Domažlice und Pilsen.

• *Übernachten/Essen & Trinken* *** **Hotel Gurmán,** neben dem Schlosseingang. Beste Unterkunft des Orts mit schlichtem Restaurant. 10 farbenfrohe Zimmer (buchen Sie das „Schlosszimmer" Nr. 104 mit Himmelbett!). Auch Pierre Brice hat hier schon übernachtet. Ob ihm auch das Essen geschmeckt hat? Konventionelle böhmische Küche zu 4–10 €. EZ 38 €, DZ ab 80 €. Nám. Republiky 2, ✆ 379410020, 379410033, www.trendstav.cz.

*** **Hotel Šumava,** am Markplatz. Trotz angeblich dreier Sterne – einfaches Haus mit ebensolchen Zimmern, schlicht möbliert, aber alle mit Bad. Restaurant. EZ 28 €, DZ 46 €, Frühstück extra. Nám. Republiky 11, ✆ 379422800, www.hotel.htyn.cz.

• *Öffnungszeiten* **Schloss,** April u. Okt. nur Sa/So 9–12 u. 13–16 Uhr, Mai u. Sept. tägl. (außer Mo) 9–12 u. 13–16 Uhr, Juni–Aug. tägl. (außer Mo) 9–12 u. 13–17 Uhr. Nov.–März geschl. Die verschiedenen Touren dauern 30–60 Min. und kosten 0,80–2,40 €. Legt man Wert auf eine fremdsprachige Führung, kommen noch mal jeweils 2,10 €/Pers. dazu.

Für weitere Ziele nordöstlich von Domažlice → Plzeň/Umgebung ab S. 142.

Burg Nový Herštejn und Burg Rýzmberk

Etwa 9 km südöstlich von Domažlice liegt das 5000-Einwohner-Städtchen **Kdyně.** Von weitem kündigt es sich durch den riesigen Schornstein des Maschinenbaubetriebs Elitex an. In den hügeligen Wäldern nördlich des Städtchens verstecken sich die Ruinen der Burg Nový Herštejn und der Burg Rýzmberk, von denen Letztere die interessantere ist. Sie wurde im 13. Jh. zum Schutz vor den Bayern errichtet und während des Dreißigjährigen Krieges von den Schweden besetzt und verwüstet. Literarisch verewigte sie die französische Schriftstellerin George Sand (1804–1876) in ihrem Roman *Consuelo.* Den Burgturm kann man besteigen (toller Rundblick!). Zwischen den Ruinen findet man eine kleine gemütliche Kneipe. Eine Gaudi ist ein Besuch der Burg Ende Juni zum *Rýzmberský hradní guláš* („Rýzmberker Burggulasch") – kein Ritteressen, sondern ein **Country- und Folkfestival.** Von der Burg Nový Herštejn stehen nur noch ein paar Mauerreste, ein rot-weiß markierter **Wanderweg** verbindet die beiden Burgen.

• *Verbindungen* Bahnhof ca. 1 km südlich des Zentrums von Kdyně. **Züge** von Kdyně bis zu 8-mal tägl. nach Domažlice und Klatovy. **Busse** fahren regelmäßig nach Domažlice, weniger häufig nach Klatovy.

• *Übernachten/Camping* **Autocamping Hájovna,** ca. 2 km nördlich von Kdyně, an der Straße nach Němčice ausgeschildert. Großer schattiger Platz am Waldrand. Noch leicht sozialistischer Touch, aber ganz okay. Ordentliche Sanitäranlagen. Vor der Tür Restaurant und Schwimmbad. Mai–Sept. 2 Pers. mit Zelt u. Auto 6 €, Chata ohne Bad für 2 Pers. ab 7,50 €, mit Bad ab 23 €. Na Kobyle 209, ☏/℻ 379731595, www.camphajovna.cz.

• *Anfahrt/Öffnungszeiten* Burg Rýzmberk ist ab dem Marktplatz in Kdyně komplett ausgeschildert. Ab dem Ortsausgangsschild noch ca. 600 m bergauf. Am Waldrand parken, von da noch ca. 10 Min. zu Fuß. Tägl. 10–17 Uhr. Eintritt für den Turm 0,50 €, erm. die Hälfte.

Für weitere Ziele östlich von Domažlice → Klatovy/Umgebung ab S. 158.

Brücken Panprama von der Letná Höhe

Praha

(Prag)

Um all die Facetten der tausendjährigen Stadt zu entdecken, bräuchte man Wochen. Um sie zu verstehen, Jahre. Genießen aber kann man Prag auf Anhieb.

Prag ist eine Stadt im Wandel, eine Stadt auf dem Weg zu einer neuen Identität im Herzen Europas und innerhalb der EU. Die Tristesse aus der Zeit des Sozialismus ist passé, das Grau der Fassaden übertüncht. Das Attribut „golden“ trägt Prag wieder zu Recht. Farbenprächtig und lebensfroh präsentiert sich das Zentrum – Anteil daran haben auch die Millionen Besucher aus aller Welt.

Prag zeigt seine Reize freizügig: eine erhabene Burg, hundert Türme und Kuppeln, verschlungene Gassen und prächtige Straßenzüge mit Bauten aus der Gründerzeit. Die Schätze liegen nicht wie in anderen Metropolen in Museen versteckt. Zwei Weltkriege hat die Stadt dank der ausgebliebenen Bomber nahezu unbeschadet überstanden, das kommt ihr zugute. Aber nicht nur die Vergangenheit ist an allen Ecken lebendig, auch die Gegenwart. Als eine pulsierende, weltoffene Metropole präsentiert sich Prag, als eine Stadt, die voller Optimismus in die Zukunft blickt.

Ein Optimismus allerdings, den nicht all ihre Bewohner teilen: Während sich in trendigen Cocktailbars die neureiche Oberschicht zur Caipirinha trifft, hinter mondänen Glasfassaden die Fäden für das Prag des neuen Jahrtausends gezogen werden, in eleganten Shoppingcenter die noch unentdeckten Karolína Kurkovás flanieren und in prächtigen Jugendstilcafés Touristen über Kafka und den Golem plaudern, sitzen die einfachen Arbeiter in den Eckkneipen dicht gedrängt beim Pausenbier und studieren die Quoten der Fußballwetten. Ihre Frauen durchwühlen die Wäscheberge der Secondhandläden, von der glamourösen Hochglanzwelt können sie nur träumen. Auf den Straßen knattern Auspuffe, Presslufthämmer und

Praha
Übersicht S. 185

Ampeln (!) um die Wette. Am Gehweg daneben erledigt der humpelnde Rauhaardackel sein Geschäft. Sein verarmtes Frauchen – zum Zaungast im neuen Prag geworden – kramt in der Mülltonne. Nur eine überfüllte Straßenbahn schaut zu. Prag hat verschiedene Gesichter.

Orientierung: Prag ist überschaubar. Das Gros aller Sehenswürdigkeiten, darunter die Prager Burg, der Staroměstské náměstí (Altstädter Ring), die Karlsbrücke, der Wenzelsplatz und der Alte Jüdische Friedhof, liegt in den historischen Stadtteilen Hradčany und Malá Strana westlich der Moldau und Staré Město, Josefov und Nové Město östlich der Moldau. Sie alle lassen sich problemlos zu Fuß erkunden. Aber auch mit der Straßenbahn oder der Metro gelangt man ohne Umstände in die Nähe jeder Sehenswürdigkeit. Die nächstgelegene Metrostation oder Straßenbahnhaltestelle sowie die dort hinführenden Linien sind unter den einzelnen Sehenswürdigkeiten angegeben. Es ist vorteilhaft, im Zentrum zu wohnen, die Auswahl an Unterkünften ist groß.

Geschichte: Die ersten Siedlungen auf dem Gebiet des heutigen Prag entstanden ca. 3000 v. Chr. Alte Handelswege kreuzten sich hier an einer leicht zu überquerenden Furt über die Moldau. Die eigentliche Stadtgeschichte beginnt aber erst in der zweiten Hälfte des 9. Jh. Damals wählte Herzog Bořivoj I. aus dem Geschlecht der Přemysliden jenen Bergrücken, der sich heute Hradčany nennt, zu seiner Burgstätte. Schon ein Jahrhundert später gab es unterhalb der Prager Burg ein blühendes Marktzentrum, wo Slawen, Muslime und Juden mit Sklaven, Zinn und Pelzen handelten. Bald darauf entstanden die ersten Klöster. Gegen Ende des 10. Jh. wurde flussaufwärts die Burg Vyšehrad im heutigen Prager Süden (→ S. 248) befestigt und mit einer Münzprägestätte ausgestattet.

Im Jahr 1158 ließ der Herrscher Vladislav II. die erste Steinbrücke über die Moldau errichten, die nach seiner Frau „Judithbrücke" genannt wurde. Dieser wichtige Übergang trug erheblich zur Entwicklung der Stadt bei. Insbesondere am rechten Moldauufer siedelten daraufhin mehr und mehr Kolonisten, vorrangig aus Bayern und Sachsen. Und nachdem Soběslav II. Juden, Italienern und Deutschen das Recht auf Selbstverwaltung zugestanden hatte, war deren Zuzug enorm. Man schätzt, dass in der zweiten Hälfte des 13. Jh. bereits 35.000 Menschen dort lebten. Zu jener Zeit ging auch der Name „Prag" von der Burg auf die Stadt darunter über. Das Handelszentrum, das aus mehreren Märkten bestand, wurde von einer Befestigungsmauer umgeben, die entlang der heutigen, die Alt- von der Neustadt trennenden Fußgängerzone Na příkopě (Am Graben) verlief.

In der Mitte des 14. Jh. reihte sich Prag unter Karl IV. in die Liste der bedeutendsten Städte Europas ein und wurde Mittelpunkt des Heiligen Römischen Reiches. Unter seiner Herrschaft erfolgte die Grundsteinlegung des Sankt-Veits-Doms, der ersten Universität Mitteleuropas und der Karlsbrücke, welche die durch Treibeis beschädigte Judithbrücke ersetzte. Zudem ließ Karl auf der rechten Seite der Moldau Nové Město, die Neustadt, mit weiten Straßen und Plätzen anlegen. Auf Karls Tod folgte für Prag ein Jahrhundert schwerer Rückschläge, bedingt durch verheerende Pestepidemien und die sozialen Spannungen zwischen Katholiken und Hussiten, die mit dem ersten Prager Fenstersturz (→ Kasten S. 242) die Hussitenkriege auslösten.

Erst in der zweiten Hälfte des 16. Jh. (mittlerweile zählte die Stadt rund 60.000 Einwohner) wurde Prag wieder zu einer der glanzvollsten Metropolen des Heiligen Römischen Reiches – insbesondere unter der Regierungszeit Rudolfs II., der Maler und Bildhauer, Alchemisten und Astrologen an seinen Hof kommen ließ und eine der

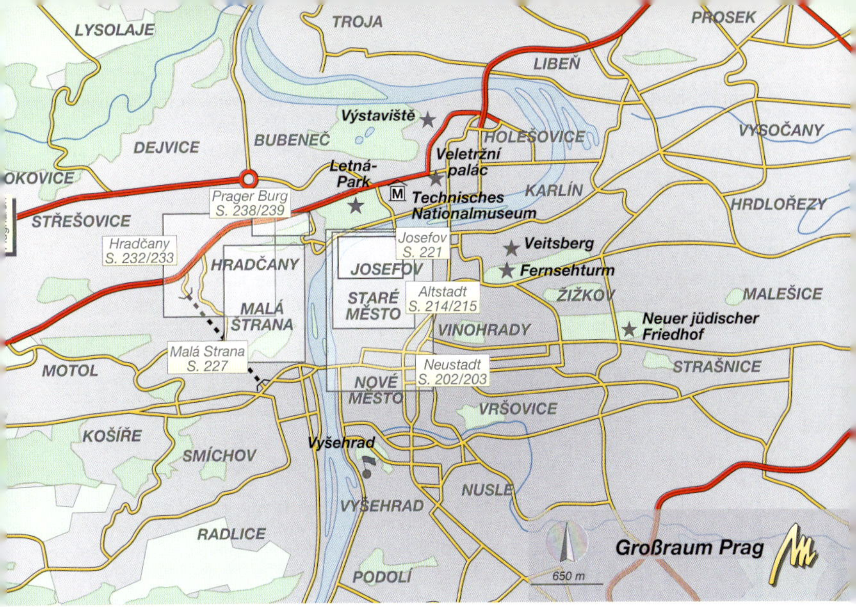

imposantesten Kunstsammlungen weltweit aufbaute. Aber dann kam der Dreißigjährige Krieg, ausgelöst durch den berühmten zweiten Prager Fenstersturz (→ Kasten S. 242), und die Schweden plünderten die Kunstschätze der Prager Burg. Nach dem Krieg wurde Prag von Wien aus regiert. Im Zuge der Gegenreformation erhielt die Stadt ihr barockes Gesicht, das noch heute das „Goldene Prag" ausmacht.

1713 erlebte Prag ein verheerendes Jahr: Zum letzten Mal brach die Pest aus, 13.000 Menschen fielen ihr zum Opfer. Während des österreichischen Erbfolgekriegs wurde Prag von Bayern, Sachsen, Franzosen und Preußen belagert. Dem Preußen Friedrich II. gelang es 1745 sogar, mit einem Heer von 80.000 Mann die Stadt vorübergehend einzunehmen. 12 Jahre später versuchte er sein Glück erneut: Dieses Mal stand er mit über 100.000 Mann vor den Toren der Stadt, auf die er ebenso viele Kanonenkugeln hageln ließ. Doch einnehmen konnte er sie diesmal nicht.

In der ersten Hälfte des 19. Jh. kippte infolge der Industriellen Revolution und des damit verbundenen Zuzugs von Tschechen das zahlenmäßige Verhältnis zwischen Deutschen und Tschechen zugunsten Letzterer. Daraus entwickelte sich ein vehementer Konkurrenzkampf zwischen beiden Kulturen, der bis in die Mitte des 20. Jh. anhielt. Durch den Bau feudaler Palais, großer Theater und prachtvoller Bürgerhäuser, die noch heute der Stadt ihren besonderen Reiz verleihen, versuchten sich beide Kulturen einander zu beweisen. 1843 wurde der erste Prager Bahnhof eröffnet, vier Jahre später brannten die ersten Gaslaternen, und 1896 fuhr die erste elektrische Straßenbahn. Im 1. Weltkrieg blieb Prag von Kriegshandlungen verschont, auch den 2. Weltkrieg überstand die Stadt ohne große Zerstörungen.

Unter den Kommunisten begann der Verfall des historischen Zentrums und der Bau von Plattenbauten rund um die Stadt. 1960 zählte Prag eine Million Einwohner und rühmte sich der größten Stalinstatue der Welt (kurz nach ihrer feierlichen Einweihung jedoch war Stalin „out" und man riss sie wieder ab). 1968, während des Prager Frühlings, stand die Moldaustadt im Mittelpunkt des Weltgeschehens, aber kurz darauf verschwand sie hinter dem Eisernen Vorhang und geriet fast in Vergessenheit. Seit der Samtenen Revolution hat sich das wieder geändert – Prag zählt heute zu den beliebtesten Zielen für Städtereisen. Die Stadt boomt und ist ein bevorzugter Ort internationaler Investoren, ihre Zukunft sieht rosig aus. An allen Ecken wird gebaut und restauriert.

Information

Die offizielle Touristeninformation der Stadt (*Pražská informační služba)* ist im Internet unter www.pis.cz und www.prague-info.cz (auch in deutscher Sprache) vertreten. Zweigstellen mit der einheitlichen Rufnummer ✆ 12444 findet man z. B. in:

Staré Město (Altstadt): Staroměstská radnice (Altstädter Rathaus), Staroměstské nám. 1. Tägl. 9–19 Uhr. Ⓜ A Staroměstská.

Malá Strana (Kleinseite): Im Kleinseitner Brückenturm an der Karlsbrücke. April–Okt. tägl. 10–18 Uhr. Ⓢ 12, 20, 22 Malostranské náměstí.

Nové Město (Neustadt): Im Haupfbahnhof, siehe unten

Verbindungen

• *Flugzeug* Prags internationaler Flughafen heißt **Letiště Ruzyně.** Er liegt etwa 20 km nordwestlich des Zentrums und verfügt über drei Terminals. Terminal 3 dient in erster Linie der Abfertigung von kleinen Privatjets, Terminal 2 der Abfertigung von Maschinen, die aus Schengenstaaten ankommen bzw. dorthin fliegen (u. a. Deutschland, Österreich und Schweiz), Terminal 1 der Abfertigung von Maschinen aus der restlichen Welt. Terminal 1 und 2 sind miteinander verbunden. Im Ankunftsbereich dieser beiden Terminals befinden sich eine Flughafen-Information, AAA-Radiotaxi-, Cedaz-Minibus- und Info-Schalter der Prager Verkehrsbetriebe. Terminal 1 beherbergt zudem mehrere Zimmervermittlungen, des Weiteren eine Gepäckaufbewahrung (mit „Baggage Deposit" beschildert).

• *Bus* Die meisten nationalen und internationalen Busse starten und enden am **Busbahnhof Florenc.** Hier befindet sich auch die gleichnamige Metrostation: Sowohl mit der roten Linie (Haltestelle Muzeum) als auch

Transfer zwischen Flughafen und Zentrum

Der Prager Flughafen besitzt bislang noch keinen Metroanschluss – bis 2018 soll sich das aber geändert haben. Die einfachste Alternative, um ins Zentrum zu gelangen, ist mit dem **Cedaz-Minibus-Shuttleservice,** der von 7.30–19 Uhr alle 30 Min. fährt. Ins Zentrum (Endstation in der Straße V Celnici nahe dem Náměstí Republiky/Neustadt) werden pro Person 5 € fällig, direkt ins Hotel wird ein Pauschalpreis von 20 € berechnet, egal ob für eine oder vier Personen. Die Minibusse fahren direkt vorm Ankunftsbereich der Terminals 1 und 2 ab. Wer auf diese Weise vom Zentrum zum Flughafen möchte, steigt in der Straße V Celnici zu (Abfahrtsstelle vor dem ČSA-Büro).

Taxis ins Zentrum (Prag 1) kosten ca. 21 € – am besten über einen AAA-Schalter buchen. Wer den Preis davor nicht klärt, glaubt manchmal, Prag sei größer als New York City und ist Stunden unterwegs. Für die Strecke zwischen Zentrum und Flughafen braucht man 30 Min., planen Sie zu den morgendlichen und abendlichen Stoßzeiten zur Sicherheit 1 Std. ein.

Wer mit **öffentlichen Verkehrsmitteln** vom Flughafen ins Zentrum fahren will, steigt vor dem Ankunftsterminal in Ⓑ**119** bis Dejvická und dort in die ⓂA zum Wenzelsplatz um. Die Busse fahren von 4 bis 24 Uhr. Tickets bekommt man am Schalter der Prager Verkehrsbetriebe in den Ankunftsbereichen der Terminals 1 und 2.

Zudem gibt es den sog. **Airport Express Bus (AE),** der zwischen 5 und 21 Uhr ca. alle 30 Min. vom Flughafen über die Metrostation Dejvická (ⓂA) zum Hauptbahnhof (Hlavní nádraží, Abfahrt dort vor dem Café Fantova kavárna) fährt. Tickets löst man beim Fahrer (1,90 €, 45 Kč), die Fahrscheine der Prager Verkehrsbetriebe gelten hier nicht.

mit der gelben (Haltestelle Můstek) gelangen Sie direkt zum Wenzelsplatz. In alle größeren Orte Westböhmens fahren von hier mehrmals täglich Busse, nach Pilsen und Karlovy Vary sogar stündlich.

- *Zug* Prag hat mehrere Bahnhöfe. Die Züge aus Westböhmen, Deutschland oder Österreich enden entweder am **Hauptbahnhof (Hlavní nádraží)** im Zentrum der Stadt oder am **Bahnhof Holešovice** (auch *Nádraží Franze Kafky* bzw. Franz-Kafka-Bahnhof) im Norden Prags. Ins Zentrum gelangt man von Letzterem mit der Ⓜ C, nach Mitternacht mit Ⓢ 54. In beiden Bahnhöfen finden Sie Gepäckaufbewahrungs- und Geldwechselmöglichkeiten sowie Zimmervermittlungen.

In alle größeren Städte Westböhmens fahren vom Prager Hauptbahnhof mehrmals tägl. Züge, teilweise muss man jedoch umsteigen.

Stadtverkehr/Parken

- *Metro* Die schnellste Verbindung zwischen den Stadtteilen. Das Netz ist klein und übersichtlich. Es besteht aus drei Linien, die mit den Buchstaben und Farben A (Grün), B (Gelb) und C (Rot) gekennzeichnet sind. Die Metro fährt täglich von 5 Uhr morgens bis Mitternacht, zu Stoßzeiten alle 2–3 Min., in den verkehrsschwachen Zeiten alle 4–10 Min. Es lohnt sich, einen Stadtplan zu kaufen, auf dem alle Metro-, Straßenbahn- und Buslinien verzeichnet sind (→ Wissenswertes von A bis Z/Literatur, S. 32).
- *Straßenbahn* Das Straßenbahnnetz ist sehr dicht und die meisten Linien sind auf die Minute pünktlich. Vor allem das Zentrum lässt sich besser mit der Straßenbahn als mit der Metro erkunden. Straßenbahnen *(tramvaj)* fahren i. d. R. von 4.30–0.15 Uhr, werktags alle 8–10 Min., am Wochenende und an Feiertagen alle 8–15 Min. Danach sind Nachttrams im Abstand von etwa 30 Min. unterwegs. Sie tragen 50er-Nummern und passieren das Stadtzentrum. Orientieren kann man sich an den Fahrplänen an jeder Haltestelle.

Achtung: Wegen Sanierungsarbeiten am Schienennetz kommt es häufig zu Fahrplanänderungen bei den Straßenbahnen. Aktuelle Infos dazu unter www.dpp.cz.

- *Bus* Auch die Busse verkehren meist auf die Minute genau, jedoch fahren sie vorrangig die Prager Außenbezirke an. Es existieren vier Nachtbuslinien – sie tragen 500er-Nummern und verkehren im 40-Min.-Takt.

Nahverkehrstarife

Fahrscheine, die für alle öffentlichen Verkehrsmittel – egal ob Metro, Straßenbahn oder Bus – gültig sind, erhält man an den gelben Fahrkartenautomaten in den Metrostationen, zuweilen auch in Zeitungs- und Tabakläden. Nur wenige Bus- und Straßenbahnhaltestellen haben Automaten!

Preise: Fährt man mit der Metro nicht mehr als 5 Stationen oder steigt man in Straßenbahn oder Bus nicht um und ist auch nicht länger als 20 Min. unterwegs, reicht ein eingeschränktes Ticket *(limitovaná)* zu 0,75 € (18 Kč; Stand 2010). Das normale Ticket *(základní)* zu 1,10 € (26 Kč) erlaubt das Fahren und Umsteigen in allen Transportmitteln für 75 Min. Kinder zwischen 6 und 15 Jahren bezahlen die Hälfte, über 15 Jahre den vollen Preis, unter 6 Jahren fahren sie kostenlos. Für größere Gepäckstücke müssen Extratickets zu 0,55 € (13 Kč) gelöst werden, sofern Sie kein Tages- oder Mehrtagesticket haben. Schwarzfahren lohnt nicht, Kontrollen sind häufig.

Tipp: Kaufen Sie sich Tages- bzw. Mehrtageskarten, auch wenn Sie mit Einzelfahrscheinen vielleicht billiger wegkämen. Die Sucherei nach dem nötigen Kleingeld und dem nächsten Automaten erledigt sich damit. Tages- und Mehrtageskarten gibt es an den Ticketschaltern der Metrostationen zu kaufen. Das 24-Std.-Ticket kostet 4 € (100 Kč, erm. die Hälfte), das Dreitagesticket 13,20 € (330 Kč) und ein Fünftagesticket 20 € (500 Kč).

Praha
Übersicht S. 185

• *Taxis* Am besten fahren Sie mit **AAA radiotaxi s.r.o.** (✆ 14014). Die seriöse Gesellschaft verfügt überall im Zentrum über eigene Taxistände mit Preistafeln. Betrügerische Fahrer werden fristlos entlassen. Es gibt keinen einheitlichen Taxitarif. Bei AAA kostet 1 km etwa 1,15 € (28 Kč), der Einstiegssatz beträgt 1,60 € (40 Kč).

• *Parken* Die von uns aufgeführten Unterkünfte bieten, wenn nicht anders angegeben, sichere Parkplätze an oder können einen Parkplatz außer Haus reservieren. Der bewachte Parkplatz gegenüber dem Rudolfinum in Staré Město kostet 1,60 €/Std., die Tiefgarage des Nationaltheaters an der Ostrovní in Nové Město 2 €/Std. bzw. 48 €/Tag.

Adressen

• *Ärztliche Versorgung* Von der deutschen Botschaft empfohlene Ärzte und Krankenhäuser: **Krankenhaus Na Homolce**, Roentgenova 2, Motol. ✆ 257271111. Bei Zahnproblemen hilft dort Dr. Liška (deutschsprachig) weiter, ✆ 257272612. Ⓜ B Anděl, weiter mit Ⓑ167 Na Homolce.

Medizinische Fakultät der Karlsuniversität, auf die Behandlung von Ausländern vorbereitet ist die III. Interna, Abt. C. Die Ärzte sind deutsch- oder englischsprachig. Die Aufnahme ist unkompliziert. EHIC wird akzeptiert. Zentral gelegen: U nemocnice 2 (Karlsplatz), ✆ 224961111, Ⓜ B Karlovo náměstí.

• *Autoverleih* Die hier aufgeführten Anbieter verfügen über Zweigstellen am Flughafen und im Zentrum. Für weitere Informationen → Wissenswertes von A bis Z/Mietwagen, S. 32.

Europcar: Elišky Krasnohorské 9, Josefov, ✆ 224811290, www.europcar.cz. Ⓜ A Staroměstská.

Sixt: Pobřežní 1 (Hilton), Nové Město, ✆ 222324995, www.e-sixt.cz. Ⓜ B, C Florenc.

Hertz: Evropská 15 (Hotel Diplomat), Dejvice, ✆ 225345041, www.hertz.cz. Ⓜ A Dejvická.

• *Diplomatische Vertretungen* → Wissenswertes von A bis Z, S. 25.

• *Polizei* **Hauptdienststelle** an der Bartolomějská 8, Staré Město. Ⓜ A, B Můstek. Notruf: ✆ 158.

• *Post* **Hauptpost** an der Jindřišská 14, Nové Město. Tägl. 2–24 Uhr. Ⓜ A, C Muzeum.

• *Stadtrundfahrten und -führungen* Unzählige Veranstalter mit unterschiedlichsten Touren in der Innenstadt. Zwei Adressen:

Prague Walks, Spaziergänge zu speziellen Themen, aber auch einfach zu den Highlights. Keine Voranmeldung nötig, auf Flyer achten, Treffpunkt Altstädter Ring links der Astronomischen Uhr, ✆ 222322309, www.praguewalks.com. Ⓜ A Staroměstská.

Premiant City Tour, Stand vor der Na příkopě 23, Nové Město, ✆ 606600123 (mobil), www.premiant.cz. Standardtouren zu Fuß und mit dem Bus. Ⓜ A, B Můstek.

• *Stadtpläne* → Wissenswertes von A bis Z/Literatur, S. 32.

• *Waschsalon* **Laundryland**, Selbstbedienungswaschsalon mit mehreren Filialen, z. B. im Shoppingcenter Černá Růže, Na příkopě 12, Nové Město (Ⓜ B Náměstí Republiky).

Einkaufen

Von einem Shoppingparadies à la London oder Paris ist Prag weit entfernt. Zum Stöbern aber – egal ob in Antiquariaten oder verstaubten Trödelläden – ist die Moldaumetropole eine gute Adresse.

• *Kunsthandwerk/Souvenirs* Böhmisches Kristall, Töpferwaren, Holzspielzeug, Marionetten, Bernsteinschmuck und bemalte Ostereier (ganzjährig!) an jeder zweiten Ecke. Ein paar Extratipps:

Obchod pod Lampou (9/S. 227), einer der schönsten Marionettenläden der Stadt ist der von Pavel Truhlář im Schatten der Karlsbrücke. Handgeschnitzte Puppen, deren Kostüme vor Ort genäht werden. U Lužického semináře 5/78, Malá Strana. Ⓢ 12, 20, 22 Malostranské náměstí.

Erpet (8/S. 214/215), museumsgroßer Glaspalast für böhmisches Kristall in allen Variationen, darunter auch Moser-Gläser (→ Karlsbad, S. 64). Staroměstské náměstí 27, Staré Město. Ⓜ A Staroměstská.

Manufaktura (12/S. 214/215), Kunsthandwerk und Naturprodukte von bemalten Ostereiern über Holzspielzeug bis zu wohlduftenden Seifen. Mehrere Filialen, eine große in der Melantrichova 17, Staré Město. Ⓜ A, B Můstek.

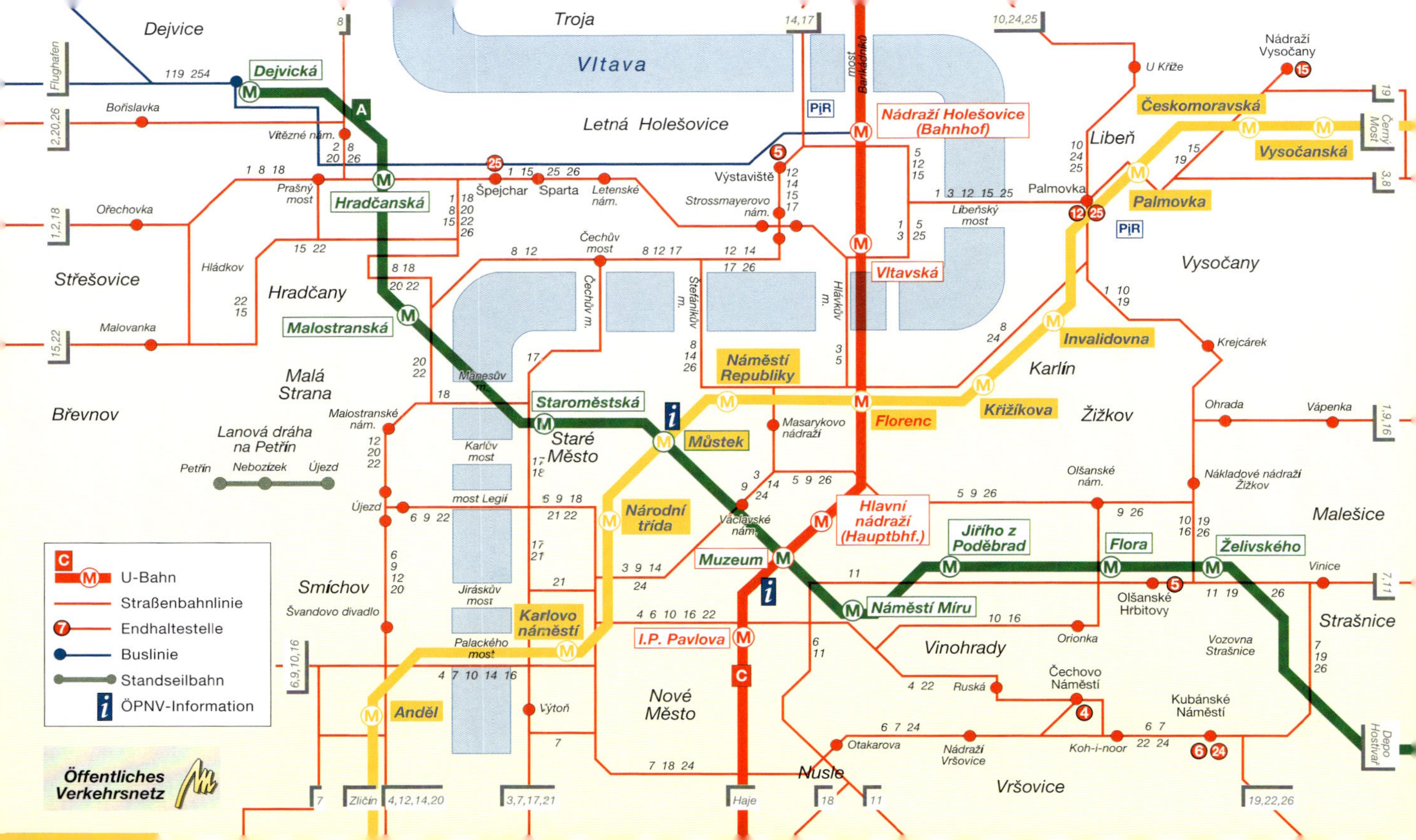

Öffentliches Verkehrsnetz
U-Bahn
Straßenbahnlinie
Endhaltestelle
Buslinie
Standseilbahn
ÖPNV-Information
Dejvice
Troja
Vltava
Letná Holešovice
Střešovice
Hradčany
Malá Strana
Břevnov
Smíchov
Staré Město
Nové Město
Karlín
Žižkov
Vysočany
Libeň
Malešice
Strašnice
Vinohrady
Vršovice
Nusle
Dejvická
Hradčanská
Malostranská
Staroměstská
Můstek
Národní třída
Karlovo náměstí
Anděl
Náměstí Republiky
Florenc
Křižíkova
Invalidovna
Palmovka
Českomoravská
Vysočanská
Nádraží Holešovice (Bahnhof)
Vltavská
Hlavní nádraží (Hauptbhf.)
Muzeum
I.P. Pavlova
Náměstí Míru
Jiřího z Poděbrad
Flora
Želivského
Flughafen
Bořislavka
Vítězné nám.
Ořechovka
Malovanka
Hládkov
Prašný most
Špejchar
Sparta
Letenské nám.
Výstaviště
Strossmayerovo nám.
Čechův most
Čechův m.
Štefánikův m.
Hlávkův m.
Mánesův m.
Karlův most
most Legií
Jiráskův most
Palackého most
Libeňský most
most Barikádníků
Malostranské nám.
Újezd
Švandovo divadlo
Výtoň
Lanová dráha na Petřín
Petřín
Nebozízek
Masarykovo nádraží
Václavské nám.
Palmovka
U Křiže
Nádraží Vysočany
Černý Most
Krejcárek
Ohrada
Vápenka
Nákladové nádraží Žižkov
Olšanské nám.
Olšanské Hřbitovy
Vinice
Orionka
Vozovna Strašnice
Čechovo Náměstí
Kubánské Náměstí
Ruská
Otakarova
Nádraží Vršovice
Koh-i-noor
Depo Hostivař
Zličín
Haje
P+R

Spektakuläre Architektur in der Neustadt: Frank O. Gehrys „Ginger und Fred"

• *Mode* Für *Diesel* & Co → Shoppingcenter. Boutiquen junger tschechischer Designer(innen) findet man v. a. in Josefov: z. B.

Tatiana (11/S. 221), Dušní 1, **Bohème (8/ S. 221)**, Dušní 8, oder **Klára Nademlýnská (9/S. 221)**, Dlouhá 3. Noch zwei Adressen außerhalb Josefovs:

Vintage (15/S. 214/215), wie der Name schon sagt, wird hier Erlesen-Abgefahrenes aus zweiter Hand verkauft. Wirklich schräge Teile zu günstigen Preisen! Michalská 18, Staré Město. Ⓜ A, B Můstek.

Baťa (6/S. 202/203), größter Baťa-Laden der Stadt, auf 7 Etagen. Es werden auch Schuhe anderer Hersteller verkauft. Vácavské náměstí 6, Nové Město. Ⓜ A, B Můstek.

• *Shoppingcenter* **Palladium**, größte Shoppingmall der Innenstadt. 170 Läden, alle bekannten Marken sind vertreten. Ein Tipp ist die Foodmeile im OG. Náměstí Republiky, Staré Město. Ⓜ B.

• *Märkte* **Kolbenka**, großer Flohmarkt auf dem Gelände einer ehemaligen Stahlgießerei im nordöstlichen Stadtteil Vysočany. Überwiegend billigster Trödel, dazu geklaute Autoradios und Neuware. Sa/So 7–13.30 Uhr. Ⓜ B Kolbenova, dann den Massen hinterher.

Havelské tržiště, tägl. Touristenmarkt in der Altstadt. Havelská, Staré Město. Ⓜ A, B Můstek.

• *Lebensmittel* **Zemark Lahůdky (17/S. 202/ 203)**, Feinkost, Spirituosen, Absinth in allen Variationen. Václavské náměstí 44, Nové Město. Ⓜ A, B Můstek oder A, C Muzeum.

• *Antiquitäten/Trödel* Hochwertigere Antiquitätengeschäfte findet man geballt im Stadtteil Josefov und in der Altstadt rund um den Betlémské náměstí. In allen anderen Stadtteilen dominieren Trödler *(bazar zastavárna)* mit einem oft recht bunten Warensortiment. Noch zwei interessante Adressen:

Dorotheum (11/S. 214/215), das älteste Auktionshaus Europas, gegründet 1707 in Wien. Alles, was angeboten wird, ist antik und teuer: Porzellan, Zigarettenetuis, Orden, Glas, Gemälde usw. Ovocný trh 2, Staré Město. Ⓜ A, B Můstek.

Art deco Galerie (13/S. 214/215), ausgefallener Nobeltrödler. Das meiste im Stil der 20er-Jahre, viel Kleidung. Nur Mo–Fr 14–19 Uhr. Michalská 21, Staré Město. Ⓜ B Národní třída o. Ⓢ 6, 9, 18, 21, 22 Národní třída.

• *Antiquariate/Buchhandlungen* **U Zlaté Číše (3/S. 227)**, eines der schönsten Antiquariate der Kleinseite. Nerudova 16, Malá Strana. Ⓢ 12, 20, 22 Malostranské náměstí.

Antikvariát Můstek (7/S. 202/203), größere Auswahl an deutschen Büchern, Landkarten, Drucken etc. Národní 40, Nové Město. Ⓜ A, B Můstek.

Vitalis (1/S. 238/239), deutsche Buchhandlung des gleichnamigen Prager Verlags. Viel Literatur zur Stadt, Übersetzungen tschechischer Autoren, zudem Kafka & Co. Im Goldenen Gässchen, Zlatá ulička 22, Pražský hrad. Ⓢ 1, 8, 15, 18, 20, 22, 26 Pražský hrad.

Buchhaus Kanzelsberger (5/S. 202/203), alteingesessenes Buchgeschäft auf mehreren Etagen. Auch Noten und deutschsprachige Literatur. Dazu ein nettes Café im 1. Stock. Václavské náměstí 4, Nové Město. Ⓜ A, B Můstek.

Sommerkonzert auf der Burg

Essen & Trinken

Das touristische Zentrum Prags bietet eine fast unglaubliche gastronomische Vielfalt. Für Prager Standardeinkommen sind jedoch viele der dortigen Restaurants tabu, besucht werden sie vornehmlich von Touristen. Leider verstehen sich auch manche zentralen Restaurants weniger aufs Kochen, sondern mehr aufs Kassieren. Das gilt insbesondere für möchtegernschicke Lokale, bewusst traditionsbetonte Häuser und den Großteil der Restaurants, die mit einem Menüsonderangebot am Eingang werben. Das Essen ist dort meist keinen Deut besser als in der miefigsten Vorstadtkneipe, nur um ein Vielfaches teurer. Das Gros der Ausländer bekommt das gar nicht mit, da man von zu Hause solche Preise gewohnt ist oder sie für eine Großstadt als angemessen akzeptiert.

Empfehlenswerte Restaurants finden Sie in den Kapiteln zu den einzelnen Stadtteilen.

Übernachten

Das Angebot an Quartieren in Prag ist vielfältig. Trotz enormer Kapazitäten kann es in der Hauptsaison (von Ende März bis Ende Juni und von Ende August bis Ende Oktober) und Topsaison (d. h. über Silvester, Ostern, Pfingsten und – je nachdem, wie die Feiertage liegen – über die verlängerten Wochenenden) zu Engpässen kommen. In der Topsaison steigen auch die hier angegebenen Hochsaisonpreise nochmals um 30–100 % an. Frühzeitig zu buchen lohnt daher. In der Nebensaison hingegen purzeln die Preise zuweilen, ein DZ in einem zentrumsnahen Vier-Sterne-Hotel ist dann auch schon mal für 40 € inkl. Frühstücksbüfett zu haben. Bis auf die Campingplätze liegen die hier aufgeführten Unterkünfte im Zentrum oder zumindest in angrenzenden und problemlos zu erreichenden Stadtbezirken. Achtung: Übers Internet (→ S. 23) können Sie viele der von uns beschriebenen Unterkünfte wesentlich günstiger buchen – wer Glück hat, bekommt ein Zimmer für die Hälfte des angegebenen Walk-in-Preises!

• *Hotels* ***** **Four Seasons (5/S. 214/215)**, eines der besten Prager Hotels, untergebracht in einem Gebäudekomplex, zu dem u. a. eine Barockvilla und ein Neorenaissancebau gehören. Großzügige, elegante Zimmer mit Marmorbädern, Telefon in der

Praha Übersicht S. 185

Toilette und z. T. mit Blick auf die Burg. Das hauseigene Restaurant Allegro glänzt mit dem ersten und bislang einzigen Michelin-Stern Prags (→ S. 213). EZ ab 350 €, DZ ab 370 €, jedoch regelmäßig Specials. Veleslavinova 2A, Staré Město, Ⓜ A Staroměstská, ☏ 221427000, ℻ 221426666, www.fourseasons.com.

**** **U zlaté studně (Golden Well Hotel) (1/S. 227)**, in traumhafter Lage neben dem Ledebour-Garten. 17 komfortable Zimmer, 3 Suiten. Die Räume sind mit stilvollen Repliken klassischer Möbelstücke ausgestattet. Panoramablick von der Dachterrasse. Ruhig. Sehr gutes, aber auch entsprechend teures Restaurant. Zuvorkommender Service. Eigene Parkplätze 5 Fußmin. entfernt. DZ 264 € zzgl. Steuer, Frühstück extra. U zlaté studně 4, Malá Strana, Ⓜ A Malostranská, ☏ 257011213, ℻ 257533320, www.goldenwell.cz.

**** **Domus Henrici (3/S. 232/233)**, kleine, noble Herberge nahe der Burg. Altes, verwinkeltes Haus mit nur 8 Zimmern (Ausbau geplant), die über Treppchen zu erreichen sind. Geschmackvoll restauriert, Parkettböden. 2 gemütliche Gemeinschaftsterrassen mit schöner Aussicht. Partnerhotel nahe der Karlsbrücke. Ebenfalls zuvorkommender Service. Keine eigenen Parkmöglichkeiten. DZ ab 170 €. Loretánská 11, Hradčany, Ⓢ 15, 22 Pohořelec, ☏ 220511369, ℻ 220511502, www.hiddenplaces.com.

**** **Josef (3/S. 214/215)**, die Adresse für alle, die auf lichtes, minimalistisches Design stehen. Entworfen von der in London arbeitenden tschechischen Architektin Eva Jiřičá. EZ ab 159 €, DZ ab 169 €, Parken 21 €/Tag extra. Rybná 20, Staré Město, Ⓜ B Náměstí Republiky, ☏ 221700111, ℻ 221700120, www.hoteljosef.com.

**** **Yasmin (10/S. 202/203)**, ein Hotel mit außergewöhnlichem Design, z. T. sehr futuristisch. 198 schicke, helle Zimmer mit schwarzen Bädern. DZ ab 164 €. Politických vězňů 12, Nové Město, Ⓜ A, C Muzeum, ☏ 234100100, ℻ 234100101, www.hotel-yasmin.cz.

**** **Sax (6/S. 227)**, alteingesessenes Haus nahe der deutschen Botschaft, seit 2008 im peppigen 70er-Jahre-Retrostil detailverliebt durchgestylt. Jedes Zimmer sieht anders aus, es überwiegen die Farben Orange, Weiß und Schwarz. Witzige Bettwäsche, schöne Bäder. Ruhige Lage. Sichere Parkplätze gegen Gebühr. DZ ab 120 €. Jánský Vršek 3, Malá Strana, Ⓢ 12, 20, 22 Malostranské náměstí, ☏ 257531268, ℻ 257534101, www.sax.cz.

*** **Hotel 16 (28/S. 202/203)**, kleines, gut geführtes und etabliertes Haus. 14 leicht biedere, aber gepflegte Zimmer. Zuvorkommender Service, deutschsprachig. Kleiner Garten. EZ 87 €, DZ 110 €. Kateřinská 16, Ⓜ B Karlovo náměstí, ☏ 224920636, ℻ 224920626, www.hotel16.cz.

*** **Mušketýr (23/S. 202/203)**, in bester Lage schräg gegenüber dem Nationalmuseum. Zimmer in unterschiedlichen Kategorien, von recht modern-komfortablen bis hin zu einfach-abgewohnten mit simplen Bädern. Die meisten Zimmer gehen zur Rückseite hinaus (lassen Sie sich keines zur Mezibranská geben, da laut!). Wer einmal König von Prag spielen will, sollte eines der beiden Dachzimmer mit Traumterrasse buchen – das Goldene Prag liegt Ihnen hier zu Füßen. Für alle anderen gibt es eine gemeinschaftliche Aussichtsterrasse. Gutes Restaurant mit böhmischer Küche. EZ (!) und DZ ab 68 €, Parken 16 €/Nacht. Mezibranská 13, Nové Město, Ⓜ A, C Muzeum, ☏/℻ 296220000, www.musketyr.com.

Botel Matylda (24/S. 202/203), 2009 eröffnetes Hotelboot mit 25 freundlich-modernen Zimmern (keine engen Kajüten wie bei den Hotelbooten aus sozialistischer Zeit). Schön die oberen Zimmer zur Flussseite, aber auch die Suite am Bug mit Blick auf die Slaweninsel ist herrlich. Ein Boot weiter das gleichnamige Restaurant, wo auch das Frühstück serviert wird. EZ ab 79 €, DZ ab 89 €. Masarykovo nábřeží, Nové Město, Ⓢ 17, 21 Jiráskovo náměstí, ☏ 72480100 (mobil), www.botelmatylda.cz.

Little Town Budget Hotel (7/S. 227), eine empfehlenswerte Adresse für den kleineren Geldbeutel. 2009 eröffnet. Mischung aus Hotel und Hostel. Altes Stadthaus in bester Lage am Kleinseitner Ring. Zimmer mit privatem Bad, Zimmer in Apartments, die sich Küche und Bad teilen, sowie Betten im Dormitory. Spartanisch, aber freundlich im IKEA-Stil eingerichtet. Kleine Innenhofterrassen. DZ mit Bad 64 €, ohne Bad 56 €, Bett im Schlafsaal 20 €, Frühstück 4 € extra. Malostranské náměstí 11, Malá Strana, Ⓢ 12, 20, 22 Malostranské náměstí, ☏/℻ 242406965, www.littletownhotel.cz.

• *Pensionen* **Museum (21/S. 202/203)**, eine Empfehlung. Die modern eingerichteten Zimmer und Suiten (z. T. behindertengerecht) sind um einen gepflegten Innenhofgarten mit Sitzgelegenheiten gruppiert. Freundlicher Service. Bewachter Parkplatz nahebei. DZ 96 €, Suite für 2 Pers. 121 €. Mezibranská 15, Nové Město, Ⓜ A, C Muzeum, ✆ 296325186, ℻ 296325188, www.pension-museum.cz.

U zeleného věnce (16/S. 214/2156), die Familienpension „Zum Grünen Kranz" liegt in einer ruhigen Gasse. 9 großzügige, ordentliche Zimmer mit schwedischen Holzmöbeln, eigenem Bad und Deckenbalken. Sehr sauber, nette Betreiber. Bewachter Parkplatz 5 Fußmin. entfernt. EZ 68 €, DZ 88 €. Řetězová 10, Staré Město, Ⓢ 17, 18 Karlovy lázně, ✆ 220220178, ℻ 224248791, www.uzv.cz.

Church Pension (18/S. 202/203), unter der Leitung der Evangelischen Brüdergemeinde. Zentral gelegen, aber ruhig. 22 schlichte Zimmer in 3 Kategorien: mit privatem Bad im Zimmer, mit privatem Bad auf dem Flur oder mit Gemeinschaftsbad. Bewachte Parkplätze in der Nähe. Freundliches Personal. EZ ab 35 €, DZ ab 46 €, Frühstück 4,60 € extra. Jungmannova 9, Nové Město, Ⓜ B Národní třída o. Ⓢ 6, 9, 18, 21, 22 Národní třída, ✆ 296245432, ℻ 224999238, www.churchpension.cz.

Miss Sophie's (27/S. 202/203), moderne Pension, schickes Hotel, cooles Hostel und lässige Apartmentvermietung in einem. Egal, was man bucht: ein gutes Preis-Leistungs-Verhältnis ist einem sicher. Sehr freundlich. DZ ab 75 €, Bett im Schlafsaal 21 €, geräumige Apartments für 4 Pers. ab 140 €. Melounová 3, Nové Město, Ⓜ C I. P. Pavlova, ✆ 296303530, www.miss-sophies.com.

Pension 15, renovierter Altbau. 15 einfache, saubere Zimmer mit Fliesenböden und Waschbecken, Etagenbad. Jugendlich eingerichtet, IKEA-Touch. Dazu im Hinterhof Apartments für bis zu 5 Pers. Laundry-Service. Parken im Hof möglich (8 €/Nacht). Preiswert: DZ 32 €, Apartments für 2 Pers. 48 €, Frühstück 2,80 € extra. Vlkova 15, Žižkov, Ⓢ 5, 9, 26 Husinecká, ✆ 222721800, ℻ 222718429, www.pension15.cz.

• *Hostels* **Traveller's Hostel (1/S. 214/215)**, großes Hostel, das zu einer Kette gehört, beste Lage. Guter Traveller-Service, sehr sicher und sehr sauber. Spartanische Teppichbodenzimmer mit und ohne Bad. Dazu Apartments. Im DZ mit Bad 32 €/Pers. (ohne 28 €), im Schlafsaal 14 €, Apartments für 2–3 Pers. 90 €, für 4 Pers. 102 €. Dlouhá 33, Staré Město, Ⓜ B Náměstí Republiky,

Verblichener Glanz: Hotel Evropa

Praha
Übersicht S. 185

✆ 224826662, hostel@travellers.cz, www.travellers.cz.

Czech Inn, eine Topadresse in einem neogotischen Stadtpalast. Von der Lobby über die Bar bis hin zu den Zimmern sehr schickes Designer-Hostel. Freundliches Personal. Keine Parkplätze. Im Dormitory ab 12 €/Pers., DZ mit Bad 62 €, mit Etagenbad 52 €, Apartments für 5 Pers. 110 €. Am Wochenende etwas teurer, Frühstücks-Büfett 5,50 € extra. Francouská 76, Vinohrady, Ⓢ 4, 22 Krymská, ✆ 267267600, ✆ 267267601, www.czech-inn.com.

Rosemary (4/S. 202/203), nette, z. T. recht modern eingerichtete Zimmer. Küche. Keine eigenen Parkplätze. Auch für Gäste jenseits der 25 geeignet. DZ mit Bad 64 €, ohne Bad 56 €, im Schlafsaal 16 €/Pers. Růžová 5, Nové Město, Ⓢ 3, 9, 14, 24 Jindrišská, ✆ 222211124, www.praguecityhostel.cz.

Sir Toby's, 125 Betten in 25 liebevoll und sehr kreativ eingerichteten Zimmern in einem Jugendstilbau. Zimmer in allen Größen, die meisten mit eigenem Bad. Waschservice, Innenhof für Grillpartys im Sommer, gemütliche Gemeinschaftsküche (Tee stets umsonst). Deutscher Besitzer. Bewachte Parkplätze nahebei. EZ ab 22 €, DZ ab 38 €, im Mehrbettzimmer ab 7 €/Pers., Frühstück 4 €. Dělnická 24, Holešovice, Ⓜ C Vltavská, weiter mit Ⓢ 1, 3, 5, 25 Dělnická, ✆ 246032610, info@sirtobys.com, www.sirtobys.com.

• *Apartments* **Nebozízek (14/S. 227)**, ein Traum für Flitterwöchner: Zwei Suiten (ohne Küche) mit klassischem Mobiliar, Himmelbett und herrlichem Blick auf die Stadt. Dem gleichnamigen Restaurant am Petřín-Berg angeschlossen. 140 €/Tag. Petřínské sady 411, Malá Strana, Ⓢ 12, 20, 22 Újezd, weiter mit der Drahtseilbahn bis zur Station Nebozízek, ✆ 257315329, ✆ 257321468, www.nebozizek.cz.

The Castle Steps (4/S. 227), vermietet werden geschmackvoll-warm gestaltete Zimmer (z. T. mit eigenem Bad, z. T. mit Gemeinschaftsbad) und Apartments (viele davon mit schönen Parkettböden, Antiquitäten und alten Ölgemälden, teils mit toller Aussicht) in mehreren historischen Gebäuden in bester Kleinseitner Lage, einige davon im Rezeptionsgebäude an der Nerudova. Das Angebot ist groß – vor der Buchung am besten die Webseite genau studieren. Freundliches, junges Personal. Man rühmt sich einiger VIP-Gäste, u. a. Art Garfunkel! Für 2 Pers. 50–158 €. Nerudova 7 (Rezeption), Malá Strana, Ⓢ 12, 20, 22 Malostranské námestí, ✆ 257216337, www.castlesteps.com.

Michal Machek, Michal Machek (ein überaus freundlicher Typ) vermietet Studios und Apartments, die einfach, aber z. T. mit Computer samt Internetzugang ausgestattet sind. Ruhige Lage. Parken vor der Tür möglich. Gutes Preis-Leistungs-Verhältnis, daher auch von Lesern gelobt. Sehr zuverlässig. Für 2 Pers. ab 51 €, günstiger ab drei Tagen. Vorausbuchung nötig, da keine Rezeption. Zahřebská 18, Vinohrady, ✆ 234099999, Ⓜ A Náměstí Míru, www.apartmentsinprague.cz.

• *Camping* Im **Stadtteil Troja** im Norden Prags reihen sich an der Straße Trojská sechs Plätze z. T. auf kleinen Obstbaumwiesen aneinander. Wegen der Auswahl – für jeden Geldbeutel ist etwas dabei – und der guten Anbindung ans Zentrum (auch nachts) eine der besten Anlaufstellen. Eine Auswahl:

Autocamp Trojská, klein, aber nett und gepflegt, deswegen auch sehr beliebt; Bungalows und Zimmer, Gartenküche, Restaurant. ✆/✆ 233542945, www.autocamp-trojska.cz.

Camp Dana Troja, recht schöner, schmaler Platz, ebenfalls gepflegt und mit Zimmervermietung. ✆ 283850482, ✆ 283852181, www.campdana.cz).

Sokol Troja, für alle mit großen Gespannen oder größeren Wohnmobilen die beste Adresse, leider kein Obstgartencharme, sondern eher Parkplatzambiente. ✆/✆ 233542908, www.camp-sokol-troja.cz.

Anfahrt für alle am einfachsten mit Ⓢ 14, 17 Trojská. Oder: Ⓜ C Nádraží Holešovice, weiter mit Ⓑ 112 Trojská oder Kazanka. Mit dem eigenen Fahrzeug folgt man vom Zentrum (Neustadt, auf der Wilsonova am Hauptbahnhof vorbei) der Beschilderung „Teplice/Dresden" und, kurz nachdem man das zweite Mal die Moldau überquert hat, der Beschilderung „Troja/Zoo". Die Campingplätze passiert man auf dem Weg zum Zoo.

Camp Prager, auf dem Anwesen eines ehemaligen Bauernhofs im Vorort Šeberov. Schöner, gepflegter Platz, gut für Wohnmobile und Wohnwagen, familiäre Atmosphäre und sehr ruhig. Zimmervermietung. Ganzjährig. Leider zu Fuß ca. 20 Min. bis zur nächsten Metrostation. V Ladech 3, ✆/℡ 244912854, www.camp.cz/prager. Anfahrt: Ⓜ C Opatov, weiter mit Ⓑ165, 325, 326 V Ladech. Anfahrt mit dem Auto: Von der Autobahn Prag – Brünn (E 50) die Ausfahrt Nr. 2 (Chodov) nehmen und dann ca. 1 km Richtung Süden (Šeberov/Jesenice) fahren, dort ausgeschildert.

Caravan Park Praha, auf der Moldauinsel Císařská louka nahe dem Stadtteil Smíchov – nicht ganz so idyllisch, wie es klingen mag. Ganzjährig geöffnet, netter Service, gute sanitäre Einrichtungen, genug Platz auch für größere Gespanne, jedoch etwas veraltete Sanitäranlagen. Im Sommer kann man vom Jiráskovo náměstí (Neustadt) und dem Botel Admiral (Smíchov) tagsüber ca. stündl. mit offiziellen Moldaufähren zur Insel gelangen. Außerdem in der HS stündl. von 9–20 Uhr Pendelfähre zum Stadtteil Smíchov nahe Ⓜ B Smíchovské nádraží (die Fähre legt vom Hotelboot Vodník ab). Davor und danach muss man von der Metrostation Smíchovské nádraží weiter mit Ⓢ4, 12, 14 o. 20 bis Lihovar und sich von dort auf einen mind. 15-minütigen, einsamen Spaziergang gefasst machen. Mit dem eigenen Fahrzeug findet man die Beschilderung zum Campingplatz, wenn man von Süden kommend auf der Straße Nr. 4 stets links der Moldau ins Zentrum fährt. Císarská louka 599, ✆ 257318681, ℡ 257318387, www.volny.cz/convoy.

Mit folgenden **Preisen** müssen Sie auf den Campingplätzen rechnen: Erwachsene 4–6 €, Kinder 3–5 €, Zelt je nach Größe 3,20–8,80 €, Pkw 3,50–5 €, Motorrad 2–3,60 €, Wohnwagen 6–7,60 €, Wohnmobil 7,60–12 €, Strom 3,40–6 €/Tag. Haustiere dürfen auf dem einen Platz umsonst das Zelt bewachen, auf anderen sind für sie bis zu 2 € zu berappen. Für eine Übernachtung in einem Bungalow muss man mit ca. 15 €/Pers. rechnen, in einem Zimmer mit Bad mit 15–20 €.

Kultur & Nachtleben

Klassische Konzerte, Ballett, Theater – jeden Abend stehen unzählige Veranstaltungen in prunkvollen Opernhäusern, Kirchen und Konzertsälen auf dem Programm. Eine lange Tradition haben Prags **Schwarze Theater** (Černé divadlo). Dunkel gekleidete Schauspieler bewegen dabei unbemerkt vom Publikum Gegenstände vor einem schwarzen Hintergrund. Viele Vorstellungen bedienen sich rein pantomimischer Darstellung, Musik untermalt die einfach erzählten Geschichten. Zu viel des Zaubers, wie oft angepriesen, sollte man nicht erwarten – die Schwarzen Theater sind ein Stück Touristenkult. Berühmt ist Prag aber auch für seine Jazzclubs, rockenden Revivalbands, Avantgarde-Sessions und Festivals – auf irgendeiner Bühne laufen die Verstärker immer heiß. Ohnehin steht in Prag dem Clubbing bis zum Morgengrauen nichts im Wege, denn eine Sperrstunde gibt es nicht. Einen Überblick über Veranstaltungen und Veranstaltungsorte geben die *Prager Zeitung* und die *Prague Post*. Im Folgenden eine Auswahl der wichtigsten Adressen:

• *Konzertsäle* **Rudolfinum**, schon Dvořák und Brahms dirigierten hier (→ S. 220). Vorverkauf u. a. im Haus. Alšovo nábřeží 12, Staré Město, ✆ 227059227, www.ceskafilharmonie.cz. Ⓜ A Staroměstská.

Smetana-Saal, im Jugendstilbau Obecní dům (→ S. 211). 1200 Sitzplätze, Heimat des Prager Symphonieorchesters. Karten bekommt man im Haus. Náměstí Republiky 5, Staré Město, ✆ 222002101, www.obecnidum.cz. Ⓜ B Náměstí Republiky.

• *Oper/*Ballett **Stavovské divadlo (Ständetheater)**, zählt mit Recht zu den schönsten Theatern Europas (→ S. 212). Das Innere ein blau-goldener Traum, 5 Ränge, 3 davon mit Logen. Vorverkauf schräg gegenüber dem Theater am Ovocný trh 6, Staré Město. ✆ 224901448, www.narodni-divadlo.cz. Ⓜ A, C Můstek.

Národní divadlo (Nationaltheater), ebenfalls eines der prächtigsten Häuser der Stadt (→ S. 205). Theater-, Opern- und Ballettaufführungen in prunkvollem Ambiente. Ticketverkauf u. a. im Haus. Národní třída 2, Nové Město, ✆ 224901448, www.narodni-di-

Praha Übersicht S. 185

Swingherbst am Altstädter Ring

vadlo.cz. Ⓢ 6, 9, 18, 21, 22 Národní divadlo.

Státni opera (Staatsoper), das ehemalige Neue Deutsche Theater (→ S. 201). Wesentlich kleiner als das Nationaltheater, aber ebenfalls eine Augenweide. Ticketverkauf u. a. im Haus. Wilsonova 4, Nové Město, ✆ 224227266, www.opera.cz. Ⓜ B Hlavní nádraží.

• *Musical* **Divadlo Hybernia**, neuestes Musicaltheater der Stadt. Im Empirebau Domu U Hybernů am Náměstí Republiky 3 (Ⓜ B Náměstí Republiky), Staré Město. Vorverkauf u. a. im Haus, ✆ 224224706, www.hybernia.eu.

• *Schwarze Theater* **Laterna Magica**, touristenüberlaufenes Multimediatheater mit Projektionen, Pantomime und Tanz – hört sich spannender an, als es ist. Spielort ist die Nová scéna neben dem Nationaltheater. Ticketverkauf im Haus. Národní třída 4, Nové Město, ✆ 224931482, www.laterna.cz. Ⓢ 6, 9, 18, 21, 22 Národní divadlo.

Ta Fantastika, gespielt wird am laufenden Band, bis zu 60 Vorstellungen im Monat. Teils müde Schauspieler. Ticketverkauf im Haus. Karlova 8, Staré Město, ✆ 222221366, www.tafantastika.cz. Ⓜ A Staroměstská.

Tickets für kulturelle Veranstaltungen: Karten können überall in der Innenstadt an diversen Vorverkaufsstellen erstanden werden. Die Preise sind niedriger als zu Hause, variieren jedoch stark je nach Veranstaltung und Platz. Für eine Theaterkarte sollte man 5–35 € einplanen, für Oper und Ballett 5–60 €, für Musicals 7–60 €. Klassische Konzerte kosten 5–40 €, Schwarze Theater 19–30 €. Für Rock- und Jazzkonzerte muss man je nach Bekanntheitsgrad der Combo mit 5–55 € rechnen. Da man bei vielen Vorverkaufsstellen versucht, zuerst oder ausschließlich die teuersten Tickets zu verkaufen (mehr Provision), lohnt es sich, die Häuser direkt aufzusuchen! Seriöse Vorverkaufsstellen sind z. B. **Ticketpro** (u. a. im Altstädter Rathaus, Ⓜ A Staroměstská, und an der Rytířská 31, Staré Město, Ⓜ A, B Můstek, www.ticketpro.cz) oder **Bohemia Ticket** (Na příkopě 16, Nové Město, Ⓜ B Náměstí Republiky, www.bohemiaticket.cz).

• *Jazzclubs* **Reduta (12/S. 202/203)**, legendärer Jazzschuppen seit 1958. Bill Clinton packte hier vor Václav Havel sein Saxofon aus. Dixie, Swing und Jazz-Rock. www.redutajazzclub.cz. Národní třída 20, Nové Město. Ⓜ B Národní třída o. Ⓢ 6, 9,

18, 21, 22, 53, 57, 58, 59 Národní třída.

U malého Glena (11/S. 227), der Tipp für die Kleinseite. Gemütliche Bar im Erdgeschoss, winziger Club im Keller. Tägliche Live-Gigs zwischen Funk, Blues und Modern Jazz. Sehr beliebt unter US-Amerikanern. www.malyglen.cz. Karmelitská 23, Malá Strana. Ⓢ 12, 20, 22, 57 Malostranské náměstí.

AghaRTA Jazz Centrum (9/S. 214/215), für viele der beste Jazzclub der Stadt, zudem auch noch in einem wunderschönen Gewölbekeller untergebracht. Fusion und Modern Jazz. Mit kleinem Shop. www.agharta.cz. Železná 16, Staré Město. Ⓜ A, B Můstek.

• *Rock, Dance usw.* **Lucerna Music Bar (16/S. 202/203)**, Touristen und junge Prager geben sich hier ein Stelldichein. Gute Konzerte, 80's-Partys am Wochenende. Faire Preise für die Lage. www.lucerna.cz. Vodičkova 36, Nové Město. Ⓜ A, B Můstek oder A, C Muzeum.

Palác Akropolis, Kulturzentrum mit riesigem Angebot. Originelle Kneipe im Erdgeschoss. Im Keller regelmäßig Konzerte (u. a. spielten hier schon *Nouvelle Vague*, die *Strokes* und *Ween*, aber auch schräge Trompeter aus Rumänien etc.). Dazu tägl. wechselnde DJs. Sehr empfehlenswert. www.palacakropolis.cz. Kubelíkova 27, Žižkov. Ⓜ A Jiřího z Poděbrad.

Vagon (9/S. 202/203), verqualmter Laden für Altfreaks, die sich nicht von Jimi Hendrix oder Frank Zappa lösen können. Fast tägl. Live-Gigs. Viel Blues, faire Preise. Trotz zentralster Lage vornehmlich tschechisches Publikum. www.vagon.cz. Národní třída 25, Nové Město. Ⓜ B Národní třída o. Ⓢ 6, 9, 18, 21, 22, 53, 57, 58, 59 Národní třída.

Klub Strahov 007 (15/S. 227), im UG eines Plattenbau-Studentenwohnheims im Viertel Strahov westlich der Kleinseite. Undergroundclub, der bereits seit 1969 (!) einheizt, aber seit Jahren von der Schließung bedroht ist. Fast tägl. Konzerte oder DJs: Ska, Hip-Hop, Punk, Hardcore, Jungle, Electroclash, darunter Bands aus der ganzen Welt, selbst *Jello Biafra* war schon hier. Mit 150 Besuchern ist es allerdings bereits knallvoll. Günstig. www.klub007strahov.cz. Chaloupeckého, Strahov. Ⓢ 12, 20, 22, 57 Újezd, weiter mit der Standseilbahn bis zur Endstation.

Mecca, durchgestylter Danceclub in einem ehemaligen Fabrikgebäude. Mischung aus illustrem, reichem und schönem Publikum. Ebenfalls viel House. Nur Mi/Fr/Sa ab 23 Uhr. Mi freier Eintritt. www.mecca.cz. U Průhonu 14, Holešovice. Ⓜ C Nádraží Holešovice, weiter mit Ⓢ 5, 12, 15, 54 U Průhonu.

Roxy (1/S. 214/215), die hiesigen Techno-, House- und Reggae-Partys im großen Kellerclub ziehen seit Jahren ein internationales Publikum an, gelegentlich gute Konzerte renommierter Bands. Mo freier Eintritt. Im 1. Stock das **NOD**, ein großräumiges, karges Szenecafé mit Künstler- und Intellektuellenpublikum. Galerie angegliedert, Sessions und Performances. www.roxy.cz. Dlouhá 33, Staré Město. Ⓢ 8, 14, 26, 51 Dlouhá třída.

Radost FX (25/S. 202/203), seit Jahren einer der angesagtesten Clubs der Stadt. Schicke Sofas, Parketttanzfläche. Viel US-amerikanisches Publikum. Angegliedert sind ein gutes vegetarisches Restaurant und eine coole, gemütliche Lounge. Viel House und Latin. Lounge tägl., Club nur Do–Sa. www.radostfx.cz. Bělehradská 120, Vinohrady. Ⓜ C I. P. Pavlova.

Praha
Übersicht S. 185

Veranstaltungskalender – die Highlights

• *Januar* An **Neujahr** feiert und feuert Prag, was das Zeug hält. Menschenmassen und Rauchbomben gibt's am Wenzelsplatz und auf der Karlsbrücke. Wer das Feuerwerk in Ruhe genießen will, geht auf den Vítkov-Hügel in Žižkov oder auf die Moldauinsel Střelecký ostrov.

Beginn der **Ballsaison** – jeder Stadtteil, jeder Verein feiert seinen repräsentativen Ball. Die Spannbreite reicht von feucht-fröhlichen Polka-Partys bis zu elitären Veranstaltungen mit dem Wiener Opernball als Vorbild.

• *Februar* **Karneval** – wird vornehmlich im Stadtteil Žižkov gefeiert. *Masopust* nennt sich das dortige Spektakel mit einem Umzug am Faschingsdienstag, bei dem es von Kneipe zu Kneipe geht.

• *März* **Febiofest** – populäres Filmfestival. Es läuft Neues und Kultiges in verschiedenen Kinos der Stadt. www.febiofest.cz.

• *April* Traditionelles **Hexenfeuer** am Ausstellungsgelände Výstaviště, stets am 30. April.

Days of European Film – dauert rund eine Woche und bietet meist ein sehr interessantes Programm. Viele Filme laufen mit englischen Untertiteln. www.eurofilmfest.cz.

• *Mai* Das klassische Musikfestival **Prager Frühling** beginnt am 12. Mai mit einer Prozession vom Grab Smetanas (Ehrenfriedhof Vyšehrad) zum Obecní dům. www.festival.cz.

Marathon – die Strecke führt durch die ganze Stadt. Jeder kann nach Voranmeldung mitmachen. www.pim.cz.

Khamoro – größtes Romafestival Mitteleuropas mit Filmen, Tänzen und Konzerten, auf verschiedene Locations verteilt. www.khamoro.cz.

• *Juni* **Weltfestival der Marionettenkunst** – ein internationales Spektakel nicht nur für Kinder. www.puppetart.com.

Respect Festival – zweitägiges World-music-Open-Air auf der Moldauinsel Štvanice. www.respectmusic.cz.

• *Juli/August* **Rock- und Folkfestivals** – achten Sie auf Plakate! In den Sommermonaten finden rund um die Stadt und in der Stadt selbst größere und kleinere Festivals im Grünen statt.

Festival italienischer Opern – im Mittelpunkt dieses Festivals der Prager Staatsoper stehen Verdi und Puccini. www.opera.cz.

• *September* **Prager Herbst** – Festival der klassischen Musik. Hauptveranstaltungsort ist das Rudolfinum. Zukunft aufgrund finanzieller Probleme ungewiss.

Strings of Autumn – internationales Musikfestival, das Klassik und Jazz bietet. Geht bis in den November. Verschiedene Veranstaltungsorte. www.strunypodzimu.cz

Mozartiana Iuventus – Festival der Kammermusik. Zukunft ungewiss.

AghaRTA Prague Jazz Festival – oft mit internationaler Prominenz. Veranstaltungsort ist neben dem gleichnamigen Jazzclub auch die Lucerna Music Bar. Geht bis ins Frühjahr. www.agharta.cz.

• *Oktober* **International Jazz Festival** – ältestes Jazzfestival Mitteleuropas, u. a. im Club Reduta (→ S. 196). www.jazzfestivalpraha.cz.

• *November* **Deutsch-tschechisches Theaterfestival** – auf mehrere Theater der Stadt verteilt. www.theater.cz.

• *Dezember* Beim traditionellen **Moldauschwimmen** am 26.12. (seit 1923!) organisiert der „1. Prager Schwimmverein der Abgehärteten" den Sprung ins kalte Nass. Start am Nationaltheater.

Sport & Freizeit

• *Boots- und Schiffsausflüge* Sie sind in Prag ganzjährig möglich, insbesondere aber in den Sommermonaten. Die Angebote variieren dabei von Trips auf kleinen Tuckerbooten mit Platz für 8 Leute über Touren auf Moldaudampfern mit Schaufelrad bis hin zu Nachtfahrten mit Discobetrieb. Ein 1- bis 2-stündiger Ausflug kostet 8–15 €, wer Live-Musik und Essen inklusive will, muss mit etwa 25–30 € rechnen. Die meisten Boote dümpeln zwischen Nationaltheater und Burg Vyšehrad vor sich hin. Tickets sind überall erhältlich: in Hotels, an den Kiosken der Tourenveranstalter und an den diversen Anlegestellen selbst.

Die preiswerteste Möglichkeit einer Moldaufahrt besteht jedoch im Sommer mit den Fähren der Prager Verkehrsbetriebe (normaler Fahrschein für 1,10 € bzw. 26 Kč genügt). Für Touristen interessant ist v. a. die **Fährlinie Nr. 4**. Die Fähre fährt einen Zickzackkurs vom Smetanovo nábřeží (Anlegestelle auf Höhe der Galerie Hollar) zur Schützeninsel (Střelecky ostrov) und von dort weiter zur Slaweninsel (Slovanský ostrov) und zur Kinderinsel (Dětský ostrov).

Tret- und Ruderboote werden südlich der Karlsbrücke am Altstadtufer und auf der Slovanský Ostrov (Slaweninsel) vermietet.

• *Kasinos* Die meisten Prager Kasinos liegen in der Neustadt rund um den Wenzelsplatz.

• *Moldaubäder* **O_2 Žluté Lázně**, traditionsreiches Moldaubad, 2006 als moderne Beachmeile wiedereröffnet. Restaurant (zugleich Treffpunkt an Sommerabenden), Biergarten, Beachvolleyball-Felder, Tretbootverleih, Sandstrandabschnitt, Liegewiesen, Kinderbecken (Erwachsene baden wie seit über 80 Jahren in der Moldau – obwohl die Wasserwerte bedenklich sind) etc. Seit O_2 der Sponsor ist, Eintritt frei. In Podolí, im Süden Prags am östlichen Moldauufer. Ⓢ 3, 17, 21 Dvorce (vom Zentrum kommend kurz vor der Straßenbahnhaltestelle rechter Hand).

Pražská pláž na Smíchově, der „Stadtstrand" von Smíchov – 700 t Sand werden dafür jährlich angekarrt. Blick auf Burg Vyšehrad, Planschbecken und eiskalte Duschen. Publikum zum Sehen und Gesehenwerden, eine beengte Angelegenheit. Hořejší nábřeží. Ⓢ 4, 7, 10, 14, 16 Zborovska.

• *Golf* Am zentrumsnächsten ist der 18-Loch-Platz des **Golf Clubs Praha**, Plzeňská 401/2, Motol. Greenfee ab 34 €. ✆ 257216584, www.gcp.cz. Ⓢ 9, 10,16 Hotel Golf. Deutlich schöner ist jedoch das **Golf Resort Karlštejn** (ebenfalls 18 Loch) in Běleč bei der Burg Karlštejn. Greenfee ab 48 €. ✆ 311604999, www.karlstejn-golf.cz.

• *Pferderennen* Galopp- und Trabrennen finden von April–Okt. (Ausnahme im Juni) nahezu jedes Wochenende auf der Rennbahn in **Velká Chuchle,** ca. 8 km südlich des Zentrums, statt. Es kann auch gewettet werden. Ⓜ B Smíchovské nádraží, weiter mit Ⓑ129, 172, 241, 243, 244, 314, 318 Dostihová. Von dort aus noch ca. 10 Min. zu Fuß, ausgeschildert.

Neujahrsfeuerwerk

Wenzelsstatue vor dem Nationalmuseum

Sehenswertes in Nové Město (Neustadt)

Nové Město ist das Handels- und Geschäftszentrum Prags, wenn nicht der ganzen Republik. Breite Boulevards und belebte Flaniermeilen, repräsentative Theater- und Opernhäuser, Einkaufszentren und Kasinos prägen den Stadtteil. Ganz so neu aber, wie der Name vermuten lässt, ist er nicht. Bereits im 14. Jh. ließ Kaiser Karl IV. den großzügigen Grundriss von Nové Město anlegen. Das Bild bestimmen heute überwiegend monumentale Gebäude aus der Gründerzeit und der Epoche des Jugendstils, aber auch Bauten des Funktionalismus und des sozialistischen Realismus sind zu finden. Bis in die Gegenwart wird an Nové Město gefeilt. Es wird um-, an- und neu gebaut, oft werden auch nur die Fassaden gestrichen.

Nové Město zieht sich wie ein breiter Gürtel um Staré Město. Alt- und Neustadt treffen sich an den Straßen Revoluční, Na příkopě und Národní. Letztere zwei gehen vom Wenzelsplatz ab und bilden mit ihm das sog. Goldene Kreuz *(zlatý kříž)*, eines der teuersten Pflaster der Hauptstadt. Prag zeigt sich hier weltstädtisch und geschäftig. Fußgängerzonen laden zum Flanieren und Straßencafés zum Genießen ein.

Václavské náměstí (Wenzelsplatz): Früher hatte er das Aussehen eines Platzes und hieß Rossmarkt. Im Revolutionsjahr 1848 gestaltete man ihn in einen Boulevard um und gab ihm einen neuen Namen, nicht jedoch „Wenzelsboulevard", sondern „Wenzelsplatz". Zukünftig soll aus dem Boulevard mit den enormen Ausmaßen von 750 x 60 m wieder ein Platz werden, Pläne dazu liegen bereits in der Schublade. Der Verkehr soll hier dann ganz verschwinden und die Magistrale, die ihn zwischen Nationalmuseum (s. u.) und Wenzelsstatue durchschneidet, unterirdisch verlaufen.

In der Geschichte Prags und Tschechiens war der Wenzelsplatz immer wieder Schauplatz von Massenaufmärschen, -demonstrationen und -feiern, zumal es kaum einen anderen Platz in der Stadt gibt, auf dem sich das Volk in so großer Zahl hätte versammeln können.

Rund um den Platz findet man repräsentative Bankgebäude, aber auch Allerweltsketten wie *C & A* und *H & M*, einfache Blumen- und Buchläden sowie Kaufhäuser und Souvenirshops, deren Warensortiment guten Geschmack auf die Probe stellt. Tagsüber marschieren die Touristen zügig auf und ab, abends torkeln manche als leichte Beute für Taschendiebe daher. Ohnehin ist hier bis spät in die Nacht viel los, nicht zuletzt wegen der Kneipen, Kasinos und rot beleuchteten „Cabarets". Auch Prostituierte stehen dann Spalier. Und über all dem zieht immer wieder der Geruch fettiger Bratwürste hinweg, denn der Wenzelsplatz ist Prags Bratwürstelmekka.

Verbindungen Ⓜ A, C Muzeum oder Ⓜ B, C Můstek.

Národní muzeum (Nationalmuseum): Es gilt als eines der größten Museen der ganzen Republik, und zählt man die Exponate zusammen (rund 14 Mio. im Fundus), dann ist es das garantiert. Allein die mineralogische Sammlung – Steinchen neben Steinchen in alten Vitrinen – ist eine der umfangreichsten der Welt. Auch die zoologische Abteilung ist an Vielfalt kaum zu überbieten. Keine Tierart, die nicht in ausgestopfter Form vertreten ist: Giraffe, Hammerhai, Leopard, Elefant usw. Zudem gibt es einen Saal mit Büsten und Statuen berühmter tschechischer Persönlichkeiten, eine entomologische (insektenkundliche) und eine anthropologische Sammlung etc. Ferner finden oft sehr interessante Wechselausstellungen statt.

• *Verbindungen/Öffnungszeiten* Václavské náměstí 68. Ⓜ A, C Muzeum. Tägl. 10–18 Uhr. Am ersten Di im Monat geschl. Eintritt 6 €, erm. 4 €, Familien 10 €. Am ersten Mo im Monat frei. Achtung: Das Museum soll wegen Restaurierungsarbeiten ab Mitte 2011 für ca. 4 Jahre geschlossen werden!

Nová Budova Národniho Muzea (Neues Gebäude des Nationalmuseums) und Státní opera (Staatsoper): Der bronzefarbene gläserne, auf Stelzen stehende Kasten zwischen dem Nationalmuseum und der Staatsoper war einst das Parlamentsgebäude der ČSR und ČSSR. Den steinernen Sockel des Gebäudes bildet die ehemalige Börse. Doch mit der Machtübernahme der Kommunisten wurde die Börse überflüssig und der Klotz daraufgesetzt. Bis 2008 sendete von hier *Radio Free Europe*, heute wird das Gebäude vom Nationalmuseum (s. o.) für wechselnde Ausstellungen genutzt.

Die Staatsoper daneben wurde Ende des 19. Jh. im Neorenaissancestil als das „Neue Deutsche Theater" gebaut. Viele berühmte Künstler gaben sich hier ein Stelldichein, u. a. Mahler, Seidl, Klemperer und Szell. Im Innern dominieren roter Samt und Gold – allein schon deswegen einen Besuch wert.

Verbindungen Wilsonova 4. Ⓜ A, C Muzeum.

Muzeum Antonína Dvořáka (Dvořák-Museum): In einem der schönsten Sommerschlösschen Prags, einem Bau Kilian Ignaz Dientzenhofers aus dem frühen 18. Jh., befindet sich das Museum zum Gedenken an Antonín Dvořák (1841–1904). Das populärste Werk des wohl berühmtesten tschechischen Komponisten entstand in Amerika, die *Sinfonie in e-Moll*, auch bekannt unter dem Namen *Aus der Neuen Welt*. Dvořák selbst war übrigens gelernter Fleischer, bevor er mit Müh und Not die Aufnahmeprüfung für die Prager Organistenschule schaffte. Im Sommer finden im oberen Saal regelmäßig Konzerte statt.

Verbindungen/Öffnungszeiten Ke Karlovu 20. Ⓜ C I. P. Pavlova. April–Sept. Di/Mi und Fr–So 10–13.30 u. 14–17 Uhr, Do 11–13.30 u. 14–17 Uhr. Okt.–März 10.30–13.30 u. 14–17 Uhr. Mo stets geschlossen. Eintritt 2 €, erm. die Hälfte.

Praha/Nové Město
Karte S. 202/203

Einkaufen
5 Buchhaus Kanzelsberger
6 Bat'a
7 Antikvariát Můstek
17 Zemark Lahůdky
Nachtleben
9 Vagon
12 Reduta
16 Lucerna Music Bar
25 Radost FX
Detailkarte Josefov auf S. 221
Anschlusskarte Staré Město auf S. 214/215
Anschlusskarte Malá Strana (Kleinseite) auf S. 227
Na Františku
nábr. Ludvídka
Revoluční
Dlouhá
Náměstí Republiky
Můstek
Národní třída
Hlavní nádraží
Florenc
Těšnov
Bílá labut'
Jindřišská
Karlovy lázně
Národní divadlo
Václavské nám.
Wilsonova
Hilton
Sixt (Autoverleih)
Museum der Stadt Prag
Busbhf. Florenc
Masarykovo nádraží
Praha hlavní nádraží (Hauptbahnhof)
Shoppingcenter Palladium
Kaufhaus Kotva
Obecní dům (Gemeindehaus)
Prašná brána
Divadlo Hybernia
Divadlo Broadway (Theater)
Slovanský dům
Česka Národní Banka
Živnostenská banka
Bohemia Ticket
Sankt-Heinrichs-Turm
Senovážné nám
Jerusalem-synagoge
sv. Jindřich
Museum of Communism
Palais Koruna
Mucha-Museum
Rilke-Geburtshaus
Hauptpost
Hotel Evropa
Kino Světozor
Franziskaner-Garten
Kostel P. Marie Sněžné
Jungmannovo nám.
Palais Adria
Kaufhaus my národní
Kubist. Straßenlaterne
Österreichisches Kulturforum
Bat'a Wenzelsplatz
Kostel sv. Voršily
Nová scéna
Národní divadlo (Nationaltheater)
Strelecký ostrov (Schützeninsel)
Fährlinie
most Legií
Vltava (Moldau)
Karlsbrücke
Alter jüdischer Friedhof
Altstädter Ring
Kaprova
Celetná
Hybernská
Havlíčkova
Na poříčí
V Celnici
Minibusse z. Flughafen
Divadlo Archa (Theater)
Na Florenci
Galerie Jiří Švestka
Biskupský dvůr
Biskupská
Petrská
Petrské nám.
Lodecka
Samcova
Klimentská
Soukenická
Truhlářská
Řásnovka
Nové mlýny
Post-museum
Na příkopě
Nekázanka
Panská
Jeruzalémská
Růžová
Politických vězňů
Opletalova
Václavské
28. října
Smetanovo nábr.
Mikulanoská
Voršilská
Národní
Václav-Špála-
Palac

Nové Město (Neustadt)
100 m
Übernachten
4 Rosemary
10 Yasmin
18 Church Pension
21 Pension Museum
23 Mušketýr
24 Botel Matylda
27 Miss Sophie's
28 Hotel 16
Essen & Trinken
1 Café Imperial
2 Pizzeria Nuova
3 Zvonice
8 Bredovský Dvůr
11 Ferdinand
12 Café Louvre
13 Café Evropa
14 Kavárna Slavia
15 Café Nona
19 Universal
20 Novoměstský pivovar
22 U Fleků
26 Pivovarský dům
Státní opera
Neues Gebäude des Nationalmuseums
Muzeum
Národní muzeum (National-museum)
Statue d. hl. Wenzel
Lucerna-Passage
Vodičkova
Leica Gallery
Haus Diamant
Lazarská
Goethe-inst.
Brauhaus U Fleků
Neustädter Rathaus
Slovanský ostrov (Slawen-insel)
Dětský ostrov
Mánes-Galerie
Jiráskovo náměstí
Jiráskovo nám.
Jiráskův most
Smíchov
Kostel sv. Cyrila a Metoděje
Karlovo náměstí
Prager Literaturhaus
Štěpánská
Student Agency (Reisebüro)
I. P. Pavlova
Tanzendes Haus
Sv. Václav na Zderaze
Charles Square Center
Kirche St. Ignatius
Karlsplatz
ehem. Jesuiten-schule
Dvořák-Museum (Villa Amerika)
Moráň
Anlegestelle
Palackého most
František-Palacký-Denkmal
Palackého náměstí
Faust-haus
Poliklinik
Emauzský klášter
Kostel sv. Jana na Skalce
Botanischer Garten
Eingang
Botanická zahrada
Polizei-museum
Výtoň
Vyšehrad
Fährlinie
Žitná
Anglická
Mezibranská
Bělehradská
Ječná
Resslova
Sokolská
Legerova
Rašínovo nábř.
Masarykovo nábř.
Spálená
Jungmannova
Ke Karlovu
Apolinářská
Vyšehradská
Na slupi
Trojická
Podskalská
Plavecká
Botičská
Na Moráni
U nemocnice
Kateřinská
Lublaňská
Řeznická
Ve Smečkách
Krakovská
Školská
Příčná
Opatovická
Ostrovní
V jirchářích
Křemencova
Pštrossova
Myslíkova
Dittrichova
Gorazdova
Jenštejnská
Václavská
Lípová
Melounová
Na Bojišti
Benátská
Malá Štěpánská
V jámě
Washingtonova

Karlsplatz und Neustädter Rathaus

Karlovo náměstí (Karlsplatz): Er war einst der größte Platz der Stadt. Heute zu einem recht reizlosen öffentlichen Park umfunktioniert, lassen sich seine Proportionen kaum mehr ausmachen. Am nördlichen Ende steht das *Neustädter Rathaus (Novoměstská radnice)*. Das Gebäude mit den markanten Renaissancegiebeln wurde in der Mitte des 14. Jh. im gotischen Stil errichtet und erlebte unzählige An- und Umbauten. Seine heutige weiße Fassade verdankt es der letzten großen Restaurierung Ende des 20. Jh. Berühmtheit erlangte das Neustädter Rathaus durch den Ersten Prager Fenstersturz (→ Kasten S. 242). Heute wird es nur noch für repräsentative Zwecke genutzt, gelegentlich finden auch Ausstellungen darin statt. Der 50 m hohe Turm (221 Stufen sind's hinauf) mit einer Kapelle im ersten Stock kann besichtigt werden. Weitere bedeutende Gebäude am Platz sind die barocke Kirche *St. Ignatius (Kostel sv. Ignáce)* von Giovanni Orsi und das sog. *Fausthaus (Faustův dům)* am südlichen Ende, in dem einst Alchemisten wohnten und das daher gerne mit der Sage des Doktor Faustus in Verbindung gebracht wird.

Verbindungen/Öffnungszeiten Ⓜ B Karlovo náměstí. **Turm,** Mai–Sept. tägl. (außer Mo) 10–18 Uhr. Eintritt 2 €, erm. 1,20 €. Nachts sollte man einen Bogen um den Park machen!

Brauhaus U Fleků: Seit 1499 existiert die traditionsreiche Brauerei, die eines der süffigsten Biere Prags, ein bitter-süßes Dunkles, ausschenkt, das nirgendwo anders in der Stadt gezapft wird. Einer Volksweise zufolge sollte zwar jeder Tscheche einmal im Leben ins U Fleků pilgern, Tschechen trifft man hier allerdings außer als Bedienung keine mehr an. Das Bier kostet das Doppelte wie anderswo in Prag, und den „Willkommensschnaps" haben Sie hinterher selbstverständlich mit auf Ihrer Rechnung stehen. Busladung auf Busladung stolpert herein, und im Garten wird zu böhmischer Blasmusik geschunkelt. Dem Brauhaus ist ein kleines *Museum* angegliedert. Heute wird noch ein- bis zweimal wöchentlich gebraut, insgesamt rund 3400 Hektoliter im Jahr, ganz ohne Chemie. Dafür ist das Bier auch nur zwei Wochen haltbar.

• *Verbindungen/Öffnungszeiten* Křemencova 11. Ⓜ B Národní třída oder Karlovo náměstí. **Wirtschaft,** tägl. 10–24 Uhr, **Brauereimuseum,** Di–Sa 10–16 Uhr. Eintritt für das Museum 2 €, mit Führung durch die Brauerei, Degustation und Souvenirkrug (nur für Gruppen ab 10 Pers.) 6,50 €.

Národní divadlo (Nationaltheater): Das im Neorenaissancestil erbaute Theater, der Stolz der Nation, wurde überwiegend aus Spendengeldern in der zweiten Hälfte des 19. Jh. errichtet. Doch kurz vor seiner Einweihung im Jahr 1881 brannte es aus. So fand die feierliche Eröffnung erst zwei Jahre später statt. Für alle bedeutenden tschechischen Künstler der damaligen Zeit war es eine Ehre, an der Ausschmückung des Theaters mitzuwirken. Und so präsentiert es sich heute äußerst prunkvoll. Auf dem Programm stehen Theater (in tschechischer Sprache), Oper und Ballett – sollten Sie daran eine Freude haben, versuchen Sie, Tickets zu bekommen. Unter Verwaltung des Nationaltheaters ist auch die Neue Bühne *(Nová scéna)* neben dem Nationaltheater. Der gläserne Kasten erinnert an ein deutsches Kaufhaus aus den 1970ern. Die Prager lästern, es sehe aus wie „gefrorene Pisse".

Verbindungen Národní 2. Ⓢ 6, 9, 18, 21, 22 Národní divadlo.

Tančící dům (Tanzendes Haus): Das von 1992 bis 1996 errichtete dekonstruktivistische Gebäude des Versicherungskonzerns Nationale Nederlanden ist von allen modernen Bauten der Stadt eines der interessantesten. Dynamisch tritt es mit seinen massiven Stahlbetonsäulen in den Straßenraum ein. Mit Fantasie – viel Fantasie – kann man in der sich herausdrehenden, schwungvollen Fassade Ginger Rogers und Fred Astaire erkennen. Verantwortlich zeichnen der kanadische Architekt Frank O. Gehry und der Slowene Vladimír Milunič.

Verbindungen Jiráskovo náměstí. Ⓢ 17, 21 Jiráskovo náměstí.

Slovanský ostrov (Slaweninsel): Die Slaweninsel, eine der schönsten Moldauinseln, wird von den Pragern schlicht *Žofín* genannt. Sonntags gehen hier Familien spazieren, unter der Woche die Verliebten. Touristen kommen zum Tret- oder Ruderbootfahren. Vor dem einstigen Kasino, heute ein vornehmes Café, steht ein Bronzedenkmal für Božena Němcová (→ Kasten S. 115).

Verbindungen Ⓢ 6, 9, 18, 21, 22 Národní divadlo.

Muchovo muzeum (Mucha-Museum): Angeblich konnte Alfons Mucha (1860–1939) zeichnen, bevor er gehen konnte. Und als er gehen konnte und auf eigenen Füßen stand, zog es ihn nach Paris und Amerika. Dort illustrierte er Bücher und entwarf jene Plakate, die ihn als Vertreter des Jugendstils weltberühmt machten. Später, wieder zurück in seiner Heimat, stellte er sich ganz in den Dienst seines Landes, entwarf Banknoten, Orden und dergleichen. Dem kleinen Museum ist auch ein Shop angegliedert, der Mucha-Bücher und -Plakate verkauft.

Verbindungen/Öffnungszeiten Panská 7. Ⓜ A, C Muzeum. Tägl. 10–18 Uhr. Eintritt 6,50 €, erm. die Hälfte.

Kostel sv. Cyrila a Metoděje (Kirche Sankt Kyrill und Method): Die barocke Kirche, in der ersten Hälfte des 18. Jh. von Kilian Ignaz Dientzenhofer erbaut, ist heute das Zentrum der tschechisch-orthodoxen Gemeinde. In der Krypta befindet sich eine kleine Gedenkstätte für die Opfer des Nationalen Widerstandes während der deutschen Okkupation. Nach dem Anschlag auf Reinhard Heydrich (→ S. 42) im Mai 1942 suchten hier die Attentäter Zuflucht. Durch Verrat erfuhr die SS von dem Versteck und stürmte mit 360 Mann Kirche und Krypta.

Verbindungen/Öffnungszeiten Resslova. Ⓜ B Karlovo náměstí. **Krypta,** Di–Sa 9–17 Uhr. Eintritt 3 €, erm. 1,40 €.

Střelecký ostrov (Schützeninsel): Vom Nationaltheater ist sie über die Legionärsbrücke (Most legií) zu erreichen. Ab Mitte des 18. Jh. war darauf das Korps der Prager Scharfschützen positioniert, daher der Name. Heute gibt es hier im Sommer eine Freilichtbühne im Grünen, auf der allabendlich Filme gezeigt oder Konzerte geboten werden, dazu einen kleinen Bierverkaufsstand – Treffpunkt der jugendlichen Hundebesitzer.

Verbindungen Ⓢ 6, 9, 18, 21, 22 Národní divadlo.

Kostel P. Marie Sněžné (Kirche Maria Schnee): Karl IV. stiftete die heute versteckt gelegene Kirche den Karmelitern am Tage seiner Krönung zum König von Böhmen. Doch als der Chor fertig war, ging das Geld aus und der ursprünglich geplante dreischiffige Bau mit über 100 m Länge wurde nie vollendet. Anfang des 17. Jh. übernahmen die Franziskaner die Kirche bzw. den Chor und ließen ihn im Barockstil umbauen – sehenswert. Betrachtet man sie von dem kleinen angrenzenden Franziskanergarten, kann man erahnen, wie die Kirche ursprünglich hätte werden sollen.

Verbindungen Jungmannovo náměstí. Ⓜ A, B Můstek. Zugang über das Österreichische Kulturforum. Tägl. 9.30–11 und 14–17 Uhr.

Museum of Communism (Kommunismusmuseum): Hier kann man einen Rundgang durch die 41 Jahre währende sozialistische Ära der Tschechoslowakei unternehmen – vom Wahlsieg der Kommunisten 1948 bis zu den Bürgerprotesten 1989. Die Dokumentation (auch auf Deutsch) setzt sich zwar kritisch mit der Vergangenheit auseinander, die Präsentation (Büsten und Statuen von Stalin, eine nachgebaute Ladentheke usw.) ist jedoch alles andere als spannend. Für das Gebotene werden satte Preise verlangt – ein Versuch, mit dem Ostalgiekult den schnellen Euro zu machen.

Verbindungen/Öffnungszeiten Na příkopě 10, 1. Stock. Ⓜ A, B Můstek. Tägl. 9–21 Uhr. Eintritt 7,20 €, erm. 5,60 €.

Essen & Trinken (→ Karte S. 202/203)

• *Restaurants* **Zvonice (3)**, in der 7. und 8. Etage des Turms der Sankt-Heinrichs-Kirche. Wer Glück hat und einen Fensterplatz bekommt, hat beim gepflegten Dinieren eine schöne Aussicht über die Dächer Prags. Ansonsten sitzt man etwas eng zwischen dem massiven Turmgebälk. Eine der besten Adressen für altböhmische Küche: Ein Genuss ist die Wildschweinkeule auf Hagebuttensoße mit Semmel- und Preiselbeerknödeln. Hg. 16–32 €. Jindřišská, ✆ 224220009. Ⓢ 3, 9, 14, 24 Jindřišská.

Universal (19), etabliertes jugendliches Lokal mit Bistrocharakter. Die Küche tendiert zum Französischen: Entenbrust mit Ingwer und Honig, Tournedos mit Pilzsoße oder Filet Mignon zu 6,50–13,50 €. Günstige Mittagsmenüs. Empfehlenswerter Sonntagsbrunch (Büfett, 11 €), ein beliebter Treffpunkt junger Familien. V Jiráŕích 6, ✆ 224934416. Ⓜ B Narodní třída o. Ⓢ 6, 9, 18, 21, 22 Národní třída.

Novoměstský pivovar (20), Mikrobrauerei mit großem, rustikalem Restaurant (350 Plätze), sehr beliebt bei Reisegruppen. Auch von Lesern immer wieder gelobt. Alles sehr deftig, gutes Bier. Hg. 10–19 €. Vodičkova 20, ✆ 222232448. Ⓜ A, B Můstek.

Pivovarský dům (26), ebenfalls eine Mikrobrauerei, die auch Bananenbier, Beerenbier und Biersekt ausschenkt … Lichtes Ambiente im EG, Raucher werden in den Keller verbannt. Ordentliche böhmische Küche (Hase, Wild, Steaks) in „Standard-“ oder „Luxusportionen“, Hg. 5,50–13,50 €. Rauchen verboten. Lípová 15, ✆ 296216666. Ⓢ 4, 6, 10, 16, 22 Štěpánská.

U Fleků (22), → Sehenswertes, S. 204.

Bredovský Dvůr (8), moderne, laute Bierschwemme im gepflegten Backsteinambiente. Wenn Länderspiele anstehen, kommen zuweilen auch verletzte tschechische Stars zum Fußballschauen. Einsehbare Küche, in der variantenreiche böhmische Gerichte (kosten Sie die Schweinshaxe am Spieß!) gezaubert werden. Hg. 5,50–13 €. Politických Vězňů 14, ✆ 224215428. Ⓜ A, C Muzeum.

Pizzeria Nuova (2), weitläufiges, durchgestyltes Lokal mit breiter Fensterfront. Originelles Konzept: Für einen All-you-can-eat-Preis von 14 € kann man sich stets neue Pasta- und Pizzavariationen an den Tisch bringen lassen. Wer sich zusätzlich noch am Antipasti-Büfett bedienen will (nur wer schafft das?), zahlt 22 €. Bis 18 Uhr günstiger. Fantastische Küche dank neapolitanischer Tomaten und Pizzabäcker. Freundliches Personal, Spielecke und Luftballons für Kinder. Revoluční 1, ✆ 221803308. Ⓜ B Náměstí Republiky.

• *Pivnice* **Ferdinand (11)**, moderne, lichte Bierstube auf zwei Etagen. Zum guten Ferdinand-Bier aus dem mittelböhmischen Benešov kann man auch günstige Gerichte von der „Piggy" oder der „Moo-Cow" essen. So geschl. Opletalova 24. Ⓜ A, C Muzeum.

• *Cafés* **Café Imperial (1)**, eines der schönsten Kaffeehäuser der Stadt, wenn auch seit der kürzlichen Restaurierung deutlich steriler geworden. Wände und Decken sind – einmalig weltweit – vollständig mit kunstvoll gearbeiteter Keramik ausgeschmückt. Zum Kaffee werden kostenlos Krapfen gereicht. Manko: zuweilen Stinkstiefel-Service. Rechnung prüfen! Na Poříčí 15. Ⓜ B Náměstí Republiky.

Kavárna Slavia (14), einst Rilkes und Kunderas Wohnzimmer, heute werden hier v. a. Reiseführer in allen Sprachen gelesen. Der Moldaublick ist nach wie vor grandios. Smetanovo nábřeží 2. Ⓢ 6, 9, 18, 21, 22, Národní divadlo.

Café Louvre (12), von den Kommunisten wegen bourgeoiser Tendenzen geschlossen, seit 1992 wieder Kaffeehaus. Hohe, kitschig altrosa gestrichene Wände, viel Stuck. Große Auswahl an internationalen Tageszeitungen, fesche Bedienungen. Restaurant und Billardsalon angegliedert. Národní třída 20. Ⓜ B Národní třída o. Ⓢ 6, 9, 18, 21, 22 Národní třída.

Café Evropa (13), Jugendstilperle in zentralster Lage, deswegen wohl auch die größte Touristenschwemme nach der Karlsbrücke. Man hat sich darauf eingestellt, serviert zweitklassigen Kaffee zu erst klassigen Preisen. Zuweilen Aufpreis für die Live-Musik am Nachmittag! Unfreundliches Personal. Trotzdem kann man dem Café den (abgewetzten) Charme nicht absprechen. Václavské náměstí 25. Ⓜ A, C Muzeum oder A, B Můstek.

Kunst auf dem Wenzelsplatz

Café Nona (15), 2010 eröffnete, luftige Cafébar im 1. Stock der *Nová scéna*, des gläsernen Nachbarn des Nationaltheaters. Schon das protzkommunistische Innendekor aus den frühen 1980ern ist ein Grund zum Hingehen: grüner Marmor, roter Linoleumboden, kafkaesk niedrige Decken. Günstige Preise, freundliches junges Personal. Frühstück und kleine Gerichte. Auch ideal für das Gläschen Sekt nach dem Theater. Národní. Ⓢ 6, 9, 17, 18, 21, 22 Národní divadlo.

Gemalt und in natura: die Karlsbrücke

Sehenswertes in Staré Město (Altstadt)

Staré Město ist einer der lebhaftesten Stadtteile Prags – der mit den meisten Restaurants, Galerien und Wechselstuben. Er gehört den Touristen, weniger den Pragern. Sein Herz ist der Staroměstské náměstí (Altstädter Ring), der gerne als der schönste Platz Europas bezeichnet wird. Aber auch die angeblich schönste Brücke der Welt ist hier zu finden, die Karlsbrücke.

Ein Wirrwarr aus engen, verwinkelten Gassen prägt die Altstadt. Ohne Plan ist man schnell darin verloren, aber das macht nichts. Lassen Sie sich einfach treiben. Die belebtesten Gassen sind die Celetná und die Karlova. Beide werden gesäumt von alten Barock- und Renaissancefassaden, die mit viel Liebe restauriert wurden; kaum noch ein Winkel, der nicht der Postkartenharmonie entspricht.

Abseits dieser Gassen geht es erheblich ruhiger zu. Und je mehr man sich von ihnen entfernt, desto mehr taucht man ein in jenen Teil der Altstadt, der erst kürzlich aus seinem Dornröschenschlaf erwacht ist. Hier sehen nicht mehr alle Häuser aus, als hätte man sie gestern erst gebaut – hier bröckelt noch der Putz und die Hinterhöfe besitzen gelegentlich jenen Charme, den wir von Italien kennen. Hier findet man noch Cafés und Kneipen, die auch von Pragern besucht werden. Hier stellen in den Galerien junge Künstler aus, die auch etwas anderes malen als Aquarelle von der Karlsbrücke.

Staroměstské náměstí (Altstädter Ring): „Es gibt wenige Plätze auf Erden, die sich an Schönheit mit dem Altstädter Ring in Prag messen können". Was der Arzt und Dichter Hugo Salus (1866–1929) Anfang des 20. Jh. schrieb, gilt noch immer, vielleicht sogar mehr denn je. Den stets belebten weiten Platz beherrscht ein *Denkmal für Jan Hus*. 1915 wurde es eingeweiht, zum 500. Todestag des Reformators (→ S. 39). Seine eingravierten Worte „Milujte se, pravdy každému přejte" sind ein Aufruf zu Brüderlichkeit und Ehrlichkeit.

Hinter der Häuserfront der Ostseite erhebt sich imposant die *Teinkirche (Kostel P. Maria před Týnem)*. In der zweiten Hälfte des 14. Jh. wurde mit ihrem Bau begonnen. Die markanten Türme kamen erst im 15. und 16. Jh. hinzu. Der Zugang zum lichtdurchfluteten Inneren erfolgt durch den dritten Arkadenbogen des davor stehenden Gebäudes. In der Teinkirche liegt der dänische Astronom Tycho Brahe begraben. 1599 war er an den kaiserlichen Hof Rudolfs II. gerufen worden, zwei Jahre später war er tot. Über die Todesursache wurde viel spekuliert: Starb Brahe an einem Blasenriss nach einem Saufgelage oder wurde er ermordet? Um das Geheimnis zu lüften, wurden seine sterblichen Überreste 2010 exhumiert; die Ergebnisse der gerichtsmedizinischen Untersuchung waren bis Redaktionsschluss noch nicht veröffentlicht.

An der nordwestlichen Seite des Platzes fällt die schneeweiße barocke *Nikolauskirche (Kostel sv. Mikuláše)* ins Auge. Sie wurde 1732–35 von Kilian Ignaz Dientzenhofer errichtet. Die Fresken an Kuppel und Wänden beschreiben u. a. das Leben des Hl. Nikolaus.

Um die Ecke erblickte Franz Kafka das Licht der Welt. Von seinem *Geburtshaus* blieb zwar nicht mehr als das Portal erhalten, doch befindet sich in dem Gebäude eine Art Mischung aus Kafkaausstellung und Fanshop – im Vergleich zum Museum auf der Kleinseite (→ S. 226) jedoch die zweite Wahl.

Weitere Attraktionen am Altstädter Ring sind das Altstädter Rathaus und das Palais Kinský, die im Folgenden beschrieben werden.

Verbindungen/Öffnungszeiten Ⓜ A Staroměstská. **Teinkirche,** Di–Fr 15–17 Uhr. **Nikolauskirche,** tägl. 10–16 Uhr. **Kafka-Geburtshaus,** Mo–Fr 10–18 Uhr, Sa 10–17 Uhr, Eintritt 2 €.

Staroměstská radnice (Altstädter Rathaus): Das Rathaus ist der markanteste Bau am Altstädter Ring. Unter Johann von Luxemburg erhielten die Bürger der Altstadt im 14. Jh. das Recht, sich ein Rathaus zu bauen. Aus Geldmangel verzichteten sie jedoch und kauften lieber ein altes Gebäude. Was man heute sieht, ist letztendlich das Ergebnis unzähliger Um- und Anbauten. Die letzte große Restaurierung des Rathauses erfolgte nach dem 2. Weltkrieg, in dem es als eines der wenigen Gebäude der Stadt stark beschädigt wurde. Am beeindruckendsten ist die *Astronomische Uhr (Orloj)*: Von 9 bis 21 Uhr zieht zu jeder vollen Stunde der Tod (rechts über dem oberen zweiten Blatt als Skelett dargestellt) an einem Seil und dreht das Stundenglas herum. Dann öffnen sich zwei Fenster über der Uhr, und die zwölf Apostel – von Petrus angeführt – defilieren in einer Prozession vorüber. Zum Schluss kräht noch der Hahn. Betrachtet man die Zifferblätter, so zeigt das obere mit römischen Zahlen die Zeit auf Ihrer Uhr an, das mit den alten arabischen Ziffern drum herum die mittelalterliche böhmische, bei welcher der Tag mit dem Sonnenuntergang endete. Der kleinere innere Kreis steht für die Tierkreiszeichen, der farbige Hintergrund für Tag und Nacht. Darunter sieht man das Kalendarium. Und weil die Uhr so schön ist, und weil jede Stadtführung vor ihr haltmacht, hat man sich auch eine Legende einfallen lassen, um das Warten bis zur vollen Stunde unterhaltsam zu überbrücken. Demnach soll Meister Hanuš, der die Uhr im 15. Jh. geschaffen hat, geblendet worden sein, um keiner anderen Stadt eine solche Uhr ans Rathaus basteln zu können. Bald darauf aber blieb die Uhr stehen, und kein Mensch wusste, wie man sie reparieren sollte.

Im Innern des Rathauses finden heute Wechselausstellungen statt, u. a. auch in den Kellergewölben. Besichtigen kann man ferner ein paar Repräsentationsräume und eine Kapelle – beide gehören nicht unbedingt zum Pflichtprogramm. Lohnenswert jedoch ist ein Blick vom Rathausturm über die Stadt.

Verbindungen/Öffnungszeiten Staroměstská radnice 1. Ⓜ A Staroměstská. Mo 11–20 Uhr, Di–So 9–20 Uhr. Für die historischen Säle und die gotische Kapelle bzw. den Rathausturm müssen separate Tickets zu jeweils 4 € gelöst werden, erm. die Hälfte.

Die Bürger von Velvary – die Ostfriesen der Tschechen

Im Mittelalter vermengte man bei Bauten, die extremen Belastungen ausgesetzt waren, den Mörtel mit Eiern, um ihn härter und widerstandsfähiger zu machen. Das geschah angeblich auch beim Bau der Karlsbrücke. Dafür waren mehrere Tausend Eier vonnöten, die man aus sämtlichen Ecken des Landes anforderte. Zu den Ostfriesen der Tschechen wurden dabei die Bürger von Velvary nordwestlich von Prag – ihre Lieferung war hart gekocht.

Palác Kinských (Palais Kinský): Das altrosafarbene Palais auf der Ostseite des Altstädter Rings wurde nach Plänen von Kilian Ignaz Dientzenhofer zwischen 1755 und 1765 erbaut. Im 19. Jh. verbrachte die Komtesse Bertha Kinský (1843–1914), spätere Freifrau von Suttner, darin ihre Kindheit. Als überzeugte Pazifistin und Schriftstellerin (u. a. des Romans *Die Waffen nieder!*) machte sie sich einen Namen. Zu ihren größten Verehrern zählte Alfred Nobel. Er war von ihr so angetan, dass er den Friedensnobelpreis stiftete, dessen erste weibliche Trägerin (1905) sie wurde. Bis zu Ihrem Besuch will man in der Nationalgalerie neben temporären Ausstellungen die Sammlung antiker und orientalischer Kunst im Palais zeigen.

Unmittelbar an das Palais grenzt ein mittelalterlicher Bau an, das Haus zur Steinernen Glocke (Dům U Kamenného Zvonu). Hier finden ebenfalls wechselnde Ausstellungen, aber auch Konzerte statt.

Verbindungen/Öffnungszeiten Staroměstské náměstí 12. Ⓜ A Staroměstská. Die Dauerausstellung antiker und orientalischer Kunst war z. Z. d. Drucklegung noch nicht eröffnet.

Karlův most (Karlsbrücke): Sie ist das eigentliche Zentrum Prags, verbindet sie doch Malá Strana (Kleinseite) mit Staré Město. Und sie ist zweifelsohne das Prager Weltwunder – trotz lange überfälliger Sanierung überstand sie das Augusthochwasser 2002. Fünf Jahre später wurde endlich mit der Restaurierung der Brücke begonnen, bis zu Ihrem Besuch sollten die Arbeiten abgeschlossen sein. Sind sie es nicht – keine Sorge: Eine komplette Sperrung der Brücke gab es infolge der Sanierungsarbeiten bislang nicht und soll es auch zukünftig nicht geben. Nicht nur am Fundament und an den Pfeilern nagte der Zahn der Zeit, auch an den barocken Statuen. Mehrere wurden daher bereits durch Kopien ersetzt.

Mit dem Bau der über 500 m langen und 10 m breiten Brücke wurde 1357 begonnen. Karl IV., nach dem sie seit 1870 benannt ist, hatte Peter Parler damit beauftragt. Bis 1741 stellte sie die einzige feste Verbindung zwischen den Stadtteilen rechts und links der Moldau dar. 1683 wurde die erste Statue aufgestellt, es ist die des Hl. Nepomuk (von Staré Město aus die 8. rechts). Das Bronzerelief darunter zeigt den Augenblick seines Brückensturzes (→ S. 144). Ein paar Studenten sollen es einst blank poliert und daraufhin die Geschichte erfunden haben, dass es dem, der es berührt, Glück bringt. Als letzte der insgesamt 21 Plastiken kam 1938 die der beiden Heiligen Kyrill und Method hinzu (5. rechts). Ein wenig aus der Reihe fällt das lebensgroße Kruzifix mit dem vergoldeten hebräischen Schriftzug „Heiliger, heiliger, heiliger Herr“ (3. Plastik rechts). Angeblich hatte man einen Juden dazu verurteilt, diesen anbringen zu lassen, da er vor dem Kreuz gelästert haben soll.

Verbindungen Ⓢ 17, 18 Karlovy lázně.

Staroměstská mostecká věž (Altstädter Brückenturm): Er ist wie die Karlsbrücke ein Werk des Baumeisters Peter Parler und wird vielfach als der schönste gotische Wehrturm Europas bezeichnet. 1357 begann man mit seinem Bau, und als hätte man damals schon geahnt, dass über die Karlsbrücke einmal Straßenbahnen holpern würden (bis 1950), errichtete man ihn mit einem ausreichend großen Durchgang. Man kann den Turm besteigen. In der Abenddämmerung, wenn die Prager Türme in ihrem schönsten Licht erscheinen, lohnen sich die vielen Stufen nach oben am ehesten.

Verbindungen/Öffnungszeiten Křižovnické náměstí. Ⓢ 17, 18 Karlovy lázně. Tägl. 10–20 Uhr, länger in den Sommermonaten. Eintritt 2,80 €, erm. 2 €.

Tycho Brahes letzte Ruhestätte: dieTýnkirche

Klementinum: Das Klementinum ist mit sechs Innenhöfen, zwei Kirchen und mehreren Kapellen einer der größten Gebäudekomplexe der Stadt. Es war einst Sitz der Prager Jesuiten, die von hier aus nach dem Dreißigjährigen Krieg die Rekatholisierung Böhmens mit aller Härte vorantrieben. Unzählige Menschen wurden von ihnen der Ketzerei beschuldigt, allein im Jahr 1651 ließen sie mehr als 200 vermeintlich Irrgläubige in gutem katholischem Glauben verbrennen. Heute ist in dem Gebäudekomplex u. a. die Nationalbibliothek der Tschechischen Republik mit mehreren Millionen Bänden untergebracht. Sehenswert ist das *Observatorium*, der einzige Ort der Welt, in dem seit mehr als 200 Jahren täglich Wetterdaten aufgezeichnet werden. Zudem gibt es einen barocken *Bibliothekssaal* mit herrlichen Deckenfresken, schweren, in Leder gebundenen Wälzern und alten Globen. Die Kirchen öffnen ihre Pforten meist nur zu den Gottesdiensten. In der *Spiegelkapelle (Zrcadlová kaple)* finden regelmäßig Konzerte statt.

• *Verbindungen/Öffnungszeiten* Karlova 1. Ⓜ A Staroměstská. Bibliothekssaal, Spiegelkapelle und Observatorium sind nur im Rahmen einer Führung (50 Min.) zu besichtigen, tägl. 10–16 Uhr zu jeder vollen Std., Sa/So teils auch zu jeder halben Std. Eintritt 8,80 €, erm. 5,60 €.

Obecní dům: Anfang des 20. Jh. entstand der extravagante, monumentale Jugendstilbau, ein multifunktionales Repräsentationsgebäude mit sechs Sälen, französi-

Praha/Staré Město
Karte S. 214/215

schem Restaurant, Kneipe, Kaffeehaus usw. (→ Essen & Trinken, S. 215). Es gibt kaum einen tschechischen Künstler der Sezession, der nicht an der aufwendigen Innen- oder Außengestaltung beteiligt war. Die Gemälde im Primatorensaal stammen z. B. von Alfons Mucha. Der größte Raum ist der Smetanasaal mit 1500 Plätzen. Am 28. Oktober 1918 wurde darin die Selbstständigkeit der Tschechoslowakischen Republik verkündet; seitdem ist dieser Tag ein staatlicher Feiertag.

Verbindungen/Öffnungszeiten Náměstí Republiky 5. Ⓜ B Náměstí Republiky. Bis zu 4-mal tägl. (je nach Saison) finden Führungen durch die Säle statt, die Zeiten erfahren Sie bei der Auskunft im Gebäude. Die Touren dauern 70 Min. und kosten 11 €.

Královská cesta oder Prag in 90 Minuten

Quer durch die Stadt verläuft der Královská cesta, jener Weg, den einst die Könige in einer feierlichen Prozession aus Anlass ihrer Krönung im Sankt-Veits-Dom abschritten. Bereits im Mittelalter hatte sich diese Tradition entwickelt, da viele Könige Böhmens aus dem Ausland kamen. Beim Eintreffen in Prag wurden sie vom Bürgermeister am Pulverturm begrüßt, wo man ihnen symbolisch den Schlüssel zu ihrer Residenzstadt aushändigte. Die letzte Krönungsprozession fand 1836 für Ferdinand V. statt, an dem Spektakel nahmen mehrere Tausend Reiter teil, nicht nur auf Pferden, auch auf Kamelen.

Der Weg führt an den schönsten Ecken und Winkeln Prags vorbei und wird von Millionen Touristen jedes Jahr bewusst oder unbewusst begangen. Auch wenn viele Sehenswürdigkeiten der Stadt abseits davon im Gassenwirrwarr versteckt liegen, das viel gerühmte „Goldene Prag“ präsentiert sich nirgendwo schöner als auf dieser Meile. Etwa 1 ½ Std. benötigt man für den Weg. Er verläuft vom Pulverturm über die Celetná zum Staroměstské náměstí und weiter über die Karlova zur Karlsbrücke. Auf der Kleinseite führt er vom Malostranké náměstí schließlich über die Nerudova hinauf zur Prager Burg.

Prašná brána (Pulvertor): Der Turm mit Durchgang ist der einzige noch existierende Wachturm aus der Zeit, als die Prager Altstadt befestigt war. Die Stadtmauer verlief entlang der heutigen Fußgängerzone Na příkopě (Am Graben). Erbaut wurde der Turm in der zweiten Hälfte des 15. Jh., seinen heutigen Namen erhielt er jedoch erst im 17. Jh., als man ihn als Pulvermagazin nutzte. Seit dem Mittelalter war er zudem der Ausgangspunkt des sog. „Königsweges“, des *Královská cesta* (→ Kasten). Man kann den Turm besteigen, der Ausblick ist aber bei Weitem nicht so imposant wie vom Altstädter Rathaus aus.

Verbindungen/Öffnungszeiten Na příkopě. Ⓜ B Náměstí Republiky. Tägl. 10–18 Uhr. Eintritt 2,80 €, erm. 2 €.

Stavovské divadlo (Ständetheater): Der neoklassizistische Bau entstand in der zweiten Hälfte des 18. Jh. und war kurz darauf im Besitz der böhmischen Stände, daher der Name. Hier fand am 29. Oktober 1787 die Uraufführung von Mozarts *Don Giovanni* statt. Das Innere ist ein blau-goldener Traum, nicht umsonst wählte es Miloš Forman als Kulisse für Szenen seines Films *Amadeus*. Leider ist das Theater nur in Verbindung mit einer Aufführung zu besichtigen. In unmittelbarer Nachbarschaft befindet sich das geschichtsträchtige, aber alles andere als unbedingt sehenswerte *Karolinum*. 1348 legte hier Karl IV. den Grundstock für die älteste Universität Mitteleuropas. Von dem ursprünglichen Gebäude ist heute aber von außen nicht mehr als ein gotischer Erker zu erkennen.

Verbindungen Ovocný trh 1. Ⓜ A, B Můstek.

Astronomische Uhr

Dům U Zlatého prstenů (Haus zum Goldenen Ring): Die Fundamente des gotischen Stadthauses stammen aus dem 13. Jh. Seit 2009 zeigt hier die *Städtische Galerie (Galerie hlavního města Prahy)* die sehenswerte Dauerausstellung „After Velvet" – junge tschechische Kunst der letzten 20 Jahre. Die Exposition erstreckt sich über vier Etagen, der Rundgang beginnt im obersten Geschoss.

Verbindungen/Öffnungszeiten Týnská 6. Ⓜ B Náměstí Republiky. **Städtische Galerie,** tägl. (außer Mo) 10–20 Uhr. Eintritt 4,80 €, erm. die Hälfte.

Dům U Černé Matky Boží (Haus zur Schwarzen Madonna): Es wurde 1911 von Josef Gočár erbaut, einem Begründer der modernen tschechischen Architektur und einer der Initiatoren des Kubismus in Prag. Das Gebäude mit seinen facettenartig gebrochenen breiten Fenstern wurde ursprünglich als Waren- und Wohnhaus entworfen; heute ist darin das sehenswerte Museum des tschechischen Kubismus untergebracht. Auf drei Stockwerken werden u. a. Bilder der wichtigsten tschechischen kubistischen Maler wie Antonín Procházka oder Emil Filla wie auch Plastiken und Skulpturen von Otto Gutfreund sowie Plakate von Josef Čapek präsentiert. Zu sehen ist darüber hinaus kubistische Gebrauchskunst wie beispielsweise Möbel und Vasen. Angeschlossen ist ein empfehlenswertes Café im kubistischen Stil.

Verbindungen/Öffnungszeiten Celetná 34. Ⓜ B Náměstí Republiky. **Museum,** tägl. (außer Mo) 10–17.30 Uhr. Eintritt 4 €, erm. die Hälfte, Familien 6 €. Jeden 1. Mi im Monat von 15–20 Uhr Eintritt frei, ab 16 Uhr zahlt man stets die Hälfte.

Muzeum Bedřicha Smetany (Smetana-Museum): Wo könnte man zum Gedenken an den Komponisten Bedřich Smetana (1824–1884) passender ein kleines Museum einrichten als direkt an der Moldau? Korrespondenz, Zeichnungen, Pressekritiken, Porträts usw. führen in sein Werk und Leben ein. Smetana, der fast den Status eines Nationalheiligen genießt, ertaubte übrigens am Ende seines Lebens – bittere Ironie des Schicksals. Zu seinen größten Werken zählen der Zyklus *Mein Vaterland,* aus dem auch die *Moldau* entspringt, die tragische Oper *Dalibor,* ferner *Libuše* und *Die verkaufte Braut.*

Verbindungen/Öffnungszeiten Novotného lávka. Ⓢ 17, 18 Karlovy lázně. Tägl. (außer Di) 10–17 Uhr. Eintritt 2 €, erm. die Hälfte.

Essen & Trinken (→ Karte S. 214/215)

• *Restaurants* **Allegro (5)**, das dem Hotel Four Seasons (→ S. 191) angeschlossene Restaurant wurde 2008 mit einem Michelin-Stern ausgezeichnet – dem ersten an der Moldau und dem ersten in ganz Osteuropa. Sehr gediegen, Blick auf Burg und Fluss,

Sommerterrasse. Chefkoch Andrea Accordi kredenzt feine internationale Küche mit Schwerpunkt auf der italienischen: Seealgen-Cannelloni mit Krebsfüllung, Filet vom Piemontrind in Rotwein oder Red Snapper mit einem Dressing aus Ingwer und grünen Tomaten. Für ein Vier-Gänge-Menü muss man rund 150 € hinlegen. Veleslavínova 2a, ✆ 221427000. Ⓜ A Staroměstská.

U Vejvodů (18), gepflegtes großes Bierrestaurant auf zwei Etagen, Brauereiambiente, viele (manchmal laute) Touristengruppen. Böhmische Standards, Hg. 8–17 € (nur die Riesensteaks sind teurer). Warme Küche bis 2 Uhr. Leser fühlten sich hier allerdings schon über den Tisch gezogen. Jilská 4, ✆ 224219999. Ⓜ A, B, Můstek.

Orange Moon (2), orangefarben gehaltenes Thai-Restaurant, auch indische und burmesische Küche. Hochgelobt. Hg. 6–15 €. Rámová 5, ✆ 222325119. Ⓜ B Náměstí Republiky.

Maitrea (4), rein vegetarische Küche und sehr empfehlenswert. Entspannte Atmosphäre, Feng-Shui-Raumgestaltung. Die Speisekarte führt um den Erdball, doch auch böhmische Klassiker werden nicht vergessen. Für die zentrale Lage sehr günstig, Hg. 5,40–6 €. Týnská 6, ✆ 221711631. Ⓜ B Náměstí Republiky.

Übernachten
1 Traveller's Hostel
3 Josef
5 Four Seasons
16 U zeleného věnce

Essen & Trinken
2 Orange Moon
4 Maitrea
5 Allegro
6 Kavárna Obecní dům
7 Brasileiro
10 U zlatého tygra
14 Café Montmartre
17 Duende
18 U Vejvodů
19 U medvídků

Nachtleben
1 Roxy
9 AghaRTA Jazz Club

Einkaufen
8 Erpet
11 Dorotheum
12 Manufaktura
13 Art deco Galerie
15 Vintage

100 m

Staré Město (Altstadt)

• *Pivnices* **U medvídků (19)**, einst waren die Literaten Jan Neruda und Jaroslav Hašek hier Stammgäste. Heute treffen sich Touristengruppen aus aller Welt, aber auch noch viele Prager. In der Bierhalle im EG gibt es gut gezapftes Budweiser und böhmische Standards zu Blasmusik, Hg. 4–13,30 €. Zudem ein Biershop, ein kleines Museum und im OG eine Brauereikneipe, in der das selbst gebraute halbdunkle, 13-gradige *Oldgott* gezapft wird. Lesern gefiel es hier gut. Abends extrem voll, am besten reservieren oder früh kommen. Na Perštýně 7, ✆ 224211916. Ⓜ B Národní třída o. Ⓢ 6, 9, 18, 21, 22 Národní třída.

U zlatého tygra (10), „Zum Goldenen Tiger". Die feuchtwarme Bierhöhle wurde berühmt durch ihren zechfreudigen Stammgast Bohumil Hrabal. Heute hängt der 1997 verstorbene Literat als Riesenporträt an der Wand, umringt von zahlreichen Kneipenmaskottchen in Tigerform. Ruppige Bedienung, das Lokal ist schon kurz nach der Öffnung um 15 Uhr überfüllt. Bestellen Sie Bierkäse *(pivní sýr)* zum Pilsner Urquell – er soll hier erfunden worden sein. Husova 17. Ⓜ A Staroměstská.

• *Cafés/Kneipen* **Kavárna Obecní dům (6)**, prunkvoller Jugendstilsaal. Gelegentlich Livepianomusik. Stets voller Touristen. Teuer, aber Kaffee und Kuchen in diesem Ambiente sind ihr Geld wert. Náměstí Republiky 5. Ⓜ B Náměstí Republiky.

Café Montmartre (14), Meyrink, Werfel, Kafka und Brod – das illustre Nachtcafé zog sie einst alle an. Heute präsentiert sich das Montmartre als ruhiges, gemütliches Kaffeehaus, in dem man auch mal alleine ein paar Stunden lesend verbringen kann. Snacks. Řetězová 7. Ⓜ B Národní třída o. Ⓢ 6, 9, 18, 21, 22 Národní třída.

Duende (17), eine gemütliche Oase in der Altstadt, mit viel Trödel eingerichtet (Achtung: So manchem Gast brach hier schon der Stuhl unterm Hintern zusammen). Kunterbuntes Publikum. So lange offen, bis die Bedienung keine Lust mehr hat. Karoliny Světlé 30. Ⓢ 17, 18 Karlovy lázně.

Brasileiro (7), Erlebnisgastronomie im Gewölbekeller. Im Stil einer brasilianischen *Churrasqueira* kommen hier in einem fort leckere Riesenspieße (20 Sorten Fleisch!) an Ihren Tisch, dazu Fisch und Meeresfrüchte – bis man zahlt oder platzt. *All you can eat* bis 18 Uhr 20 €, danach 26 €. Wer sich nur am exzellenten Vorspeisenbüfett bedienen will, zahlt 10 bzw. 11,50 €. Ohne Reservierung hat man abends keine Chance. U Radnice 8, ✆ 224234474. Ⓜ A Staroměstská.

Praha/Staré Město
Karte S. 214/215

Die Spanische Synagoge

Sehenswertes in Josefov (Josefstadt)

Es ist das einstige jüdische Viertel. Außer ein paar Synagogen blieb davon aber nicht viel erhalten – Ende des 19. Jh. riss man es ab. Heute findet man hier herrliche Jugendstilhäuser und eine der vornehmsten Straßen Prags: die Pařížská, die Pariser Straße.

Kein Viertel Prags wurde durch die Literatur häufiger verewigt als Josefov. Doch das Josefov, von dem dort zumeist die Rede ist, ist das Josefov der Tagelöhner, der Spieler, der Prostituierten und Zigeuner aus der zweiten Hälfte des 19. Jh. Das der Juden gab es zu diesem Zeitpunkt bereits nicht mehr, der Großteil der Juden hatte es längst verlassen, lediglich das alte Ghetto existierte noch. Es entstand im 13. Jh., als man die Siedlung mit einer Mauer umschloss, deren Tore nachts verriegelt wurden. Sechs Jahrhunderte lebten die Prager Juden dort – mal verfolgt, mal toleriert. In schlechten Zeiten wurden sie zu Sündenböcken und Opfern von Pogromen. In guten Zeiten standen sie unter dem Schutz der Krone und verhalfen Prag zu kultureller und wirtschaftlicher Blüte. Eines der größten Probleme im Ghetto war die stetig steigende Zahl seiner Einwohner. Anfang des 18. Jh. erließ die jüdische Gemeinde daher ein Gesetz, das vorschrieb, dass nur noch der älteste Sohn einer Familie heiraten durfte, und das erst nach dem Tod des Vaters. Aus der Isolation befreite Joseph II. die Prager Juden in der zweiten Hälfte des 18. Jh. Die Mauern ums Ghetto wurden abgerissen, Kleidervorschriften aufgehoben und die Glaubensfreiheit wurde gewährt. Zum Dank benannte man das Viertel nach ihm. Als ab 1796 die Juden auch außerhalb des Ghettos leben durften, verkam es zum Armenviertel der Stadt mit miserabelsten hygienischen Verhältnissen. Ein Jahrhundert später befahl der städtische Sanitätsrat deswegen die Sanierung des Stadtteils, die einem Abriss gleichkam. Bürgerliche Wohnhäuser mit stolzen Jugendstilfassaden prägen Josefov heute, an das einstige jüdische Viertel erinnern nur noch wenige Gebäude.

Das Jüdische Museum

Das Museum mit seiner über 100-jährigen Geschichte besitzt eine einzigartige und umfangreiche Sammlung an jüdischem Kulturgut aus Böhmen und Mähren. Anlass zur Gründung gab die Sanierung der Josefstadt. Das Inventar zum Abriss freigegebener Synagogen, aber auch Gegenstände des häuslichen und religiösen Lebens wurden hier gesammelt. Das Gros des Fundus stammt jedoch aus der Zeit der deutschen Okkupation, als die Nazis die jüdische Bevölkerung nach Theresienstadt und von dort weiter in die Vernichtungslager deportierten. Das Museum war ab 1942 der Leitung des Zentralamtes für die Judenfrage direkt unterstellt und hatte die Aufgabe, das beschlagnahmte Gut zu katalogisieren. Nach dem Krieg fiel das Museum in staatlichen Besitz, seit 1994 ist es Eigentum der jüdischen Gemeinde von Prag. Diese zählt rund 1600 Mitglieder, Tendenz leicht steigend.

Auf mehrere Synagogen verteilt, zeigt das Jüdische Museum heute nur einen Bruchteil seiner Exponate, in erster Linie Drucke, Bücher, Gegenstände aus Silber, Tapisserien, Teppiche und Thoramäntel. Unter der Verwaltung des Jüdischen Museums stehen die Maiselsynagoge, die Spanische Synagoge, die Pinkassynagoge, die Klausensynagoge, der Alte Judenfriedhof und der ehemalige Zeremoniensaal. Die Altneusynagoge hingegen gehört nicht zum Jüdischen Museum. Die verschiedenen Ausstellungen sind zwar interessant, aber alles andere als zeitgemäß – ein Facelifting würde dem Jüdischen Museum guttun.

• *Öffnungszeiten* Für alle genannten Einrichtungen gelten dieselben Öffnungszeiten: tägl. (außer Sa und an jüdischen Feiertagen) 9–18 Uhr (im Winter bis 16.30 Uhr). Die Eintrittspreise des Jüdischen Museums liegen erheblich über denen anderer Museen (12 €, erm. 8 €), da es als nichtstaatliche Institution weitaus weniger Fördermittel erhält. Das Ticket ist für alle oben genannten Einrichtungen gültig. Wer auch die Altneusynagoge mit im Programm haben will, zahlt 19,20 €, erm. 12,80 €.

Staronová synagóga (Altneusynagoge): Der frühgotische Bau aus der zweiten Hälfte des 13. Jh. zählt zu den ältesten Synagogen Europas. Für seinen paradox klingenden Namen gibt es zwei Theorien: Die erste geht davon aus, dass die Synagoge eine an jenem Ort bereits existierende ersetzte, die andere, dass sie ursprünglich nur „Neue Synagoge" hieß, bis im 16. Jh. weitere Synagogen hinzukamen – sprich: aus „neu" wurde „alt". Tatsache ist auf jeden Fall, dass sie das Zentrum der Juden westlicher Observanz war, die isoliert von den Juden mit östlichem Ritus lebten. Letztere hatten ihr Viertel bei der heutigen Spanischen Synagoge. Das erklärt zudem, warum man in Josefov auch Kirchen findet: Die verschiedenen jüdischen Gemeinden waren bis ins 13. Jh. durch „christliche Streifen" getrennt. Im Inneren der Synagoge, genau in deren Mitte, befindet sich das *Almemor*, ein von einem schmiedeeisernen Gitter umgebenes Podium, auf welchem aus der Thora, den fünf Büchern Mose, vorgelesen wird. Die Thorarollen sind im Schrein hinter einem Vorhang verborgen. Auffallend sind die schießschartenähnlichen Fenster. Sie wurden im 18. Jh. für die Frauen eingefügt, da ihnen der Besuch der Synagoge nicht gestattet war und sie wenigstens so dem Geschehen folgen konnten.

Verbindungen/Öffnungszeiten Červená 2. Ⓜ A Staroměstská. Tägl. (außer Sa und an jüdischen Feiertagen) 9.30–17 Uhr. Eintritt 8 €, erm. 5,60 €.

Praha/Josefov Karte S. 221

Grabsteine auf engstem Raum: der alte jüdische Friedhof

Starý Židovský Hřbitov (Alter Jüdischer Friedhof) und Pinkasova Synagóga (Pinkassynagoge): Das ummauerte Areal des Alten Jüdischen Friedhofs umschließt auch die Pinkassynagoge aus dem 15. Jh., die gleich hinter dem Kassenhäuschen steht. Sie ist benannt nach ihrem Stifter, dem Rabbiner Pinkas. Im Inneren erinnert sie heute an die Juden aus Böhmen und Mähren, die dem Holocaust zum Opfer fielen. Das geschieht auf eine schlichte und ergreifende Weise: An den Wänden stehen die Namen der Ermordeten, 77.297 an der Zahl. Im Obergeschoss sind Zeichnungen von Kindern aus dem Ghetto Theresienstadt zu sehen. Der Friedhof selbst, auf dem Grabstein an Grabstein steht oder lehnt, wurde ebenfalls im 15. Jh. angelegt. Der älteste Stein stammt aus dem Jahr 1439, der jüngste von 1787. Wie viele Menschen hier beigesetzt wurden, weiß man nicht. Die Zahlen in der Sekundärliteratur schwanken zwischen 10.000 und 110.000. Tatsache ist, dass der Friedhof, obwohl mehrmals erweitert, stets zu klein war. So begrub man die einen über den anderen.

Viele der Grabsteine tragen Barock- oder Rokokoverzierungen, aber auch Motive, die den Namen oder Beruf des Verstorbenen symbolisieren. Auf ein paar Grabsteinen liegen statt Blumen kleine Steinchen – ein alter jüdischer Brauch als Zeichen der Pietät. Der Grabstein, auf dem die meisten Steinchen liegen, ist der des Rabbi Löw (geb. vermutlich zwischen 1512 und 1525, gest. 1609), an dem der vorgeschriebene Weg durch den Friedhof automatisch vorbeiführt. Oft sieht man auch Zettel darauf liegen, die mit Bitten und Wünschen beschrieben sind.

• *Verbindungen/Öffnungszeiten* Široká. Ⓜ A Staroměstská. Öffnungszeiten und Eintritt → Jüdisches Museum, S. 217. Aufgrund des Besucherandrangs ist es – falls möglich – ratsam, den Friedhof früh am Morgen zu besuchen, ansonsten wird man von den Massen wie auf einer Einbahnstraße vom Eingang zum Ausgang geschoben.

Španělská synagóga (Spanische Synagoge): Der Name hat nichts mit den sephardischen Juden zu tun, die 1492 mit dem Ende der Reconquista Spanien verlassen mussten, wenn sie sich nicht taufen lassen wollten, und u. a. auch nach Prag kamen. Die Spanische Synagoge entstand erst in der zweiten Hälfte des 19. Jh. und trägt den Namen aufgrund ihrer pseudomaurischen Stilelemente. Im sehenswerten Innern wird in Vitrinen die Geschichte der Juden Böhmens und Mährens von der Aufklärung bis zur Gegenwart dokumentiert. Vom Kapitel Holocaust zeugt u. a. eine Kiste voller Gebetsriemen (sog. Tefillin) der Ermordeten. Abends dient die Synagoge gelegentlich als Konzertsaal. Die kopflose Skulptur neben der Synagoge wurde 2003 aufgestellt und ist das erste *Kafka-Denkmal* der Stadt. Es zeigt eine Szene aus Kafkas Novelle *Beschreibung eines Kampfes*.

Verbindungen/Öffnungszeiten Vězeňská 1. Ⓜ A Staroměstská. Öffnungszeiten und Eintritt → Jüdisches Museum, S. 217.

Maiselova synagóga (Maiselsynagoge): Ursprünglich im Stil der Renaissance errichtet, wurde sie nach einem Brand barock wieder aufgebaut. Das gefiel aber nicht, und so erfolgte Ende des 19. Jh. ein schlichterer neugotischer Umbau. Während der deutschen Okkupation machten die Nazis aus der Synagoge ein Lager für beschlagnahmtes jüdisches Vermögen. Auch diese Synagoge wird heute als Museum genutzt und liefert die historische Ergänzung zur Spanischen Synagoge: In ihr wird die Geschichte der böhmischen und mährischen Juden von den Anfängen der jüdischen Besiedlung im 10. Jh. bis zur Aufklärung dokumentiert. Zu sehen sind u. a. hervorragende Silberarbeiten.

Verbindungen/Öffnungszeiten Maiselova 10. Ⓜ A Staroměstská. Öffnungszeiten und Eintritt → Jüdisches Museum, S. 217.

Jehuda Liwa ben Bezal'el, genannt Rabbi Löw, und die Legende vom Golem

Polnische Chassiden waren es, die im 18. Jh. die Person des Prager Rabbi Löw mit dem legendären Golem in Verbindung brachten. Der historisch belegte Rabbi war oberster Lehrer einer Talmudschule und als Pädagoge und Theologe bereits zu Lebzeiten überaus angesehen. Die Inschrift des wohl berühmtesten Grabes auf dem Alten Jüdischen Friedhof – Löw starb 1609 – bekundet, dass er v. a. wegen seiner Weisheit geschätzt wurde. Auf die chassidischen Legenden, welche dem Rabbi übernatürliche Fähigkeiten nachsagen, ist der Glaube zurückzuführen, dass jeder Wunsch, den man in Zettelform auf das Grab des Rabbi legt, in Erfüllung geht.

Zu den sagenhaftesten Geschichten aber, die sich um den Rabbi ranken, zählt zweifelsohne die des Golem, einer mächtigen menschenähnlichen Gestalt. Angeblich hatte der Rabbi diese aus Ton geformt und dann zum Leben erweckt, indem er ihr ein *Schma* (Zettel mit magischen Formeln) in den Mund legte. Der Golem war fortan ein treuer Diener des Rabbi, stand allen Juden bei und bewahrte sie vor Pogromen. Am Sabbat jedoch musste der Golem ruhen, und so nahm der Rabbi stets am Vorabend des Sabbats das Schma aus dem Mund des Geschöpfs. Doch eines freitags vergaß dies der Rabbi. Der Golem wurde böse, so böse, dass er das Ghetto zu vernichten drohte. In letzter Sekunde gelang es dem Rabbi, den magischen Zettel aus dem Mund des Golems zu ziehen und ihn so wieder in ewigen Schlaf zu versetzen. Im Glauben der Menschen jedoch lebte der Golem im Ghetto noch lange fort, in der Literatur tut er das bis heute.

Den bekanntesten Golem-Roman schrieb Gustav Meyrinck (1868–1932), ein gebürtiger Wiener, der auch Gründer mehrerer okkulter Orden war. In seiner Golem-Fassung, einer Reise in das innerste Ich, verarbeitete er seine Drogenerlebnisse. Auch Egon Erwin Kisch (1885–1948), der rasende Reporter, der u. a. für das *Prager Tagblatt* schrieb, widmete dem Golem eine Reportage.

Praha/Josefov
Karte S. 221

Klausová synagóga (Klausensynagoge) und Bývalá obřadní síň (Zeremoniensaal): Die beiden benachbarten Gebäude beherbergen die Ausstellung „Jüdische Traditionen und Bräuche". Von der Geburt über die Beschneidung und die Heirat bis zum Tod werden alle Stationen im Leben gläubiger Juden erläutert. Die Ausstellung beginnt in der Klausensynagoge.

Verbindungen/Öffnungszeiten U Starého Hřbitova 1 und 3. Ⓜ A Staroměstská. Öffnungszeiten und Eintritt → Jüdisches Museum, S. 217.

Jüdisches Rathaus (Židovská radnice): Das Eckhaus finanzierte Mordechaj Maisl, der reichste Mann im rudolfinischen Prag. Ein Blick nach oben lohnt sich: Die Zeiger der Uhr – nicht jener am Turm, sondern der darunter mit den hebräischen Ziffern – bewegen sich entgegen dem Uhrzeigersinn, so wie auch die hebräische Schrift nicht von links nach rechts, sondern von rechts nach links verläuft.

Verbindungen Maiselova 18. Ⓜ A Staroměstská.

Klášter sv. Anežky (Agneskloster): Gründerin des einstigen Klarissenklosters im 13. Jh. war die Hl. Agnes, die ihr Leben in den Dienst der Kranken gestellt hatte. Im Kloster befindet sich heute die grandiose Sammlung böhmischer Kunst des Mittelalters, die Teil der Nationalgalerie ist.

Verbindungen/Öffnungszeiten Anežská 1. Ⓜ A Staroměstská o. Ⓜ B Náměstí Republiky. Tägl. (außer Mo) 10–18 Uhr. Eintritt 6 €, erm. 3,20 €, Familien 8 €, ab 16 Uhr halber Preis. Stets am ersten Mi des Monats von 15–20 Uhr freier Eintritt.

Rudolfinum: Das Konzertgebäude, einer der nobelsten Neorenaissancebauten Prags, entstand in der zweiten Hälfte des 19. Jh. im Zuge der tschechischen Nationalbewegung. Dvořák und Brahms dirigierten hier vor ausverkauftem Haus. Heute residiert hier die Tschechische Philharmonie – ein Konzert ist immer ein Erlebnis. Das Gebäude beherbergt zudem eine Galerie und ein Café (→ Eingang auf der Moldauseite).

Verbindungen/Öffnungszeiten Náměstí Jana Palacha 1. Ⓜ A Staroměstská. **Galerie und Café,** tägl. (außer Mo) 10–18 Uhr.

Uměleckoprůmyslové muzeum (Kunstgewerbemuseum): Es existiert bereits seit 1885 und besitzt einen riesigen Fundus, für den man eigentlich mehr Platz bräuchte. In schönen Sälen sind künstlerisch wertvolle Alltagsgegenstände aus den verschiedensten Epochen ausgestellt: Glas, Porzellan, Uhren, Festtagskleidung, Möbelstücke, Schmuck, Werbeplakate usw. Zudem finden immer wieder interessante Wechselausstellungen statt.

Verbindungen/Öffnungszeiten Ulice 17. listopadu 2. Ⓜ A Staroměstská. Tägl. (außer Mo) 10–19 Uhr. Eintritt für die Dauerausstellung 3,20 €, erm. 1,60 €, Familien 6 €.

Essen & Trinken/Einkaufen

• *Restaurants* **La Degustation Bohème Bourgoise (4)**, tschechische Küche einmal ganz anders. Der Besuch ist ein Erlebnis, das bis zu vier Stunden dauern kann. Bei den 7-Gänge-Menüs (ca. 90 €!) kommen kunstvoll arrangierte Schmankerln auf den Teller wie z. B. Prager Schinken mit Apfelschaum, südböhmische Ente mit Orangensoße, Třeboňer Forelle mit Sellerie-Béchamel-Soße usw. Modern-gediegenes Ambiente unter Gewölbedecken, einsehbare Küche. ⌚ Mo–Sa nur abends, Di–Do auch mittags, So geschl. Haštalská 18, ✆ 222311234. Ⓢ 8, 14, 26 Dlouhá třída.

Shalom (5), die Speisehalle der jüdischen Gemeinde Prags im alten jüdischen Rathaus steht zur Mittagszeit (11.30–14 Uhr) auch Touristen offen. Authentische koschere Küche, die vom Rabbi abgesegnet ist. Vouchers für das Menü (18 € inkl. kostenlosem Tischwasser) kauft man sich vorher in der Hohen Synagoge nebenan, gleichzeitig der Ticketverkauf für die Altneusynagoge. Maiselova 18, ✆ 224800806. Ⓜ A Staroměstská.

Kolkovna (6), böhmische Gerichte wie marinierter Camembert oder Hirschgulasch

mit Knödeln. Zum Nachtisch empfehlen wir den Apfelstrudel mit Kirschsoße und Walnusseis. Ambiente zwischen rustikal und modern. Hg. 6,60–15,20 €. V Kolkovně 8, ✆ 224819701. Ⓜ A Staroměstská.

Grosseto Marina (7), der neueste Ableger der extrem populären Pizza & Pasta-Kette, gleichzeitig der mit der spektakulärsten Lage: auf der Moldau auf einem schön restaurierten alten Frachter. Zur verhältnismäßig günstigen Pizza gibt's einen superben Blick auf Burg und Karlsbrücke. Ohne Reservierung ist kaum was zu machen. Alšovo nábřeží, ✆ 605454020 (mobil). Ⓜ A Staroměstská.

• *Pivnices* **U milosrdných (1)**, „Zu den Barmherzigen" nennt sich diese dunkel getäfelte Pivnice mit ihren rustikalen Holztischen. Serviert wird in dem derburigen Klassiker einfache böhmische Küche. Hauptgerichte dürften nicht mehr als 5–6 € kosten, nur die Steaks sind teurer. Bestellen Sie nur Gerichte von der Karte, lassen Sie sich nichts empfehlen. Und: Knödelscheiben werden niemals einzeln abgerechnet, wie Ihnen vielleicht der eine oder andere Kellner erzählen will. So geschl. Kozí 21. Ⓜ A Staroměstská.

U Rudolfina (10), verraucht, laut, tschechisch. Von außen unscheinbar, innen recht groß und auf zwei Etagen. Die Bierstrichlisten mancher Gäste haben Gartenzauncharakter! Böhmische Küche zu 4–12 €. Erfragen Sie auf jeden Fall den Bierpreis im Voraus, sonst zahlen Sie evtl. das Doppelte wie der tschechische Stammgast neben Ihnen. Křižovnická 10. Ⓜ A Staroměstská.

• *Cafe/Kneipe* **Chez Marcel (3)**, sympathisches Caférestaurant im französischen Stil. Gute französisch-internationale Küche, auch Frühstück, leckere Desserts. Hg. 6,80–16 €. Haštalské náměstí 12. Ⓢ 8, 14, 26 Dlouhá třída.

La Casa Blů (2), relaxte, junge Kneipe, unter chilenischer Leitung und deswegen auch Treff der in Prag lebenden Latinos. Günstige Texmex-Küche, Bier und Cocktails, südamerikanische Musik und freundliche Leute. Rauchverbot! Bílkova 20. Ⓢ 17 Právnická fakulta.

Zentrum der Kleinseite: Malostranské náměstí, der einstige Marktplatz

Sehenswertes in Malá Strana (Kleinseite)

Malá Strana, der Stadtteil unterhalb der Prager Burg am Ufer der Moldau, ist das malerischste Eck der Stadt – ein großes Schaufenster des Barock, kaum ein Gebäude, das nach dem 18. Jh. errichtet wurde. Doch so malerisch sich Malá Strana auch zeigt – die Kleinseite ist ein Stadtteil, den die Prager räumen und der das Leben aushaucht. Aus den Krämern und Trödelläden von einst oder den kleinen Handwerksbetrieben wurden Restaurants, Cafés oder Galerien, aus den großen Palais Ministerien, Botschaften oder Hotels. Kinder sieht man nur noch selten spielen, und mit jedem neu restaurierten Gebäude werden sie weniger. In Malá Strana löst nicht mehr eine Generation die nächste ab, sondern eine Gesellschaftsschicht die andere. Zwar strahlt der Stadtteil nun in immer neuerem Glanz, verliert dadurch aber auch von seinem ursprünglichen Charme. Ganz verschwinden wird dieser jedoch nie. Die Kleinseite ist zu groß, als dass man sie so wie die Prager Burg in ein einziges Schmuckkästchen verwandeln könnte – für die Denkmalpflege wird der Stadtteil eine nie enden wollende Herausforderung bleiben. Egal, wie viel Farbe man darüberlegt, die Spuren der Vergangenheit lassen sich nicht wegschminken, sie werden immer zu sehen sein. Nicht ohne Grund wählte der Regisseur Miloš Forman Malá Strana als Kulisse für seinen Film *Amadeus*, da es dem Wien des 18. Jh. näher kommt als die heutige österreichische Hauptstadt.

Kostel svatého Mikuláše (Nikolauskirche): Sie zählt zu den prachtvollsten Barockbauten Europas, ihre mächtige Kuppel samt Glockenturm – nach Plänen Kilian Ignaz Dientzenhofers umgesetzt – zu den Wahrzeichen Prags. Errichtet wurde die Kirche von den Jesuiten im Zuge der Gegenreformation. Der protestantische Vorgängerbau musste dafür weichen. Lediglich der Name wurde beibehalten – schließlich wird der Hl. Nikolaus als Schutzpatron der Kaufleute verehrt, und wo steht eine Nikolauskirche besser als im Zentrum eines (einstigen) Marktplatzes? Viel Freude hatte der Orden an seinem Gotteshaus jedoch nicht, genau 100 Jahre nach der Grundsteinlegung 1673 wurden die Jesuiten des Landes verwiesen.

Im Innern der Kirche ist das Deckengemälde im Langhaus von Johann Lukas Kracker am beeindruckendsten. Mit 1500 m^2 ist es eines der größten seiner Art. Es zeigt Szenen aus dem Leben des Bischofs Nikolaus von Myra. Ansonsten, so weit das Auge reicht, Barock total – keine Ecke ohne Putte. Lohnenswert ist auch ein Blick über die Dächer Prags vom Kirchturm aus.

Verbindungen/Öffnungszeiten Malostranské náměstí. Ⓢ 12, 20, 22 Malostranské náměstí. **Kirche,** tägl. 9–16.45 Uhr. Eintritt (!) 2,80 €, erm. die Hälfte. **Turm,** tägl. 10–18 Uhr (letzter Einlass 17.30 Uhr). Eintritt 4 €, erm. 2,80 €. Zugang von der Südseite aus (außen).

Barocke Architektur unterhalb der Prager Burg

Nerudova ulice (Nerudagasse): Sie ist zweifelsohne eine der schönsten Gassen der Kleinseite, und es gibt wohl keinen Pragreisenden, der sie nicht mindestens einmal auf- oder abschlendert. Benannt ist sie nach dem Schriftsteller Jan Neruda (1834–1891), der im *Haus zu den Zwei Sonnen* (Nr. 47) lebte und jenen Stadtteil in seinen *Kleinseitner Geschichten* literarisch verewigte. Herrliche Palais und Bürgerhäuser säumen die Gasse. Auffallend sind die reizvollen Hauszeichen. Zu den imposantesten Gebäuden gehören das Thun-Hohenstein-Palais und das Palais Czernín-Morzin. Beide sind leider nicht zugänglich, in Ersterem residiert die italienische Botschaft, in Letzterem die rumänische. In Hausnummer 13 wurde 2009 das *Muzeum Montanelli* eröffnet, das neueste Kunstmuseum der Stadt. Es wartet mit wechselnden Ausstellungen zu zeitgenössischer Kunst auf.

Verbindungen/Öffnungszeiten Ⓢ 12, 20, 22 Malostranské náměstí. **Muzeum Montanelli,** Di–Sa 12–18 Uhr, So bis 16 Uhr. Der Eintritt variiert je nach Ausstellung.

Chrám Panny Marie Vítězné (Wallfahrtskirche Maria zum Siege): Von allen Kirchen Prags zählt sie neben dem Dom die meisten Besucher, und darunter sind nicht nur Touristen auf Kulturtour, sondern echte Pilger. Der Grund ist das „Prager Jesulein" (→ Kasten) in einem Glaskasten. Die Kirche selbst wurde 1611 von deutschen Lutheranern erbaut und 1624 im Zuge der Gegenreformation dem Orden der Unbeschuhten Karmeliter übertragen. Der Orden verwaltet das Gotteshaus übrigens noch heute.

Verbindungen/Öffnungszeiten Karmelitská. Ⓢ 12, 20, 22, 23 Hellichova. Tägl. 8.30–19 Uhr.

Praha/Malá Strana Karte S. 227

Kult und Kitsch und weltberühmt – das Prager Jesulein

In der ganzen katholischen Welt wird das Prager Jesulein verehrt, eine kniehohe Wachsfigur mit einer gigantischen Krone, die dem Jesulein das Aussehen eines kleinen Königs verleiht. Im 16. Jh. hatte die Figur ein spanischer Mönch modelliert, getreu dem Abbild des Jesuskindes, wie es ihm im Traum erschienen war. Die Prinzessin Maria Maximiliana Manriquez de Lara, eine spätere Lobkowitz, brachte sie nach Prag, ihre Tochter stiftete sie schließlich den Karmelitern. Und während der Gegenreformation, als Wunder bei der Rekatholisierung des Landes ja so nützlich waren, begann das Jesulein, eines nach dem anderen zu vollbringen. Es bewahrte Prag vor Pestepidemien und dem Siebenjährigen Krieg. Und bald sprach sich auch herum, dass es Kranke heilte, Armen half und sehnsüchtig Liebenden Glück brachte. Zum Dank wurde es reich beschenkt, unter den Gaben befanden sich auch Gewänder, die ihm nun regelmäßig angezogen werden. Eines schneiderte sogar Kaiserin Maria Theresia persönlich aus Samt und Gold. Nachahmungen des Prager Jesulein gibt es überall zu kaufen, groß und klein, aus Glas und Porzellan, einfarbig und handbemalt.

Kostel sv. Tomáše (Thomaskirche): Sie entstand zusammen mit dem Klostergebäude der Augustiner-Eremiten zwischen 1285 und 1379. Ihr heutiges barockes Aussehen verdankt sie Kilian Ignaz Dientzenhofer, der die Umbauarbeiten in der ersten Hälfte des 18. Jh. leitete. Aus jener Zeit stammen auch die leichten und farbenfrohen Deckenmalereien, eine Bilderfolge über den Hl. Augustinus, für welche die Kirche heute überaus berühmt ist. Geschaffen wurden sie von Böhmens bedeutendstem Freskenmaler Wenzel Lorenz Reiner (1689–1743). Weite Trakte des Klosterareals wurden 2009 in ein Fünf-Sterne-Hotel verwandelt.

Verbindungen/Öffnungszeiten Letenská. Ⓢ 12, 20, 22 Malostranské náměstí. **Kirche,** nur zu Messen.

Der Bekannteste aller Tschechen – der brave Soldat Švejk

Etwa 1200 Kurzgeschichten verfasste Jaroslav Hašek (1883–1923) in seinem Leben. Aber nicht nur als Schriftsteller machte sich Hašek einen Namen – in seinem Leben ging er unzähligen Beschäftigungen nach: Er war Bankangestellter, Landstreicher, Journalist, Laborassistent, Hundehändler, Gründer der *Partei des maßvollen Fortschritts in den Grenzen der Gesetze,* Soldat an der galizischen Front und im russischen Bürgerkrieg, Volkskommissar in der Roten Armee usw.

Zwei Jahre vor seinem Tod erschien die erste Ausgabe des Heftchens *Die Abenteuer des braven Soldaten Švejk.* Daraus wurde später der mit Abstand erfolgreichste tschechische Roman, und der brave Soldat selbst, ein einfacher Mann aus dem Volk, aber ein Schlitzohr, stieg zu einer unsterblichen Figur der Weltliteratur auf. Hašek zeichnete ihn als einen Charakter, der es mit Optimismus und Humor versteht, in einer politisch-ideologisch verrückten Welt zurechtzukommen, indem er sich die Maske eines Trottels überstreift.

In mehr als 40 Sprachen wurden die Abenteuer des Švejk bislang übersetzt. Sie waren mit Hašeks Tod nicht zu Ende, sondern wurden von einem anderen Autor fortgesetzt. Die bekanntesten Illustrationen zum braven Soldaten schuf Josef Lada, der auch den *Kater Mikesch* kreierte. Die ersten zeigten den heute als mollig dargestellten Švejk noch als schlanken Hering.

Valdštejnský palác (Palais Waldstein): Hier tagt heute der Senat. Der riesige Gebäudekomplex, der sich um fünf Höfe und eine große Gartenanlage gruppiert, wurde in der ersten Hälfte des 17. Jh. erbaut; knapp 30 Häuser mussten dafür weichen. Sein Bauherr war Albrecht von Waldstein, eine der zentralen Figuren des Dreißigjährigen Krieges (→ Kasten S. 128). Ein paar Räume sind, wenn der Senat sich ins Wochenende verabschiedet, der Öffentlichkeit zugänglich. Dazu gehört der große, sich über zwei Etagen erstreckende Festsaal, der wie die meisten Räume im Stil des Manierismus ausgeschmückt ist. Daneben kann man noch wechselnde Ausstellungen in der einstigen *Reithalle* (Valdštejnská jízdárna) und den frühbarocken *Valdštejnská zahrada* (Palaisgarten) besichtigen.

Verbindungen/Öffnungszeiten **Palais,** Valdštejnské náměstí. Ⓢ 12, 20, 22 Malostranské náměstí. Sa/So 10–17 Uhr, Eintritt frei. **Garten,** Zugang über die Letenská. Ⓜ A Malostranská. April–Okt. tägl. 7.30–18 Uhr, ebenfalls Eintritt frei.

Palácové zahrady pod Pražským hradem (Palastgärten unter der Prager Burg): Im Mittelalter dienten die Südhänge der Burg als Weingärten. Erst als der Adel im 17. Jh. die Kleinseite entdeckte, ließ er hier zu seinen Palästen terrassenförmige Gärten anlegen. Im 18. Jh. verzierte man sie mit barocken Statuen, Galerien, Balustraden, Glorietten und Brunnen. Fünf solcher Gärten wurden zur Jahrtausendwende zu einem einzigen zusammengefasst. Darunter ist auch der Ledeburská zahrada (Ledebour-Garten) ganz im Westen der Anlage, mit einer herrlichen Sala terrena, einem offenen Gartensaal – hier finden im Sommer gelegentlich Konzerte statt.

• *Verbindungen/Öffnungszeiten* Valdštejnská (2 Zugänge). Ⓜ A Malostranská. Auch mit „Ledeburská zahrada" ausgeschildert. April u. Okt. tägl. 10–18 Uhr, Mai u. Sept. bis 19 Uhr, Aug. bis 20 Uhr, Juni u. Juli bis 21 Uhr. Eintritt 3,20 €, erm. 2 €. Die Gärten sind auch von den südlichen Wallgärten der Prager Burg aus zugänglich.

Praha/Malá Strana Karte S. 227

Franz-Kafka-Museum: Kafka und Prag, das ist wie Goethe und Weimar. Kein Buch über die Stadt, das dem deutsch-jüdischen Versicherungsangestellten und Literaten (1883–1924) nicht die Reverenz erweist, kein Souvenirshop, der ihn nicht vermarktet. Und endlich gibt es auch ein Museum über den berühmtesten Sohn der Stadt. Kafkas Welt wird in wahrlich kafkaesker Atmosphäre dokumentiert: beengende, manchmal labyrinthartige Gänge, schwarz gestrichene Wände, niedrige Decken. Spannend sind die vielen Faksimiles: Bewerbungsschreiben, ein Zeugnis der Prager Handels-Akademie, Briefe, der Nachruf seines Freundes und späteren Herausgebers Max Brod, die Todesanzeige der Familie Kafka. Zudem erfährt man Details über die Frauen in Kafkas Leben, über den deutschsprachigen Prager Literatenzirkel und die Symbolik der wichtigsten Kafka-Romane.

Verbindungen/Öffnungszeiten Cihelná 2b. Ⓜ A Malostranská. Tägl. 10–18 Uhr. Eintritt 6,40 €, erm. die Hälfte.

Vrtbovská zahrada (Vrtba-Garten): Der barocke Terrassengarten zählt mit den Gärten unter der Prager Burg zu den reizvollsten zugänglichen Gartenanlagen der Stadt. Ende des 20. Jh. war er jedoch so heruntergekommen, dass er sich von den Obstwiesen dahinter kaum unterschied. Fünf Jahre benötigte man für die Sanierungsarbeiten – genauso lange, wie man zu Beginn des 18. Jh. brauchte, um ihn anzulegen. Von seiner obersten Terrasse genießt man eine herrliche Aussicht über die Kleinseite und auf die Prager Burg. Die antiken Götterstatuen, wie der Atlas mit der Erdkugel, sind übrigens das Werk des Tiroler Bildhauers Matthias Bernhard Braun, der auch mehrere Skulpturen der Karlsbrücke geschaffen hat.

Verbindungen/Öffnungszeiten Karmelitská 18. Ⓢ 12, 20, 22 Hellichova. April–Okt. tägl. 10–18 Uhr. Eintritt 2,20 €, erm. 1,40 €.

Insel Kampa: Der Čertovka (Teufelsbach) mit seinen Mühlrädern trennt die Insel vom westlichen Moldauufer. Um diesen Bach ranken sich mehrere Legenden. Eine erzählt von einem alten Weib, das im Bach die Kleider des Adels wusch. Dabei blickte sie auf ihr Spiegelbild im Wasser und sah plötzlich den Teufel. Gelacht soll er haben und in sie gefahren sein. Das gleiche Schicksal ereilte angeblich noch andere (→ Foto S. 228). Die Kommunisten wollten den Bach eigentlich zuschütten und in eine Straße verwandeln. Zum Glück kam es nie dazu, denn dann wäre es vorbei gewesen mit dem sog. *Klein-Venedig* von Prag. Das Zentrum bildet der ovale, baumbestandene Hauptplatz Na Kampě, auf dem einst der Töpfermarkt der Stadt stattfand. Heute gibt es hier eine Reihe von Straßencafés, und es geht recht beschaulich zu. Das war nicht immer so: Die Bewohner der Insel Kampa hatten häufig unter Moldauhochwasser zu leiden. Seinen bislang höchsten Stand erreichte der Fluss im August 2002, als die Häuser des Platzes Na Kampě bis zur ersten Etage unter Wasser standen. Die südliche Hälfte der Insel, hinter dem Museum Kampa (s. u.), nimmt der *Kampa-Park* ein, einer der idyllischsten zentralen Parks der Stadt mit alten Kastanienbäumen und Moldaublick.

Verbindungen Ⓢ 12, 20, 22 Hellichova.

Museum Kampa: Das Museum in einer schick umgebauten alten Wassermühle am Ufer der Moldau beherbergt die Kunstsammlung des einst nach Amerika ausgewanderten Ehepaars Jan und Meda Mládek, darunter viele abstrakte Werke des Malers František Kupka (1871–1957) und kubistische Skulpturen von Otto Gutfreund (1889–1927). Auch wird zeitgenössische Kunst, insbesondere der 60er- und 70er-Jahre, aus den ehemaligen sozialistischen Bruderstaaten von Polen bis Ungarn gezeigt. Durch den Kauf dieser Werke unterstützten die Mládeks Künstler, die staatskonträres Denken in Ländern zum Ausdruck brachten, in denen die

Übernachten
1 U zlaté studně
4 The Castle Steps
6 Sax
7 Little Town Budget Hotel
14 Nebozízek

Essen & Trinken
2 Pálffy palác
5 Baráčnická rychta
8 Hergetova Cihelna
10 Kampapark
12 Petřínské Terasy
13 Cantina
16 Olympia
17 Café Savoy

Nachtleben
11 U malého Glena
15 Klub Strahov 007

Einkaufen
3 U Zlaté Číše
9 Obchod pod Lampou

125 m

Malá Strana (Kleinseite)

schöpferische Freiheit durch die kommunistischen Machthaber stark eingeschränkt war. In einem Nebengebäude werden zudem wechselnde Ausstellungen gezeigt. Angeschlossen ist ein Restaurant mit herrlicher Terrasse am Wasser.

Verbindungen/Öffnungszeiten U Sovových mlýnů 2. Ⓢ 12, 20, 22 Hellichova. Tägl. 10–18 Uhr. Eintritt 6 €, erm. die Hälfte.

Lobkovický palác (Palais Lobkowitz): Der hochbarocke Palastbau entstand zu Beginn des 18. Jh. Das Adelswappen der Familie Lobkowitz krönt das mächtige Eingangsportal. Ein vergleichsweise unauffälliges Schild darüber informiert über die heutigen Mieter: die Deutsche Botschaft. Der große Garten des Palais wird als einer der schönsten der Stadt gepriesen. Er ist leider nicht zugänglich. Und als er es einmal war, im Spätsommer '89, schrieb er Geschichte: Tausende DDR-Bürger campierten hier vor ihrer Übersiedlung in die BRD. Ein Trabi auf vier plumpen Menschenbeinen, ein Werk des Pop-Künstlers David Černý im hinteren Teil des Gartens, erinnert noch heute daran.

Verbindungen Vlašská 19. Ⓢ 12, 20, 22 Malostranské náměstí. Um den Trabi im Garten sehen zu können, muss man das Botschaftsgebäude in einem weiteren Bogen umrunden (zuerst bergauf und dann bei einem Spielplatz links ab).

Petřín (Laurenziberg): Früher baute man am Petřín Wein an, doch das ist Vergangenheit. Heute zieht sich eine steile Wiese voller Obstbäume den Prager Hausberg hinauf, der die Kleinseite vom südlichen Stadtteil Smíchov trennt. Auf dem Berg befindet sich auch ein Teil der ehemaligen Stadtbefestigung, die vom Kloster Strahov hinunter nach Újezd verlief. Einer Legende zufolge ließ sie Karl IV. errichten, um der Hunger leidenden Bevölkerung Arbeit zu geben. Daher wird sie auch Hungermauer genannt.

Auf den Petřín selbst gelangt man am einfachsten mit der *Standseilbahn* (lanová dráha). Als sie 1891 in Betrieb genommen wurde, funktionierte sie auf eine so einfache wie geniale Weise, die ein wenig an einen Flaschenzug erinnert: Beide Bahnen waren mit großen Wassertanks ausgestattet, die oben gefüllt und unten entleert wurden – stets zog die jeweils obere Bahn durch ihr höheres Gewicht die untere hinauf. Heute verkehrt eine elektrifizierte Bahn. In der Mitte der Strecke befindet sich die Haltestelle Nebozízek; daneben liegen zwei Lokale mit herrlichem Pragblick.

An der Endstation erwarten den Besucher ein im Sommer wohlduftender *Rosengarten*, eine *Sternwarte* (Štefánikova Hvězdárna), ein *Aussichtsturm* (Rozhledna) – oder besser eine missratene Kopie des Pariser Eiffelturms – und ein lustiges *Spiegelkabinett* (Zracadlové Bludiště).

• *Verbindungen/Betriebszeiten* Die **Drahtseilbahn** ist nur wenige Meter von der Straßenbahnhaltestelle Újezd (Ⓢ 6, 9, 12, 22) entfernt. Verkehrt im Winter tägl. 9–20.45 Uhr, im Sommer 9–23 Uhr, jeweils alle 10–15 Min. Ticket 1,10 € oder mit einer Zeitfahrkarte des öffentlichen Nahverkehrs.

Essen & Trinken/Einkaufen (→ Karte S. 227)

• *Restaurants* **Kampapark (10)**, schon Lou Reed, Phil Collins und Johnny Depp genossen die zeitgemäße, ausgefallene Küche dieses eleganten Restaurants. Vorspeisen ab 14 €, Hg. ab 19 €. Tipp: Tisch auf der Terrasse mit herrlichem Blick auf die Karlsbrücke reservieren! Na Kampě 8b, ✆ 296826112. Ⓢ 12, 20, 22 Malostranské náměstí.

Pálffy palác (2), der ideale Ort für ein romantisches Abendessen bei Kerzenschein und klassischer Musik. Die Küche ist international und unkonventionell, die Atmosphäre im barocken Saal mit leicht morbidem Charme einmalig. Herrliche Terrasse mit Blick auf Prager Burg und Kleinseite. 1-a-Service. Hg. 16–28 €, dreigängiges Mittagsmenü ab 12 €. Valdštejnská 14, ✆ 257530522. Ⓜ A Malostranská.

Hergetova Cihelna (8), trendiges Lokal in toller Lage direkt an der Moldau und mit Karlsbrückenblick. Große Terrasse, für die man abends ebenfalls reservieren sollte. Garnelencurry, Pasta, Kaninchenkroketten oder fein abgewandelte tschechische Klassiker zu 7–24 €. Cihelná 2b, ✆ 296826103. Ⓜ A Malostranská.

Petřínské Terasy (12), auf halber Höhe am Petřín, am einfachsten mit der Standseilbahn zu erreichen. Gemütlich-rustikales Restaurant (im Winter mit offenem Feuer). Wahnsinnsterrasse, die eine traumhafte Aussicht auf die Stadt bietet. Herkömmliche tschechische Küche auf etwas höherem Niveau, dazu Grillgerichte für 7–14 €. Seminářská zahrada 13, ✆ 257320688. Anfahrt → Petřín/Laurenziberg

Cantina (13), etabliertes mexikanisches Restaurant, ein Renner bei amerikanischen Expats – ohne Reservierung ist abends kaum ein Tisch zu bekommen. Fröhlich-bunt eingerichtet, gemütlich, netter Service und für die Lage günstig. Kosten Sie die *Fajitas*! Hg. 8,40–17 €. Újezd 38, ✆ 257317173. Ⓢ 12, 20, 22 Hellichova.

Olympia (16), gepflegte Bierschwemme mit gehobener böhmischer Küche. Hg. 6,20–18 €. Abends Reservierung empfehlenswert. Vítězná 7, ✆ 251511080. Ⓢ 6, 9, 12, 20, 22 Újezd.

Baráčnická rychta (5), versteckt gelegene rustikale Gaststätte. Auf der Speisekarte steht Deftiges wie Mährischer Spatz, Entenbraten oder Schweinelendchen mit Speck. Vielen Lesern gefällt es hier, andere waren zuletzt von der Qualität nicht ganz überzeugt. Hg. 6–11 €. Konzertsaal mit dem Flair eines katholischen Vereinshauses angeschlossen. Tržiště 23, ✆ 257532461. Ⓢ 12, 20, 22 Malostranské náměstí.

• *Café* **Café Savoy (17)**, hier war Franz Kafka Stammgast und hier drehte Karel Gott schnulzige Musikvideos. Nach seiner letzten Komplettrenovierung wurde das Savoy als elegantes Kaffeehaus im Stil der Jahrhundertwende wieder eröffnet. Sehr populär. Herrliche klassizistische Stuckdecke, hauseigene Patisserie, Frühstück, man kann aber auch richtig essen. Besonders stolz ist man auf die heiße Schokolade. Vítězná 1. Ⓢ 6, 9, 12, 20, 22 Újezd.

Das Goldene Prag

Straßenmusikanten am Hradschiner Platz

Sehenswertes in Hradčany (Hradschin)

Hradčany, das ist nicht nur die Prager Burg, sondern auch die **Burgvorstadt,** der Stadtteil rund um die böhmische Akropolis. Trotz beeindruckender Palais wirkt dieser Teil der Moldaumetropole verschlafen und an manchen Ecken sogar dörflich. Bis ins 16. Jh. allerdings war die Vorstadt ein ärmliches Viertel, in dem die Burguntertanen (auf Tschechisch „Hradčani") lebten. 1541 brannten deren Hütten ab; das kleine Volk zog hinab nach Malá Strana. Der Adel übernahm den Wiederaufbau, und unzählige Paläste entstanden. Stets aber blieb Hradčany ein Anhängsel der Prager Burg, das nie einen eigenen städtischen Charakter entwickelte, was sich bis heute nicht geändert hat. In vielen der alten Paläste sind Museen und Ministerien untergebracht. Einen Metzger oder Bäcker sucht man hier nahezu vergebens, nicht jedoch Cafés, Restaurants und Souvenirshops, die auf den schnellen Euro aus sind. Schön zum Durchspazieren ist die Burgvorstadt aber allemal.

Pražský hrad, die Prager Burg, wird aufgrund ihrer vielen Sehenswürdigkeiten in einem eigenen, nachstehenden Kapitel behandelt.

Strahovský klášter (Kloster Strahov): Seit 1989 ist das Kloster wieder im Besitz des Prämonstratenserordens. Man muss kein Ungläubiger sein, wenn man den Namen zweimal liest. Die Blütezeit des Ordens ist heute zwar vorüber, im Mittelalter war er jedoch sehr populär und nahm eine zentrale Rolle bei der Christianisierung des Landes ein. Der Name des Ordens stammt von dessen erstem Kloster im Tal Prémontré in Frankreich. Gegründet hatte es Norbert von Xanten, nachdem er, vom Blitz getroffen, vom Pferd gefallen war und dabei eine Stimme vernommen hatte, die ihm zuflüsterte, er solle von der Hurerei ablassen und nur noch Anständiges tun. Das war 1115, schon fünf Jahre später gab es das Kloster in Frankreich und bereits 1140 entstand der Prager Ableger. Seit 1627 befinden sich sogar Norberts sterbliche Überreste hier in der *Abteikirche Mariä Himmelfahrt;* sie ist zugleich die größte Kirche des Klosters. In ihr liegt übrigens auch der kaiserliche Feldmarschall Gottfried Heinrich Graf zu Pappenheim begraben. Seine Popularität verdankt er Friedrich Schiller, der ihm im *Wallenstein* die geflügelten Worte „Ich kenne meine Pappenheimer" in den Mund legte.

Gleich nebenan befindet sich der Eingang zur *Bibliothek,* deren Bestand auf knapp eine Million Bände geschätzt wird. Der Blick in die zwei imposanten Lesesäle beeindruckt und lässt das Kloster ins Prager Pflichtprogramm aufrücken. Im ersten, dem sog. Philosophischen Saal, reichen die Bücherschränke, übrigens aus Nussbaum, bis unter die Decke. Diese ist mit Fresken verziert, die der österreichische Maler Anton Maulpertsch 1794 schuf und die den Drang der Menschheit nach dem wahren Wissen darstellen. Der zweite Saal, der sog. Theologische Saal, ist mit Globen bestückt. Die dortigen Fresken malte ein Ordensbruder; sie zeigen die Liebe zu Bildung und Wissenschaft. Auf dem Gang zwischen beiden Sälen befindet sich in Glasvitrinen eine kleine Kuriositätensammlung, die neben Muscheln, Skorpionen, Seesternen u. v. m. auch das Geschlechtsteil eines Wals umfasst.

Kurios ist auch das *Museum Miniatur* (beim Durchgang zum Pohořelec), das millimetergroße Arbeiten des sibirischen Künstlers Anatolij Konjenko präsentiert. Durch Vergrößerungsgläser sieht man ein Kamel im Nadelöhr, ein Beethovenporträt im Mohnkorn usw.

Im eigentlichen Klostergebäude ist die *Strahover Bildergalerie* (Strahov obrazárna) untergebracht. Malerei von der Gotik bis zur Romantik ist hier ausgestellt, darunter auch Werke von Lucas Cranach d. Ä. (1472–1553).

• *Verbindungen/Öffnungszeiten* Strahovské nádvoří. Ⓢ 15, 22 Pohořelec. **Abteikirche,** ⓘ nur zu Messen (tägl. um 18 Uhr, So auch um 10 Uhr). **Bibliothek,** tägl. 9–12 und 13–17 Uhr. Eintritt 3,30 €, erm. 2 €. **Miniaturmuseum,** tägl. 10–17 Uhr. Eintritt 2,80 €, erm. 2 €. **Bildergalerie,** tägl. (außer Mo) 9–12 und 12.30–17 Uhr. Eintritt mit Besichtigung der Klosterräume 2 €, erm. die Hälfte.

Rokoko: Erzbischöfliches Palais

Loreta (Loretoheiligtum): Der Name des Heiligtums geht auf eine Legende zurück, die vom Wunder der Santa Casa, des Hauses der Jungfrau Maria, erzählt. Der Überlieferung nach wurde es Ende des 13. Jh. von Engeln aus Nazareth ausgeflogen, um es vor einem Sarazeneneinfall in Sicherheit zu bringen. Über Umwege gelangte das heilige Häuschen schließlich in einen Lorbeerhain bei Ancona. Dort entwickelte es sich zu einem berühmten Wallfahrtsort, der kurzerhand Loreto genannt wurde. Später, während der Gegenreformation, verkaufte die katholische Kirche das Wunder als – heute würde man sagen – PR-Gag. So entstanden überall in Böhmen Loreto-Heiligtümer (das in Prag zwischen 1626 und 1631). Sie sind eine Kopie des Originals, und wer sie besichtigt, kann sich die Fahrt nach Ancona sparen. Im Kreuzgang rund um die Santa Casa ist die wundersame Geschichte des Häuschens auf 47 Deckengemälden festgehalten.

Die Schatzkammer des Heiligtums beherbergt ein paar liturgische Gegenstände. Der wertvollste ist eine Monstranz mit über 6000 Diamanten. Zuvor zierten die Steine übrigens das Hochzeitskleid einer Gräfin. Nicht sehens-, aber hörenswert sind die

Praha/Hradčany
Karte S. 232/233

1694 in Amsterdam gegossenen 24 Glocken im Turm über dem Eingang. Sie können ähnlich wie ein Klavier gespielt bzw. in Gang gesetzt werden. Unter anderem improvisierte Franz Liszt auf ihnen. Zu jeder vollen Stunde erklingt heute das Lied *Sei tausend mal gegrüßt, Maria.*

Verbindungen/Öffnungszeiten Loretánské náměstí 5. Ⓢ 15, 22 Pohořelec. Tägl. (außer Mo) 9–12.15 und 13–16.30 Uhr. Eintritt 4,40 €, erm. 3,60 €.

Schwarzenberský palác (Palais Schwarzenberg) und Salmovského palác - (Palais Salm): Das mit venezianischen dreidimensional wirkenden Sgraffiti in Briefchenform verzierte Palais Schwarzenberg gehört zu den prächtigsten Palastbauten Prags aus der Zeit der Renaissance. Zwischen 1545 und 1563 ließ es die Adelsfamilie Lobkowitz erbauen. Heute ist es ein würdiger Ort für die Barocksammlung der Nationalgalerie. Auf rund 4000 m² werden in teils herrlich ausgeschmückten Sälen Statuen von Matthias Bernhard Braun und Ferdinand Maximilian Brokoff sowie Gemälde der bedeutendsten böhmischen Barockmaler wie Wenzel Lorenz Reiner, Karel Škréta und Peter Brandl gezeigt. An das Palais Schwarzenberg grenzt linker Hand das Palais Salm, das ebenfalls im Besitz der Nationalgalerie ist und z. Z. d. letzten Recherche aufwendig restauriert wurde.

Verbindungen/Öffnungszeiten Hradčanské náměstí. Ⓢ 15, 22 Pražský hrad. Tägl. (außer Mo) 10–18 Uhr. Eintritt 6 €, erm. 3,20 €, Familien 8 €, ab 16 Uhr die Hälfte. Am ersten Mi im Monat von 15–20 Uhr freier Eintritt.

Šternberský palác (Palais Sternberg): Auch dieses hochbarocke Palais gehört zu den bedeutendsten Palastbauten Prags. Graf Wenzel Adalbert von Sternberg ließ es Anfang des 18. Jh. errichten. Heute wird das Gebäude von der Nationalgalerie verwaltet. Im Erdgeschoss zeigt sie ihre Sammlung alter Meister aus den deutschen Landen und Österreich. Wertvollstes Exponat darunter ist Albrecht Dürers *Rosenkranzfest,* das er 1506 für die San-Bartolomeo-Kirche in Venedig geschaffen hatte und das durch die Sammelleidenschaft Rudolfs II. im 17. Jh. nach Prag gelangte.

Im ersten Stock sieht man eine kleine Ausstellung antiker Kunst aus römischer und hellenistischer Zeit, zudem eine umfangreiche italienische Ikonensammlung aus dem 14. und 15. Jh. Den Rest des Stockwerks sowie die darüber liegende Etage beherrschen

niederländische, italienische, spanische, französische und flämische Maler des 15.–18. Jh., u. a. sind Werke von El eco, van Dyck, Rubens, Goya, Tintoretto und Rembrandt zu sehen. Im Innenhof des Palais lädt ein gemütliches Café zu einer Pause ein.

• *Verbindungen/Öffnungszeiten* Hradčanské náměstí 15. Ⓢ 15, 22 Pražský hrad. Zugang über den Erzbischöflichen Palast (Durchgang). Tägl. (außer Mo) 10–18 Uhr. Eintritt 6 €, erm. 3,20 €, Familien 8 €, ab 16 Uhr die Hälfte. Am ersten Mi im Monat von 15–20 Uhr freier Eintritt.

Nový Svět (Neue Welt): Dörflicher als hier kaum eine Großstadt kaum sein. Nový Svět ist der Name einer Gasse und zugleich der des Viertels, das sich nordwestlich des Hradčanské náměstí erstreckt. Die engen, verwinkelten Gassen haben Ähnlichkeit mit denen des Goldenen Gässchens (→ S. 243). Auch beider Geschichte gleicht sich: einst Armenviertel, im 19. Jh. dann restauriert. Im Gegensatz zum Goldenen Gässchen bleibt Nový Svět jedoch vom Massenandrang verschont und ist so um einiges romantischer.

Verbindungen Ⓢ 15, 22 Brusnice.

Essen & Trinken (→ Karte S. 232/233)

• *Restaurants/Pivnice* **U zlaté hrušky (1)**, gediegenes Restaurant, in dem schon Margaret Thatcher speiste. So bieder, wie die eiserne Lady ist, so bieder ist auch die Einrichtung. Thunfischtatar mit Wachtelei, gegrillte Jakobsmuscheln mit schwarzen Trüffeln oder Creme aus kanadischem Hummer. Hg. 13–30 €. Angegliedert ein gemütliches Gartenrestaurant. Nový Svět 3, ✆ 220941244. Ⓢ 15, 22 Brusnice.

Bellavista (6), Terrassenrestaurant mit traumhafter Aussicht auf Burg und Kleinseite. Mediterrane Küche (Gazpacho mit Ziegenkäse, Lammkoteletts mit Rosmarin oder Spinatsalat mit gegrilltem Oktopus). Hg. 7–17 €. Innen modern-gediegen eingerichtet. Strahovské nádvoří 1, ✆ 220517274. Ⓢ 15, 22 Pohořelec.

Klášterní Pivovar Strahov & Restaurace (5), Brauereigaststätte auf dem Klosterareal, nicht zu verwechseln mit dem Velká Klášterní Restaurace nebenan. Leckeres 13- und 14-gradiges Svatý-Norbert-Bier, hinzu kommen je nach Saison verschiedene andere Bierspezialitäten. Außerdem gibt's böhmische Braten- und Steakküche zu 5–17 €. Viel Touristenrummel, Blasmusik, Außenbestuhlung. Strahovské nádvoří 10, ✆ 233353155. Ⓢ 15, 22 Pohořelec.

U černého vola („Zum Schwarzen Ochsen“, 4), traditionsreiche Bierstube, eine der urigsten der Stadt. Die hübschesten Mädchen soll es einem tschechischen Schlager nach hier geben – auf jeden Fall aber gutes Bier: *Velkopopovický kozel*, frisch gezapft, dazu deftige Snacks. Und zudem heißt es: trinken für einen guten Zweck – das Gros der Erlöse fließt einer Blindenschule zu. Einziger Haken: Nach dem Besuch riechen Sie zuweilen wie der Besitzer einer Frittenbude. Loretánské náměstí 1. Ⓢ 15, 22 Pohořelec.

• *Cafe* **U zavěšenýho kafe (2)**, gemütliche, von Pragern gern besuchte Mischung aus Café und Bierstube mit dem originellen Namen „Zum aufgehängten Kaffee“. Der Tipp für den Imbiss zwischendurch, man kann aber auch richtig essen. Für die Lage sehr faire Preise. Úvoz 6. Ⓢ 15, 22 Pohořelec.

Bibliothek im Kloster Strahov

Die Prager Burg

Sehenswertes auf der Pražský hrad (Prager Burg)

Die Prager Burg ist das Wahrzeichen der Stadt, der Nabel des Landes und das seit eh und je. Tausend Jahre Geschichte treffen hier auf Millionen Besucher. Paläste, Kirchen, Museen, Klöster – es gibt viel zu sehen, mehr als genug. Von der Karlsbrücke aus wirkt die Burg zu später Stunde, wenn sich ihre Fassade gebieterisch im Scheinwerferlicht erhebt, am schönsten. Die Tschechen blickten über die Jahrhunderte hinweg mit Angst und Verachtung, aber auch mit Stolz und Anerkennung nach oben. Dunkle und goldene Zeiten wurden hier eingeläutet. Die Burg war Sitz von Fürsten, Königen, Kaisern, von Bischöfen und Erzbischöfen und damit stets ein Symbol weltlicher und geistlicher Macht. Heute empfängt hier der Präsident des Landes, Václav Klaus, Staatsgäste aus aller Herren Länder. Für gewöhnlich betreten diese wie Sie die Burg vom Hradčanské náměstí.

> **Wege zur Burg:** Die zwei schönsten Fußwege von Malá Strana hinauf zur Prager Burg verlaufen über die Nerudova (→ S. 223) und über die Zámecke schody (viele Treppen). Beide Wege enden am Hradčanské náměstí, von wo sich ein herrlicher Blick über Prag auftut. Wer es bequemer haben will, nimmt die Ⓢ 8, 18, 20 o. 22 von der Metrostation Malostranská bis zur Haltestelle Pražský hrad.

Erster und zweiter Burghof: Die Prager Burg war bis ins 18. Jh. durch einen Graben vom Hradčanské náměstí getrennt. Doch mit dem Bau des aristokratischen, repräsentativen ersten Burghofs, auch *Ehrenhof* genannt, verlor sie ihren Festungscharakter nach Westen hin. Die regungslos dastehende Burgwache hat ebenfalls nur noch repräsentative Funktion. Einst in paramilitärisches Khaki gekleidet, trägt sie heute blaue Uniformen, die Theodor Pištěk, Kostümausstatter des Forman-Films *Amadeus,* entworfen hat. Stets eine Stunde müssen die Soldaten ausharren, dann werden sie abgelöst. Mittags um zwölf Uhr wird daraus ein Spektakel ge-

Fotoshooting vor der Burg

macht: Fanfarenmusik erklingt dann zum Stechschritt und zur Übergabe der Standarte des Präsidenten im Blitzlichtgewitter. Das Tor, vor dem sie wachestehen, ziert ein Rokokogitter mit den Monogrammen der Kaiserin Maria Theresia und ihres Sohnes Josephs II. Die Furcht einflößenden, todbringenden Giganten rechts und links davon schuf Ignaz Platzer. So verrußt, wie sie sind, könnte man glauben, es seien noch die Originale, dabei handelt es sich um Kopien.

Zwei hohe Flaggenmasten aus Tannenholz flankieren das barocke *Matthiastor,* einst ein freistehender Triumphbogen. An den Gebäudekomplex darüber schließen mehrere prunkvolle Räumlichkeiten an. Die beeindruckendsten sind der *Spanische Saal* und die *Rudolfsgalerie,* doch sind diese – außer zu kulturellen Veranstaltungen – der Öffentlichkeit nur zweimal im Jahr zugänglich: am ersten Samstag nach dem 8. Mai und am ersten Samstag nach dem 18. Oktober. Den etwas nüchtern wirkenden zweiten Burghof lockert ein barocker Sandsteinbrunnen auf. Links davon, also nördlich, blickt man auf das sog. *Pacassitor,* nichts anderes als eine Durchfahrt. Zu beiden Seiten befanden sich früher Pferdestallungen. Heute wird dort Kunst gezeigt: Links liegt der Eingang zur *Gemäldegalerie der Prager Burg* (s. u.), rechter Hand der zu den *Císařská konírna,* den „Königlichen Stallungen", wo wechselnde Ausstellungen präsentiert werden.

Die Passage westlich des Brunnens führt zum dritten Burghof, in dem der Sankt-Veits-Dom steht.

Obrazárna Pražského hradu (Gemäldegalerie der Prager Burg): Sie beherbergt eine kleine, aber feine Sammlung deutscher, italienischer, flämischer, niederländischer und tschechischer Meister der Renaissance- und Barockmalerei. Die Bilder gehörten einst zu einer der imposantesten Kunstsammlungen weltweit, die unter Rudolf II. und Ferdinand II. begonnen wurde. Doch das Gros der Gemälde ging durch Plünderungen, insbesondere während des Dreißigjährigen Krieges, verloren. Glücklicherweise wussten nicht alle Diebe Gutes von Schlechtem zu unterscheiden,

Das Goldene Tor am Sankt-Veits-Dom

und so blieben so wertvolle Originale wie Rubens' *Versammlung olympischer Götter,* Tizians *Junge Frau bei der Toilette* oder Tintorettos *Geißelung Christi* erhalten.
Öffnungszeiten Im zweiten Burghof. Im Sommer tägl. 10–18 Uhr, im Winter bis 16 Uhr. Eintritt 6 €, erm. 3,20 €, Familien 8 € oder mit Kombiticket „Lange Tour" (→ Kasten). Zudem stets Mo von 16–18 Uhr umsonst.

Tickets und Öffnungszeiten

Um lediglich das Burggelände zu betreten, brauchen Sie kein Ticket. Das Gelände ist von April–Okt. von 5–24 Uhr zugänglich, von Nov.–März von 6–23 Uhr. Für die Sehenswürdigkeiten innerhalb des Burgareals gibt zwei verschiedene Kombitickets, keines jedoch, das alle Attraktionen einschließt. Mit dem Ticket **„Große Tour"** (14 €, erm. die Hälfte, Familien 20 €) darf man die Gemäldegalerie der Prager Burg, den Königspalast, die Ausstellung „Geschichte der Prager Burg", die Sankt-Georgs-Basilika, das Georgs-Kloster samt Ausstellung, den Rosenberg-Palast, den Sankt-Veits-Dom und das Goldene Gässchen besichtigen. Das Ticket **„Kleine Tour"** (10 €, erm. die Hälfte, Familien 12 €) erlaubt nur den Zutritt zum Königspalast, zur Sankt-Georgs-Basilika, zum Rosenberg-Palast, zum Sankt-Veits-Dom und zum Goldenen Gässchen. Einzeltickets gibt es nur für die Sehenswürdigkeiten (Preise → dort), die nicht im Ticket „Kurze Tour" inbegriffen sind.

Die Kombitickets bekommt man u. a. bei den Infoschaltern im zweiten und dritten Burghof (im Winter 9–16 Uhr, im Sommer 9–18 Uhr). Die Tickets sind zwei Tage lang gültig.

Chrám sv. Vita (Sankt-Veits-Dom): Von außen wirkt der Dom wie ein steinernes Tohuwabohu aus Strebe- und Tragpfeilern, Krabben und Kreuzblumen und riesigen Maßwerken. Statuen von Heiligen wechseln mit figürlichen, dämonenhaften

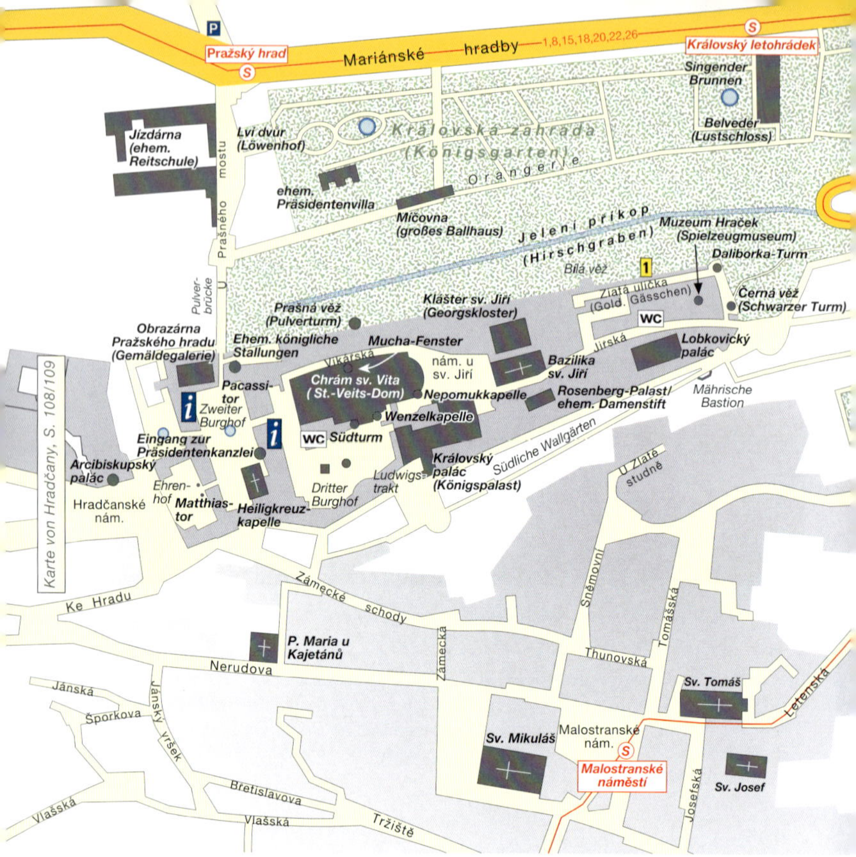

Wasserspeiern ab, die, so der Glaube von einst, den Dom vor bösen Geistern bewahren, da diese beim Anblick ihres Ebenbildes die Flucht ergreifen. Da sich der Smog und der Ruß der Stadt über all dem niedergesetzt und das Bauwerk in ein einheitliches Graubraun getaucht haben, lassen sich auf den ersten Blick die einzelnen Bauabschnitte der Kathedrale nicht mehr unterscheiden.

1344 erfolgte unter König Johann von Luxemburg und Kronprinz Karl die Grundsteinlegung. Erster Baumeister war Matthias von Arras, der zuvor in Avignon tätig war. Er sollte jetzt auch in Böhmen den Idealtypus einer französischen Kathedrale realisieren. Ansätze davon zeigt jedoch lediglich das Chorhaupt, denn schon 1352 starb der Baumeister. Zu seinem Nachfolger berief Karl, der inzwischen zum Kaiser des Römischen Reiches gekrönt worden war, den damals gerade erst 23-jährigen Peter Parler aus Schwäbisch Gmünd. Dieser überarbeitete die Entwürfe seines Vorgängers und ließ den bis zu diesem Zeitpunkt in Ansätzen fertiggestellten Chor vollenden. Damit die Kathedrale auch schon als Gotteshaus genutzt werden konnte, schloss er den Chor dort, wo heute das Querschiff verläuft, mit einer „provisorischen" Fassade ab. Nach Parlers Tod 1399 schmückten seine Söhne die Kathedrale weiter aus. Am Grundriss sollte sich aber für die nächsten 450 Jahre nicht mehr viel ändern. Die Kathedrale war also lange Zeit nur halb so groß wie heute,

und der Zutritt erfolgte über das beeindruckende *Goldene Tor* an der südlichen Längsseite, das mit einem Mosaikbild des Jüngsten Gerichts verziert ist. Erst als 1859 ein Förderverein zur Vollendung des Doms gegründet wurde, begann man mit dem Bau der westlichen Domhälfte, deren feierliche Einweihung 1929 erfolgte.

Die große kreisförmige *Rosette* über dem heutigen Eingang an der westlichen Stirnseite schaut man sich am besten von innen an. Die lebendigbunte Bilderfolge zeigt die Genesis – 27.000 Glasstücke wurden dafür verarbeitet. Eines der farbenfrohsten Fenster in der westlichen Hälfte des Doms ist jedoch das der Neuen Erzbischöflichen Kapelle (dritte links), die als letzte Ruhestätte der Prager Bischöfe dient. Im Auftrag der Banka Slavie gestaltete es Alfons Mucha im späten Jugendstil mit Szenen aus dem Leben der heiligen Slawenapostel Kyrill und Method.

Kurz bevor man das Querschiff betritt, führt rechter Hand eine Wendeltreppe zur *Aussichtsplattform* des südlichen Domturms (96,5 m hoch). Kein anderer Turm der Stadt bietet einen faszinierenderen Ausblick über Prag, kein anderer Aufstieg ist aber auch so mühselig: 287 Stufen!

Ein paar Schritte weiter befindet sich die prunkvollste der insgesamt 22 Seitenkapellen des Sankt-Veits-Doms, die *Kapelle des Hl. Wenzel*. Durch ihre reiche Ausschmückung mit weit über 1000 Halbedelsteinen, violetten Amethysten, roten Jaspissen und grünen Chrysoprasten, z. T. in Gold eingefasst, wirkt sie wie ein riesiges Schmuckkästchen. Bereits 1372 wurde der Passionszyklus, der über dem Altar mit der Kreuzigungsszene seinen Höhepunkt erreicht, geschaffen; der Künstler ist unbekannt. Ein weiterer Zyklus mit Szenen aus dem Leben des Hl. Wenzels verläuft auf Fensterhöhe. Der frei stehende Altar darin ist zugleich das Grab des Heiligen. Hinter dem kleinen Portal auf der Südseite führt eine Treppe zur Krönungskammer über der Kapelle. Dort sind – der Öffentlichkeit verborgen – die Krönungskleinodien aufbewahrt, darunter die berühmte goldene Wenzelskrone. Sie soll übrigens jedem den Tod bringen, der sie ungebührlich aufsetzt. Ein Aberglaube? Der Letzte, der dies als Humbug abtat und sich zum Spaß mit der Krone im Spiegel betrachtete, war der Reichsprotektor Reinhard Heydrich. Kurz darauf fiel er einem Attentat zum Opfer (→ S. 42). Die kleine Tür zur Krönungskammer ist übrigens mit sieben Schlössern versehen, deren sieben Schlüssel auf sieben Persönlichkeiten der Stadt und des Staates verteilt sind.

Das barocke Gegenstück zur mittelalterlichen Wenzelskapelle ist die des Hl. Johann von Nepomuk (fünf Kapellen weiter). Vor ihr steht das silberne Grabmal des Heiligen, ein hochgepriesenes Werk, das 1733–36 nach einem Entwurf von Johann Bernhard Fischer von Erlach (u. a. Baumeister von Schloss Schönbrunn) entstand. Irgendwie kann man sich des Eindrucks nicht erwehren, dass man es einfach im Chorgang stehen ließ, als man merkte, dass es für die Kapelle zu groß geraten war.

Im Chor des Doms ist vor dem Hauptaltar noch das *königliche Mausoleum* sehenswert, ein großer Sarkophag aus hellem Marmor, der von einem Renaissancegitter umgeben ist. Rudolf II. stiftete ihn seinem Großvater Ferdinand I., dessen Gemahlin und deren Sohn. Die Putten drum herum scheinen sich über die drei fast lustig zu machen. Rudolf selbst ruht übrigens etwas tiefer in der Krypta. Sein Sarg ist aus Zinn und hat das Aussehen eines Brauereikessels. Mehrere Könige und Königinnen leisten ihm Gesellschaft.

Öffnungszeiten Im dritten Burghof. April–Okt. Mo–Sa 9–18 Uhr, So 12–18 Uhr, im Winter bis 16 Uhr. Zutritt nur in Verbindung mit einem Kombiticket, → Kasten, S. 237. Der **Domturm** ist nur im Sommer geöffnet.

Heiliger oder Lebemann – Wenzel und kein Ende

Die Geschichte des tschechischen Nationalheiligen begann im Jahr 924: Fürst Václav (auf Deutsch „Wenzel") war jetzt verantwortlich für die Geschicke Böhmens. Elf Jahre lang regierte er, dann war er tot, umgebracht von seinem eifersüchtigen Bruder. Manchen Quellen zufolge soll seine Ermordung überflüssig gewesen sein, da er ohnehin die Macht an seinen Bruder abgeben wollte. Nach Rom plante Wenzel zu reisen, dort die Weihen zu empfangen, um als erster Bischof nach Böhmen zurückzukehren. Andere Quellen jedoch behaupten, dass der Fürst gar nicht so ein Heiliger war. Mit Heiden soll er gezecht und sich nachts mit hübschen Frauen vergnügt haben.

Sei es, wie es will, Wenzels großes Verdienst war die Christianisierung des Landes. Darauf fußen auch die Wenzellegenden, die den Herrscher zum Märtyrer und zur Heiligengestalt aufsteigen ließen. Noch im 10. Jh. wurde er heiliggesprochen. Unter Kaiser Karl IV. – er ließ die Wenzelskapelle im Dom bauen – wurde er schließlich zur Ikone, zum Landesheiligen. Es folgten Wenzelsfresken, Wenzelsdenkmäler, Wenzelsstatuen und der Wenzelsplatz. Und schließlich wurde Wenzel zum Symbol der Einheit und Unabhängigkeit des Landes, zum Schutzpatron aller Tschechen. In Prag kafkat, brodelt und kischt es also nicht nur, es wenzelt noch viel mehr. Und dass die Wenzelmanie kein Ende nimmt, dafür sorgt allein schon die Präsidentenfolge der jetzigen Republik: Václav „Wenzel" Havel wurde abgelöst von Václav Klaus.

Královský palác (Königspalast): In ihm residierten vom 11. bis zum 16. Jh. die Regenten Böhmens. Man betritt ihn im dritten und zugleich obersten Stockwerk. Dort befindet sich der berühmte *Vladislav-Saal,* der 62 m lang, 16 m breit und 13 m hoch ist. Er wurde in den Jahren 1492–1502 nach Plänen des Architekten Benedikt Ried gebaut. Krönungsfeierlichkeiten und Hofbälle fanden darin statt, aber auch Turniere, bei denen die Ritter zu Pferd über die Reitertreppe im Nordflügel (heute der Ausgang) hereinkamen. Seit 1918 wird hier der Präsident des Landes vereidigt. Von der südwestlichen Ecke des Vladislav-Saals gelangt man in den *Ludwig-*

strakt, an sich nicht besonders sehenswert, dafür geschichtsträchtig. Hier war der Ort des zweiten Prager Fenstersturzes, der zum Dreißigjährigen Krieg führte (→ Kasten).

Der *Sitzungssaal des Landtags* grenzt im Nordosten an den Vladislav-Saal. Das Mobiliar ist zwar nicht original – es stammt aus dem 19. Jh. –, wurde aber in der historischen Anordnung nachgestellt. Auf der Renaissancetribüne linker Hand saßen die Landesschreiber, rechts vom Thron der Bischof, auf den Bänken gegenüber die Adels- und Ritterstände. Links des Portals, über welches man den Vladislav-Saal verlässt, führt eine Wendeltreppe zu Räumen, in denen die sog. Landtafeln aufbewahrt wurden. In ihnen verzeichnete man Beschlüsse des Landtags, zugleich waren sie auch eine Art Grundbuch. Die Wappen an den Wänden und Decken sind die der Beamten, die die Kanzlei leiteten.

Öffnungszeiten Im dritten Burghof. April–Okt. tägl. 9–18 Uhr, im Winter 9–16 Uhr. Zutritt zum **Königspalast** nur in Verbindung mit einem Kombiticket, → Kasten, S. 237.

Příběh Pražského Hradu (Geschichte der Prager Burg): Die Ausstellung in den unteren Etagen des Königspalastes ist eine Art Parforceritt durch die Historie der Prager Burg. Sie ist chronologisch aufgebaut und liefert Burgmodelle zu jeder Epoche. Doch die Fülle der behandelten Aspekte (Baugeschichte, Katastrophen, Begräbniskult etc.) geht in den verwinkelten Räumlichkeiten auf Kosten der Übersichtlichkeit. Zu den sehenswertesten Exponaten gehören ein Drahtmantel und ein silberner Helm – beide soll der heilige Wenzel getragen haben –, das gotische Tympanon *Thronende Madonna* aus der Georgsbasilika, diverse Kronjuwelen und die Grabbeigaben Rudolfs I.

Öffnungszeiten wie Königspalast. Zugang zwischen drittem Burghof und Náměstí sv. Jiří. Eintritt 5,60 €, erm. die Hälfte oder mit Kombiticket „Große Tour" (→ Kasten, S. 237).

Bazilika sv. Jiří (Georgsbasilika): Sie ist der bedeutendste und schönste romanische Sakralbau Prags und zugleich die zweitälteste Kirche der Stadt, wenn man dies von außen auch gar nicht vermuten mag. Bereits im Jahr 925 weihte man die Kirche, damals noch einschiffig, der Fürstin Ludmila, die als erste Märtyrerin Böhmens heiliggesprochen wurde. Ihre Schwiegertochter hatte sie aufgrund von Machtstreitigkeiten erdrosselt. Die sterblichen Überreste Ludmilas befinden sich heute in der Kapelle, die sich an die Südseite des Chors anschließt. Die im Chor erhalten gebliebenen Fresken stammen aus dem 13. Jh. und lassen das himmlische Jerusalem nur noch erahnen. Neben Ludmila haben noch weitere Fürsten aus dem Geschlecht der Přemysliden hier ihre Grabstätte. So befinden sich zu Füßen des Chors in der hölzernen Tumba die Gebeine Vratislavs I. Gegenüber ruht Boleslav II. unter dem von einem schmiedeeisernen Gitter umgebenen Grabstein. Dahinter, in der Krypta unter dem Chor, steht rechter Hand die Grauen erregende, dunkle

Die Georgsbasilika, eine der ältesten Kirchen Prags

Plastik der *Vanitas* aus der Mitte des 16. Jh. Sie stellt den Verfall bzw. die Vergänglichkeit des menschlichen Körpers dar. Einer Sage nach schuf sie ein Bildhauer, der aus Eifersucht seine Geliebte ermordet hatte und vor seiner Hinrichtung als letzte Bitte geäußert haben soll, zum Beweis seiner Reue ihren verwesenden Körper darstellen zu dürfen.

Adresse/Öffnungszeiten Náměstí u sv. Jiří. April–Okt. tägl. 9–18 Uhr, im Winter 9–16 Uhr. Zutritt nur in Verbindung mit einem Kombiticket (→ Kasten, S. 237).

Prager Fensterstürze – eine lange Tradition

Die Premiere der Prager Fensterstürze fand am 30. Juli 1419 statt. Aufgebrachte Hussiten katapultierten damals zwei katholische Ratsherren aus den Fenstern des Neustädter Rathauses. Diese Tat markiert heute den Beginn der Hussitenkriege.
1483 rückte das Altstädter Rathaus in den Mittelpunkt. Der katholische Bürgermeister musste dieses Mal dran glauben. Der Wurf, den die Protestanten nun landeten, blieb aber für die europäische Geschichte ohne Folgen, und so wird dieser in der offiziellen Fenstersturzchronik nicht mitgezählt.

Der berühmte zweite Prager Fenstersturz fand am 23. Mai 1618 statt. Die Spannungen zwischen Protestanten und Katholiken waren erneut eskaliert. Radikale Protestanten warfen zwei Statthalter samt deren Sekretär aus der Böhmischen Kanzlei auf der Prager Burg. Alle drei überlebten den 16 m tiefen Sturz, sie landeten weich auf einem Müllhaufen. Für die erlittene Schmach wurden sie übrigens von den Habsburgern reich entschädigt. Auch der Sekretär: Er wurde in den Adelsstand erhoben und durfte sich von nun an „von Hohenfall" nennen.

Humorvoll stellte der englische Schriftsteller Jerome Klapka Jerome fest, dass die Geschichte Europas vielleicht anders verlaufen wäre, „wenn die Prager Fenster kleiner gewesen wären und zu solchen Taten nicht verlockt hätten". Er gab den Ratschlag, öfters mal im Keller zu verhandeln.

Die Kette der Fensterstürze reißt bis heute nicht ab – zum Glück lösen sie keine Kriege mehr aus. Der letzte Politiker, der aus dem Fenster fiel, war 1948 der einstige Außenminister Jan Masaryk kurz nach der kommunistischen Machtübernahme. Sein Tod ist bis heute nicht geklärt. Ebenso wenig der des Literaten Bohumil Hrabal, der 1997 angeblich beim Vogelfüttern aus dem Fenster gefallen war.

Klášter sv. Jiří (Georgskloster): Das Benediktinerinnenkloster wurde 927 als erstes Kloster Prags gegründet. Im Mittelalter war es durch seine illuminierten Handschriften aus dem klostereigenen Skriptorium weit über die Grenzen Böhmens hinaus bekannt. Von den vielen Um- und Anbauten erlebte es den letzten großen in der zweiten Hälfte des 17. Jh. Ende des 18. Jh. wurde es aufgelöst und in eine Artilleriekaserne umfunktioniert. Heute beherbergt es die Sammlung „Böhmische Kunst des 19. Jh.", die Bestandteil der Nationalgalerie ist. Zu sehen bekommt man Werke des Neoklassizismus und der Romantik – Landschaftsgemälde und Porträts überwiegen.

Adresse/Öffnungszeiten Náměstí u sv. Jiří. Tägl. 10–18 Uhr. Eintritt mit Kombiticket „Große Tour" (→ Kasten, S. 237), andernfalls 6 €, erm. 3,20 €, Familien 8 €, ab 16 Uhr halber Preis. Stets am ersten Mi im Monat von 15–20 Uhr Eintritt frei.

Rožmberský palác (Rosenberg-Palast): Nach dem Untergang des Sozialismus musste das Palais aufwendig restauriert werden – fast 15 Jahre dauerten die Arbeiten. Seit 2010 sind diverse Trakte des Palais erstmals in seiner Geschichte der Öffentlichkeit zugänglich, darunter der große Renaissancesaal der Rosenberger und die Dreifaltigkeitskapelle. Ein paar Räumlichkeiten wurden zudem im Stile des einstigen Damenstiftes eingerichtet und sind mit kostbaren Biedermeier- und Rokokomöbeln versehen. Die meisten Gänge und Säle des Palais aber bleiben dem Besucher verschlossen: Der Präsident hat sie für seine Kanzlei beschlagnahmt.

Adresse/Öffnungszeiten Jiřská. April–Okt. tägl. 9–18 Uhr, im Winter 9–16 Uhr. Zutritt nur in Verbindung mit einem Kombiticket, → Kasten, S. 237.

Lobkovický palác (Palais Lobkowitz): Das frühbarocke Palais, ursprünglich ein Renaissanceanwesen, wurde im Jahr 2003 der Adelsfamilie Lobkowitz restituiert, die Kommunisten hatten es 1952 konfisziert. Neben dem Palais bekam die Familie auch ihre Schlösser und Güter zurück, dazu ihre Kunstsammlung, eine der größten Mitteleuropas. Die kostbarsten Exponate zeigt die Adelsfamilie heute im Palais Lobkowitz auf der Prager Burg, darunter Gemälde von Cranach d. Ä., Brueghel d. Ä. und Canaletto. Darüber hinaus werden Waffen und Rüstungen, Familienporträts, Beethovens Originalpartitur der 4. und 5. Symphonie und vieles mehr präsentiert.

Adresse/Öffnungszeiten Jiřská 1. Tägl. 10.30–18 Uhr. Eintritt 11 €, erm. 7 €, Familien 28 €.

Zlatá ulička (Goldenes Gässchen): Einst wohnten hier die Ärmsten der Armen in einfachen Verschlägen rechts und links der Gasse, die gerade mal 1 m breit war. Für alle gab es nur eine einzige Toilette, und die düngte den Hirschgraben. Nach einem Umbau der Burgmauern im 16. Jh. wurden aus den Hütten kleine Häuschen und vorübergehend zog die Burgwache ein. Danach lebten hier ein paar Goldschmiede – daher der Name des Gässchens. Im 19. Jh. begannen sich Wahrsager, Handwerker und Künstler einzumieten. Berühmtester Anwohner sollte Franz Kafka werden. In Haus Nr. 22 verfasste er im Winter 1917 mehrere Prosatexte. Madame de Thebes, eine damals bekannte Hellseherin, bewohnte das Haus Nr. 14. Nachdem sie den Untergang des Dritten Reiches prophezeit hatte, wurde sie von der

Ewiger Rummel im berühmten Goldenen Gässchen

Gestapo totgeschlagen. Heute wohnt niemand mehr hier – aus all den kleinen Häuschen sind Souvenirshops geworden, an denen sich die Touristenmassen vorbeidrängen.

Eintritt Zutritt nur in Verbindung mit einem Kombiticket (→ Kasten, S. 237).

Královská zahrada (Königsgarten): Er wurde einst vielfach als der schönste Renaissancegarten nördlich der Alpen gepriesen. 1534 ließ ihn Ferdinand I. anlegen. Erstmals in Europa wurden hier Tulpen gezüchtet; die Zwiebeln stammten aus Konstantinopel. Während des Dreißigjährigen Krieges verwüsteten die Schweden und Sachsen den Garten, sodass es erst mal vorbei war mit dem herrschaftlichen Lustwandeln. Als man ihn im 18. Jh. als Barockgarten gerade neu angelegt hatte, kamen die Franzosen. Zum Glück konnte man sie durch eine Zahlung von 30 Ananas davon abhalten, dem oben erwähnten Beispiel zu folgen. Seine ursprüngliche Renaissanceform stellte man nach dem 1. Weltkrieg wieder her.

Der Singende Brunnen

Am östlichen Ende des Gartens befindet sich das *Lustschloss Belvedér*. Den Grundstein für den Renaissancebau mit seinem auffälligen Dach in Form eines kieloben schwimmenden Schiffsrumpfs ließ Ferdinand I. 1538 legen; seiner geliebten Gemahlin wollte er das Schlösschen schenken. Es sollte dem Vergnügen und der Erholung dienen, auch ein Tanzsaal war geplant. Letztendlich zogen sich die Bauarbeiten jedoch bis 1564 hin. Während der Regierungszeit Rudolfs II. wurde das Lustschloss als astronomisches Observatorium zweckentfremdet. Heute wird es überwiegend für Ausstellungen genutzt. Der berühmte *Singende Brunnen* davor stammt aus der Mitte des 16. Jh. Das Modell, einem römischen Brunnen gleich, schuf Francesco Terzio. Für den Guss war ein Glockengießer namens Thomas Jaroš verantwortlich. Vielleicht klingen deshalb die herabfallenden Wassertropfen auf der untersten Metallschüssel wie ein nie enden wollendes Glockenspiel, das am besten zu hören ist, wenn man den Kopf unter (nicht in) das untere Brunnenbecken hält.

Adresse/Öffnungszeiten U prašného mostu. **Garten,** April u. Okt. tägl. 10–18 Uhr, Mai u. Sept. 10–19 Uhr, Juni u. Juli 10–21 Uhr, Aug. 10–20 Uhr.

Essen & Trinken

Die Restaurants und Cafés im Burgbereich werden ausschließlich von Touristen aufgesucht. Dementsprechend stimmen Qualität und Service größtenteils nicht mit den Preisen überein.

Burg Vyšehrad

Ziele rund um die Innenstadt

Auch außerhalb der herausgeputzten touristischen Stadtteile liegen bedeutende Sehenswürdigkeiten und lassen sich schöne Ecken entdecken. Empfehlenswerte Viertel, durch die sich ein Spaziergang lohnt, sind Vinohrady und Žižkov östlich des Zentrums, Smíchov südlich von Malá Strana und Holešovice im Norden der Stadt. Wer mit der Metro oder Straßenbahn noch weiter hinausfährt, gelangt in den breiten, Prag umschließenden Gürtel von Plattenbausiedlungen, brachliegendem Land, Parks und Industriegebieten.

Veletržní palác – Muzeum moderního a současného umění (Messepalast – Museum moderner und zeitgenössischer Kunst): Das Museum begeistert in zweierlei Hinsicht: aufgrund seiner Architektur und aufgrund seiner Exponate. Als der ehemalige Messepalast 1928 eröffnet wurde, war er das erste Bauwerk Europas im funktionalistischen Stil und zugleich das größte Messegebäude der Welt. Heute hat sich das Auge an solche Bauten gewöhnt, von außen nimmt man den Palast deshalb gar nicht mehr als etwas Besonderes wahr. Von innen jedoch ist er noch immer überwältigend. Den Kern des Gebäudes bildet eine imposante Halle mit verglastem Dach, die von den offenen Galerien der sechs Stockwerke umgeben wird. Die Architekten Oldřich Tyl und Josef Fuchs schufen dadurch ein Bauwerk von solcher Leichtigkeit, dass sich Le Corbusier bei dessen Anblick wie ein Dilettant vorgekommen sein soll.

Das Gros des Gebäudes belegt heute die Nationalgalerie. Im 1. Stock werden Werke internationaler Künstler des 20. Jh. gezeigt (u. a. Miró, Klee, Kokoschka, Schiele und Klimt), im 2. Stock sieht man tschechische Kunst von 1930 bis heute (Surrealismus, Aktionskunst, sozialistischer Realismus etc.). Den 3. Stock belegen eine

Moderne Kunst im Veletržní palác

Sammlung tschechischer Kunst von 1900 bis 1930 (viele kubistische Werke) und eine Kollektion französischer Kunst des 19. und 20. Jh. (u. a. Delacroix, Rodin, Gauguin und Monet). Im 4. Stock widmet man sich der tschechischen Kunst an der Wende vom 19. zum 20. Jh. (u. a. Jugendstilplakate von Alfons Mucha und abstrakte Gemälde von František Kupka). Im 5. Stock werden zeitgenössische Skulpturen aus Tschechien und der Slowakei präsentiert.

Verbindungen/Öffnungszeiten Dukelských hrdinů 47, Holešovice. Ⓜ C Nádraží Holešovice, weiter mit Ⓢ 12, 14, 15, 17 Veletržní. Tägl. (außer Mo) 10–18 Uhr. Eintritt 10 €, erm. 4,80 €, Familien 14 €.

Národní technické muzeum (Technisches Nationalmuseum): Wegen umfangreicher Restaurierungsarbeiten war das Museum zum Zeitpunkt der letzten Recherche bereits seit Jahren geschlossen. Bis zu Ihrem Besuch sollte es aber in neuem Glanz wieder geöffnet haben. Dann erwarten Sie u. a. eine gigantische Sammlung an fotografischen und kinematografischen Apparaten (mit annähernd 18.000 Exponaten aus über 50 Ländern eine der größten der Welt), eine astronomische Abteilung mit Instrumenten, mit denen schon Tycho Brahe und Johannes Kepler Sonne, Mond und Sterne studiert haben, eine Verkehrshalle mit alten Škodas, Tatras und Bugattis, ein über 1 km langer Nachbau einer Erz- und Kohlengrube im Untergeschoss und und und. Ein Erlebnis für Groß und Klein.

Verbindungen Kostelní 42, Holešovice. Ⓜ C Vltavská, weiter mit Ⓢ 1, 15, 25, 26 Letenské náměstí.

Letenské sady (Letná-Park): Hoch über der Moldau gelegen, bietet er herrliche Ausblicke über die Stadt. Auf Bierbänken sitzt man beim Letenský zámeček, einem kleinen Beinaheschlösschen, etwas gediegener im Westen der Parkanlage auf der Aussichtsterrasse des Hanavský pavilón. Dieser Jugendstilpavillon erinnert an eine russisch-orthodoxe Kirche, besitzt eine Stahlkonstruktion und wurde 1891 zur Landesjubiläumsausstellung gebaut. Ganz im Osten liegt der *Expo-Praha-58-*

Die größte bronzene Reiterstatue der Welt: das Jan-Žižka-Denkmal auf dem Vítkov

Pavillon. Der nahezu vollständig verglaste Pavillon gewann die Goldmedaille bei der Weltausstellung in Brüssel und fand danach auf der Letná einen neuen Standort. Einst befand sich ein nobles Restaurant mit Aussichtsterrasse darin, heute wird der Pavillon als Bürogebäude genutzt – schade. Noch zu sozialistischer Zeit wurden auf der Rückseite des Parks beim Sparta-Stadion die Maiparaden abgenommen. Aber das ist längst Vergangenheit. An die wechselvolle Geschichte des Landes erinnert heute das große *Metronom* des Pop-Künstlers David Černý. Es ist jedoch von überall in der Stadt interessanter anzusehen als vor Ort. Könnte man die Frequenz steigern, wäre der Platz davor die geniale Kulisse für eine Techno-Party.

Verbindungen Holešovice. Ⓜ C Vltavská, weiter mit Ⓢ 1, 25 Sparta.

Vítkov (Veitsberg): Hoch über Prag hat man hier Jan Žižka ein Denkmal gesetzt, so gigantisch, als hätte der einäugige Hussitenführer nicht nur ein Kreuzfahrerheer besiegt (→ S. 39), sondern die Welt auch noch vor einem Klingonen-Überfall bewahrt. Das Denkmal ist zugleich das größte bronzene Reiterstandbild der Welt. Aus der Nähe betrachtet, wirkt es aber gar nicht so imposant. Hinter ihm liegt die *Nationale Gedenkstätte* (Národní památník), ein riesiger konstruktivistischer Würfel aus den 20er-Jahren, der zum Ruhm der neuen Republik errichtet wurde. Die Kommunisten zweckentfremdeten das Bauwerk und machten daraus ein Mausoleum. Unter anderen fand darin auch der einstige Präsident Klement Gottwald seine Ruhestätte – allerdings nicht die letzte: 1990 bettete man ihn um auf den Friedhof Olšany (s. u.). Die Gedenkstätte kann seit 2009 besichtigt werden. Neben der Zentralhalle, einer Kapelle für gefallene Soldaten und einem Kolumbarium befindet sich darin auch eine kleine Ausstellung, die die bedeutendsten Eckdaten der Tschechoslowakei und der Tschechischen Republik vorstellt.

Verbindungen/Öffnungszeiten Žižkov. Ⓜ B, C Florenc, weiter mit Ⓑ 133 U Památníku, von dort führen Spazierwege nach oben. **Nationale Gedenkstätte,** im Sommer tägl. (außer Mo), im Winter nur Do–So 10–18 Uhr. Eintritt 4,50 €, erm. 2,50 €, Familien 6,80 €.

Nové Židovské Hřbitovy (Neuer Jüdischer Friedhof): Er ist ein bizarr-idyllischer Ort und nicht weniger besuchenswert als der Alte Jüdische Friedhof in Josefov, zumal hier kein Gedränge herrscht. Das Gros der Grabsteine stammt aus dem 19. und der ersten Hälfte des 20. Jh. Das bekannteste Grab ist das Franz Kafkas, der 1924 im Alter von knapp 41 Jahren an Tuberkulose starb. Er liegt zusammen mit seinen

Spacig: der Žižkover Fernsehturm

Eltern an der Südmauer begraben. Seine Fangemeinde legt hier Briefe, Blumen und Steinchen nieder. Der riesige und ebenfalls überaus interessante Friedhof Olšany (Olšanské hřbitovy) nebenan wurde ursprünglich für die Toten der Pestepidemie des Jahres 1680 angelegt.

Verbindungen/Öffnungszeiten Izraelská 1, Žižkov. Ⓜ A Želivského. Das Kafkagrab ist ab dem Eingang ausgeschildert. Mai–Sept. tägl. 8–19 Uhr, Okt., März u. April bis 18 Uhr, Nov.–Feb. bis 17 Uhr.

Televizní Vysílač Praha (Fernsehturm): Nach 7-jähriger Bauzeit wurde 1992 das letzte sozialistische Bauwerk Prags vollendet. Mehr als 100 m ragt es in den Himmel. Davor liegen noch die kümmerlichen Überreste eines jüdischen Friedhofs aus dem 19. Jh., der dem Giganten weichen musste. Ursprünglich sollte der Turm v. a. die Frequenzen westlicher Sender stören. Heute dient er der Übertragung von Radio- und Fernsehprogrammen. Der Panoramablick von der Aussichtsplattform wäre schöner, würde man öfters mal die Fenster putzen. Auf 70 m Höhe befindet sich ein Restaurant mit satten Preisen.

Verbindungen/Öffnungszeiten Mahlerovy sady, Žižkov. Ⓜ A Jiřího z Poděbrad. Tägl. 10–23 Uhr. Eintritt 4,80 €, erm. 3,60 €.

Burg Vyšehrad: Zahlreiche Legenden ranken sich um die südlich von Nové Město gelegene Burg Vyšehrad auf einem Felsen hoch über der Moldau. Angeblich war sie die erste Residenz böhmischer Könige, und Prinzessin Libuše soll – wie vielfach in der Literatur beschrieben – von hier die glorreiche Zukunft Prags prophezeit haben (→ Kasten). Leider alles Humbug: Vyšehrad entstand erst um das Jahr 930 und damit später als die Prager Burg.

Von der ursprünglichen Burganlage ist heute außer den ziegelroten Festungsmauern und ein paar Toren kaum mehr etwas erhalten. Wirklich sehenswert ist lediglich der im 19. Jh. errichtete *Ehrenfriedhof*. Auf ihm ruht die Crème de la Crème der tschechischen Kunstszene unter reich verzierten Arkaden in prachtvollen Gräbern, darunter Antonín Dvořák und Bedřich Smetana. Der Friedhof liegt direkt neben der *Peter-und-Pauls-Kirche* (Kapitulní Chram sv. Petra a Pavla), deren Zwillingstürme die Burg dominieren. Ihre Fundamente reichen bis ins 11. Jh. zurück. Zu sehen gibt es ansonsten noch eine romanische *Rotunde,* auf der 1776 Prags erster Blitzableiter installiert wurde, eine kleine Kunstgalerie, die spärlichen Überreste einer Basilika aus dem 11. Jh. und die *Kasematten,* unterirdische Gewölbegänge des Befestigungswalls am nördlichen Ziegeltor. Sie münden in einen großen Saal, in dem einige Originalstatuen der Karlsbrücke aufbewahrt werden.

Der Ehrenfriedhof von Vyšehrad

• Verbindungen/Öffnungszeiten Vyšehrad. Ⓜ C Vyšehrad, von dort ausgeschildert. Infobüro, tägl. 9.30–17 Uhr, im Sommer bis 18 Uhr. Führungen durch die Kasematten (Eintritt 2 €, erm. 1,20 €, Dauer 20 Min.), tägl. 10–17 Uhr (im Winter bis 16 Uhr) zu jeder vollen Stunde. Kirche (Eintritt 1,20 €, erm. 0,40 €!), tägl. (außer Mo ganztags und Fr nachmittags) 9–12 und 13–17 Uhr. Friedhof, Nov.–Feb. tägl. 8–17 Uhr, im März, April und Okt. bis 18 Uhr, Mai–Sept. bis 19 Uhr.

Libušes Liebe und Visionen

Erstmals berichtete Domdechant Cosmas Anfang des 12. Jh. über Libuše, die Thronfolgerin des slawischen Königs Crocco. Er beschrieb sie als „liebenswürdig zu jedermann“ und als „Zierde und Pracht der Weiblichkeit, die mit klugem Urteil sich der Geschäfte der Männer annahm“. Doch sei sie laut Cosmas eben eine Frau gewesen, sie habe folglich nicht ordentlich von einem Thron aus regiert, sondern von „einem hochgetürmten Haufen weicher und bestickter Kissen, wie es der wollüstigen Weichlichkeit der Frauen entspricht“. Das konnte selbstverständlich nicht gut gehen. Das Volk verlangte nach einem Herzog. Libuše entschied sich für einen jungen, kräftigen Ackersmann, genannt „Přemysl der Pflüger“, der von seinem Glück nichts wusste, bis ihn Libuše zu sich bringen ließ. Er wurde ihr Gemahl und damit auch Fürst, der erste des Geschlechts der Přemysliden. Und an seiner Seite prophezeite Libuše, dass dort, wo ein Mann eine Schwelle (auf Tschechisch „prah“) zimmert, man eine Burg bauen wird, die den Namen Praha trägt. Und mit Worten, die an Vergil erinnern, lässt Cosmas Libuše fortfahren: „Siehe, ich sehe eine große Stadt, deren Ruhm bis an die Sterne reichen wird“. Cosmas Zeilen inspirierten unzählige Autoren und Komponisten, u. a. Herder, Grillparzer, Brentano, Smetana und Mahler. Bis in die Gegenwart lebt Libuše in Kunst und Literatur fort.

Etwas Tschechisch

Aussprache

Grundsätzlich gilt, dass alle Vokale ohne Längenzeichen kurz gesprochen werden, alle mit gedehnt werden. Die Betonung liegt stets auf der ersten Silbe. **Hier nur die Abweichungen von der deutschen Aussprache:**

á	langes A wie in Vater
é	langes Ä wie in Hände
C, c	wie Ts (nie wie K!)
d'	erweichtes D wie Dj
Ě, ě	wie Je, erweicht zudem vorangehendes D, T und N
H, h	wenn es zwischen zwei Vokalen steht, wie das deutsche H, ansonsten wird es zum Teil leicht angehaucht ausgesprochen, also fast wie unser Ch
í, ý	langes I wie in Liebe
ch	wie das Ch in Ach
K, k	K, unbehaucht
Ň, ň	erweichtes N wie Nj in Sonja
ó	langes O wie in Mode
R, r	gerolltes R
Ř, ř	in etwa Rsch
S, s	wie Ss
Š, š	wie Sch
t'	erweichtes T wie Tj
ů, ú	langes U
V, v	wie W
Z, z	stimmhaftes S (nie Tz)
Ž, ž	wie J in Journal

Grundlegende Wörter und Sätze

Ano/Ne	Ja/Nein
Děkuju/Prosím	Danke/Bitte
Pardon, promiňte	Entschuldigung
Ahoj	Hallo/Tschüs
Na shledanou	Auf Wiedersehen
Dobré jitro	Guten Morgen
Dobrý den	Guten Tag
Dobrý večer	Guten Abend
Dobrou noc	Gute Nacht
Jak se máte?	Wie geht es Ihnen?
Prosím vás, můžete mi pomoci?	Können Sie mir bitte helfen?
Máte ...?	Haben Sie ...?
Kolik je hodin?	Wie viel Uhr ist es?
Pomoc!	Hilfe!
Velké/Malé	groß/klein
Dobře/Špatně	gut/schlecht
S/Bez	mit/ohne

Unterwegs

Ortsbezeichnungen

Nádraží	Bahnhof
Zámek	Schloss
Ulice	Straße/Gasse
Třída	Boulevard
Náměstí	Platz
Klášter	Kloster
Hrad	Burg
Zahrada	Garten
Kostel	Kirche
Banka	Bank
Směnárna	Wechselstube
Nemocnice	Krankenhaus
Most	Brücke
Starožitnictví	Antiquitätengeschäft
Knihkupectví	Buchhandlung
Lékárna	Apotheke
Lahůdky	Feinkostladen
Obchodní dům	Kaufhaus
Potraviny	Lebensmittelgeschäft
Trh	Markt
Pošta	Postamt
Cestovní kancelář	Reisebüro

Zur Orientierung

Kde je...?	Wo ist ...?
Jak je to daleko?	Wie weit ist das?
Jak se dostanu k ...?	Wie komme ich zu...?
Kdy?	Wann?
Nalevo	Links
Napravo	Rechts
Rovně	Geradeaus
Autobusem	Mit dem Bus
Vlakem	Mit dem Zug
Příjezd/Odjezd	Ankunft/Abfahrt
Musím přestupovat?	Muss ich umsteigen?
Musím mít místenku?	Muss ich reservieren?
Autem	Mit dem Auto
Pěšky	Zu Fuß
Taxíkem	Mit dem Taxi
Jízdenka	Fahrkarte
Autobusová stanice	Busbahnhof

Mit dem Auto unterwegs

Měl/-a jsem poruchu	Ich habe eine Panne
Můžete se na to podívat?	Können Sie mal nachsehen?
Je tady někde blízko autoopravna?	Wo ist hier in der Nähe eine Werkstatt?
Stala se nehoda	Es ist ein Unfall passiert
Zavolejte prosím rychle policii	Rufen Sie bitte schnell die Polizei
Plnou prosím	Voll tanken, bitte

Verständigung

Rozumím	Ich verstehe
Nerozumím	Ich verstehe nicht
Co?	Was?
Mluvíte anglicky/německy?	Sprechen Sie Englisch/Deutsch?
Mluvím jen málo ...	Ich spreche nur wenig ...
Jak se to řekne česky?	Wie sagt man das auf Tschechisch?
Jmenuji se ...	Ich heiße ...

Hinweise

Vchod	Eingang	Pozor!	Gefahr!
Východ	Ausgang	Policie	Polizei
Záchod	Toilette	Kouření zakázáno	Rauchen verboten
Muži	Männer	Koupání zakázáno	Baden verboten
Ženy	Frauen	Vstup zakázán	Eintritt verboten
Otevřeno/Zavřeno	Offen/Geschlossen		

Zahlen

Jeden	1	Dvacetjedna	21
Dva	2	Třicet	30
Tři	3	Čtyřicet	40
Čtyři	4	Padesát	50
Pět	5	Šedesát	60
Šest	6	Sedmdesát	70
Sedm	7	Osmdesát	80
Osm	8	Devadesát	90
Devět	9	Sto	100
Deset	10	Sto jedna	101
Jedenáct	11	Dvě stě	200
Dvanáct	12	Tři sta	300
Třináct	13	Čtyři sta	400
Čtrnáct	14	Pět set	500
Patnáct	15	Šest set	600
Šestnáct	16	Sedm set	700
Sedmnáct	17	Osm set	800
Osmnáct	18	Devět set	900
Devatenáct	19	Tisíc	1000
Dvacet	20		

Wochentage

Pondělí	Montag	Pátek	Freitag
Úterý	Dienstag	Sobota	Samstag
Středa	Mittwoch	Neděle	Sonntag
Čtvrtek	Donnerstag		

Monatsnamen

Leden	Januar	Červenec	Juli
Únor	Februar	Srpen	August
Březen	März	Září	September
Duben	April	Říjen	Oktober
Květen	Mai	Listopad	November
Červen	Juni	Prosinec	Dezember

Übernachten

Můžete mi prosím doporučit nějaký dobrý hotel?	Können Sie mir bitte ein gutes Hotel empfehlen?
Máte ještě volné pokoje?	Haben Sie noch Zimmer frei?
Jednolůžkový	Einzelzimmer
Dvoulůžkový	Doppelzimmer
Se sprchou/s koupelnou	Mit Dusche/Bad
Na jednu noc	Für eine Nacht
Kolik stojí pokoj se snídaní?	Was kostet ein Zimmer mit Frühstück?
Máme bohužel všechno obsazené	Wir sind leider voll belegt.
Mám reservaci	Ich habe reserviert
Nosič	Portier
Klíč	Schlüssel

Essen und Trinken

Allgemein

Kde je tady nějaká dobrá restaurace?	Wo gibt es hier ein gutes Restaurant?
Dobrou chuť	Guten Appetit
Na zdraví!	Prost!
Jsou tyto místa volná?	Sind diese Plätze frei?
To jsem si neobjednal/-a	Das habe ich nicht bestellt
Nejím maso	Ich esse kein Fleisch
Zaplatím prosím	Die Rechnung bitte
Snídaně	Frühstück
Oběd/večeře	Mittag-/Abendessen
Bylo to výborné	Das Essen war ausgezeichnet

Frühstück

Chléb	Brot
Houska	Rundes Brötchen
Rohlík	Längliches Brötchen
Máslo	Butter
Vejce	Eier
Vajíčko na měkko	Weiches Ei
Míchaná vejce	Rühreier
Vejce na slanině	Eier mit Speck
Med	Honig
Džem	Marmelade
Šunka	Schinken
Salám	Wurst
Sýr	Käse
Uzený sýr	Räucherkäse
Cukr	Zucker
Sůl	Salz
Pepř	Pfeffer

Getränke

Pivo	Bier
Budvar	Budweiser
Plzeňský prazdroj	Pilsner Urquell
Černé pivo	Dunkles Bier
Nealkoholické pivo	Alkoholfreies Bier
Bílé víno	Weißwein
Ryzlink	Riesling
Červené víno	Rotwein
Frankovka	Blaufränkischer (trockener, beliebter Rotwein)
Svařené vino	Glühwein
Džus	Saft
Minerální voda	Mineralwasser
Čaj	Tee
Káva	Kaffee
Káva překapávaná	Filterkaffee
Černá káva	Schwarzer Kaffee
Bílá káva	Kaffee mit Milch
Káva bez kofeinu	Koffeinfreier Kaffee
Vídeňská káva	Wiener Kaffee (mit Sahnehaube)
Mléko	Milch
Čokoláda	Schokolade

Zum Auftakt

Předkrmy	Vorspeisen
Pražská šunka	Prager Schinken
Polévka	Suppe
Bramborová polévka	Kartoffelsuppe
Čočková	Linsensuppe
Hovězí vývar	Rinderbrühe

Žampionový krém	Champignon-cremesuppe
Hrachová	Erbsensuppe
Rajská	Tomatensuppe
Zeleninová	Gemüsesuppe

Das Beste zum Bier

Nabídka dne	Tagesgericht
Hlavní jídlo	Hauptgericht
Maso	Fleisch
Vepřové	Schweinefleisch
Vepřový řízek	Schweineschnitzel
Vepřový steak	Schweinesteak
Kotleta	Kotelett
Žebírko	Rippchen
Uzená krkovice	Rauchfleisch
Hovězí	Rindfleisch
Telecí	Kalbfleisch
Guláš	Gulasch
Svíčková na smetaně	Lendenbraten mit Sahnesoße
Španělský ptáček	Gefüllte Rinderroulade
Sekaná	Hackbraten
Biftek	Beefsteak
Skopové	Lammfleisch
Játra	Leber
Ledvinky	Nieren
Jazyk	Zunge
Kuře	Hähnchen
Kachna	Ente
Pečená husa	Gänsebraten
Ryby	Fisch
Pstruh	Forelle
Kapr	Karpfen
Zavináč	Hering
Tuňák	Tunfisch
Krevety	Krabben
Na roštu	gegrillt

Und dazu

Přílohy	Beilagen
Houskové knedlíky	Semmelknödel
Špekové knedlíky	Speckknödel
Bramborové knedlíky	Kartoffelknödel
Brambory	Kartoffeln
Bramborový salát	Kartoffelsalat
Hranolky	Pommes frites
Rýže	Reis
Zelí	Sauerkraut
Červené zelí	Rotkraut
Špenát	Spinat
Zelenina	Gemüse
Cibule	Zwiebeln
Česnek	Knoblauch
Fazole	Bohnen
Hrášek	Erbsen
Květák	Blumenkohl
Mrkev	Karotten
Chřest	Spargel
Houby	Pilze
Salát	Salat
Okurka	Gurke
Rajčata	Tomaten
Ocet	Essig
Tatarská omáčka	Remouladensoße

Zum Abschluss

Zákusky	Nachspeisen
Kompot	Kompott
Zmrzlina	Speiseeis
Ovocné knedlíky	Obstknödel
Palačinky	Palatschinke
Vdolečky se šlehačkou	böhmisches Hefegebäck mit Sahne
Sýrový talíř	Käseplatte
Dort	Kuchen

Zwischendurch

Chlebíček	Belegtes Brötchen
Pečivo	Gebäck
Klobásy	Würste
Párek	Würstchen
Slanina	Speck
Hořčice	Senf
Oříšky	Erdnüsse

Obst

Ovoce	Obst
Banán	Banane
Hrozny	Weintrauben
Hruška	Birne
Jablko	Apfel
Jahody	Erdbeeren
Maliny	Himbeeren
Pomeranč	Orange

Verlagsprogramm

Ägypten
- Ägypten
- Niltal
- Sinai & Rotes Meer

Australien
- Australien – der Osten

Baltische Länder
- Baltische Länder

Belgien
- *MM-City* Brüssel

Bulgarien
- Schwarzmeerküste

China
- *MM-City* Shanghai

Cuba
- Cuba

Dänemark
- *MM-City* Kopenhagen

Deutschland
- Allgäu
- *MM-Wandern* Allgäuer Alpen
- Altmühltal & Fränkisches Seenland
- Bayerischer Wald
- *MM-Wandern* Bayerischer Wald
- *MM-City* Berlin
- Berlin & Umgebung
- Bodensee
- *MM-City* Dresden
- Fehmarn
- Franken
- Fränkische Schweiz
- *MM-City* Hamburg
- Harz
- *MM-City* Köln
- *MM-City* Lübeck
- Mainfranken
- Mecklenburgische Seenplatte
- Mecklenburg-Vorpommern
- *MM-City* München
- *MM-Wandern* Münchner Ausflugsberge
- Nürnberg, Fürth, Erlangen
- Oberbayerische Seen
- Ostfriesland und Ostfriesische Inseln
- Ostseeküste – von Lübeck bis Kiel
- Ostseeküste – Mecklenburg-Vorpommern
- *MM-Wandern* Östliche Allgäuer Alpen
- Pfalz
- Rügen, Stralsund, Hiddensee
- Südschwarzwald
- Schleswig-Holstein Nordseeküste
- Schwäbische Alb
- Sylt
- Usedom
- *MM-Wandern* Westliche Allgäuer Alpen und Kleinwalsertal
- *MM-Wandern* Zentrale Allgäuer Alpen

Dominikanische Republik
- Dominikanische Republik

Ecuador
- Ecuador

Frankreich
- Bretagne
- Côte d'Azur
- Elsass
- *MM-Wandern* Elsass
- Haute-Provence
- Korsika
- *MM-Wandern* Korsika
- *MM-Wandern* Korsika Fernwanderwege
- Languedoc-Roussillon
- Normandie
- *MM-City* Paris
- Provence & Côte d'Azur
- *MM-Wandern* Provence
- Südfrankreich
- Südwestfrankreich

Griechenland
- Athen & Attika
- Chalkidiki
- Griechenland
- Griechische Inseln
- Karpathos
- Kefalonia & Ithaka
- Korfu
- Kos
- Kreta
- *MM-Wandern* Kreta
- Kykladen
- Lesbos
- Naxos
- Nord- u. Mittelgriechenland
- Nördl. Sporaden – Skiathos, Skopelos, Alonnisos, Skyros
- Peloponnes
- Rhodos
- Samos
- Santorini
- Thassos & Samothraki
- Zakynthos

Großbritannien
- Cornwall & Devon
- England
- *MM-City* London
- Schottland
- Südengland

Indonesien
- Bali & Lombok

Irland
- *MM-City* Dublin
- Irland

Island
- Island

Italien
- Abruzzen
- Apulien
- Adriaküste
- Cilento
- Dolomiten – Südtirol Ost
- Elba
- Friaul-Julisch Venetien
- Gardasee
- Golf von Neapel
- Italien
- Kalabrien & Basilikata
- Lago Maggiore
- Ligurien – Italienische Riviera, Genua, Cinque Terre
- *MM-Wandern* Ligurien & Cinque Terre

- Liparische Inseln
- Marken
- Mittelitalien
- Oberitalien
- Oberitalienische Seen
- Piemont & Aostatal
- *MM-Wandern* Piemont
- *MM-City* Rom
- Rom & Latium
- *MM-Wandern* Rund um Meran
- Sardinien
- *MM-Wandern* Sardinien
- Sizilien
- *MM-Wandern* Sizilien
- Südtirol
- Südtoscana
- Toscana
- *MM-Wandern* Toscana
- Umbrien
- *MM-City* Venedig
- Venetien

Kanada

- Kanada – der Osten
- Kanada – der Westen

Kroatien

- Istrien
- Kroatische Inseln & Küste
- Mittel- und Süddalmatien
- Nordkroatien – Kvarner Bucht

Malta

- Malta, Gozo, Comino

Marokko

- Südmarokko

Montenegro

- Montenegro

Neuseeland

- Neuseeland

Niederlande

- *MM-City* Amsterdam
- Niederlande

Norwegen

- Norwegen
- Südnorwegen

Österreich

- Salzburg & Salzkammergut
- Wachau, Wald- u. Weinviertel
- *MM-City* Wien

Polen

- *MM-City* Krakau
- Polnische Ostseeküste
- *MM-City* Warschau

Portugal

- Algarve
- Azoren
- *MM-City* Lissabon
- Lissabon & Umgebung
- Madeira
- *MM-Wandern* Madeira
- Nordportugal
- Portugal

Russland

- *MM-City* Moskau
- *MM-City* St. Petersburg

Schweden

- Südschweden

Schweiz

- Genferseeregion
- Graubünden
- Tessin

Slowakei

- Slowakei

Slowenien

- Slowenien

Spanien

- Andalusien
- *MM-Wandern* Andalusien
- *MM-City* Barcelona
- Costa Brava
- Costa de la Luz
- Gomera
- *MM-Wandern* Gomera
- Gran Canaria
- Ibiza
- Katalonien
- Lanzarote
- La Palma
- *MM-Wandern* La Palma
- *MM-City* Madrid
- Mallorca
- *MM-Wandern* Mallorca
- Menorca
- Nordspanien
- Spanien
- Teneriffa
- *MM-Wandern* Teneriffa

Tschechien

- *MM-City* Prag
- Südböhmen
- Tschechien
- Westböhmen & Bäderdreieck

Türkei

- *MM-City* Istanbul
- Türkei
- Türkei – Lykische Küste
- Türkei – Mittelmeerküste
- Türkei – Südägäis von İzmir bis Dalyan
- Türkische Riviera – Kappadokien

Tunesien

- Tunesien

Ungarn

- *MM-City* Budapest
- Westungarn, Budapest, Pécs, Plattensee

USA

- *MM-City* New York

Zypern

- Zypern

REGISTER

K SLUŽBĚ
MĚSTA L.P.
PRIMUS JOHANNES PORTAM LIMUMQUE SUPERNI SE QUOQUE CEU PATRIAE REX DE DIT ARMA VIRUM.
STARÝ NÁPIS V KOSTELE SV. BARTOLOMĚJE.
PSA CHRTA MĚLI JIŽ OD PRVNÍHO POČÁTKU NAŠI OTCOVÉ, JAK SE ZE STARÝCH DOVÍDÁME DĚJIN.
STARÝ NÁPIS V KOSTELE SV. BARTOLOMĚJE.
JAN LUCEM
RUDOLF II

Was haben Sie entdeckt?

Haben Sie ein romantisches Hotel gefunden, eine urige Pivnice oder einen schönen Wanderweg?

Wenn Sie Tipps, Anregungen oder Verbesserungsvorschläge zum Buch haben, lassen Sie es uns bitte wissen. Auch für Kritik sind wir dankbar.

Michael Bussmann & Gabriele Tröger
Stichwort „Westböhmen“
c/o Michael Müller Verlag GmbH
Gerberei 19
91054 Erlangen
E-Mail: bussmann.troeger@michael-mueller-verlag.de